KB079379

고려대학교 민족문화연구원
사전과 언어학 총서 1

〈고려대 한국어대사전〉과
사전학

도원영 · 박주원 편

　민족문화연구원은 1957년 고려대학교 산하 한국고전국역위원회로 시작하여 지난 50여 년 동안 비약적인 발전을 거듭하면서 한국학 연구의 핵심 기관으로 성장해 왔다. 그동안 민족문화연구원에서 이룩한 여러 가지 사업 중에서 사전 편찬은 학계의 주목을 받고 있는 중요한 성과의 하나이다. 1972년부터 기획을 시작한 중국어 사전 편찬의 원대한 사업은 〈中韓辭典〉과 〈中韓大辭典〉, 〈韓中辭典〉 등으로 연속 간행되었고, 1992년 시작된 한국어 사전 편찬 사업 계획은 방대한 규모의 〈고려대 한국어대사전〉으로 완성되었다. 앞으로도 이러한 성과를 바탕으로 다양한 종류의 사전 편찬을 기획하고 있다.

　민족문화연구원에서 그동안 축적해 온 연구 성과들은 여러 가지 연속 기획물로 출간되어 왔다. 이제 새로 시작하는 ≪사전과 언어학 총서≫는 지난 40년간 본 연구원에서 진행해 온 사전학적 연구의 성과물을 단행본으로 엮어서 학계에 보고하고자 기획한 새로운 총서이다. 40만 표제어 규모의 〈고려대 한국어대사전〉에 담긴 다양한 언어 정보들이 학문적 언어로 재해석될 때 한국어와 한국의 언어문화에 대한 연구가 새로운 단계에 진입할 수 있을 것이며 30만 표제어 규모의 〈中韓大辭典〉에 실린 중국어와 중국의 언어문화에 대한 다양한 안내를 통해 국내의 중국학 연구가 미래의 지향점을 찾아갈 수 있게 될 것이다. 뿐만 아니라 ≪사전과 언어학 총서≫에는 사전과 연계된 국어학, 중국어학, 일본어학 등을 비롯한 외국어학, 코퍼스 언어학, 정보 처리,

언어 교육 등 다양한 분야의 연구 결과를 담아내려고 한다.

　본 총서의 출간이 향후 한국학과 중국학, 나아가 동아시아학의 발전을 이끌어 낼 것임을 믿어 의심치 않는다. 학계 전문가의 깊은 관심과 애정 어린 지도를 기대하는 바이다.

2011년 5월
고려대학교 민족문화연구원
원장 최용철

머리말

민족문화연구원은 1979년에 중국어대사전편찬실을 열어 1989년에
〈中韓辭典〉을 출간함으로써 국내 대학 연구기관 최초로 사전을 기획,
편찬, 발간하였다. 이후 1992년 코퍼스 언어학과 데이터베이스 구축
작업을 기반으로 국어사전 편찬을 위한 첫 삽을 뜬 지 17년 만에 〈고
려대 한국어대사전〉을 세상에 내놓았다. 그간 사전 편찬에 참여한 소
속 연구자들은 각자의 학문적 관심과 탐색의 결과를 학계에 지속적으
로 발표해 왔다. 외국의 사전학 이론을 접하는 과정에서 해당 텍스트
를 번역하기도 하였고 국어사전학을 분과 학문으로 자리매김하도록
국어사전학의 개론서를 저술하기도 하였다.

이 모든 연구 결과를 관통하는 핵심은 국어학, 언어학의 학문적 성
과를 사전 편찬에 도입하는 과정에서 기존 연구 결과를 검토하여 문
제점을 찾아내고 새로운 관점을 제시하는 일과, 대규모 국어 자료를
통해 새롭게 확인한 우리말의 어법을 체계적으로 이론화하는 일, 그리
고 다양한 층위의 우리말 정보를 사전 속에 담기 위한 기법을 세심하
게 고안하는 일로 정리할 수 있다. 편찬자이며 동시에 연구자로서 내
놓은 다양한 결과물들은 국어학과 사전학의 발전에 기여하였다. 그
과정에서 탄생한 연구 논문 중 일부를 ≪사전과 언어학 총서≫ 1권에
담았다.

≪사전과 언어학 총서≫ 1권은 총 3부로 구성되어 있다. 1부에는
〈고려대 한국어대사전〉을 완성하기까지 사전의 거시 구조에서부터

미시 항목에 이르는 다양한 주제들에 대해 궁구한 결과물을 실었다. 첫 번째에 실은 홍종선·도원영의 논문은 〈고려대 한국어대사전〉 편찬 사업의 목적과 경과, 사전의 특징을 소개하고 향후 발전 방향을 제시하고 있다. 나머지 논문은 이미 기존 학술지에 발표된 논문이지만 우리말의 어법을 〈고려대 한국어대사전〉 속에 담아내는 데 혁혁한 기여를 한 주제들이어서 한데 모았다. 2부에는 사전과 연계된 다양한 분과에서 응용 연구한 논문을 실었다. 각각 온라인 백과사전 서비스의 기획, 중한 기계번역에서의 중의성 해소 방안, 국어사전을 통한 국어 교육, 의미 기술의 상세화 방안 등을 주제로 한 글이다. 이 중 2편의 글은 사전편찬부 제1차 워크숍에서 발표된 내용을 수정, 보완한 것이다. 3부에는 제2차 워크숍에서 사전 편찬과 문제 제기라는 주제로 발표된 6편의 논문을 다듬어서 실었다.

이 책이 연구와 작업에 고군분투하는 여러 전공자에게 조금이라도 도움이 되기를 기대한다. 마지막으로 총서의 기획부터 출간까지 음으로 양으로 성원해 주신 여러 선생님께 존경과 감사의 마음을 전한다. 그리고 사전편찬부 워크숍에서 기꺼이 발표하고 또 다듬은 원고를 보내주신 필자들께 감사드린다. 언제나 한결같은 마음으로 출판에 임해 주시는 지식과 교양사의 윤석원 사장님께도 감사드린다.

2011년 5월
고려대학교 민족문화연구원 사전편찬부
부장 도원영

목차

발간사 3

머리말 5

1부 〈고려대 한국어대사전〉과 사전학

홍종선·도원영 〈고려대 한국어대사전〉 편찬 사업의 특징과
　　　　　　　　　향후 발전 방향 13

도원영·정유남 용언형 관용구의 문형 정보에 대한 고찰 55

김양진·정경재 국어사전에서 '-어/-아'계열 어미의
　　　　　　　　　결합 정보 기술에 대하여 93

박주원 　　　　의성의태 용언의 특성과 사전 처리 방향 121

김혜령 　　　　'몰(沒)-', '무(無)-', '미(未)-', '불(不)-', '비(非)-'계
　　　　　　　　　접두 파생어와 어기의 의미 관계 163

도원영·김의수·김숙정 　　'본말/준말'류 대한 재고
　　　　　　　　　　　　　　− 사전의 어휘 관계 기술을 위하여 193

김양진·정연주 국어사전에서 최초 출현형의 기준 설정에 대하여 217

2부 사전과 응용 언어학

박재승　　　중한 번역기에서의 형태소 분석의 문제와
　　　　　　해결 방안에 대한 소고 **247**

정철　　　　웹 백과사전 개편 경험과 전망
　　　　　　– 다음백과 2007 개편을 중심으로 한 필드 스터디 **271**

이현희·박미영　어휘 교육을 위한 전자사전 활용 방안 **319**

차준경　　　어휘 의미의 특성을 반영한 의미 기술
　　　　　　– 사건 명사의 다의를 중심으로 **359**

3부 사전 편찬과 문제 제기

김양진　　　국어사전 속의 동자동형이의(同字同形異意)
　　　　　　한자어(漢字語)의 처리에 대하여 **385**

도원영　　　사전 뜻풀이 방식에 대한 검토
　　　　　　– 상위언어식 뜻풀이를 중심으로 **401**

김혜령　　　역사 전문어의 세부 유형과 처리 방안 **415**

정경재　　　결합 정보 상세화의 필요성과 방향
　　　　　　– 문법 형태소를 중심으로 **427**

박주원　　　감탄사와 부사의 범주 구분과 처리 **449**

※ 아래 논문은 기존 학술지에 게재된 것으로서, 출처를 밝히면 다음과 같다.

1부

도원영·정유남. 용언형 관용구의 문형 정보에 대한 고찰.
　　　;「한국어의미학」26, 한국어의미학회. 2008. 73-102.
김양진·정경재. 국어사전에서 '-어/-아' 계열 어미의 결합 정보 기술에 대하여.
　　　;「한국사전학」12, 한국사전학회. 2008. 97-121.
박주원. 의성의태 용언의 특성과 사전 처리 방향.
　　　;「한국사전학」15, 한국사전학회. 2010. 128-164
김혜령. '몰(沒)-', '무(無)-', '미(未)-', '불(不)-', '비(非)-'계 접두 파생어와 어기의 의미
　　　관계.
　　　;「한국사전학」14, 한국사전학회. 2009. 111-139.
도원영·김의수·김숙정. '본말/준말'류에 대한 재고 - 사전의 어휘 관계 기술을 위하여.
　　　;「한국어학」37, 한국어학회. 2007. 277-301.
김양진·정연주. 국어사전에서 최초 출현형의 기준 설정에 대하여.
　　　;「한국어학」40, 한국어학회. 2008. 149-175.

2부

이현희·박미영. 어휘 교육을 위한 전자사전의 활용 방안.
　　　;「새국어교육」83, 한국국어교육학회. 2009. 375-406.
차준경. 어휘 의미의 특성을 반영한 의미 기술 - 사건 명사의 다의를 중심으로.
　　　;「한글」288, 한글학회. 121-146.

1부

〈고려대 한국어대사전〉과 사전학

〈고려대 한국어대사전〉과 사전학

〈고려대 한국어대사전〉 편찬 사업의 특징과 향후 발전 방향

홍종선·도원영

1. 머리말

본고는 〈고려대 한국어대사전〉의 편찬 과정과 사전학적 특징을 소개하고 향후 발전 방향을 알리는 데 목적이 있다. 지난 2009년 10월에 출간된 〈고려대 한국어대사전〉(이후 〈고려대〉)는 1993년 언어정보연구소 산하 국어사전편찬실 발족 이후 17년간 진행된 사전 편찬 작업의 결과이다. 대학의 연구 기관이 편찬한 최초의 한국어대사전으로서 1세대 사전 편찬 방식과는 달리, 대규모 한국어 데이터베이스 기반의 자료 추출, 전산화된 검색 및 집필·수정 통합 시스템을 적용한 진일보한 편찬 방식, 국내 최초로 도입한 미시 정보 기술 등 새로운 세대의 사전 시대가 도래했음을 알린 계기가 되었다. 이에 2장에서는 편찬 목적과 편찬 경과 등에 대해, 3장에서는 사전학적 특징을, 4장에서는 사전 편찬 지원 도구에 관해 다루고자 한다. 5장에서는 편찬 지침의 주요 항목을 소개하고 6장에서는 현재 작업과 향후 과제를 사전학적 지향점을 중심으로 언급하려고 한다.

2. 〈고려대 한국어대사전〉 편찬 개요

2.1. 사전 기획 당시의 상황과 편찬 의도

국어사전 편찬 사업은 1992년 9월 이기용, 정광, 김홍규, 강범모 교수가 참여한 코퍼스 언어학 세미나에서 처음으로 발의되었다. 본격적으로 준비에 들어간 것은 1993년 5월에 한샘출판사로부터 후원을 받게 되면서였다. 5년에 걸쳐 중사전 규모의 국어사전을 편찬할 계획으로 같은 해 11월 언어정보연구소 산하의 한 부서로 출발했다. 20만 개 표제어 규모의 종이사전뿐만 아니라 국어사전으로는 처음으로 전자사전을 함께 낼 계획을 발표하여 당시 각계로부터 많은 주목을 받았다.

이미 출판된 대사전, 중사전 규모의 국어사전들이 상당수임에도 불구하고 국어사전 편찬 사업을 기획할 수밖에 없었던 이유는 기존의 국어사전들이 이전 사전들의 내용과 형식을 그대로 답습하는 데서 벗어나지 못하여 사전 이용자들의 국어 어휘 정보에 대한 욕구를 충분히 만족시키지 못하고 있기 때문이었다. 재래식 어휘 수집과 카드 작업에 기반한 편찬, 제한된 언어 자료와 편찬자의 직관에 의존한 집필, 용례의 부족과 작위성 등이 바로 그것이다. 특히 기존 사전은 표제어 선택이나 의미 내항의 풀이에서 앞선 사전의 내용을 상당 부분 전용하는 관례를 고치지 못하였다.

고도의 정보 통신 사회에 접어들면서, 정보로서의 자연 언어에 대한 가치 인식 또한 한층 높아졌다. 컴퓨터의 발달과 보급은 엄청난 양의 자연 언어뿐만 아니라 화상 정보, 음성 정보까지도 정보 통신 분야 및 실제 언어 현장에서 유용하게 쓸 수 있는 정보로 만들어 주었다. 따라서 사전 이용자들은 이러한 발달에 힘입어 좀더 다양하고 통합적인 정보가 담긴 사전을 원하게 되었다. 특히 컴퓨터를 통해 교육, 문화 등 사회 전 분야에 걸친 정보를 향유하는 새로운 세대를 위하여 통합적인 언어 정보를 사전의 정보 안에 포함시켜 멀티미디어를 통해 전달해야 하는 필요성이 그 어느 때보다도 커졌다고 할 수 있다. 이에 새롭게 편찬하는 국어사전은 실제 언어 현장에서 필요한 명시적이고 유용한 언어 정보를 효과적으로 제시하는 데 일차적 목적을 두고 나아가 사전의 언어 정보를 대규모 한국어 데이터베이스에서 추출함으로써 한국어 정보 처리 및 그 응용 분야에서 발전적 기반을 마련하는 데 이차적 목적을 두었다.

2.2. 편찬 목적과 사전 성격

〈고려대 한국어대사전〉은 대학 연구 기관인 고려대학교 민족문화연구원이 2009년에 펴낸 최초의 국어대사전이다. 편찬 목적은 이 사전의 머리말과 도원영·차준경(2009) 등에서 밝혔듯이 다음과 같이 정리할 수 있다.

첫째, 오늘날의 살아 있는 국어를 충실하게 포착하여 기술한 사전을 편찬하기 위해서이다. 실제 언어생활에 쓰이는 어휘가 한국인의 어휘 목록이라는 기조에서 출발, 한국어 어휘 데이터베이스에서 확인된 어휘소를 망라하여 사전 표제어로 올리고 코퍼스에서 확인된 의미와 용법을 제시하는 현대 한국어 어휘 사전을 편찬할 시기에 도달하였다.

둘째, 사전 이용자의 관점에서 구성되고 기술된 사전을 편찬해야 할 때이다. 기존 사전은 사전의 거시 구조 구성과 배열, 미시 항목의 설정과 세부 기술에 관한 전 차원에 걸쳐 대체로 편찬자 중심의 사전을 만들어왔다. 표제항을 확대하는 데 주력하여 세밀한 언어 정보를 충실히 체계적으로 담아 쉽게 이용할 수 있도록 하려는 고민이 상대적으로 적었다. 사전을 이용할 언중의 필요와 요구를 정확히 파악하여 이용자가 찾고자 하는 표제어와 세부 정보가 두루 실린 사전, 친절하고 편리한 사전을 편찬해야 할 때다.

셋째, 사전의 언어 정보를 대규모 한국어 데이터베이스에서 추출함으로써 한국어 정보 처리 및 그 응용 분야에서 발전적 기반을 마련하기 위해서이다. 지식 기반 사회로의 이행 과정에서 필수적인 국어 정보화 사업과 연계하여 대규모 한국어 어휘 데이터베이스 구축과 분석 및 평가 자료의 체계화와 정교화 작업을 이행하려고 한다.

넷째, 민족문화의 창달을 위해 정진해 온 연구 기관의 역대 근간 사업을 잇게 됨으로써 한국학의 산실로서의 명맥과 전통을 계승, 발전하기 위해서이다. 이는 대학 연구소의 설립 목적과 배경, 추구하는 학문적 가치의 구현을 편찬의 목적으로 삼은 것이다.

위와 같은 편찬 목적을 구현하기 위해 〈고려대 한국어대사전〉이 지향하는 사전의 성격은 크게 세 가지로 정리할 수 있다.

첫째, 포괄적 성격의 정규 사전, 현대 국어 사전
둘째, 사전 이용자 중심의 사전
셋째, 학문적 성과를 집약하고 새로운 연구를 기반으로 하는 사전

2.3. 편찬 경과

날짜	내 용
1992.9.	이기용, 정광, 김흥규, 강범모 교수 코퍼스 언어학 세미나 시작
1993.5.	국어사전 편찬 사업 설계
1993.8.	한샘출판사와 후원 협약 체결
1993.11.	고려대학교 언어정보연구소 창립, 산하 국어사전편찬실 발족 (실장 : 정광 / 부실장: 홍종선)
1994.12.	[국어사전 집필지침] 초안 및 [국어사전] 시험 집필본 발간 강영 간사 선임
1995.4.	고려대학교 민족문화연구소 산하 연구실로 편입 (실장 : 홍종선 /부실장: 윤재민 /간사 : 강영)
1995.7.	천만 어절 규모의 '고려대학교 한국어 말모둠 1' 구축, 용례 추출 프로그램 개발
1995.11.	[집필어휘 추출용 목록 I] 발간
1996.9.	최호철 교수 부실장 선임
1997.2.	최경봉 연구원 간사 선임
1997.4.	[국어사전 집필지침] 발간, 국어사전편수실 개실
1997.6.	[집필 어휘 추출용 목록II] 발간
1997.8.	도원영 연구원 간사 선임
1997.11.	민족문화연구원으로 승격
1998.1.	전자사전 LEX, SEE, SAY 완성
1998.8.	[국어사전 집필지침] 보완본 발간 및 1 · 2차 코퍼스 추출 표제어 집필 완료
1999. 1.	전자사전 LARK 완성, 한자어 코퍼스 구축 완료
1999.4.	1 · 2차 코퍼스 추출 표제어 교열 완료, [한자어 코퍼스 추출 표제어] 선정 및 집필 문학 · 민속 코퍼스 구축 작업

2000.1.	[문학, 민속 코퍼스 추출 표제에 선정 및 집필
2001.1.	추가 집필 표제어 교열 완료, 용언 표제어 문형 및 의미역 지침 마련
2002.2.	형태 분석 정보 지침 마련
2003.8.	용언 표제어 문형 및 의미역 작업 완료
2004.1.	형태 분석 정보 작업 완료
2005.1.	교열 작업 시작, 1차 감수 작업
2006.12.	『현대한국어대사전』(가칭) 출간 체제로 전환 사전 편찬용 통합 프로그램 개발 착수
2007.4.	교열 작업 완료, 사전 편집 프로그램 버전 1.0 완성
2007.5.	대사전 표제어 추가 선정 및 집필 완료, 교열 시작
2007.12.	사전 출판 일정 확정, 사전편찬부로 조직 개편, 도원영 연구교수 부장 선임
2008.3.	교열 완료, 항목별 교정 시작,사전 편집 프로그램 버전 2.0 완성
2009.7.	항목별 교정 완료, 인쇄 교정 시작
2009.8.	인쇄 교정 완료, 제작
2009.10.	『고려대 한국어대사전』 편찬 보고회, 출판 기념회

3. 〈고려대 한국어대사전〉의 특징

이 절에서는 〈고려대 한국어대사전〉의 규모와 특징에 대해 소개하고자 한다.

3.1. 규모

사전에 실린 표제어는 총 386,889개이다. 이는 주표제어의 수이다.[1] 판형은 국배판을 변형하였으며 전체 페이지 수는 7,553쪽에 이른다. 책은 총 3권으로 분권하였다.

3.2. 사전학적 특징

대규모 자연언어 데이터베이스에서 추출한 어휘 386,889개를 표제어로 선정, 현실 국어의 모습을 반영하고 이용자 측면을 고려한 실용적인 사전이다. 세부 특성을 간략히 소개하면 다음과 같다.

3.2.1. 사전의 전체 구성

사전에 등재된 어휘에 관한 정보는 표제어, 어깨번호, 형태 정보, 발음 정보, 불규칙 정보, 활용 정보, 품사 정보, 전문 분야 정보, 문형 정보, 제약 정보, 사용 영역 정보, 의미역 정보, 뜻풀이, 용례, 관련어, 어원 정보, 부가 정보 순으로 제시하였다. 주표제어 밑에는 부표제어로 관용구, 속담을 두었다. 이를 표로 보이면 다음과 같다.

```
표제어1 〔형태 정보〕 [발음 정보]  《활용 정보》  몡「전문 분야」 ■문형 정보■ 〔 제약 정보 〕
■사용 영역 정보■ (의미역 정보) 뜻풀이 ¶용례 관련어 【어원 정보 《출전》 】
┌─────────────────────────────────────────────────────────────────────┐
│    부가 정보                                                           │
└─────────────────────────────────────────────────────────────────────┘
관용구   뜻풀이 ¶용례 관련어
속담   뜻풀이 ¶용례 관련어
```

---

1) 속담이나 관용구는 첫 어절을 구성하는 단어를 기준으로 표제어 아래 부표제어로 제시하였다.

3.2.2. 표제어부

첫째, 1억 어절 규모의 한국어 데이터베이스에서 빈도가 있는 말을 표제어로 선정하였다. 초창기에는 당시 데이터베이스 구축 및 처리 기술상 용법을 확인하여 추출할 수 있는 현대 한국어를 십수만 개로 보았으나 이후 컴퓨터 성능과 정보 처리 기술의 발전을 토대로 코퍼스 규모의 확대, 코퍼스 종류의 다양화, 형태소 분석 기술의 정교화 과정이 이루어지면서 용법을 확인할 수 있는 표제어가 지속적으로 늘어갔다. 초창기에는 용례나 용법이 확인되지 않던 어휘가 관련 환경이 개선됨에 따라 일정한 영역에서 쓰이는 양상을 확인하게 된 것이다. 한자어 코퍼스, 문학 코퍼스, 토박이말 코퍼스, 국어교육용 목록, 교과서 등재 어휘 목록, 각종 전문어 사전 및 용어집, 방언 자료, 외래어 용례집 등을 데이터베이스화하여 어휘 추출의 자료 기반으로 삼았다. 뿐만 아니라 인터넷 검색 기반의 다층화에 힘입어 현실 속에 살아 숨 쉬는 말들을 좀 더 수월하게 탐색할 수 있었다.

둘째, 기존의 국어사전에 실리지 않은 표제어 약 4만 개를 새롭게 등재하였다. 최신 텍스트와 각종 신어 자료를 수집·가공·분석·확인하여 언중들이 실제로 두루 쓰고 있는 미등재어와 신어를[2] 찾아 실었다. 〈세종계획〉에서 구축한 원시 코퍼스에서 새로운 어형이 등장하면 1차 후보로 지정, 그 중에서 일부 어형을 신어로 선정하고 집필하는 과정을 십수 년간 지속하였다. 뿐만 아니라 국어원의 신어 자료, 언론사에서 매년 발행하는 신어사전, 인터넷 오픈 사전 등을 매년 수집, 조사, 정리, 판단하여 신어를 선정하였다. 특히 3~4년에 한 번씩 재심사

---

[2] 미등재어는 전부터 언중들이 쓰였으나 사전에 등재되지 못한 말을 뜻한다. 신어는 최근에 생성, 유통되고 있는 말을 뜻한다. 〈고려대 한국어대사전〉에서는 최근 10년간을 신어 판정 시기로 보았다.

를 단행하여 일시적인 유행어에서 생명력을 확보한 우리말을 주기적
으로 찾아내었다.

〈신어·미등재어의 예〉

개척교회, 새우눈, 속쌍꺼풀, 순애보, 스펙, 신내림, 아바타, 알바, 와불,
잔치국수, 파리목숨, 흑염소

되갚다, 속물스럽다, 시끌버끌하다, 신통찮다, 얄짤없다, 어물쩡대다,
여차저차하다, 오버하다, 짜맞추다

딩동댕, 오물조물, 용케, 왜냐면

아싸, 얀마

  셋째, 표제어로 선정한 항목은 모두 주표제어로 제시하였다. 표제
어를 제시하는 방법은 사전의 거시 구조를 구성하는 데 중요한 고려
사항이다. 기존 모든 대사전은 유독 파생어, 특히 접사 파생 용언과
접사 파생 부사 등을 직접 뜻풀이하지 않고 어기는 주표제어로 파생
어는 부표제어로 구분하였다. 특히 부표제어의 직접 뜻풀이를 생략하
던 방식을 고수하였다. 이는 사전의 편집을 경제적으로 운영할 수밖
에 없었던 종이사전 시대의 관용이다. 이를 극복해야 하는 이유는 어
기의 뜻으로는 파생 용언의 의미와 용법을 전혀 보여줄 수 없는 경우
가 많기 때문이다. 사전 이용자가 단번에 뜻풀이를 확인할 수 있다는
점도 커다란 의미를 가진다. 따라서 다른 표제어에 근거하여 상당수
를 부표제어로 상정하는 방식을 없애고 모든 표제어의 지위와 풀이
내용을 동일하게 처리하였다.3)

---

3) 이들을 모두 주표제어로 처리하였을 때 발생한다고 생각되는 지면 활용의 비경제성은
   일반적인 예상보다 실제로는 그리 크지 않았다. 이 문제에 관해선 따로 정밀한 논의가 필
   요한 것이다.

넷째, 동형어의 배열을 7가지의 대기준을 설정한 다음, 동일 조건일 때 19가지의 하위 기준을 적용하였다. 특히 기존 사전에서 설정한 바 없는 사용 빈도를 대기준의 하나로 두었다. 이는 데이터베이스 기반의 사전 편찬 방식을 고수하였기 때문에 도입할 수 있는 기준이다. 다음은 대기준으로 설정한 7가지 원칙과 그 사례이다.4)·5)

첫 번째, 어휘 형태를 문법 형태보다 앞에 배열하였다.

대요¹ 〔大要〕 명
-대요² 〔대(〈_다+하_어)+요〕 끝종

두 번째, 품사 정보가 있는 표제어를 무품사어보다 앞에 배열하였다.

그래서¹ 〔+그래(+그렇_어)+서〕 부
그래서² 형용사의 어간 '그러하-'에 어미 '-어서'가 붙어서 준 말.

세 번째, 품사 정보가 있는 표제어는 명사, 대명사, 수사, 동사, 형용사, 관형사, 부사, 감탄사, 조사, 접사, 어미의 순으로 배열하였다.

---

4) 지면의 문제로 본고에서는 7가지만을 제시한다. 도원영·차준경(2009)에 26가지의 기준과 해당 예가 기술되었다. 그밖에 적용된 세부 기준은 「〈고려대 한국어대사전〉 편찬 백서」(2011, 예정)에 제시할 것이다.

5) 동형어의 배열에서 기존 사전은 대개 표제어의 종류에 따라 '고유어-한자어-외래어-비표준어-접사-어미-고어'의 순에서 크게 벗어나지 않게 배열하였다. 유현경·남길임(2008)에서는 일반적으로 어휘 형태 → 문법 형태 → 가표제어의 순서를 따르며 어휘 형태 안에서는 학교 문법의 품사 순서를 따른다고 하였다. 국립국어원(2001)에서는 고어보다 현대어를 먼저 배열하고 '표준어-북한어-방언-오표기'의 순으로 배열하고 있다.

이² 명   적다² 〔+적_다〕 ①동타

이¹⁹ 〔二/貳〕 수   적다⁴ 〔+적_다〕 형

이²¹ Ⅰ 관

이²² 감

이²³ 조

-이²⁶ 접미

네 번째, 표준어, 비표준어, 방언의 순으로 배열하였다.

마다² 〔+마_다〕 동타

마다³ 동타 《방언》

다섯 번째, 고유어, 한자어, 외래어의 순으로 배열하였다.

솔¹ 명

솔⁵ 〔率〕 명

솔⁶ 〔sol〕 명

여섯 번째, 어휘 형태소는 사용 빈도가 높은 순으로 배열하였다.

도² 〔度〕 ① 명자립   ⇨ 빈도: 1,539

도³ 〔道〕 명   ⇨ 빈도: 508

일곱 번째, 조어 방식에 따라 단일어, 복합어의 순으로 배열하였다.

사죄³ 〔赦罪〕 명

사죄⁴ 〔+私+罪〕 명

다섯째, 표제어로 선택된 전체 복합어 174,686개에 대해, 표제어의 구성 성분을 밝히고 각 구성 성분의 자격을 보이는 형태 표지를 부착한 형태 분석 정보를 제시하였다. 〈고려대 한국어대사전〉의 형태 분석 정보는 기존 국어사전들에서 표제어의 구조를 단순히 2분지로 제시하였던 것과는 전혀 다른 제시 방식이다. 대사전 편찬 사상 최초로 표제어 분석의 단계를 다분지로 확장하였고, 표제어 구성 형식들의 형태론적 범주를 명시화한 것은 실용적 가치와 학술적 성과를 동시에 구현할 수 있게 되었다는 의의를 가진다. 아래 제시한 예들을 통해 알 수 있다.6)

붉은귀거북 [+붉_은+귀+거북] 몡
붉은기나나무 [+붉_은±幾那+나무] 몡
붉은긴다리원숭이 [+붉_은+기(길)_ㄴ+다리+원숭이] 몡7)

다리미질 [+다리미-질] 몡 다리미로 옷이나 천의 구김살을 문질러 펴는 일. ¶어머니는 와이셔츠 위로 물을 뿌리고 ~을 시작하였다... 〈유의〉다림질.
다림질 [+다리-ㅁ-질] 몡 다리미로 옷이나 천의 구김살을 문질러 펴는 일. ¶~로 열을 가해야 구김살이 펴진다... 〈유의〉다리미질.

신짝¹ [+신+짝] 몡 신발의 낱짝. ¶수동이는 새 고무신이 닳을까 봐, ~을 벗어 들고 걸었다.
신짝² [+신-짝] 몡'신2'을 낮잡아 이르는 말. ¶아무리 돈을 빌리러 왔다고 해도 사람을 무슨 ~ 취급하듯 쫓아내는 건 잘한 일이 아니다.

---

6) 김양진·이연희(2009)에 〈고려대 한국어대사전〉의 형태 분석 정보에 대한 사전학적·국어학적 의의를 예를 통해 밝히고 있다.
7) 〈표준국어대사전〉 등 기존 사전에서는 아래와 같이 이분지 형태 분석을 제시하고 있다. 붉은귀-거북, 붉은-기나나무, 붉은긴다리-원숭이

간고등어 [+간+고등어] 명

간곳없다 [+가_ㄴ+곳+없_다] 형

간석기 [+가(갈)_ㄴ+石器] 명

간암 [+肝+癌] 명

지은이 [+지(짓)_은+이] 명

아름다움 [±아름-다우(답)-ㅁ] 명

까만색 [+까마(까맣)_ㄴ+色] 명

보내오다 [+보내(+보내_어)+오_다] 동자

봐주다 [+봐(+보_아)+주_다] 동타

3.2.2. 뜻풀이부

첫째, 〈고려대 한국어대사전〉에서는 표제어의 어휘 의미를 직접 풀어주는 것을 원칙으로 하였다. 특히 원어·약어 관계나 본말·준말 관계에 있어 그 의미가 동일하다고 판단되는 표제어, 생산성이 높은 파생 접사에 의한 파생어 등도 모두 직접 풀이하였다. 또한 모든 표제어에서 한 단어로 뜻풀이를 대체하지 않고 구 이상으로 풀이하여 사용자의 이해를 높였다.

마음껏 〔+마음-껏〕 [--껃] 뷔 ❶마음에 만족스러울 정도로. ¶그는 자신의 재주를 마음껏 자랑하였다. / 이 짧은 밤이 지나기 전에 마음껏 즐겨 봅시다. 〈준말〉**맘껏**①. 〈유의〉마냥²①, 만판², 실컷①. ❷있는 힘과 정성을 다하여. ¶상희는 살아생전에 부모님께 용돈을 마음껏 드리고 싶었다. / 어머니는 바쁜 일과에도 불구하고 조카를 마음껏 돌보아 주었다. 〈준말〉맘껏②. 〈유의〉정성껏(精誠-).

맘껏 〔+맘(마음)-껏〕 [맘: 껃] 뷔 ❶마음에 만족스러울 정도로. ¶어린이들은 맘껏 뛰놀아야 한다. / 저 세상의 푸른 공기를 맘껏 들이마시고 싶다. 〈본말〉마음껏①. 〈유의〉마냥², 만판², 실컷①. ②있는 힘과 정성을 다하여. ¶20년 만에 만난 고향 친구를 맘껏 대접하다. 〈본말〉마음껏②.

갈리다² 〔+갈-리_다〕〈갈리어/갈려, 갈리니〉동자 ① 【명이】 (이가) 맞대어져 소리가 나도록 문질러지다. ¶그 사람 이름만 들어도 이젠 이가 갈린다. / 그때 생각만 하면 아직도 이가 북북 갈리고 온몸이 떨린다. 〈능동〉갈다¹①. ② 【명이】 (단단한 물체가) 다른 물체에 문질러져 조금씩 닳다. ¶먹이 부드럽게 잘 갈린다. 〈능동〉갈다¹④. ③ 【명이】 (낟알이나 음식 재료가) 잘게 부수어지거나 으깨어지다. ¶소고기가 너무 잘게 갈렸다. 〈능동〉갈다¹③. ❹ 【명이】 (칼이나 낫과 같은 연장이) 날카로워지도록 무엇에 문질러지다. ¶칼이 잘 갈렸나 한번 보자. 〈능동〉갈다¹②. ⑤ 【명이】 (나무가) 갈이칼에 깎이다. 【골이다 ≪두시-초6:21≫】

갈리다³ 〔+갈-리_다〕〈갈리어/갈려, 갈리니〉동자 ① 【명이 명으로】 (어떤 사람이 다른 사람으로) 대신 바뀌다. ¶사장이 새 인물로 갈리자 회사 분위기가 달라졌다. / 사람이 너무 자주 갈리면 일의 능률이 떨어질 수도 있다. 〈유의〉교체되다(交替--). 〈능동〉갈다²②. ❷ 【명이 명으로】 (무엇이 다른 것으로) 대신 바뀌다. ¶이 전철역 이름이 오늘부터 인근 대학 이름으로 갈린다. / 그 영화가 개봉한 지 얼마 안 되었는데 벌써 다른 영화로 갈렸네. 〈유의〉교체되다(交替--). 〈능동〉갈다²①.

갈리다⁴ 〔+갈리_다〕〈갈리어/갈려, 갈리니〉동자 【명이】 (목이) 거칠고 쉰 소리가 나다. ¶운동장에서 하도 소리를 쳐서 목이 다 갈렸다. / 합창 대회에 나가는 날 나는 목소리가 갈려 입만 벙긋벙긋 움직이고 노래는 하지 않았다. 〈유의〉쉬다³.

갈리다⁵ 〔+갈리_다〕〈갈리어/갈려, 갈리니〉동자 【명이】 (논이나 밭이) 씨 뿌리기 좋도록 쟁기 따위로 파헤쳐져 뒤집어지다. ¶넓은 밭이 다 갈려서 이제 씨 뿌릴 날만 기다리고 있다. 〈능동〉갈다³①.

갈리다[6] 〔+갈-리_다〕〈갈리어/갈려, 갈리니〉 图타 ❶ 『명이 명에게 명을』(어떤 사람이 다른 사람에게 칼이나 낫 따위의 연장을) 날카로워지도록 무엇에 문지르게 하다. ¶아내가 무뎌진 과도를 칼 장수에게 갈렸다. 〈주동〉갈다[1]②. ② 『명이 명에게 명을』(어떤 사람이 다른 사람에게 단단한 물체를) 다른 단단한 물체에 문질러 조금씩 닳아지도록 하다. ¶선생님이 아이에게 먹을 갈렸다. 〈주동〉갈다[1]④.

갈리다[7] 〔+갈-리_다〕〈갈리어/갈려, 갈리니〉 图타 『명이 명에게 명을』(어떤 사람이 다른 사람에게 논이나 밭을) 씨 뿌리기 좋도록 농기구로 흙을 파헤쳐 뒤집게 하다. ¶일손이 너무 부족해서 올해에는 사람을 써서 밭을 갈릴 판이다. 〈주동〉갈다[3]①.

갈리다[8] 〔+갈-리_다〕〈갈리어/갈려, 갈리니〉 图타 『명이 명에게 명을』(어떤 사람이 다른 사람에게 무엇을) 다른 것으로 대신 바꾸게 하다. ¶내가 동철이에게 말굽을 좀 갈렸다. 〈주동〉갈다[2]①.8)

---

8) 〈표준〉에서 '갈리다'의 처리는 다음과 같다.
갈리다02 〔갈리에[-어/--예(갈려), 갈리니〕 「동사」
「1」【…으로】 '가르다[1]'의 피동사.
「2」 '가르다[2]」3」'의 피동사.
갈-리다03 〔-리에[-어/-예(-려), -리니〕「동사」【…으로】
「1」 '갈다01「1」'의 피동사.
「2」 '갈다01「2」'의 피동사.
갈-리다04 〔-리에[-어/-예(-려), -리니〕「동사」
「1」 '갈다02[1]「1」'의 피동사.
「2」 '갈다02[1]「2」'의 피동사.
「3」 '갈다02[1]「3」'의 피동사.
「4」 '갈다02[1]「4」'의 피동사.
「5」 갈이칼에 깎이다.
갈-리다05 〔-리에[-어/-예(-려), -리니〕「동사」'갈다03「1」'의 피동사.
갈-리다06 〔-리에[-어/-예(-려), -리니〕「동사」【…에게 …을】 '갈다01「1」'의 사동사.
갈-리다07 〔-리에[-어/-예(-려), -리니〕「동사」【…에게 …을】
「1」 '갈다02[1]「1」'의 사동사.
「2」 '갈다02[1]「3」'의 사동사.
갈-리다08 〔-리에[-어/-예(-려), -리니〕「동사」【…에게 …을】
'갈다03「1」'의 사동사.

둘째, 표제어의 실제 용법을, 코퍼스에서 추출한 용례를 통해 확인하면서 풀이하였다. 특히 기존 사전에서 기술하지 않은 새로운 의미를 찾아내어 뜻풀이에 반영하였다.

> **풀다** 〔+풀_다〕〈풀어, 푸니〉 图ᵗᵃ ① 〚명이 명을〛 (사람이 감정을) 누그러뜨리거나 사라지게 하다. ¶이제 그 만화를 **푸시고** 제 얘기를 들어 보세요. / 시어머니는 교인들에 대한 오해를 좀처럼 **풀려고** 하지 않았다. / 남자이건 여자이건 가슴의 한을 일대 통곡으로 푸는 경우가 많다. / 시험이 끝난 뒤 우리들은 우울한 기분도 풀겸 해서 노래방에 갔다. / 아이들은 공부에 대한 압박감을 푸는 방법으로 전자오락이나 텔레비전을 찾는 편이다. …(24) 〚명이 명을〛 (**사람이 머리카락을**) **곧은 상태로 늘어지게 하다.** ¶그녀는 오후에 미장원에 가서 파마머리를 **풀었다.** 〈피동〉풀리다¹⑧.

셋째, 표제어가 다의어일 경우 의미 내항의 배열은 빈도순으로 하였다.[9] 〈고려대 한국어대사전〉에서는 실제로 많이 사용되는 의미를 가장 앞쪽에 배치하는 것이 사전 이용자들의 표제어의 의미 이해를 돕고 이용 편의를 높일 수 있다고 판단하여, 사용 빈도에 따라 배열하였다. 이렇게 빈도순 배열을 택할 경우 기본 의미를 알기 어려울 수 있으므로 기본 의미는 검은 원문자(❶, ❷, ……)로 표시하였다.

> **결과**¹ 〔結果〕 명 ①어떤 원인으로 말미암아 이루어진 일의 상황이나 상태. ¶투표 결과 / 조사 결과 / 시험 결과가 발표되었다. / 그들은 제품의 우수성에 대해 10년 동안 연구 조사한 결과를 발표했다. / 농업은 지금까지 줄곧 천대를 받아 왔고, 그 결과 농업이 당면한 효율성과

---

9) 대부분의 사전에서 표제어의 기본 의미를 가장 처음에 배열하고, 기본 의미에 가까운 파생 의미들을 순차적으로 배열하고 있다. 이렇게 배열하면 현대 국어에서 언중들이 실제로 자주 사용하는 의미가 비교적 뒤쪽에 배치되는 경우가 많다.

경쟁력 향상의 조건은 열악하기 짝이 없다. / 재검사 결과가 달라질까? 〈유의〉과⁵(果)①. ❷열매를 맺음. 또는 그 열매. ¶그들은 황무지를 개간하여 마침내 수확하게 된 결과를 보면서 한없는 감사의 기도를 드렸다. 〈유의〉결실¹(結實)②, 과실²(果實)①, 열매¹①. ③「철학」 내부적 의지나 동작의 표현이 드러나는 외적 양태, 동작 및 그곳에서 생기는 영향이나 변화.

넷째, 실제 사용되는 용례가 있는 모든 용언 표제어에 대해 문형과 의미역 정보를 제시하였다. 또한 문형과 의미역, 뜻풀이가 유기적으로 연결되어 자연스러운 문장으로 읽힐 수 있도록 제시하였다.

가다듬다 〔+가(갈)+다듬_다〕 [---때 동타 ❶ 〖명이 명을〗 (사람이 정신이나 마음 따위를) 바로 차리거나 진정하여 다잡다. ¶부장님은 잠시 말을 멈추고 호흡을 가다듬었다. / 사진 기자는 시상을 가다듬고 있는 시인의 모습을 클로즈업하였다. / 그녀는 제자에게 매일 몸을 깨끗이 씻고 마음을 가다듬어 욕심을 없애라고 하였다. ② 〖명이 명을〗 (사람이 옷차림이나 자세 따위를) 바르게 하다. ¶그들은 전열을 가다듬어 진격을 재개했다. / 그녀는 옷 매무새를 다시 가다듬고 초인종을 눌렀다. ③ 〖명이 명을〗 (사람이 호흡이나 목청을) 고르게 하다. ¶그는 호흡을 가다듬기 위해 막걸리를 한 모금 또 마셨다. / 선생님은 성우처럼 목을 한 번 가다듬고는 정돈된 목소리로 다시 말씀하셨다. 【ᄀ다듬다 ≪월석序:18≫】

들추다 〔+들-추_다〕 〈들추어/들춰, 들추니〉 동타 ❶ 〖명이 명을〗 (사람이 가리고 있는 것을) 속이 드러나게 들어올리다. ¶그녀는 거적문을 들추고 부엌으로 들어갔다. / 답답한 나머지 그는 휘장을 들추며 안으로 들어갔다. 〈잘못〉들치다³. ② 〖명이 명을〗 (사람이 지난 일이나 숨은 일을) 끄집어내어 드러나게 하다. ¶지나간 일을 굳이 들추려는 의도가 뭐냐. / 그의 직업은 남의 사생활을 들추는 것이었다. 들치다³. ③ᄀ 〖명이 명을〗 (사람이 어떤 곳을) 무언가를 찾으려고 자꾸 뒤지다. ¶잃어 버린 책을 찾는다는 일념하에 그는 모든 서재를 들추었다. 〈잘못〉들치다³. ㉡ 〖명이 명을〗 (사람이 책을) 넘겨 가며 자꾸 뒤지다. 〈잘못〉들치다³. 【들추다 ≪유해역下:49≫】

다섯째, 코퍼스에서 추출한 용례 중에서 표제어의 의미와 용법이 자연스럽게 드러나는 예문을 뽑았다. 이해하기 어려운 원문 용례는 그대로 쓰지 않고 적절하게 가공·편집하였다.

사다 〔+사_다〕 〈사, 사니〉 동타 ❶ 〖명이 명에게 명을〗 (어떤 사람이 다른 사람에게 물건이나 권리를) 값을 치르고 자기 것으로 만들다. ¶아이는 담임선생님에게 드릴 선물을 샀다. / 오늘 나는 종로에 나와서 신을 사고 옷감도 바꿨다. / 흔히 연인들은 똑같이 생긴 반지를 두 개 사서 나눠 끼곤 한다. / 공부하려고 컴퓨터를 샀는데 오히려 집중이 더 안 된다. / 가전제품을 사려면 제조업체의 애프터서비스 여부를 꼭 알아보아야 한다. 〈반의〉팔다①. 〈사동〉사이다³. ❷ 〖명이 명에게/명에게서/명으로부터 명을〗 (어떤 사람이 다른 사람에게 자신에 대한 감정을) 자신의 말이나 행동으로 말미암아 가지도록 하다. ¶괜한 말을 해서 그에게 반감을 사고 말았다. / 그녀의 조신한 태도는 아우에게 호감을 살 만 했다. / 그는 매일 지각을 하여 사람들로부터 빈축을 사곤 했다. / 비리 혐의에 연루된 것으로 밝혀진 그는 주위 동료들로부터 눈총을 사게 되었다. / 내가 어려운 처지에 있다는 것을 알려 주위 사람들에게서 동정을 사고 싶지 않다. ❸ 〖명이 명을〗 (사람이 일을 할 사람을) 대가를 치르고 부리다. ¶일꾼을 더 사서라도 다음달까지는 이 공사를 마치도록 하시오. / 요즈음 젊은이들은 힘든 일을 싫어해서 힘세고 민첩한 사람을 사기가 힘들다오. ❹ 〖'높이'와 함께 쓰여〗 (사람이 대상을, 또는 그 대상의 장점을) 그 가치를 인정하다. ¶나는 자네의 그 패기를 높이 사는 바이네. / 나는 창의력의 측면에서 이 학생의 작품을 높이 사고 싶습니다. / 그의 업적을 높이 산 정부는 그에게 훈장을 수여하기로 했다. / 김 교수는 박 군의 성실성을 높이 산다며 장래가 촉망된다고 했다. 【사다 ≪석보6:8≫】

여섯째, 유의어, 반의어 등 20종의 관련어 정보를10) 뜻풀이 단위마다 각각 제시하였다. 본말-준말 / 원어-약어 / 큰말-작은말 / 센말-거센말-여린말 / 이형태 / 유의어 / 반의어 /주동사-사동사 / 능동사-피동사 / 높임말 / 낮춤말 / 참고어 / 비표준어 등의 관련어를 약 18만 개의 표제어에서 45만여 개 제시하였다.

이를 표로 나타내면 다음과 같다.

형태상 관련어	본말-준말	20가지
	원어-약어	
	큰말-작은말	
	센말-거센말-여린말	
	이형태	
의미상 관련어	유의어	
	반의어	
	주동사-사동사	
	능동사-피동사	
	높임말	
	낮춤말	
기타 관련어	참고어	
	비표준어	

---

10) 〈고려대 한국어대사전〉 이전의 국어사전에서는 다음과 같은 유형의 관련어 정보를 제시하였다.

사전	용어	정보 유형	개수
금성판 국어대사전(1991)	연관 관계	동의어, 상대어/참고어, 준말/본말, 큰말/작은말, 센말/거센말, 오류어/방언	11가지
우리말 큰사전(1992)	관계말	준말, 거센말/센말/여린말, 작은말/큰말, 한뜻말, 맞선말, 참고말	9가지
연세 한국어사전(1998)	관련된 말	준말, 유의어, 반의어, 큰말/작은말, 센말/여린말, 파생어, 연어, 관련어, 가보라, 참고	12가지
표준국어대사전(1999)	관련 어휘	동의어, 본말/준말, 비슷한말, 반대말, 높임말, 낮춤말, 참고 어휘	8가지

3.2.3. 부가 정보와 부록

첫째, 표제어의 어원, 문법적 특징, 일상에서 혼동되는 말, 정서법 관련 사항 등, 이용자의 궁금증을 풀어 주는 2,200여 건의 부가 정보를 수록하였다.

① 어원의 상세한 설명: 널리 알려진 어원 가운데 필요한 것은 부가 설명으로 제시하되 잘못 알려진 어원은 바로잡도록 하였다. 특히 제시된 한자만으로는 의미를 이해하기 어려운 한자어에 대해서는 어원을 통해 그 의미를 상세히 설명하고자 하였다.

올해 명 지금 지나고 있는 이 해. ……

> 🔍 '금년(今年)'의 의미를 갖는 '올해'는 15세기에 '올ㅎ'이었다. 이 말은 중세 국어에서 '올히[주격형], 올흔[절대격형], 올히[처격형]' 등으로 쓰였다. '올해'는 이 가운데 처격형 '올히'가 어원 의식을 상실하면서 단일 명사로 변하게 된 것이다. 즉 '올해'는 '올ㅎ+-이'(처소격 조사)>올히>올해'의 변화 과정을 거쳐 형성된 것이며 이를 '오-[來] + -ㄹ + 해[年]'로 분석하는 견해는 잘못이다.

② 문형이나 문법적 변형에 대한 보충 설명: 서술어의 문형이나 단어의 쓰임에서 문법적인 변형이 일어나는 부분에 대해 자세히 설명하였다.

비슷하다[1] 〔±비슷-하_다〕 …… 형 〖명이 명과〗 〖명이〗 (어떤 대상이 다른 대상과, 또는 둘 이상의 대상이) 생김새나 성질이 아주 똑같지는 않지만 닮은 점이 많다. ……

> 🔍 '비슷하다'는 〖명이 명과〗의 '과'가 생략된 〖명이 명〗의 문형으로도 쓰일 수 있어 다음 두 문장이 모두 가능하다. '이 과일은 귤과 비슷하다', '이 과일은 귤 비슷하다'

③ 어문 규정: 표제어에 적용되는 〈한글 맞춤법〉과 〈표준어 규정〉 가운데 언중들이 자주 혼동하거나 궁금해할 만한 항목은 규범에 기대어

보충하여 설명하였다.

가뭄 〔+가무(가물)-ㅁ〕 뗑 오래도록 계속하여 비가 오지 않는 날씨.……

> ○ '가뭄'과 '가물'은 〈표준어 규정〉 제3장 제5절 제26항 "한 가지 의미를
> 나타내는 형태 몇 가지가 널리 쓰이며 표준어 규정에 맞으면, 그 모두를
> 표준어로 삼는다."라는 규정에 따라 복수 표준어로 인정된 말들이다. 이
> 두 단어는 뜻이 완전하게 같은 말이나, '가뭄'은 '가물다'의 동명사형인 '가
> 묾'에서 나온 말이고 '가물'은 '가물다'의 어간형 명사여서 단어 형성의 차
> 원에서는 기원적으로 차이가 있다. 현대 국어에서는 '가뭄'이 점점 더 큰
> 세력을 얻고 있고 '가물'은 점차 세력을 잃고 있으나, '가물에 콩 나듯 한
> 다'와 같은 관용 표현에서 '가물'도 여전히 명맥을 유지하고 있다고 보아
> 복수 표준어로 처리한 것이다.

④ 일상에서 혼동되는 말: 일상에서 혼동되어 사용되는 말에 대해서는 그
혼동되는 부분을 중심으로 각각의 용법이 분명히 드러나도록 설명하
였다.

왠지 〔+왜+이ㄴ지〕 뮌 왜 그런지 모르게. 또는 뚜렷한 이유도 없이.……

> ○ '왠지'는 '왜인지'가 줄어서 된 말이므로 '웬지'가 아니라 '왠지'가 맞다.
> '웬'을 쓰는 경우는 '왜'의 의미가 없는 '웬, 웬걸, 웬만치, 웬만큼, 웬만하
> 다, 웬만히, 웬셈, 웬일' 등이 있다. '웬, 웬걸, 웬셈, 웬일'은 모두 '우연한'
> 과 관련한 말로 '예상과 달리'의 의미를 지닌다.

⑤ 순화어: 2005년까지 고시된 순화 대상어 중 지나치게 어렵거나 비규
범적인 말, 외래어 등을 선별하여 해당 표제어에 순화어를 제시하였
다.

고수부지 〔土高水+敷地〕 뗑 큰물이 날 때에만 물에 잠기는 강이나 시
내의 터. ……

> ○ '둔치', '둔치 마당', '강턱(江-)'으로 순화.

둘째, 주요 용언 1,100여 개의 활용형 22,731개를 기본형과 연계하여 부록으로 제시하였다.

가	가다	동	가꾸는데	가꾸다	동	가꾸자	가꾸다	동
가거라	가다	동	가꾸니(종)	가꾸다	동	가꾸지	가꾸다	동
가고	가다	동	가꾸니(연)	가꾸다	동	가꾼	가꾸다	동
가꾸거라	가꾸다	동	가꾸되	가꾸다	동	가꾼다	가꾸다	동
가꾸고	가꾸다	동	가꾸라고	가꾸다	동	가꿀	가꾸다	동
가꾸나(종)	가꾸다	동	가꾸어	가꾸다	동	가꿈	가꾸다	동
가꾸나(연)	가꾸다	동	가꾸어라	가꾸다	동	가꿉니다	가꾸다	동
가꾸네	가꾸다	동	가꾸어요	가꾸다	동	가꿉시다	가꾸다	동
가꾸느냐	가꾸다	동	가꾸었다	가꾸다	동	가꿔	가꾸다	동
가꾸는	가꾸다	동	가꾸오(청)	가꾸다	동	가꿔라	가꾸다	동
가꾸는구나	가꾸다	동	가꾸오(평)	가꾸다	동	가꿔요	가꾸다	동

4. 사전 편찬 지원 도구

4.1. 사전 편집기: 두루미

2007년에 개발된 두루미는 웹상에서 대규모 작업을 하기에 적절한 JSP 기반에 데이터베이스 관리 시스템인 mySQL을 결합하여 만들어진 편찬 프로그램이다. 기본적으로 표제어 집필, 교열, 교정과 같은 편찬 작업용 기능을 갖추고 있으며 일반 검색 및 상세 검색 기능을 통해 사전 집필 내용을 모든 항목별로 목록화하고 그 결과를 산출하는 기능도 겸비하고 있다.

접속 방식은 아이디를 부여 받은 작업자가 민족문화연구원 메인 서버에 접속하여 실시간 작업을 진행하도록 되어 있다. 수정 작업은 바로 확인되며 모든 수정 내역은 작업 일시, 작업자, 집필 항목별로 이력 조회가 가능하다. 수십 명의 작업자가 동시에 다중 검색 작업을 실시하더라도 큰 무리 없이 실행된다. 주요 기능은 다음과 같다.

1) 집필: 표제어 생성, 표제어 삭제, 표제어 수정(교열, 교정)
2) 검색: 일반 검색, 상세 검색
   ① 표제 정보
      표제어, 표제어번호, 어깨번호, 파일번호, 빈도, 원어, 형태, 발음, 어원, 활용형, 활용례, 전문 분야, 표준어, 부가정보, 검토[11]
   ② 뜻풀이 정보
      의항 단계, 품사, 전문 분야, 문형, 환경, 사용역, 의미역, 풀이, 용례, 관련어
3) 관련어 편집
   형태별 검색, 유형별 검색 : 자모별 검색, 품사별 검색
4) 동형이의어 편집
   배열 순서에 따라 반자동 편집

---

11) 편찬 과정에서 작업자와 관리자 간의 소통, 작업자 간의 소통을 위해 마련한 항목이다. 담당 분야의 관리자에게 질의를 하거나 다른 작업자의 집필 과정에 도움을 될 만한 정보를 일정한 제목 아래 작성한다. 관리자 및 작업 담당자가 수시로 확인하여 문제를 해결하는 방식으로 진행하였다.

그림 1. 표제어 생성

그림 2. 표제어 검색

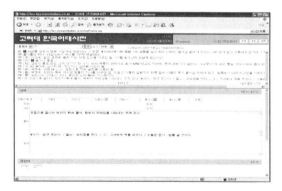

그림 3. 표제어 수정

그림 4. 관련어 수정

그림 5. 동음이의어 편집

4.2. 코퍼스와 용례 추출기

〈고려대 한국어대사전〉의 편찬 과정에서 표제어를 선정하고 의미 정보와 빈도 정보를 확인하고 용례를 작성하는 데 가장 큰 도움을 받았던 것은 코퍼스이다. 편찬 초기에 표제어와 용례 추출의 발판이 된 코퍼스는 1,000만 어절 규모로 구축된 고려대 한국어 말모둠1(Korea Corpus 1)이었다. 이후 민연이 참여한 '21세기 세종계획'의 세종 말뭉치와 카이스트 코퍼스 등의 도움을 받았다. 특히 민연에서 자체 구축한 문학 코퍼스와 한자어 코퍼스, 민속 코퍼스 등에서 한국인의 언어 문화 속에 살아 있는 토박이말과 한자어, 민속어를 많이 찾아낼 수 있었다. 편찬 후기에 접어들면서 2000년대 텍스트가 보강된 1500만 어절의 세종 형태 의미 분석 말뭉치를 통해 신어 추출, 빈도 확인, 용례 추가 등의 작업을 이루어 내었다.

용례 추출기는 구축된 코퍼스에서 이용자가 용례를 검색하고 추출할 수 있도록 만든 프로그램이다. 찾고자 하는 단어(색인어)를 문맥의 가운데에 배치하고 양쪽으로 일정한 길이의 문맥을 제시하는 '문맥 내의 색인어(Keyword in Context : KWIC)' 형태로 제시하여 대량의 코퍼스에서 용례를 바로 추출할 수 있도록 하는 한편, 간단한 질의어를 이용한 선택 제약 사항 부여에 의한 용례 선별과 용례 정렬 기능을 제공하고 있다.

〈고려대〉 편찬 과정에서 개발한 첫 번째 프로그램은 1994년 민족문화연구원 전자텍스트연구소에서 개발한 〈CETConc(고려대 민족문화연구원 전자텍스트연구소 용례추출기)〉이다. 색인어 앞뒤 조건을 줄수 있는 복수 조건 검색이 가능하여 고빈도 표제어의 용례를 선별하여 뽑는 데 효과적이었다.

두 번째 프로그램은 〈21세기 세종계획〉에서 개발한 글잡이다. 형태소 단위뿐만 아니라 자소 단위로 검색할 수 있었기 때문에 용언의 용법을 확인하기에 유리한 프로그램이다.

세 번째 프로그램은 〈21세기 세종계획〉에서 구축한 1500만 형태 의미 분석 말뭉치에서 일정한 형태의 용례를 추출할 수 있는 프로그램이다. 어절별 검색 외 형태소별 검색이 가능하다는 장점을 가지고 있다.[12]

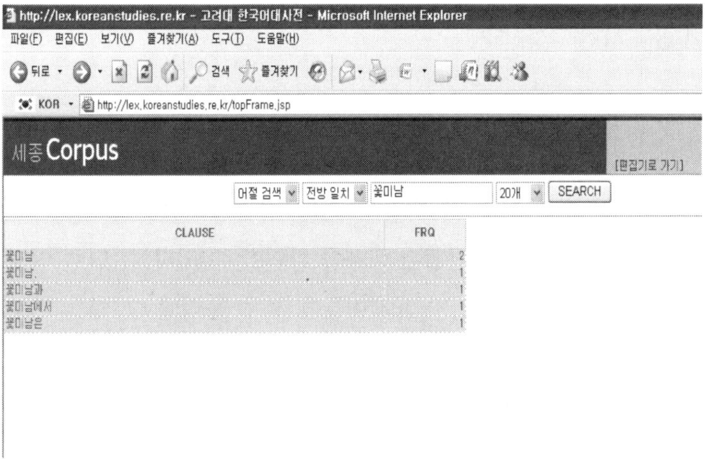

그림 6. 세종 형태 의미 분석 말뭉치 검색기

그림 7. '꽃미남' 용례 검색 결과

---

12) 이를 수정, 보완한 현대 한국어 용례 검색기(SJ-RIKS Corpus)에서는 용례의 출전을 자세하게 제공하고 있다. 민족문화연구원 홈페이지(https://riks.korea.ac.kr/root/)에서 이용 가능하다.

4.3. 사전 검색기

4.3.1. 〈고려대 한국어대사전〉 검색기: Lark

Lark(일명 종달새)는 1999년에 개발한 도스 기반의 검색용 사전이다. 표제어를 입력하면 집필된 내용을 확인할 수 있다. 간단한 와일드카드를 사용하여 동일 어기 표제어들을 모두 불러낼 수 있는 프로그램으로서 매년 상반기와 하반기에 업그레이드하여 버전별로 새로 추가된 표제어와 수정된 표제어의 집필 내용을 확인하는 방식이다. 2007년 사전 편찬용 통합 프로그램이 개발되기 전까지 사용되었다.

그림 8. Lark 검색 화면

4.3.2. 기타 사전 검색기: Lex, See, Say

1990년대 초반에는 컴퓨터상에서 운용되는 전자 사전이 전무하던 시절이다. 이에 민연 산하 전자텍스트연구소에서 기존의 국어사전과 백과사전 텍스트를 이용하여 검색용 전자사전을 개발하였다. 국어사전 전자 검색 프로그램인 'Lex'와 백과사전 검색 프로그램인 'See' 그리고 유의어·반의어 사전 검색 프로그램인 'Say'를 차례대로 완성하여 편찬 작업에 이용하였다. 전자 단말기 사전이 상용화되지 않았고 인터넷의 사전 서비스가 이루어지지 않던 시절에 종이사전을 열심히 찾던 일을 상당 부분 덜어주었다.[13]

5. 〈고려대 한국어대사전〉 편찬 지침

5.1. 집필 지침

1994년 3월부터 시작된 집필 지침 작성은 기존 사전의 일러두기와 해외 사전학 관련 논문 강독을 통해 이루어졌다. 편찬 위원들과 연구원들이 참석하여 국내외 주요 사전의 편찬 방식과 지침을 검토하고 이에 대해 새로운 안을 제시한 뒤 검토, 수정, 재검토, 수정, 재검토를 거친 뒤에야 지침의 한 자락이 탄생할 수 있었다. 집필 항목별 지침부터 어휘 부류별 지침까지 이런 과정을 거쳐 1994년 10월에 나온 초안은 100여 쪽의 「집필지침」으로 출간되었고 이후 시험 집필의 토대가 되었다. 이후 세부 항목들을 지속적으로 추가하여 2009년 10월 9일 최종판으로 완성한 집필 지침은 343쪽에 이른다. 그 자세한 목차는 다음과 같다.

---

13) 2006년부터는 〈겨레말큰사전〉 남북공동편찬사업회에서 개발한 통합사전 검색기도 함께 사용하고 있다. 〈금성〉, 〈우리말〉뿐만 아니라 〈표준국어대사전〉(초판), 〈조선말대사전〉(초판)과 〈어원사전〉, 〈17세기 국어사전〉 등을 검색할 수 있다.

1. 집필 용지 형식14)
2. 사용 부호 및 약호
  2.1. 품사 및 문법 요소
  2.2. 불규칙 활용
  2.3. 전문 분야
  2.4. 외래어의 국적
  2.5. 기호의 규약
  2.6. 관련 어휘 약호
  2.7. 참고 어휘 약호
3. 집필 항목별 세부 지침
  3.1. 표제어
    3.1.1. 표제어의 선정
    3.1.2. 표제어의 표기
    3.1.3. 표제어의 배열
  3.2. 형태·어원 정보
    3.2.1. 형태·어원 정보 표기
    3.2.2. 형태·어원 정보 수록 범위
  3.3. 발음
    3.3.1. 발음 규범
    3.3.2. 발음 표시의 원칙
    3.3.3. 발음 표시의 방법
  3.4. 빈도
  3.5. 문법 정보
    3.5.1. 품사 정보
    3.5.2. 활용 정보
    3.5.3. 기타 문법 정보
  3.6. 뜻풀이
    3.6.1. 일반 원칙
    3.6.2. 사용역

---

14) 집필 초기부터 사전 데이터의 자동 처리를 위해 태그 정보를 부착한 집필 형식을 고안하여 작성하였다. 대략 35만 개 표제어의 집필이 완성될 때까지 텍스트 파일로 작업을 완료한 후 배치 프로세싱(batch processing) 과정을 거쳐 사전 통합 프로그램의 데이터베이스에 통합되었다. 이후 3만8천여 개의 표제어는 두루미에서 직접 작성하였다.

3.6.3. 뜻풀이의 세부 원칙
3.6.4. 뜻풀이 형식
3.6.5. 뜻풀이 용어
  3.6.5.1. 용어 선정 원칙
  3.6.5.2. 사용 용어
3.6.6. 뜻풀이 부호
3.6.7. 뜻풀이 항목의 구분과 배열
  3.6.7.1. 뜻풀이 항목의 구분
  3.6.7.2. 뜻풀이 항목의 배열
3.7. 용례
3.7.1. 용례의 근거
3.7.2. 용례 선정 어휘
3.7.3. 용례 선정 시 기준
3.7.4. 용례 분량
3.7.5. 용례의 배열
3.7.6. 용례의 출전 표시
3.7.7. 용례의 표기
3.8. 참고 정보
3.8.1. 일반 원칙
3.8.2. 관련 어휘
3.8.3. 참고 어휘
3.9. 관용구, 속담
3.9.1. 선정 원칙
3.9.2. 뜻풀이
4. 어휘 부류별 세부 지침
4.1. 고유 명사
4.2. 의존 명사
4.3. 대명사
4.4. 수사
4.5. 용언
4.6. 관형사
4.7. 부사
4.8. 감탄사

4.9. 문법 형태

4.10. 파생어

4.11. 복합어

4.12. 고어

4.13. 전문어

4.14. 방언

4.15. 특수어

4.16. 비표준어, 잘못된 표기

4.17. 외래어

4.18. 취음 표기

4.19. 의성·의태어

4.20. 수연대 표기

4.21. 문학어

4.22. 부가 정보

4.23. 기타

문장 부호 사용 지침

띄어쓰기 지침

띄어쓰기 규정(해설과 덧붙임)

5.2. 교열 지침

17년간의 편찬 과정에서 완성된 38만 7천여 개의 표제어는 어느 하나도 단 한 사람의 손을 거쳐 완성된 것이 없다. 최초 집필자가 집필한 내용 다음에 어떠한 가감과 수정, 보완이 이루어졌는지는 종달새 시절(1999~2005)에는 종달새의 버전에 따라 확인할 수 있었고, 두루미 시절(2006~)부터는 수정 이력을 완벽하게 확인할 수 있게 되었다. 중요한 점은 그러한 가감이 편찬원의 개인적인 판단을 통해서가 아니라 집필 지침과 단계별 교열 지침에 따라 이루어졌다는 것이다. 단계별 교열 작업은 특히 대사전 후반기 작업에서 일관성과 통일성을 위해

수차례 이루어졌다. 중복 표제어 확인 작업 지침부터 뜻풀이 통일 작업 지침, 항목별 교열 작업 지침 등 편찬 과정의 시기에 따라 다양한 지침을 작성하고 그에 따라 교열 작업을 진행하였다.

5.3. 감수 작업 지침

분야별 전문어의 감수를 위해 각계 전문가에게 일정한 가이드라인을 정해 주는 일은 필수적이다. 특히 외부 작업을 실행하기 전에 해야 하는 일은 정확한 지침을 주어 일관된 작업 결과를 도출할 수 있도록 준비하는 것이다. 이를 위해 〈고려대 한국어대사전〉의 성격과 규모, 편찬 목적과 같은 일반론에서부터 사전의 주요 특징에 대한 미시적인 설명과 함께 전문어 집필에 관한 일반론, 60개 전문 분야별 세부 지침을 따로 작성하였다. 특히 전문어 집필 과정에서 참고로 한 사전의 목록을 모두 제시하여 감수자가 이를 토대로 세부 정보의 진위와 적절성 여부를 가늠할 수 있도록 하였다.[15]

5.4. 교정 지침

2008년부터 2009년 8월까지 교정 작업에 참여한 인력은 대략 70여 명에 이른다. 학부생부터 박사 학위 소지자까지 학력의 차이뿐만 아니라 사전 편찬 작업에 참여했던 경험과 이력의 차이가 컸기 때문에 통일되고 정확한 교정 작업을 수행하는 일이 막바지 작업에서 가장

---

[15] 감수 작업은 해당 분야에서 전문어 사전을 편찬하거나 해당 전공 학회의 회장 또는 회장 추천인을 중심으로 전문가를 선정한 다음 감수를 의뢰하였다. 감수자의 수정 지시 사항을 바로 입력한 것이 아니라 담당 연구원이 전체 항목을 검토한 다음 사전 지침에 맞게 수정하면서 입력하였다.

어려운 문제였다. 먼저 국어 어문 규정에 기반한 각종 맞춤법 관련 사항을 종합 정리하였고 다음으로는 사전 지침상 실수하기 쉬운 사항을 따로 모아 정리하였다. 2008년 초부터 교정 작업에 돌입하면서 지속적으로 교정 작업 회의를 통해 지침을 숙지하도록 하였다. 2009년 중반에 완료한 교정 작업은 항목별 교정과 전체 교정으로 나누어 수행하였다. 먼저 수차례의 항목별 교정을 실시하였다. 세부 항목별로 텍스트에 나타나는 각종 이상 정보와 오류 정보를 목록화한 다음, 프로그램이 고칠 수 있는 오류 사항은 반자동으로 수정하였으며 편찬원의 판단이 필요한 부분은 손수 확인한 뒤 편집기인 두루미에서 직접 고쳤다. 오류 항목이 제로가 될 때까지 이런 과정을 반복하였다. 뜻풀이와 용례 등의 주요 항목은 십수 번까지 교정 작업을 실시하였다. 그 이후에 전체 인쇄 교정 과정에 들어갔다. 사전의 전체 내용을 프린트해서 붉은색 펜으로 교정하는 이 작업은 막바지 단계에서 3차례로 끝을 내었다. 아래는 뜻풀이 문장을 어절 단위의 교정과 문장 단위 교정을 실시한 경우이다.

예) 뜻풀이 문장 오류 수정 작업 과정

단계	작업 내용	예시
1	형태소 단위 확인 작업16)	만두국× 만둣국○ 아이구× 아이고○ 아버자× 아버지○
2	1어절 확인 작업	뭐길래× 뭐기에○ 아버지을× 아버지를○
3	2어절 확인 작업	신라 시대,× 신라 때,○
4	3어절 확인 작업	조선 시대, 이루어진× 조선 시대에 이루어진○
5	통문장 확인 작업17)	'대응 표제어'를 비유적으로 이르는 말 '대응 표제어'를 무엇에 비유하여 이르는 말 '대응 표제어'가 어떠함을 무엇에 비유하여 이르는 말

6. 〈고려대 한국어대사전〉이후 현재와 미래

6.1. 현재 작업

2007년 말 〈고려대 한국어대사전〉의 등재 표제어 목록이 확정된 이후에도 신어와 미등재어 목록을 지속적으로 수집, 정리하였다. 이 들이 추가 집필 작업의 1차 대상이 된다. 현재 2008년~2010년 자료뿐 만 아니라 2000년부터 2007년까지의 신어 자료도 재검토하여 유행어 의 단계를 벗어나 우리말 어휘부에 자리를 잡은 말을 표제어 후보로 선정하고 있다. 이어 북한어, 용언 활용형 표제어, 토박이말 등 약 수 만 개의 표제어 후보를 수집, 정리, 분석하였고 그 중 2만여 표제어를 선정하고 일부를 집필하였다. 이들 신어는 향후 출간할 증보판에 수 록되거나 중사전의 등재 후보가 된다.

한편, 〈고려대 한국어대사전〉을 기반으로 하여 중사전과 소사전 편 찬 사업을 수행할 계획이다. 그리고 디지털 콘텐츠로 가공하여 전자 사전과 인터넷 매체, 스마트폰의 애플리케이션 시장에 진입하는 중이 다. 2011년 1월에는 15만 개 표제어를 수록한 〈고려대 한국어사전 _2011〉을, 4월에는 4천 개 비표준어를 등급별로 정리한 〈틀리기 쉬 운 우리말〉을 앱스토어에 출시하였다.

---

16) 뜻풀이 문장 전체를 컴파일하여 형태소 단위로 분석한 후 목록화하여 진행한다. 기본 적으로 이 작업은 쉽고 정확한 뜻풀이를 위해 고빈도 기초 어휘를 중심으로 뜻풀이용 어휘를 통제하는 방편이다. 비표준어, 오표기 등은 바른 말로 수정하고 사전 표제어에 없는 말은 새로 집필하며, 어려운 말 등의 저빈도 어휘는 쉬운 고빈도 어휘로 대체한다.

17) 통문장 확인 작업은 자모순으로 정렬한 문장과 역순으로 정렬한 문장으로 구분하여 실 시하였다. 왜냐하면 뜻풀이 문장의 형식 중에는 서두가 일관되게 시작되는 경우와 말미 가 일관되게 표현되는 경우가 있기 때문이다.

6.2. 향후 발전 방향

〈고려대 한국어대사전〉이 앞으로 나아갈 방향을 몇 가지로 제시하고자 한다. 먼저 살아 숨쉬는 우리말의 생동성과 현실성을 지속적으로 추적, 탐색하고 반영하는 일을 지속적으로 유지할 것이다. 표제어 차원에서는 신어 및 미등재어를 지속적으로 발굴, 선정 및 집필해야 한다. 특히 신어의 경우 생성과 유통, 소멸 과정에 대한 사회언어학적 통찰을 통해 선정 기준과 집필 방식을 좀 더 명확하고 구체적으로 세련화할 계획이다. 아울러 여전히 남아 있는 유령어와 궁벽한 말 등을 최대한 조사, 분석하여 소멸 과정을 확인하는 작업도 진행하여 현대국어사전으로서의 위상을 좀 더 확고히 할 필요가 크다. 더불어 세밀하게 언어 자료를 검색, 분석, 정리하여 뜻풀이와 용례 등을 보완해 나가야 한다. 특히 용법이 확인된 말이나 불명확한 출전 때문에 용례를 충분히 싣지 못했던 부분은 차차 개선할 것이다.

둘째, 방언의 가치를 제대로 인정하는 사전으로 변모해 나가고자 한다. 현재 방언에 대해서는 용례조차 싣지 않는 게 일반적인 사전 편찬계의 관례이다. 이는 어문 규정상 방언이 비표준어에 속하기 때문이다. 이런 보수적이고 폐쇄적인 관점에서 벗어나 우리 언중의 실제 말글살이에서 쓰이는 형태를 기록, 보존, 전수하는 일이 사전 편찬자의 임무이다. 표준어와의 뉘앙스 차이를 밝히고 용례를 찾아 실어야 할 뿐만 아니라 장차 음성 정보를 탑재하는 획기적인 사전이 준비되어야 하며 가까운 장래에는 출현해야 할 것이다.

셋째, 구어에서 쓰이는 말을 충분히 등재하는 사전, 특히 구어 용례를 풍부하게 실은 사전으로 보충해 나갈 필요가 크다. 주요 국어사전 중 코퍼스를 기반으로 해서 표제어를 추출한 사전은 〈연세한국어사전〉과 〈고려대 한국어대사전〉 뿐이다. 특히 〈고려대 한국어대사전〉

이, 일상생활에서 쓰이고 있지만 이전 사전에서 찾아볼 수 없었던 어
휘를 등재할 수 있었던 것은 코퍼스에서 표제어를 찾아내었기 때문이
다. 하지만 코퍼스의 내부 구성을 살펴보면 문어 텍스트가 대부분이
다. 세종 코퍼스의 경우 구어 자료는 20%를 채 넘지 않는다. 실제 우
리의 언어생활은 말하고 듣는 음성언어 활동이 75%를 차지한다. 그
렇다면 문어 텍스트가 80% 이상인 코퍼스에서 추출한 표제어는 문어
적 성격이 강하다고 할 수밖에 없다. 또한 표제어의 용례를 살펴보면
문어적 쓰임이 압도적으로 많이 실려 있다.

이런 문제를 극복하기 위해서는 구어 코퍼스에서 실제 입말로 쓰이
는 표제어의 용법을 찾고 이를 사전에 적절하게 실어 주는 방법론을
개발해야 한다. 구어의 용법을 문어의 용법과 함께 균형적인 비율로
사전에 제시한다면 우리의 국어사전은 그간의 한계를 극복하고 한국
어 화자의 실제 언어생활을 제대로 반영한 사전이 될 것이다.

넷째, 우리말의 통시적 변화 과정을 정확하고 체계적으로 드러낸 사
전이 되도록 그간의 연구를 종합, 정리하고 사전에 수록하려는 노력을
기울이려고 한다. 사실 우리나라에는 통시 사전이 없다. 15세기 사전,
17세기 사전과 같은 공시 사전이 있을 뿐, 우리말이 한글로 표기된 시
절부터 현대 국어에 이르기까지는 형태 변화, 의미 변화 등을 사전학
적으로 궁구하여 기술한 사전은 아직 나온 바 없다. 특히 기존의 고어
사전은 국어사 연구에 중요한 자료집의 역할을 하였으나 학문적으로
보강되어야 할 필요에 대해 학계에서 여러 차례 강조된 바 있다. 이에
현대 우리말 사전의 보강 작업뿐만 아니라 이전 시기의 언어적 특징
을 사전 속에 온전히 담아내기 위한 작업을 병행할 것이다.

다섯째, 사전 문법을 정립하고 그 외연을 확충하는 사전이 되어야
할 것이다. 사전학적 논의는 이론 언어학과 응용 언어학에 걸쳐 이루
어지는 과정을 넘어서 독립 분과 학문으로서 연구 철학과 주제, 방법

론의 측면에서 점진적으로 구체화하고 있다. 국어학계에서는 전통적인 주제들이 사전과 연계하여 논의가 이루어지고 있어 사전학의 위상이 전보다 더 공고해지고 있다. 이러한 지점에서 〈고려대 한국어대사전〉은 향후 새로운 사전학적 주제와 방법론을 발굴, 제안하고 그 성과가 이론 언어학과 동반할 수 있는 사전 문법을 세우는 데 일조하고자 한다.

여섯째, 변화하는 디지털 환경에 좀 더 유연하게 대응할 수 있는 사전으로 지속적으로 업그레이드할 예정이다. 종이사전 시장이 사양길에 접어든 지 오래다. 온라인 사전이나 단말기 형태의 전자 사전으로 이용 매체가 달라진 상태이다. 현재 휴대폰, 넷북, 태블릿 피시, 피엠피(PMP) 등 각종 아이티(IT) 기기에서 사전 콘텐츠를 다운로드하여 사용하는 방식으로 바뀌고 있다. 앞으로 〈고려대 한국어대사전〉은 이렇게 다양한 전자 환경에 적절하게 적응할 수 있는 시스템을 갖추도록 보완해 나가려고 한다.

6.3. 지원 방향

본고는 위에서 〈고려대 한국어사전〉의 발전 방향에 대해 몇 가지를 정리하였다. 마지막으로 언급하고자 하는 바는 이러한 특징을 가진 사전으로 거듭나기 위해서는 일정하고 항상적인 지원이 필요하다는 점이다. 이는 〈고려대 한국어사전〉의 향후 노정에서뿐만 아니라 새로운 사전 편찬의 추진 과정에서도 요구되는 문제이다. 지원의 측면을 다음과 같이 정리할 수 있다

첫째, 재정 지원이다. 사전 편찬에서 매우 중요한 문제이다. 우리 국민이 〈표준국어대사전〉이라는 규범 대사전을 가지게 된 것은 국가의 든든한 지원 덕분이었다. 초기에 기획된 편찬 사업을 무리 없이 진

행하기 위해서는 재정적 문제가 뒷받침되어야 한다는 점을 명백히 보여 준 사례이다.

반면, 〈고려대 한국어대사전〉의 경우는 그와 사정이 달랐다. 〈고려대 한국어대사전〉을 완성하는 데에 17년이 걸린 것은 대학 연구소가 자체 예산으로 편찬 비용을 충당해야 했기 때문이다. 안정적으로 개정 작업을 진행하거나 또 새로운 사전을 기획, 편찬, 제작하기 위해서는 편찬 예산이 확보, 지원되어야 할 것이다.

둘째, 인력 지원이다. 좋은 사전을 만들기 위해서는 훌륭한 편찬 인재가 여럿 필요하다. 하지만 숙련된 사전 편찬자를 키우는 일은 하루아침에 이루어지지 않는다. 국어와 국어학에 대한 전반적인 이해를 하려면 대학원 과정을 마친 연구자가 필요하다. 거기에 사전에 대한 기본적인 지식을 습득하고 사전 편찬을 위한 응용 기술적 이론과 세칙들을 이해하고 적용하는 데 수 년이 걸린다. 뿐만 아니라 백과사전적 지식을 이해하는 능력과 필요한 지식을 선택적으로 변별하여 기술할 수 있는 능력 또한 갖추어야 한다.

하지만 대학의 연구 기관이라는 특성상 경험과 지식을 갖춘 편찬 인력을 쉽게 채용하기가 쉽지 않다. 국어국문학이나 언어 정보학 등을 전공으로 하는 대학원생을 선발하며 지속적으로 가르치고 훈련시키고 있으나, 학업과 사전 편찬 작업을 병행하는 일은 부담이 크며 또 장기간 참여하기 어려운 부분이 있다. 장기적으로 국내 사전 편찬 전문 인력이나 유경험자를 조사, 정리하여 편찬 인력 풀을 확보하는 방안을 모색해 볼 만하다.

셋째, 행정 지원이다. 현재 출판사나 연구 기관이 대규모 사전 작업을 진행하는 데에는 여러 가지 행정적인 한계도 따른다. 본디 출판사는 연구 기반의 미래지향적 사전을 편찬하기에는 비용, 자원, 인력, 열정의 모든 측면에서 어려움이 있다. 대학 연구소와 같은 연구 기관은 학문적 연구 주체로서의 동력과 대학원을 중심으로 한 편찬 인력의 보급 등에서는 비교적 안정적인 측면을 가지고 있다. 하지만 불완전한 행정 시스템과 불합리한 의사결정 구조를 지니는 경우가 없지 않다. 따라서 사전 편찬 사업을 본래의 계획대로 실행하고 최종적 목표에 안정적으로 도달하기 위해서는 적정한 권한과 책임이 부여된 의사결정의 주체가 선임, 유지되어야 한다. 더불어 사전 편찬 사업을 지원하고 관리하여 효율적으로 운영할 수 있는 전문 행정 요원이 지원되어야 한다.

넷째, 사전 편찬 사업, 사전 편찬자, 사전 편찬 기관에 대한 국민의 지지와 성원, 나아가 국가적 지지와 성원이 필요하다. 국가 언어 지식, 나아가 국가 문화 지식을 수집, 정리, 적용, 활용에 대한 국민의 열망은 점점 커지고 있다. 인터넷 환경 1위 국가인 우리나라에서 특히 문화 선진국으로 성장하고픈 국민적 소망과 기대는 현재부터 한걸음씩 나아가야 할 실제적 과업이다. 이에 국가와 단체에서는 훌륭한 국어 사전, 문화 사전, 전문어 사전이 왜 필요한지, 어떤 편찬 사업이 펼쳐지고 있는지, 어떤 사전을 지향하고 있는지 등에 대해 홍보, 교육하는 데 앞장서야 할 것이다. 또한 교육 과정에서도 이러한 점이 적절히 반영될 수 있도록 국가가 뒷받침해 주어야 한다. 이런 과정에서 편찬 주체들에게 국민들의 성원과 지지가 피드백되고 아울러 잠재적 사전 이용자인 국민들의 요구가 사전에 반영될 수 있도록 하는 통로가 형성, 지속적으로 유지되어야 할 것이다.

참고 문헌

국립국어원. 2000. 「『표준국어대사전』 편찬 지침 Ⅰ,Ⅱ」.

국립국어원. 2000. 「『표준국어대사전』 백서」.

남기심. 1988. "국어 사전 현황과 그 편찬 방식에 대하여." 「사전편찬학연구」 1. 연세대학교 언어정보개발원.

남기심·고석주. 2003. "국내 사전 편찬의 현황과 과제." 「한국사전학」 1. 한국사전학회.

남길임. 2005. "말뭉치 기반 사전 편찬의 동향과 지향-최근 30년간의 사전편찬 방법론을 중심으로." 「한말연구」 16. 한말연구학회.

도원영. 2003. "「민연국어사전」(가칭)의 특징." 「한국사전학」 2. 한국사전학회.

도원영·차준경. 2009. "〈고려대 한국어대사전〉의 종합적 고찰." 〈고려대 한국어대사전〉 편찬 보고회 발표 논문집.

도원영. 2011. "국내 주요 국어사전에 관한 비교 검토." 「한국어문의 내면」. 서울: 와우출판사.

박형익. 2004. 「한국의 사전과 사전학」. 서울: 월인.

박형익. 2009. "한국어 사전 편찬 작업의 회고와 반성." 「한국사전학」 13. 한국사전학회.

이병근. 1990. "사전 및 사전학." 「국어연구 어디까지 왔나」 서울: 동아출판사.

이병근. 2000. 「한국어사전의 역사와 방향」. 서울: 태학사.

이운영. 2002. 「『표준국어대사전』 연구 분석」. 국립국어연구원.

정희원. 1995. "표제어 선정의 제 문제." 「새국어생활」 5-1. 국립국어연구원.

조남호. 2000. "규범 사전 편찬의 제 문제." 「사전편찬학연구」 10. 연세대 언어정보연구원.

조재수. 1984. 「국어사전편찬론」. 서울: 과학사.

최경봉. 2005. 「우리말의 탄생」 서울: 책과함께.

최호철. 2008. "'사전'이라는 단어와 '사전학, 사전편찬학'이란 용어에 대하여." 「우리어문연구」 30. 우리어문학회.

허재영. 2009. "국어사전 편찬 연구사." 「한국사전학」 13. 한국사전학회.

홍종선. 1996. "국어사전 편찬, 그 성과와 과제(1)." 「한국어학」 3. 한국어학회.

홍종선. 1997. "국어 사전, 그 성과와 과제(2): 올림말(1)." 「한국어학의 이해와 전망」.

홍종선. 2003. "국어 사전 편찬, 그 성과와 과제(3): 올림말(2)-올림말의 선정 기준과 범위." 「어문논집」 48. 민족어문학회.

홍종선. 2005. "국어 사전 편찬, 그 성과와 과제(4): 올림말(3)." [국어 연구와 의미 정보], 월인.

홍종선. 2007. "국어사전 편찬, 그 성과와 과제(5): 풀이말 항목들의 설정." 「어문논집」 56. 민족어문학회.

홍종선·최호철·한정한·최경봉·김양진·도원영·이상혁. 2009. 「국어사전학 개론」. 서울: 제이앤씨 출판사.

Hartmann, R. R. K. and Gregory, J. 1998. Dictionary of Lexicography. London and New York: Routledge.

Jackson, H. 2002. Lexicography. London and NewYork: Routledge.

Landau, I. Sidney. 2001. Dictionaries: The art and craft of lexicography(second ed.). Cambridge: Cambridge University Press.

Svensén, B. 2009. A Handbook of Lexicography. Cambridge: Cambridge University Press.

용언형 관용구의 문형 정보에 대한 고찰

도원영·정유남

1. 머리말

　본고는 용언형 관용구를 문형별로 분류하고 그 특성을 살피는 데 목적이 있다.1) 하나의 의미 단위로 인식되는 관용구에서 특히 용언형 관용구는 재구조화된 술어로서 논항과 의미역을 취한다. 본고에서는 용언형 관용구의 내적 구조를 정리한 다음, 각 관용구가 취하는 논항 구조에 따라 분류하고 그 특성을 밝히려고 한다.

　이를 위해 앞선 연구의 성과와 한계를 분석하고 사전에 제시된 용언형 관용구를 목록화하여 용언형 관용구의 내적 구조를 정리하였다. 이들이 문장 안에서 취하는 논항 구조와 의미역 특성을 통해 문형 구조를 추출한 다음, 이를 유형별로 분석하였다. 이런 작업을 통해 어휘

---

1) 일반적으로 문형이라 하면 문장의 유형에 해당하므로 언어 요소들이 어떻게 배치되고 결합되는지를 형식화하여 분류한 것으로 볼 수 있으나 본고에서는 용언형 관용구가 요구하는 논항에 주목한 격틀에 한정하여 문형을 살피도록 하겠다. 실제로 용언형 관용구의 논항 구조에 대한 고찰이라 해도 무방하나 용언형 관용구 자체의 논항 구조에 대한 논의라는 중의성이 있어 문형 정보로 명명한다.

부류의 하나인 용언형 관용구에 대한 언어적 기술이 좀 더 완전하게 이루어질 것으로 기대한다.

2. 선행 연구 검토

용언형 관용구의 논항 정보와 문형에 대한 논의가 이루어진 것은 그리 오래되지 않았다. 관용구에 대한 논의는 주로 동사구를 이루는 구성 성분 간에 나타나는 의미상의 결합 특성을 중심으로 다루어져 왔다. 이희자(1995)에서는 국어 관용구를 형태적·통사적·의미론적 결합 관계 특성에 따라 숙어, 의미적 연어, 문법적 연어를 구분하여 이들 모두 관용구의 범위에 포함하였다. 문금현(1999)에서도 협의의 관용 표현을 형식적 기준에 따라 체언형, 용언형, 부사형, 기타 관용구로 구분하였고 이들의 통사 구문을 세분하여 분류하였다. 고광주(2000)에서는 능격성을 가진 어휘의 결합 관계에 주목하여 체언형, 용언형, 수식형으로 나누고 용언형 관용구에 대해 새로운 논항이 생긴다는 점에서 일반적인 구 구성의 논항 구조와 다르다는 점을 지적하였다. 최경봉(2000)에서도 관용어의 의미 구조와 유형을 '바가지를 긁다'에서 '긁다'가 '바가지'를 대격으로 취하지 않고 '바가지를 긁다'가 하나의 어휘소로 기능하여 새로운 논항 관계를 형성하고 있다.

유현경(2001)에서는 관용구 사전에서의 문형 정보 문제에 대해 언급하면서 직설적 용법과는 다르게 나타나는 관용구의 문법적 특성에 주목하였다. 이에 'NV'꼴 관용구 문형을 상정할 때 '명사-의'와 같은 부가어를 통한 문장의 확대가 가능하며 이를 관용구의 기본 문형으로 설정할 수 있다고 하였다. 또한 김진해(2003)에서도 관용어의 직설 의미와 관용 의미 사이의 일정한 관련성을 인정하고 있으나 관용 표현

의 논항 구조와 격틀은 직설 표현에 쓰인 용언의 논항 구조와 격틀을
그대로 유지하지 않는다고 보았다.

한편, 관용구의 문형에 대한 사전학적 연구로는 김한샘(1999), 도원
영(2003)2), 이희자(2003)3) 등이 있다. 김한샘(1999)에서는 '명사+조
사+용언'형 관용구만을 대상으로 계량적 연구를 수행한 결과를 제시
하고 있다. 특히 직설적 의미의 격틀과 관용적 용법에서의 격틀이 다
름을 유형별로 비교하였다. 어휘로서의 용언형 관용구에 대해 논항
구조와 의미 관계 등에 이르기까지 총체적으로 다루었다는 점에서 의
의가 있다. 다만 용언형 관용구 전체를 대상으로 하지 않아 본 연구의
범위와는 차이가 있다고 하겠다.

이희자 외(2007)에서는 관용 표현 사전에서 제시해야 할 문형 정보
에 초점을 두고 있다. 기존 사전의 관용구 문형 정보의 부족함을 언급
하면서 직설적 용법에서의 문형과 관용적 용법에서의 문형을 비교, 제
시하는 방안을 '명사-동사' 구성의 관용 표현을 예로 들어 제시하고 있
다. 이 연구에서는 문형을 가지는 부류로 '명사-동사' 구성에만 국한
하고 있어 '부사-동사', '부사-형용사' 부류 등의 기타 용언형에 대해
서는 논의하지 않았다.

국어사전을 살펴보면 「연세」, 「동사」, 「문형」에서 용언형 관용구
의 문형 정보를 제시하고 있다.4) 「연세」는 국어사전에서 유일하게
문형 정보를 제시하였다는 점에서 그 의의가 크다.5) 「동사」에서는

2) 국어사전의 미시 정보인 관용구 항목에서 문형 정보를 도입하여 제시하는 방법에 대해
다루고 있다.

3) 이희자(2003:388)에 따르면 '관용구론(Phraseology)'을 하나의 전문적 학문 분야로 정립시
킬 것을 제안하고 있다.

4) 언급된 사전 가운데 「연세」는 연세대학교 언어정보개발원 편(1998)의 「연세한국어사
전」에 해당하고 「동사」는 홍재성 외(1995)의 「현대 한국어 동사 구문 사전」을 말하며 「문
형」은 최호철 외(2007)의 「외국인을 위한 한국어 문형 사전」에 해당한다.

192개의 용언형 관용구를 숙어 동사 부류로 처리하여 논항 구조를 의미역 정보와 함께 제시하고 있다.6)「문형」에서도 일부 용언의 관용적 구성에 대해 문형을 제시하고 있다.

기존의 논의의 성과를 종합하면 용언형 관용구와 직설적 용법 간에 나타나는 공통점과 차이점을 살핀 점, 직설적 용법의 부가어와 같은 성분이 용언형 관용구에서 필수 논항으로 나타난다는 점, 관용구 사전에서 문형 정보를 제시하려는 시도와 방안 등에 주목하여 논의되었다. 반면 일부 구성의 용언형에만 논의가 집중되고 기타 부류에 대해서는 언급되지 않았다는 점, 새로운 논항이 어떤 유형으로 나타나는지에 대한 전체적인 논의가 이루어지지 못한 점 등이 여전히 연구 과제로 남아 있다고 하겠다.

이에 본 연구에서는 용언형 관용구 전체를 대상으로 그에 따라 나타나는 논항의 특성을 통해 문형 구조를 살피고자 한다. 전체 논의에서 살핀 용언형 관용구는「표준」,「연세」,「관용」에서 다룬 목록을 대상으로 하여 용언형 관용구 2,700여 개를 살폈다.7)

---

5) 하지만 격 교체형이나 보문절 등에 대한 정보는 제시하지 않았다.

6) 이희자 외(2007:107)에서 지적했듯이 용언형 관용구를 숙어동사라는 하나의 숙어로 명명하였으나 문형 정보를 제시할 때에는 관용 표현 내의 명사구를 따로 표시한 점은 문제가 있다. 가령, N0 Ni-의 C2-에 C1-을 V(그 청년은 순진한 처녀 가슴에 불을 당겼다)와 같이 동사 '당기다'가 논항을 취하는 것으로 기술하고 있어 '불을 당기다' 전체가 하나의 숙어로 기능하여 논항을 요구한다고 보기 어렵다.

7) 용언형 관용구의 대상 목록으로「표준」은 국립국어연구원 편(1999)의「표준국어대사전」을,「연세」는 연세대학교 언어정보개발원 편(1998)의「연세한국어사전」을 말하며, 「관용」은 박영준·최경봉 편저(1996)의「관용구 사전」에 해당한다.

3. 용언형 관용구의 특성

이 장에서는 용언형 관용구의 개념과 범위를 정하고 내적 구조를 살피고자 한다. 용언형 관용구의 내적 구조를 관찰함에 따라 해당 관용구가 술어로서 어떠한 논항을 요구하게 되는지 예측할 수 있다. 3.2절에서 용언형 관용구가 선택하는 논항의 특징을 세부적으로 살피기로 한다.

3.1. 개념과 범위

관용구란 "구성 낱말의 뜻과는 별개의 뜻을 가진 어휘 복합체가 문장 내에서 하나의 구성 성분으로 기능하는 언어 단위로, 비유적 표현이 관습적으로 쓰이다가 하나의 굳은 형태로 통용되는 것"이라 할 수 있다.[8] 관용구에 포함되는 형식은 이희자 외(2007)에서 정리한 바와 같이 숙어, 의미적 연어, 통사적 연어, 형태적 연어, 다의어의 결합 관계까지 다양하다. 본고에서 위의 형식 중에서 '물구나무를 서다'와 같이 비자립적으로 쓰이는 명사항의 통사적 결합 관계를 보이는 통사적 연어나 '담배를 먹다'처럼 어절의 뜻을 알면 결합된 의미가 도출되는 통사적 연어는 제외한다. 또한 '~에 대한/대하여', '-ㄴ/는가 보다'와 같은 형태적 연어도 제외한다. 본고에서는 용언형 관용구가 필요로 하는 논항 특성에 주목하기 위해 제삼의 의미를 지니는 숙어(비행기를 태우다)와 앞뒤 어절의 의미가 전의되어 쓰인 의미적 연어(속이 타다)에 해당하는 범위에 한정하여 관용구를 살피고자 한다.

본고에서는 둘 이상 구성 성분이 결합하여 제삼의 의미를 생성하

---

8) 이러한 관용구의 개념은 최경봉(1992)를 따랐다.

고 아울러 통사적인 속성을 지닌다는 점에서 관용구(Idiomatic Phrase, 이하 IdP)로 파악한다. 이러한 관용구가 문장에서 어떠한 기능을 지니는지에 따라 체언형(새빨간 거짓말, 아쉬운 소리…), 용언형(미역국을 먹다, 싹이 노랗다…), 수식형(입에서 입으로, 어느 세월에, 눈만 뜨면…) 등으로 구분할 수 있다. 본고는 이 중에서 용언형 관용구만을 대상으로 하였다.9)

용언형 관용구는 둘 이상의 구성 성분이 결합하여 하나의 서술어로 인식되는 것을 말한다. 통사적으로 적어도 한 요소는 동사, 형용사, '이다' 구성의 형태를 취하는 구조로 나타난다. 의미적으로는 구성 요소의 파생 의미들의 결합뿐만 아니라 언어 공동체의 문화나 관습을 포함한다.

(1) 가. 우리 부부는 어제 밤늦도록 딸아이가 돌아오지 않아 속을 태웠다.
    나. 자네, 애인이 있다고? 우리도 곧 국수를 먹게 되겠군!
    다. 형이 공무원 시험에서 미역국을 두 번이나 먹었다.
    라. 그 노인은 밥숟가락을 놓는 날까지 구걸을 하며 살아왔다.
    마. 저 사람이 그 정도의 돈으로는 먹고 떨어질 리가 없지.
    바. 내 친구는 저렇게 큰소리치다가도 형만 나타나면 꼼짝 못한다.

예문 (1가)의 '속을 태우다〈걱정하다〉'의 경우는 이를 이루는 구성 요소들이 그의 의미의 합으로 일정한 의미로 전달되나 그 요소들의 전의되어 쓰이는 다의 파생 관계의 결합으로 볼 수 있다.10) 이들은

---

9) 고광주(2000)나 기존 사전에서는 '쥐 잡듯'나 '쥐도 새도 모르게' 등을 수식언형 관용구로 분류하였으나 이들은 '쥐 잡듯 하다'나 '쥐도 새도 모르는', '쥐도 새도 몰랐다'와 같은 문형으로 나타난다는 점에서 용언형 관용구로 처리한다. '알게 모르게'나 '목이 빠지게'와 같이 부사 파생 접사가 붙어 굳어진 경우나 서술 기능이 전혀 없는 경우에는 문형을 상정하기 어렵다고 보아 수식언형으로 보고 논의에서 제외하였다.

구성 요소가 '가슴/간장/애'나 '긁다/끓다/썩이다' 등으로 제한적 교체
가 가능하다. 그러나 한 요소의 다의 파생 의미만으로는 관용적 의미
를 파악하기 어렵고 어느 쪽이든 전이된 의미로 쓰인 결합으로 새로
운 의미를 나타내게 되므로 관용구의 범위로 드는 것으로 본다.11)

　(1나)의 예는 '국수를 먹다'는 '국수'와 '먹다'라는 각 요소가 결합하여
〈혼인하다〉라는 새로운 의미로 도출된 관용구이다. 통사적 구 구성이
라는 속성이 남아 있어 '국수를 또 먹겠군'과 같이 일부 부사어가 개입
될 수 있다. 이는 결혼식에서 손님들에게 국수를 대접해 주던 문화에
서 비롯된 사회·문화적 관습에 따라 관용적 의미로 해석된다. (1다)와
같이 전형적인 관용구로 보았던 '미역국을 먹다〈실패하다〉'와 같은
경우도 통사적 특성이 남아 있어 부사나 양화사 등이 관용구 내부
에 개입할 수 있다. 그러나 의미적으로는 〈실패하다〉라는 새로운 의
미로 해석되므로 관용구의 범위에 두기에 타당하다. (1라)와 같은 경
우는 '밥숟가락을 놓다〈죽다〉'인데 관용구 내부에 '*밥숟가락을 두 번
놓았다'와 같이 다른 요소가 개입하기 어렵다. 이러한 특성은 의미적
으로 두 요소가 결합하여 사태의 완료〈죽음〉를 나타내는 데에서 기인
한다. (1마)의 '먹고 떨어지다'와 (1바)의 '꼼짝 못하다'의 경우, 'V + V'
와 'Adv + V'와 같은 형식의 관용구이다. 이들은 내부에 다른 요소가
개입하기 어려우며 문장에서 새로운 관용구 술어로 쓰여 논항을 요구
하는 것으로 파악된다.

　한편, 관용구가 속한 문장 내에서는 특정한 논항을 취하지 않고 담화
차원에서 적절한 맥락을 요구하는 관용구가 있다. 아래 예문을 보자.

---

10) 이희자(1995)에서는 이를 '의미적 연어'로 보았다.

11) 관용구의 범위에 대해서는 의미적 특징이나 통사적 특징에 따라 학자마다 이견이 있
　　다. 이에 대한 자세한 논의로는 이희자(1995), 박만규(2002)를 참조하기 바란다.

(2) 가. 명색이 좋아 등산이지 그것은 산악 행군이나 마찬가지였다.

　　나. 벌써 버스 떠났으니 그렇게 후회해 봐야 소용없어.

　　다. 꼴지만 하던 팀이 이번 시즌 1위를 했다니 해가 서쪽에서 뜰 일

　　　이네.

　(2가)는 '명색이 좋다'의 경우는 대개 '명색이 좋아서 NP1이지 (그것은) NP2이다'와 같이 쓰여 후행 성분으로 절 이상의 독립적인 의미 단위를 요구한다.12) 또한 (2나)의 '버스 떠났다'의 경우도 '이미 지나간 일이니 어쩔 도리가 없음'을 뜻하며 적절한 상황 맥락에 해당하는 독립적인 의미 단위를 요구한다. (2다)의 '해가 서쪽에서 뜨다13)'는 생각하지도 않았던 사람이 뜻밖에 좋은 일을 하였을 때 이를 놀리어 이를 때에 쓰인다. 가령, '해가 서쪽에서 떴나, 네가 이렇게 이른 새벽에 일어나다니'와 같이 그 자체가 의미적으로 완결된 문장으로 실현되는 경우로 파악된다.14)

　위에서 제시한 관용구들은 통사적으로 문장 안에서는 어떤 논항도 요구하지 않는다는 점에서는 무항 관용구로 볼 수 있다. 그러나 앞이나 뒤에 이어서 나와야 하는 적절한 의미 단위로서 절 이상의 연어 성분을 요구한다는 점에서 문장 단위의 통사적 논의에서 벗어나므로 문형 구조를 살피는 본 논의에서는 처리하기가 어렵다. 이는 문장 단위를 넘어서 일정한 텍스트 범주에서 요구하는 의미 단위 성분으로

---

12) 기존 사전에서 '명색이 좋다'를 관용구로 처리하였는데, 이러한 경우 오히려 '명색이 좋아서 ~이다'나 '명색이 좋아서 ~이지 (그것은/사실은) ~이다'로 확장된 구성으로 파악하는 것이 적절하다.

13) '해가 서쪽에서 뜨다'는 '서쪽에서 뜨겠네, 매번 꼴지만 하던 그 애가 100점을 맞다니'와 같이 있을 수 없는 일을 나타내는 경우에서도 쓰인다.

14) 일반적인 담화 상황에서 '불이야!'와 무주어문에 해당하는 경우와 관련지어 생각할 수 있다.

보아야 하기 때문에 본고의 연구 대상에서는 제외한다.15) 따라서 본
고에서는 앞서 언급한 예문 (1)과 같이, 문장에서 하나의 술어로 쓰
여 논항을 요구하는 특징을 지닌 용언형 관용구를 연구의 대상으로
삼았다.

3.2. 내적 구조

이 절에서는 용언형 관용구의 유형을 통사적 관계를 통해 살펴려고
한다.16) 이 작업이 필요한 것은 지금까지 관용구에 대한 문형 연구가
전체 관용구가 아닌 특정한 구성에만 집중되어 있었고 그러다 보니
전반적인 관용구의 문형 특성을 제대로 밝히지 못했기 때문이다.

먼저 관용구의 내적 구조를 술어 중심으로 볼 때 아래와 같은 유형
으로 나눌 수 있다.

- NV형 관용구
- AdvV형 관용구
- NNV형 관용구
- NAdvV형 관용구
- NN이다형 관용구
- VV형 관용구

---

15) 이는 용언형 관용구의 특성으로 보기에 충분하며 논항 중심의 문형 정보가 아니라 담
화 차원으로 확대할 필요가 있음을 이러한 예를 통해 확인할 수 있다. 문장 단위를 넘어
서는 논의에 대해서는 지면을 달리하여 추후 연구를 진행할 예정이다.

16) 고광주(2000:125~127)에서는 용언형 관용구의 형성 과정에 특정한 논항 제약이 있음을
보이기 위해 통사적 관계에 따라 '목적어-타동사, 주어-형용사, 주어-자동사'를 나누었
다. 또한 새로운 논항의 생성에 대해서도 이 세 유형을 중심으로 다루었다. 부사어가
개입하는 관용구에 대해서는 각주에서 언급하였을 뿐 논항 생성에 대해서는 다루지
않았다.

3.2.1. NV형 관용구

이 유형은 기존 논의에서 가장 많이 다루어진 관용구이다. 실제 그 수에 있어서도 많다.[17] 이들의 세부 유형을 살펴보자.

(3) 가. N을 V : 가닥을 잡다, 비위를 맞추다…
　　나. N이 V : 입이 가볍다, 속이 보이다, 목이 날아가다…
　　다. N에 V, N으로 V, N에서 V: 수렁에 빠지다, 몸으로 때우다,
　　　　　　　　　　　　　　　　　하늘에서 떨어지다…

(3가)의 경우 'N을 V(타동사)' 구성이다. 필수 성분인 주어가 실현되지 않았기 때문에 이들이 하나의 술어로 구현될 때는 주어 논항이 필수적으로 나타나게 된다.

(3나)의 경우 'N이 V'로 구성된 관용구이다. 'V'가 자동사인지 형용사인지에 따라 다음과 같이 나뉜다.

(3나) ① 속이 보이다, 금이 가다, 꼬리가 밟히다[18]…
　　　② 입이 가볍다, 입이 무겁다, 비위가 좋다…

(3나)①은 '속이 보이다'처럼 'N이 비행위성 자동사'가 결합한 구성이다. (3나)②는 '입이 가볍다'처럼 'N이 형용사'가 결합한 구성이다.[19]

다음으로 (3다)는 'N + 부사격 조사 + V'형인데 다음과 같은 유형이

---

17) 본고에서 살핀 용언형 관용구 중 'N이 V형'은 31.77퍼센트, 'N을 V형'은 56.59퍼센트, 'NV'형 관용구가 전체 용언형 관용구의 88.37퍼센트에 해당한다. 김한샘(1999:4)에서도 'NV'형 관용구가 전체 용언형 관용구에서 88.9퍼센트에 해당한다고 밝힌 바 있다.

18) 비대격성 IdP에 해당하는 '꼬리가 밟히다'는 '밟히다'가 '밟다'의 피동사로 타동성을 수반하므로 '꼬리를 밟히다'로 격조사가 교체될 수 있다.

나타난다.

> (3다) ① N에 V: 강단에 서다…
>
> 간에 차지 않다, 땅에 떨어지다, 귀에 쟁쟁하다…
>
> 계산에 넣다, 입에 담다…
>
> ② N으로 V: 삼천포로 빠지다…
>
> 귓등으로 듣다, 몸으로 때우다…
>
> N에서 V: 눈에서 벗어나다, 하늘에서 떨어지다…

위의 (3다)①의 '강단에 서다'와 같은 예는 'N에 행위성 자동사'가 결합한 관용구이다. 이들은 관용적 용법으로 쓰일 때 '사람이'라는 주어를 논항으로 요구하게 된다. '간에 차지 않다'는 'N에 비행위성 자동사'의 구성으로 이루어졌다. '계산에 넣다'와 같은 예는 'N에 + 타동사' 구성의 관용구이다.

(3다)②의 '삼천포로 빠지다'의 경우 'N으로 + 비행위성 자동사' 구성의 관용구이다. '이야기가 삼천포로 빠졌다'와 같은 용례에서 '이야기가'와 같은 주어 논항을 요구하는 관용구가 된다. '귓등으로 듣다'나 '몸으로 때우다'는 'N으로 + 타동사'로 구성된 관용구이다. 타동사가 할당하는 대격 논항을 관용적 용법에서 필수적으로 요구하리라 예측할 수 있다. (3다)③의 '하늘에서 떨어지다'는 'N에서 + 비행위성 자동사'의 구성이다.

이들 부류는 'N이'나 'N을'과 같은 필수 성분이 관용구 내에 부재하기 때문에 관용적 술어로 쓰일 때 'N이'나 'N을'과 같은 성분이 문형

---

19) '주어-행위성 자동사' 구성과 '주어-타동사 구성'의 관용구는 나타나지 않는다. 이에 대해 고광주(2000:125)에서 용언형 관용어의 형성 과정에서 행위자역 논항과 행위성 동사의 결합을 어렵게 하는 통사적 형성 제약이 있음을 밝히고 있다.

안에서 논항으로 나타날 것임을 예측할 수 있다.

3.2.2. AdvV형 관용구

'Adv + V'로 이루어진 용언형 관용구이다. 지금까지의 논의에서 주목을 받지 못한 유형이다.[20] 기본적으로 이들 역시 'N이'나 'N을'과 같은 필수 성분이 빠져 있기 때문에 관용구의 용법으로 쓰일 때에는 V가 타동사냐 자동사냐에 따라 'N이'나 'N을' 논항을 요구하게 된다.

　　　(4) Adv V: 꿀꺽 삼키다, 설설 기다, 지레 꿰지다, 홀로 보다…

예문 (4)에서 '꿀꺽 삼키다'의 경우 '삼키다'가 타동사이므로 관용구는 'N이'와 'N을'의 논항을 필요로 할 것임을 알 수 있다. 반면 '기다'의 경우 행위성 자동사이므로 행위자역을 받는 주격 논항을 요구할 것임을 예측할 수 있다.

3.2.3. NNV형 관용구

NNV형 관용구는 두 개의 명사와 동사구로 구성된 경우를 말한다.[21] 다음과 같은 유형이 나타난다.

---

20) 전체 용언형 관용구에서 'AdvV'형 관용구는 39개로 나타나며 차지하는 비율은 1.24퍼센트에 해당한다.

21) 전체 용언형 관용구에서 'NNV'형 관용구는 67개로 나타나며 차지하는 비율은 2.46퍼센트에 해당한다.

(5) 가. N1에 N2를 V: 얼굴에 철판을 깔다, 목에 거미줄을 치다,

　　　　입에 게거품을 물다…

　　나. N1에 N2가 V: 발등에 불이 떨어지다, 입에 곰팡이가 슬다,

　　　　턱에 숨이 닿다…

　　다. N1에서 N2가 V: 입에서 신물이 난다, 눈에서 불이 나다…

　(5가)의 '얼굴에 철판을 깔다'와 같은 경우 〈몹시 뻔뻔스럽게 굴다〉는 뜻을 가진 용언형 관용구이다. 관용적 용법에서는 '뻔뻔스럽게 구는' 주체가 주어로 나타난다. (5나)는 비행위성 자동사가 관용구의 핵으로 나타나는 유형이다. 관용구 술어가 되면 전체 사태의 대상을 주어로 취한다. (5다)에서 제시한 'N1에서 N2가 V'형은 그 예가 많지 않다. 비행위성 자동사가 관용구의 핵으로 나타난다.

3.2.4. NAdvV형 관용구

　'N + Adv + V'에 해당하는 유형은 기존의 관용구 연구에서 주목을 받지 못한 유형이다.22) 각각 관용구의 핵인 동사의 특성에 따라 (6가)의 '코끝도 안 보이다'는 비대격성을 띠게 된다. 용언형 관용구로 쓰일 때에는 대상역을 받는 '사람이'가 주어 논항으로 나타나야 한다. '귀가 번쩍 뜨이다'는 '마음이 끌리다'라는 뜻으로 주어는 경험주로 볼 수도 있다. (6나)의 '사족을 못 쓰다'의 경우 타동사가 핵을 구성하는 관용구이다. 그 의미는 〈혹하여 어쩔 줄을 모르다〉이며 '사람이', '어떤 일에'라는 의미역을 받는 논항이 온다.

---

22) 전체 용언형 관용구에서 'NAdvV'형 관용구가 28개로 나타나며 차지하는 비율은 0.22 퍼센트이다.

(6) 가. N이 Adv V: 코끝도 안 보이다, 귀가 번쩍 뜨이다···

　　나. N을 Adv V: 사족을 못 쓰다, 얼굴을 못 들다, 오금을 못 추다,

　　　　코빼기도 안 내밀다, 고무신을 거꾸로 신다···

3.2.5. N이다형 관용구

서술격 조사 '이다' 구성이 관용구를 형성하는 예이다.23) 명사와 결합하는 구성과 부사와 결합하는 구성, 용언의 관형형의 수식을 받는 구성 등이 있다.

(7) 걱정이 태산이다, 그저 그만이다, 죽을 맛이다,

　　머리털 나고 처음이다···

이들이 형성하는 의미는 상태성을 지닌다. 관용적 술어로 쓰이게 되면 그런 상태에 있는 대상이 주어 논항으로 나타난다.

3.2.6. VV형 관용구

동사의 연결 구성으로 나타나는 V고 V형 관용구에는 아래와 같은 예들이 나타난다.24) 일반적인 관용구는 명사나 부사가 주로 결합하는 데 반해 이 유형은 의미적 관련성이 깊은 동사들이 연결되어 나타난다.

(8) V고 V: 물고 뜯다, 지지고 볶다, 맺고 끊다, 먹고 떨어지다···

---

23) 전체 용언형 관용구에서 'N이다'형 관용구는 20개로 나타나며 0.07퍼센트에 해당한다.

24) 전체 용언형 관용구에서 'VV'형 관용구는 54개로 나타나며 1.57퍼센트에 해당한다.

지금까지 용언형 관용구의 내적 구조를 13가지로 나누어 살폈다.25) 관용구 구성의 통사적 특성에 따라 하나의 술어로서 요구하게 되는 논항에 대해 예측 가능한 부분이 있음을 알 수 있었다. 다음 절에서는 관용구가 요구하는 논항의 특성에 대해 살피도록 하겠다.

3.3. 논항 구조 특성

이 절에서는 용언형 관용구의 문형 특성을 기술하기 위한 기준으로서 이들이 요구하는 논항의 개별 특성을 좀 더 세밀하게 살펴보고자 한다. 이러한 관점에서 일반적인 용언 술어와는 다른 양상에 초점을 두고 용언형 관용구의 문형 특성을 분석할 것이다.

일반적으로 용언형 관용구는 서술어처럼 행동하므로 1항, 2항, 3항을 모두 취할 수 있다. 특히 필수적 성분으로 요구되는 논항의 특성은 동사 구문이나 형용사 구문에서 나타나는 바와 다르지 않다. 반면 용언형 관용구에서 관찰되는 논항의 특성이 있다.

첫째, 용언형 관용구의 문형에는 그 의미 구조에 따라 일반 용언 구문에서 나타나지 않는 논항이 온다. 일반적 동사 구문이나 형용사 구문에서는 수식 성분으로 나타나는 'NP에서'나 'NP의'가 용언형 관용구에서는 필수적 성분인 논항으로 요구된다.. 일반 용언 구문에서는 'NP에서'가 주로 부가어로 나타나는 반면 용언형 관용구에서는 논항으로 온다.26)

---

25) 내적 구조의 유형은 N을 V형, N이 V형, N에 V형, N으로 V형, N에서 V형, AdvV형, N1에 N2를 V형, N1에 N2가 V형, N1에서 N2가 V형, N1이 AdvV형, N을 advV형, N이다형, V고 V형으로 주된 구성 형식을 가진 경우에 초점을 두었다. 'N 같다'형, 'V지 않다'형, 'NV을 수 없다'형과 같은 예외적 구성은 제외하였다.

26) 김한샘(1999), 고광주(2000), 유현경(2001), 김진해(2003) 등에서 직설적 용법과 달리 관용적 용법으로 쓰일 때 'N에서'와 같은 성분이 나타난다고 논의한 바 있다.

(9) 가. 언니가 미역국을 먹었다.

　　　나. 언니가 방안에서 미역국을 먹었다.

　　　다. 언니가 이번 시험에서 미역국을 먹었다.

　위의 예문에서 (9가)는 동사 '먹다'가 필수적으로 두 개의 논항을 요구하는 경우이다. (9나)는 직설적 용법으로 부가어 'NP에서'라는 나타난 경우이다. 이 경우에 '방안에서'는 동사 '먹다'가 필수적으로 요구하는 명사구가 아니다. 일반적으로 행위를 나타내는 동사의 경우 그 행위가 이루어지는 장소를 모두 상정할 수 있기 때문이다. 반면, (9다)에서는 '미역국을 먹다〈떨어지다〉'가 새로운 술어로 쓰여 'NP에서'라는 논항을 필요로 한다. 이 논항이 없다면 관용구의 의미를 확인하기가 어렵다. 이처럼 용언형 관용구에서는 직설적 용법의 문형에 나타나는 'NP에서'와 같은 부가어가 필수적인 논항으로 기능한다.

　이번에는 'NP의' 논항을 살펴보자.

　　(10) ◁꼬리표(를) 떼다▷ ◀몡이 몡의▶ (대상이 무엇의) 부정적인 평가
　　　　나 평판을 듣지 않게 되다. ¶언니가 새끼 작가의 꼬리표를 떼고 본
　　　　격적으로 작품 활동에 참여했다 / 선배는 이번 사태에 대한 특종으
　　　　로 초보 기자의 꼬리표를 떼게 되었다.

　　(11) ◁마음(을) 사다▷ ◀몡이 몡의▶ (어떤 사람이 다른 사람의) 관심
　　　　을 가지게 하다. ¶소라가 선생님의 마음을 사려고 온갖 노력을 다
　　　　했다.

　(10)에서 '꼬리표를 떼다'와 같은 경우로서 '새끼 작가의 꼬리표'나
'초보 기자의 꼬리표'처럼 동격인 명사구의 수식을 받는다. 직설적 용

법에서는 나타나지 않는 성분이므로 이들은 관용구가 요구하는 논항이 된다.27)

이와 유사한 경우로 (11)의 '마음을 사다'를 보자. '사람이 누구의 마음을 사다'와 같은 문형으로 나타난다. 이때 '누구의' 역시 관용구의 일부 성분인 '마음'과 의미적 관련성, 즉 소유 관계에 있다. 이희자 외 (2007:110)에서는 이때 나타나는 'NP의'를 문형의 일부로 처리해야 함을 주장하고 있다.

둘째, 동일한 논항으로 실현되었더라도 직설적 용법의 경우와 용언형 관용구에서 각각 논항의 의미 특성이 다른 경우가 있다.

(12) 가. 이 나무는 싹이 노랗다.

　　　 나. 내 동생은 벌써부터 싹이 노랗다.

위의 예문에서 (12가)는 직설적 용법으로 '싹의 색깔이 노랗다'는 뜻의 용례이고 (12나)는 관용적 의미로 쓰여 '가능성이나 장래성이 없다'는 뜻의 용례이다. 직설적 의미에서 주어는 식물이 와야 하지만 관용적 의미일 때는 반드시 인성 명사가 와야 한다(이희자 외 2007:111). 이렇듯 동일한 1항을 취하는 경우라도 주어가 인성 명사가 온다는 것은 용언형 관용구의 논항 특성으로 파악된다.

셋째, 관용구에도 격 교체 현상이 나타난다. 특히 일반적 동사 구문이나 형용사 구문에 나타나지 않는 격 교체 현상도 있다.28)

---

27) 의미적 관련성으로 볼 때에 'NP의' 논항을 관용구의 성분으로 보고 '~의'라는 꼬리표를 떼다'와 같이 관용구 형태를 확장해서 볼 여지도 있다. 실제로 「연세」에서는 '~의'라는 꼬리표를 떼다'를 관용구로 보고 있다. 그러나 수식어가 고정되어 있지 않기 때문에 '굳은말'로서의 관용구 구조 안에서 해결하기는 어렵다는 점, 그리고 '~의 '대신 '~이라는'으로 교체가 가능하다는 점 역시 굳은 성분으로 간주하기 어렵다는 점에서 본고는 용언형 관용구의 논항으로 처리하였다.

(13) ◁뿌리가 뽑히다▷ ◀똉이/의▶ (어떤 대상이) 생겨나고 자랄 수 있
는 근원이 완전히 없어지다. ¶부정부패의 뿌리가 뽑혔다 / 마침내
범죄 세력의 뿌리가 뽑혔다 / 낡은 사상이 뿌리가 뽑히려면 최소 30
년은 걸린다.

(14) ◁간에 기별도 안 가다▷ ◀똉이/으로▶ (음식이) 너무 적어서 전혀
양에 차지 않다. ¶우동 한 그릇이 간에 기별도 안 갔다 / 빵 한 조각
으로는 간에 기별도 안 갔다.

(15) ◁주름(을) 잡다29)▷ ◀똉이 똉을/에서▶ (사람이 어떤 대상을) 자
신의 손아귀에 넣어 마음대로 다스리거나 처리하다. ¶공군이 창공
을 주름 잡으며 멋진 비행을 보여 주었다 / 내가 고향에서는 한 가
닥 주름을 잡았었다.

위의 예문 (13)의 '뿌리가 뽑히다'에서는 'NP이/NP의'로 교체된다.
의미역은 대상으로 동일하나 격형이 달라지는 경우이다. 이와 같은
교체 현상은 '코끼리가 코가 길다'와 같이 이중 주어 구문에서 주로
나타난다. (14)에서는 'NP이'와 'NP으로'가 교체된다. 이러한 격 교
체 현상은 일반적인 동사 구문이나 형용사 구문에서 나타나는 것과
동일하다. 반면에 (15)의 '주름을 잡다'와 같이 'NP을/NP에서'가 교
체되는 경우는 용언형 관용구에서 나타나는 특징적인 격 교체 현상
이다. 'NP을'이 선택될 때에는 용언형 관용구 내부의 조사가 자연스

---

28) 동사나 형용사 구문의 교체 현상은 그동안 많은 논의가 있었으나 관용구 구문의 교체
현상에 주목한 논의는 거의 찾아볼 수 없었다.

29) 관용구 '주름을 잡다'는 다른 의미로도 쓰여 다른 문형을 갖는다. ◀똉이 똉에▶ (사람
이 얼굴) 심각하거나 슬픈 태도를 보이다. ¶창수가 이마에 주름을 잡고 심각하게 말
했다 / 김 노인은 가슴이 쓰리다는 듯이 미간에 주름을 잡았다.

럽게 생략된다.

(16) ◁녹을 먹다▷ ◀몡이 몡의/에서▶ (사람이 국가 기관의) 관리나
되거나 월급을 받다. ¶김 계장이 나라의 녹을 먹으면서 자신의 안
일에만 신경을 썼다 / 삼촌은 국가에서 녹을 먹는 공직자로 늘 검소
한 생활을 하셨다.

(17) ◁비위(를) 맞추다▷ ◀몡이 몡의/을▶ (어떤 사람이 다른 사람의)
마음에 들도록 해주다. ¶종업원이 주인의 비위를 맞출 수밖에 없었
다 / 김 비서가 사장님을 비위 맞추려고 애썼다.30)

예문 (16)의 '녹을 먹다'는 'NP의'와 'NP에서'가 교체 가능하다. 또한
(17)에서처럼 '비위를 맞추다'는 'NP의'가 필수 성분으로 나타나며
'NP을'로도 교체가 가능하다.

넷째, 보문절을 논항으로 취한다. 용언형 관용구가 문장 내에서 일
반 용언 구문처럼 보문을 필요로 한다. 주로 '다짐을 놓다', '못을 박
다', '엄포를 놓다', '오금을 박다', '바가지를 긁다' 등과 같은 발화류에
서 주로 나타난다.

(18) ◁엄포(를) 놓다▷ ◀몡이 몡에게 동다고▶ (어떤 사람이 다른 사
람에게 어찌하라고) 실속 없는 큰소리로 남을 위협하거나 으르다.
¶엄마가 아이에게 잘 따라오지 않으면 길에 버리고 가겠다고 엄포
를 놓았다.

---

30) 'NP의/NP를'이 교체될 때 'NP를'이 선택되는 경우는 '비위(를) 맞추다'의 조사가 생략
된 경우에 더 자연스럽게 나타난다. 「연세」에서도 '〈NP1〉이 〈NP2〉를 비위를 맞추다'
를 문형 정보로 주고 있다. 그러나 실제 용례에서는 'NP의'가 더 많이 나타난다.

(19) ◁다짐(을) 놓다▷ ◀몡이 몡에게 동라고▶(어떤 사람이 다른 사람에게 어찌하라고) 다짐을 하도록 억지로 요구하다. ¶민회가 친구에게 비밀을 말하지 말라고 다짐을 놓았다.

(20) ◁입술을 깨물다▷ ①◀몡이 동려고▶(사람이 어찌하려고) 몹시 분하거나 고통스러운 감정을 힘껏 참다. ¶그는 터져 나오려는 눈물을 참으려고 입술을 깨물었다. ②◀몡이 동려고▶(사람이 어찌하려고) 굳은 결의를 다지다. ¶그가 반드시 성공하여 오늘의 모욕을 갚아 주려고 입술을 깨물었다.

(18)은 'V다고'를 취하는 경우이고 (19)에서는 'V라고'를 (20)에서는 'V려고'를 취하는 경우이다. 이처럼 용언형 관용구가 선택하는 보문절은 'V다고/V라고/V려고'가 있는데 어떠한 보문소를 선택하는지는 용언형 관용구의 의미적 특성과 관련이 있다.[31]

용언형 관용구가 지니는 통사적 특징으로 논항 구조를 살펴보았다. 기존의 동사 구문이나 형용사 구문과는 달리 부가어가 필수 성분의 논항으로 요구된다는 점, 'NP이/NP의'나 'NP의/NP에서' 등의 교체를 보인다는 점, 보문절을 논항으로 취한다는 점, 같은 논항으로 실현되었더라도 직설적 용법의 경우와 용언형 관용구에서 각각 논항의 의미 특성이 다른 경우가 있는 점이 특징적이었다. 이러한 통사적인 특징을 보이는 술어들은 용언형 관용구의 부류로 포함시킬 여지가 많다.[32]

---

31) 다만, '-느냐고'와 같은 의문의 보문절을 취하는 관용구는 나타나지 않았다.

4. 용언형 관용구의 문형 구조

용언형 관용구는 단순한 구성 요소의 의미의 합으로 도출해 낼 수 없는 새로운 의미를 나타내므로 전체가 마치 하나의 어휘처럼 쓰인다. 용언형 관용구가 요구하는 논항의 개수에 따라 문형을 구분하면 1항 관용구, 2항 관용구, 3항 관용구로 나눌 수 있다. 이렇듯 논항 구조에 따라 용언형 관용구의 다의가 구분되며 각기 다른 문형을 취한다.

(21) ◁못(을) 박다▷
① ◀몡이 몡에/에게▶(어떤 사람이 다른 사람에게) 원통한 생각을 마음속 깊이 맺히게 하다. ¶언니가 엄마에게 못을 박는 이야기를 했다 / 그 자식이 남의 가슴에 못을 박고 편하게 살 것 같니?
② ◀몡이 몡을 몡으로▶(사람이 약속을 날짜나 시간 따위로) 분명하게 하거나 고정시키다. ¶그들이 모이는 날을 매주 셋째 토요일로 못을 박았다.
③ ◀몡이 몡에게 몡다고▶(어떤 사람이 다른 사람에게 어찌한다고) 확실하게 말하다. ¶남편이 아내에게 담배만은 절대 끊을 수 없다고 못을 박았다.

예문 (21)에서와 같이 용언형 관용구 '못을 박다'는 문형에 따라 〈원통함이 맺히다〉, 〈고정시키다〉, 〈확실하게 말하다〉로 의미가 나뉜

---

32) 이러한 통사적 특징을 보인다고 반드시 용언형 관용구가 되는 것은 아니다. 다만 용언형 관용구의 부류 후보로 넣을 수 있다. 용언형 관용구 부류 속성은 통사적 기준뿐만 아니라 의미적 기준도 아울러 고려해야 하기 때문이다. 본고는 용언형 관용구의 개념에 따라 나타나는 논항 구조를 살핀 것이다. 즉, 먼저 의미적 기준을 통해 용언형 관용구가 하나의 술어로 기능함을 파악하였고 이에 나타나는 통사적 특징으로 문장에서 실현되는 용언형 관용구의 논항 구조를 살폈다.

다. 또한 보문절을 취함으로 3항 관용구로 구분될 수 있다. 이렇듯 문형 구조를 고찰하고 유형별로 분류함에 따라 용언형 관용구의 의미를 면밀히 파악할 수 있다는 데에 의의가 있다. 이러한 문형 구조는 격형과 의미역에 따라 세부적으로 구분될 수 있는데33) 각각의 특징을 살피면 다음과 같다. 34)

4.1. 1항 관용구

용언형 관용구가 1항을 취하는 경우는 외형상 서술어와 그에 이끌리는 하나의 논항과 결합함을 나타낸다. 직설적 의미로 쓰일 때에 동사구 내의 명사는 논항으로 가능하나 관용적 의미로 쓰일 때에는 용언형 관용구 전체가 새로운 논항을 요구한다. 'NP1이'를 취하는 1항 관용구는 다양한 문형으로 나타난다. NP1에 오는 의미역이 무엇인지에 따라 세분된다. 행위주가 오는 경우는 사태에 대해 능동적인 주체로 해석되며 경험주가 오는 경우에는 사태를 실제로 겪게 되거나 감각이나 지각 작용에 영향을 받는 주체로 해석이 될 수 있다.

---

33) 문형을 언급할 때 논항의 선택 제약 정보나 의미역 정보를 살피는 것은 용언형 관용구의 의미적 특성을 파악하는 데 도움이 된다. 본고에서는 Saeed(1997:140~147)에서 제시한 의미역(thematic roles) 체계를 참조하였다. Saeed(1997)에서는 모두 9개의 의미역을 제시하였고 다음과 같이 설명하고 있다: 행위주(Agent)는 의지를 가지고 행동할 수 있는 동작의 주체로, 피위주(Patient)는 어떤 동작의 영향을 받는, 특히 어떤 상태 변화를 겪는 실체로, 대상(Theme)은 동작에 의한 이동을 겪거나 위치가 기술되는 실체로, 경험주 (Experiencer)는 서술어로 기술되는 동작이나 상태를 인식하고 있지만 그 동작이나 상태를 통제할 수 없는 실체로, 수혜자(Beneficiary)는 수행된 동작으로 인해 이익을 받는 실체로, 도구(Instrument)는 동작이 수행되는 수단으로, 장소(Location)는 대상이 위치해 있거나 발생하는 장소로, 목표(Goal)는 대상의 이동이 지향하는 실체로, 원천(Source)은 대상이 이동해 나온 실체로 파악되며 이밖에도 더 세분될 수 있다.

34) 실제로 관용구 자체가 문형에 따라 다의를 보이는 경우가 나타나지만 세부 절에서는 해당 문형의 의미만을 제시하였음을 밝혀 둔다.

4.1.1 NP1이 IdP

(22) 가. 그 정치인이 이제는 가면을 벗을 때도 되지 않았는가?

　　 나. 언니가 약혼은 했지만 아직 날을 받지는 않았다.

위의 'NP1이 IdP' 구조에서는 'NP1이'가 행위주로 실현된다. 예문에서 (22가)의 '가면을 벗다'는 '원래의 모습을 드러내거나 속마음을 나타내다'의 의미로 'NP이' 명사항을 논항으로 요구한다. 'NP이'의 의미역은 어떠한 의도를 지닌 행위주로 해석된다. (22나)의 '날을 받다'는 '결혼 날짜를 정하다'와 '장례나 이사 따위를 할 때에 길일(吉日)을 가려 정하다'로 해석되며 모두 'NP이'를 취하는 1항 관용구이다. 이때 'NP이'의 의미역은 행위주로 파악된다.

(23) 엄마가 가슴을 태우며 아이가 무사히 돌아오기만을 기도했건만 싸늘한 시체로 돌아왔다.

위의 'NP1이 IdP' 구조는 'NP1이'가 경험주로 실현된다. 예문 (23)의 '가슴을 태우다'는 '몹시 초조해하며 애태우다'라는 뜻으로 'NP이' 명사항을 논항으로 요구한다. 'NP이' 명사구는 주어가 사태에 대한 지각이나 감정을 나타내므로 경험주로 해석된다.

(24) 가. 우리 회사의 신용이 땅에 떨어질 지경이다.

　　 나. 신입 사원이 지각을 하는 바람에 모처럼의 나들이가 산통이 깨졌다.

위의 'NP1이 IdP' 구조에서는 'NP1이'가 대상으로 실현된다. 예문에서 (24가)의 '땅에 떨어지다'는 '(권위나 명성 따위가) 회복하기 힘들 정도로 나빠지다'의 뜻으로 'NP이'가 필수적으로 요구되며 이때 'NP이'는 대상의 의미역을 받는다. (24나)의 '산통이 깨지다'는 '(어떤 일이) 다 되어 가다가 뒤틀리다'라는 뜻으로 'NP이'가 필수적으로 요구되며 이때 'NP이'는 대상으로 해석된다.

4.1.2 NP1이/에 IdP

(25) 가. 새로 생긴 가게가 하루 종일 손님은 안 오고 파리만 날린다.
　　　나. 올봄 극장가에는 파리를 날리는 현상이 계속되고 있다.

'NP1이/에 IdP'의 구조는 격형이 서로 교체되는 양상을 보인다. 'NP1'에 올 수 있는 의미역은 대상(Theme)으로 파악되는데 명사항의 부류가 사람이나 사물이 오는지 어떠한 장소나 현상이 오는지에 따라 'NP이/NP에'가 교체된다. 예문 (25가)~(25나)의 '파리가 날리다'는 '(장사나 영업장 따위가) 한가할 정도로 잘 안되다'라는 뜻으로 'NP이/NP에'로 교체가 가능하며 이때의 주어의 의미역은 대상으로 파악된다.

4.1.3 NP1에 IdP

(26) 가. 여기에 눈이 많으니 다른 데로 가서 이야기하자.
　　　나. 그 가게에 살이 끼었는지 개업한 지 얼마 안 돼서 문을 닫았다.
　　　다. 셔츠에 살이 잡혀서 다림질을 할 수밖에 없었다.
　　　라. 날씨가 추워지자 냇가에 살이 잡혔다.

위의 예문은 1항 관용구로 'NP에'를 논항으로 요구하는 경우이다. (26가)의 '눈이 많다'는 '(어떤 장소에) 보는 사람이 많다'라는 뜻으로 'NP에' 명사구의 의미역은 장소로 나타난다. (26나)의 '살이 끼다'는 '(어떤 대상에) 사람이나 물건 따위를 해치는 불길한 기운이 들러붙다'라는 뜻으로 'NP에' 명사항은 대상으로 이해된다. (26다~26라)의 '살이 잡히다'는 ①'(옷 따위에) 구김살이 지다'와 ②'(강이나 냇가에) 살얼음이 얼다'라는 뜻으로 이해된다. 두 경우 모두 관용구 술어는 'NP에' 논항을 요구하며 대상역을 받는다.

4.1.4 NP1에게/이 IdP

(27) 가. 마지막 오는 사람에게 국물도 없을 줄 알아!
　　　나. 앞으로 진 사람은 국물도 없다.

'NP1(대상)에게/이 IdP' 구조는 의미역은 동일하나 'NP에게'와 'NP이'로 격형이 교체된다. 예문 (27가)~(27나)의 '국물도 없다'는 '(어떤 사람에게) 아무것도 돌아오는 몫이나 이들이 없다'라는 뜻으로 (27가)는 'NP에게'가 요구된 경우이고 (27나)는 'NP이'가 선택된 경우이다. 이들의 의미역은 대상으로 나타난다.

4.1.5 NP1이/에서 IdP

(28) 가. 이번 사업이 떡고물이 많이 떨어지는지 사람들이 기웃거렸다.
　　　나. 새로 시작한 일에서 떡고물이 떨어진다.

위의 'NP1(원천)이/에서 IdP' 구조는 의미역은 동일하나 'NP이'와 'NP에서'로 격형이 교체된다. 예문 (28가)는 'NP이' 명사구 논항을 요구하며 (28나)는 'NP에서' 명사구 논항을 요구한다. 용언형 관용구 '떡 고물이 떨어지다'는 '(어떤 일이) 부수적인 이익을 얻다'라는 뜻으로 'NP이/NP에서'는 이익이 생기거나 대상이 이동해 나오는 실체로서 의미역은 원천(source)으로 파악된다.

4.1.6 NP1의/이 IdP

(29) 가. 언니 얼굴에는 시름의 골이 깊었다.
　　나. 시간이 갈수록 감정이 골이 깊었다.
　　다. 부정부패의 뿌리가 뽑혔다.
　　라. 범죄를 일삼던 세력이 마침내 뿌리가 뽑혔다.

'NP1의/이 IdP' 구조는 의미역은 동일하나 격형에 따라 'NP의'와 'NP이'가 교체한다. 예문(29가~29나)의 '골이 깊다'는 '(걱정이나 고민 따위가) 악화된 상태이다'라는 뜻으로, (29가)는 'NP의' 명사구가 논항으로 나타났고 (29나)는 'NP이' 명사구가 논항으로 실현되었다. 이때 의미역은 'NP의'와 'NP이' 모두 대상으로 해석된다. 다음으로 (29다~29라)의 '뿌리가 뽑히다'는 '(어떤 대상이) 생겨나고 자랄 수 있는 근원이 없어지다'라는 뜻으로, (29다)는 'NP의' 명사구가 논항으로 나타났고 (29라)는 'NP이' 명사구 논항이 실현되었다. 이 유형은 'NP의/NP이'가 교체되는 현상을 보이며 이때 의미역은 상태 변화의 대상으로 파악된다.

4.2. 2항 관용구

2항을 취하는 경우는 외형상 서술어와 그에 이끌리는 두 개의 논항
의 결합을 나타낸다. 직설적 의미로 쓰일 때에 동사구 내의 명사는 논
항의 역할을 하지만 관용적 의미로 쓰일 때에는 용언형 관용구 전체
가 새로운 논항을 요구한다. 2항 관용구가 가장 다양한 문형으로 나타
나는데 이를 살피면 다음과 같다.

4.2.1 NP1이 NP2가 IdP

　　(30) 가. 선생님은 그 아이의 행동이 자꾸만 눈에 거슬렸다.
　　　　　나. 나는 운전이 몸에 밸 때까지 1년 동안 각별히 조심했다.

'NP1이 NP2가 IdP' 구조는 용언형 관용구가 두 개의 필수 논항을
요구하는 경우이다. (30가)의 '눈에 거슬리다'는 '보기에 마뜩하지 않
아 불쾌하거나 불편하게 여기다'라는 뜻으로 'NP1이' 명사항은 주어로
서 경험주로 나타나고 'NP2가' 명사항은 어떤 모습을 나타내는 대상
으로 파악된다. (30나)는 '몸에 베다'인데 '여러 번 겪거나 치러서 아주
익숙해지다'라는 뜻으로 'NP1이'는 주어로서 경험주로 나타나고 'NP2
가'는 어떠한 습관 따위를 나타내며 대상으로 실현된다.

4.2.2 NP1이 NP2를 IdP

　　(31) 가. 강 이사가 이번 일의 성패를 가늠을 잡으면서 다음 계약을 시
　　　　　　도했다.
　　　　　나. 영수가 할아버지의 말씀을 골수에 새겼다.

'NP1이 NP2를 IdP' 구조는 용언형 관용구가 두 개의 필수 논항을 요구하는데 행위주와 대상으로 실현된다. (31가)의 '가늠을 잡다'는 '겨누어 살피거나 헤아리다'라는 뜻으로 'NP1이' 명사항은 사람 주어로서 경험주로 나타나며 'NP2를' 명사항은 목적어로서 목표나 형편 따위를 나타내는 대상으로 해석된다. (31나)의 '골수에 새기다'는 '잊지 않도록 마음속에 깊이 새기다'라는 뜻으로 'NP1이' 명사항은 주어로서 경험주로 나타나고 'NP2을' 명사항은 목적어로서 말씀 따위를 나타내는 대상으로 실현된다.

4.2.3 NP1이 NP2에 IdP

(32) 가. 오빠가 사랑에 목이 말랐다
　　　나. 젊은이들이 외국 문화에 물이 들어 자유롭게 행동한다.

'NP1이 NP2에 IdP'의 구조는 용언형 관용구가 두 개의 필수 논항을 요구한다. (32가)의 '목이 마르다'는 '애타게 열망하다'라는 뜻으로 'NP1이' 명사항이 주어로서 경험주로 나타나고 'NP2에' 명사항은 대상으로 해석된다. 다음으로 (32나)의 '물이 들다'는 '사고방식이나 행동거지, 습성 면에서 닮아가거나 영향을 받다'라는 뜻으로 'NP1이' 명사항은 주어로서 피위주로 실현되고 'NP2에'는 물이 드는 대상으로 실현된다.

4.2.4 NP1이 NP2에게 IdP

(33) 가. 그 애가 유독 남자 선배들에게 꼬리를 친다.
　　　나. 그 선수는 지난 5년 동안 세계 최고의 테니스 선수로 군림해 오

다가 이번 대회에서 18세의 젊은 선수에게 무릎을 꿇었다.

　'NP1이 NP2에게 IdP'의 구조는 용언형 관용구가 두 개의 필수 논항을 요구한다. (33가)의 '꼬리를 치다'는 '잘 보이려고 아양을 떨다'라는 뜻으로 'NP1이' 명사항이 주어로서 행위주로 나타나고 'NP2에게' 명사항은 주어의 의도가 도달해야 하는 목표로 해석된다. 다음으로 (33나)의 '무릎을 꿇다'는 '힘에 눌려 항복하거나 굴복하다'라는 뜻으로 'NP1이' 명사항은 주어로서 피위주로 실현되고 'NP2에게'는 다른 사람이나 집단 따위를 나타내며 무릎을 꿇는 대상으로 실현된다.

4.2.5 NP1이 NP2에서 IdP

　　(34) 가. 오빠가 면접에서 여러 차례 미역국을 먹었지만 낙심하지 않았다.
　　　　　나. 호동이가 잘하다가 마지막 경기에서 죽을 쑤는 바람에 안타깝게 준우승에 그쳤다.

　'NP1이 NP2에서 IdP'의 구조는 용언형 관용구가 두 개의 필수 논항을 요구한다. 용언형 관용구가 하나의 술어처럼 쓰여 'NP에서' 논항을 취하는 것이 특징적이다. (34가)의 '미역국을 먹다'는 '떨어지다'의 뜻으로 'NP1이' 명사항이 주어로서 실패를 수동적으로 겪는 피위주로 나타나고 'NP2에서' 명사항은 시험 따위의 목표로 해석된다. (34나)의 '죽을 쑤다'는 '망치거나 실패하다'라는 뜻으로 'NP1이' 명사항은 주어로서 피위주로 실현되고 'NP2에서'는 어떤 일 따위를 나타내며 목표로 실현된다.

4.2.6 NP1이 NP2와 IdP

(35) 가. 이 물건이 살 사람과 값이 닿으면 팔겠다.

　　　나. 우리는 당신과 이제 손을 끊었으니 딴 데 가서 알아봐라.

'NP1이 NP2와 IdP'의 구조는 용언형 관용구가 두 개의 필수 논항을 요구한다.35) (35가)의 '값이 닿다'는 '(물건 흥정에서) 사거나 팔기에 알맞은 값에 이르다'의 뜻으로 'NP1이'는 주어로서 어떤 대상으로 실현되고 'NP2와'는 비교하는 다른 대상으로 나타난다. 다음으로 (35나)의 '손을 끊다'는 '교제가 거래 관계를 중단하다'라는 뜻으로 'NP1이'는 주어로서 행위주에 해당하고 'NP2와'는 손을 끊는 대상으로 실현된다.

4.2.7 NP1이 NP2이/으로 IdP

(36) 가. 형은 자장면 한 그릇이 도무지 간에 차지도 않았다.

　　　나. 형은 자장면 한 그릇으로는 도무지 간에 차지 않았다.

'NP1이 NP2이/으로 IdP'의 구조에서 용언형 관용구는 두 개의 논항을 요구한다. 'NP1이'는 주어로 경험주로 해석되며 'NP2이/NP2으로'는 의미역은 대상으로 동일하나 격형이 서로 교체된다. 예문 (36가~36나)의 '간에 차지 않다'는 '너무 적어 먹으나 마나 하다'의 뜻으로 'NP이/NP으로' 교체되며 이때 주어로 오는 대상은 주로 음식물에 해당한다.36)

---

35) 'NP1이 NP2와'를 선택하는 경우에 명사항의 특성은 대부분이 복수 명사에 해당한다.

36) '간에 차지 않다'는 NP1 논항이 생략될 수 있으며 기존의 사전에서는 경험주인 NP1을 제시하지 않고 있다.

4.2.8 NP1이 NP2의 IdP

(37) 가. 철없는 후배가 함부로 말을 하다가 선배의 감정을 샀다.

나. 그 녀석이 잘난 체하는 말투로 사람들의 비위를 거스른단 말이야.

'NP1이 NP2의 IdP'의 구조는 용언형 관용구가 두 개의 필수 논항을 요구한다. 주로 사람의 감정과 관련된 용언형 관용구에서는 'NP의' 논항을 취하는 것이 특징적이다. (37가)의 '감정을 사다'는 '감정을 언짢게 만들다'라는 뜻으로 'NP1이'는 주어로서 행위주로 나타나고 'NP2의'는 다른 사람에게 영향을 미치는 것으로 대상으로 실현된다. (37나)의 '마음을 상하게 하다'라는 뜻으로 'NP1이'는 주어로 행위주로 해석되고 'NP2의'는 마음을 상하게 하는 다른 사람으로서 대상으로 파악된다.37)

4.2.9 NP1이 NP2의/라는 IdP

(38) 가. 마침내 범인이 양의 탈을 벗었다

나. 그는 이제 고상한 성직자라는 탈을 벗고 진실을 털어놓았다.

다. 그녀에게는 고졸 학력의 꼬리표가 붙어 있어 승진 때마다 어려움이 있었다.

라. 막내는 그 일 이후 변덕쟁이라는 꼬리표가 붙었다.

---

37) NP1이 NP2의 IdP에서 'NP의' 논항을 취하는 용언형 관용구의 명사항의 특성으로는 '감정, 비위' 등과 같이 사람의 마음을 나타내는 부류가 주로 나타난다.

'NP1이 NP2의/라는 IdP'의 구조에서는 'NP의'와 'NP라는'이 교체된다.38) (38가~38나)의 '탈을 벗다'는 '본모습을 드러내다'라는 뜻으로, (38가)에서는 'NP1이'가 주어로서 행위주로 나타나고 'NP2의'는 어떤 거짓된 대상으로 파악된다. (38나)에서는 'NP1이' 주어로서 행위주로 나타나며 'NP2라는'은 대상으로 나타난다. 다음으로 (38다~38라)의 '꼬리표가 붙다'는 '부정적인 평가나 평판이 내려지다'라는 뜻으로 (38다)는 'NP1이'는 주어로서 피위주로 나타나고 'NP2의'는 부정적 평가에 대한 대상으로 해석된다. (38라)는 'NP1이' 주어로서 피위주로 실현되고 'NP2라는'은 부정적 평판의 대상으로 해석된다.

4.2.10 NP1이 V다고/려고 IdP

(39) 가. 김 씨가 자기가 돈을 좀 벌었다고 목에 힘을 준다.

나. 동생은 터져 나오는 눈물을 참으려고 입술을 깨물었다.

다. 그가 반드시 성공하여 오늘의 모욕을 갚아 주려고 입술을 깨물었다.

'NP1이 V다고 IdP'의 구조는 용언형 관용구가 두 개의 논항을 요구하는데 그 중 하나를 보문절로 취하는 것이 특징적이다. (39가)와 같이 '목에 힘을 주다'는 '거만하게 굴거나 남을 깔보는 듯한 태도를 취하다'라는 뜻으로, 'NP1이'는 주어로서 행위주로 해석되며 'V다고'는 그러한 행동을 나타내는 보문절로 나타난다. (39나)의 '입술을 깨물다'는 '몹시 분하거나 고통스러운 감정을 힘껏 참다'라는 뜻이고 (39다)는 '굳은 결의를 다지다'라는 뜻이다. 두 문형에서 모두 'NP1이'는 주

---

38) 이러한 유형은 관용구 내부 명사항의 의미 특성으로 인해 'NP의'나 'NP라는'의 논항을 요구한다고도 볼 수 있다.

어로서 행위주로 나타나며 'V려고'는 주어의 의지를 나타내는 행위로
보문절로 나타난다.

4.3. 3항 관용구

3항 관용구는 어떤 사람이 다른 사람을 어떤 관계로 만드는 '삼다'
류와 남의 말이 직접적으로나 간접적으로 인용된 '발화'류에서 주로
나타난다. 3항을 필요로 하는 용언형 관용구는 그다지 많지는 않
다. 특히 보문절 논항을 취하는 경우는 주로 '발화'류 관용구에 해당
한다.[39)]

4.3.1 NP1이 NP2를 NP3로 IdP

 (40) 가. 우리는 그를 배신자로 낙인을 찍었다.

    나. 그가 죄 없는 사람을 범인으로 낙인을 찍자 원성이 자자했다.

위의 예문 (40)과 같이 3항을 취하는 관용구는 '낙인을 찍다'인데
'나쁘게 인식하거나 평가하다'라는 의미를 지닌다. '낙인을 찍다'가
하나의 술어로 쓰여 'NP1이', 'NP2를', 'NP3로'라는 명사구 논항을 필
요로 한다. 이때 명사항 'NP1'은 행위주를, 'NP2'는 그런 평가를 받는
대상의 의미역을 받는다. 'NP3'는 평가의 내용을 뜻하는 도구역을 받
는다.

---

39) 발화 동사 구문에서 보문절을 취하는 것은 일반적인 현상이다. 다만 기존의 용언형 관
  용구 연구에서는 이러한 보문절을 취하는 것에 주목하지 않았으며, 본고에서는 이러한
  보문절을 취하는 현상이 용언형 관용구의 구문에서도 확인되는 것으로 파악하였다.

4.2.2 NP1이 NP2에게 V다고 IdP

(41) 가. 선생님은 우리들에게 얼른 집으로 돌아가지 않으면 혼내겠다
　　　고 엄포를 놓았다.
　　나. 형은 막내가 맞는 만큼 그에게 복수를 해 주겠다고 이를 갈
　　　았다.

3항 술어를 취하는 관용구 중에 주로 발화류에 속하여 보문절을 취하는 경우이다. 위의 예문 (41가)의 '엄포를 놓다'는 '큰소리로 남을 협박하거나 으르다'의 뜻으로 쓰여, 'NP1이', 'NP2에게', 'V다고'의 논항을 요구한다. 이때 'NP1이'의 명사항은 주어로서 행위주로 해석되고 'NP2에게'의 명사항은 협박이나 으름을 받게 되는 대상으로, 목표역(goal)이 실현된다. 어떠한 전하는 말이나 사실과 관련하여 'V다고'와 같은 보문절은 대상역을 받는다. 다음으로 (41나)의 '이를 갈다'는 '분에 못 이겨 앙갚음을 하려고 벼르다'라는 뜻으로 'NP1이', 'NP2에게', 'V다고'의 논항을 요구한다. 'NP1이' 명사항은 주어로서 행위주로 나타나며 'NP2에게' 명사항은 목표역으로, 'V다고'는 원통함의 내용을 나타내는 대상역을 받는다.

4.2.3 NP1이 NP2에게 V라고 IdP

(42) 아내가 나에게 담배를 끊으라고 바가지를 긁는다.

위의 예문 (42)에서 '바가지를 긁다'는 '잔소리하다'라는 뜻으로 3개의 논항을 요구한다. 'NP1이'는 주어로 행위주로 파악되고 'NP2에게'는 잔소리가 도달하는 목표역으로 해석된다. 'V라고'는 잔소리하

는 발화 내용에 해당하는 보문절로 나타난다. 3항 관용구는 기존의 용언형 관용구 연구에서 자세히 언급되지 않았고 보문절을 취하는 등의 구체적인 논의도 다루어지지 않았다. 따라서 본고에서 살핀 3항 관용구는 주로 발화와 관련된 부류에서 보문절을 취하는 것이 특징적이라 하겠다.

5. 맺음말

본고에서는 용언형 관용구의 문형을 분류하고 그 특성을 살폈다. 기존의 용언형 관용구 논의의 성과와 한계를 분석하고 그동안 많이 다루어지지 않았던 용언형 관용구에도 주목하여 이들의 내적 구조와 논항 구조의 특징에 대해서 종합적으로 파악하였다.

용언형 관용구는 문장에서 새로운 술어처럼 쓰여 논항을 요구한다고 보았다. 이러한 용언형 관용구의 통사적 특성으로는 첫째, 형용사 구문이나 동사 구문과 달리 'NP에서'나 'NP의'와 같은 명사구를 필수 논항으로 요구한다. 둘째, 'NP이/NP에서'나 'NP의/NP을'과 같은 교체 현상을 보인다. 셋째, 용언형 관용구가 보문절을 취하는 경우도 있다. 다음으로는 용언형 관용구를 1항, 2항, 3항으로 구분하여 문형 특성을 세부적으로 고찰하였다.

참고 문헌

고광주. 2000. "관용어의 논항 구조와 형성제약."「어문논집」(안암어문학회) 42. 261-283.

고광주. 2001.「국어의 능격성 연구」서울: 월인.

권경일. 1997. "국어의 '상투적 비유 표현'에 대한 연구."「사전 편찬학 연구」(연세대 한국어 사전 편찬회) 7. 185-204.

김진해. 2003. "관용어의 직설의미와 관용의미의 관계 연구."「한국어 의미학」(한국 어 의미학회) 13. 23-41.

김한샘. 1999.「현대국어 관용구의 계량언어학적 연구」. 연세대 석사학위논문.

도원영. 2003. "「민연국어사전」(가칭)의 특징."「한국 사전학」(한국 사전학회) 2. 85-109.

문금현. 1999.「국어의 관용 표현 연구」태학사.

박만규. 2002. "관용표현의 범주적 정체성 확립을 위하여."「국어학」(국어학회) 41. 307-419.

박영준. 1993. "국어 관용어 사전 편찬을 위하여."「우리어문연구」(안암어문학회) 6-1. 1-23.

박영준·최경봉. 2001. "관용어 사전의 실제와 개선 방안: 박영준·최경봉 편저「관용어 사전」을 중심으로."「한국어학」(한국어학회) 13. 239-260.

양영희. 1995. "관용표현의 의미 구현 양상."「국어학」(국어학회) 26. 171-200.

유현경. 2001. "한국어 관용구 사전의 편찬에 대한 연구: 문형 정보와 관련된 문제를 중심으로."「사전 편찬학 연구」(연세대 언어정보개발원) 11-2. 221-242.

이희자. 1995. "현대 국어 관용구의 결합 관계 고찰."「대동문화연구」(성균관대 대동 문화연구원) 30. 411-444.

이희자. 2003. "관용 표현의 사전학적 연구."「국어학」(국어학회) 41. 385-420.

이희자 외. 2007. "학습용 한국어 관용 표현 사전 편찬 연구."「사전 편찬학 연구」(연 세대 언어정보연구원) 9. 99-122.

최경봉. 1992.「국어 관용어 연구」. 고려대 석사학위논문.

최경봉. 2000. "관용어의 구성 형식과 의미 구조."「한국언어문학」(한국언어문학회) 45. 1-19.

홍재성. 1989. "한국어 사전에서의 동사 항목의 기술과 통사 정보."「사전편찬학 연구」 (연세대학교 언어정보개발원) 7-1. 24-62.

홍재성 외. 1995. "현대 한국어 동사구문사전 편찬을 위하여." 「말」(연세대학교 한국
　　어학당) 20-1. 81-127.
Saeed, J. I. 1997. Semantics, Cambridge: Blackwell Publishers Inc.

참고 사전

국립국어연구원 편. 1999. 「표준국어대사전」 두산동아.
박영준·최경봉 편저. 1996. 「관용어 사전」 태학사.
연세대학교 언어정보개발원 편. 1998. 「연세한국어사전」 두산동아.
운평어문연구소. 1991. 「금성국어대사전」 금성출판사.
최호철 외. 2007. 「외국인을 위한 한국어 문형 사전」 한국어세계화재단.
한글학회 편. 1991. 「우리말큰사전」 어문각.
홍재성 외. 1997. 「현대 한국어 동사 구문 사전」 동아출판사.

〈고려대 한국어대사전〉과 사전학

국어사전에서 '-어/-아' 계열 어미의 결합 정보 기술에 대하여

김양진·정경재

1. 서론

국어의 어미 형태소는 의존 형태소로서 어간과 결합하는 환경이 제약적이며 결합 환경에 따라 다양하고 때로 복잡한 양상으로 실현된다. 국어 대사전이 우리말의 언어 정보를 최대한 포괄하려는 목적으로 구성된다면 문법 형태소로서의 어미 형태소에 대한 이러한 제약적 결합 환경과 다양한 실현 양상이 구체적으로 기술되어 있어야 할 것이다.

본고는 국어의 어미 형태소 중 결합 환경과 실현 양상이 특히 복잡한 '-어/-아' 계열 어미1)를 대상으로 하여 기존의 국어 대사전류에서 이를 어떻게 처리하였는지 점검하고 문제점을 짚은 뒤, 그에 대한 사전학적 해결 방안을 제시할 것이다.2)

본고의 논의 순서는 다음과 같다. 2장에서는 '-어/-아' 계열 어미들의 결합 환경을 정리하고 기존 국어 대사전류의 기술 방식과 문제점을 지적한다. 3장에서는 '-어/-아' 계열 어미들이 용언 어간과 결합할 때 보이는 다양한 현상을 소개하고 그러한 현상들이 국어 대사전류에 어떻게 반영되어 있는지를 비판적인 입장에서 보일 것이다. 4장에서는 2장과 3장에서 살핀 '-어/-아' 계열 어미의 결합 정보를 국어사전에서 어떠한 방법으로 보일 것인지 이용자의 입장을 고려하여 논의하겠다.

2. '-어/-아' 계열 어미의 결합 환경

국어의 어미 형태소는 이형태 실현 양상에 따라 다음과 같이 크게 세 유형으로 나뉜다.

---

1) 본고에서 논의의 대상으로 삼는 '-어/-아' 계열 어미에 속하는 어미들은 다음과 같다.
"-어/-아, -어다/-아다, -어다가/-아다가, -어도/-아도, -어라/-아라, -어서/-아서, -어서야/-아서야, -어야/-아야, -어야만/-아야만, -어야죠/-아야죠, -어야지/-아야지, -어야지요/-아야지요, -어요/-아요, -어지이다/-아지이다, -었자/-았자, -었-/-았-, -었었-/-았었-"
'-어/-아' 계열 어미는 어간의 끝음절 모음에 따라 선택되는데, 흔히 '-아/-어' 계열 어미로 지칭되어 왔다. 본고에서 이를 '-아/-어' 계열의 어미가 아니라 '-어/-아' 계열의 어미로 지칭하는 이유는, 현대국어에서 '-아'보다 '-어'의 분포가 더 넓다는 데에서 기인한다. 즉, 어미 '-아'의 선택은 어간말 모음이 'ㅏ, ㅑ, ㅗ, ㅘ' 등일 때로 한정되는 데 비해 어미 '-어'의 선택은 어간말 모음이 'ㅐ, ㅓ, ㅔ, ㅕ, ㅖ, ㅙ, ㅚ, ㅜ, ㅞ, ㅟ, ㅡ, ㅢ, ㅣ' 등인 경우로 폭이 넓다는 점과 입말에서 '먹-아'와 같은 결합은 불가능하지만 '잡-어'와 같은 결합은 가능하다는 점들을 고려한 것이다. 임동훈(1998), 서태룡(2002) 등에서도 이미 이러한 점을 고려하여 '-어/-아'의 기본형을 '-어'로 삼아야 한다고 주장한 바 있다. 특히 서태룡(2002)에서는 어미 '-어/-아'의 이형태 관계를 국어사전에 명시하고 어미 '-어'로 시작하는 통합형 어미를 기존의 사전에 표제어로 수록하면서 드러난 문제를 검토하였다.

2) 본고에서 검토의 대상으로 삼는 기존 사전은 〈표준국어대사전(1999)〉, 〈조선말대사전(1992)〉, 〈금성국어대사전(1992)〉, 〈우리말큰사전(1991)〉(이하 〈표준〉, 〈조선〉, 〈금성〉, 〈우리〉)이다. 소사전이나 중사전은 규모가 제한되어 있으므로 뜻풀이를 중심으로 한 정보만을 제공하게 되어 표제어의 문법 정보는 미약할 수밖에 없다. 반면 대사전은 국어에 대한 정보가 최대한 충실히 담겨 있어야 하기 때문에 표제어의 문법 정보를 제시하는 방안에 대해 모색할 때 참고해야 할 대상이 된다.

(1) ㄱ. 먹-/가- : -더-, -고, -다, -지 … : 비변화형 어미3)

　　ㄴ. 먹-/가- : -으시-/-시-, -으니/-니, -으면/-면 … : '으' 탈락형 어미

　　ㄷ. 먹-/가- : -었-/-았-, -어/-아, -어도/-아도 … : 모음조화형 어미

　위의 세 유형 중 (1ㄱ, ㄴ)의 자유형 어미와 '으' 탈락형 어미는 대부분의 용언과의 결합에서 특별한 예외 없이 매우 규칙적인 양상을 보이지만 (1ㄷ)의 모음조화형 어미의 경우는 용언 어간과의 결합에서 단순히 모음조화로만 설명하기 어려운 매우 불규칙적이고 예외적인 결합 양상을 보인다.

　기존 대사전류에서 '-어/-아' 계열 어미의 결합 양상에 대해 기술한 내용을 살펴보면 다음과 같다.4)

---

3) 이는 원 논문에서 '자유형 어미'라 칭했던 것을 '비변화형 어미'로 수정한 것이다. 해당 어미들이 어간의 종류와 관계없이 자유롭게 결합할 수 있다는 점에서 '자유형 어미'라 하였으나 "'으'탈락형 어미'나 '모음조화형 어미'가 어간에 따른 어미의 변화에 초점을 둔 용어이므로, 이에 맞추어 '비변화형 어미'로 용어를 수정하였다.

4) '-어/-아' 계열 어미에 대해 논할 때, '하다'의 뒤에 결합하는 형태론적 이형태 '-여'와 '이다, 아니다'의 뒤에 결합하는 '-야'를 함께 논하는 경우가 많다. 같은 맥락에서 '러 불규칙 용언'의 뒤에 결합할 때의 형태인 '-러'도 이형태로서 함께 논할 수 있을 것이다. 그러나 이들은 결합하는 환경에 형태론적 제약이 분명하며, 각 형태는 역사적으로 볼 때, 어간의 일부가 어미에 투영되어 재구조화된 것으로 볼 수 있다. 즉 역사적으로, '-여'는 '히-'의 'ㅣ'가, '-러'는 '푸를-, 누를-, 니를-'의 'ㄹ'이 각각 어미 '-어/-아'에 결합한 것으로 볼 수 있으며, '-야'는 계사 '-ㅣ-'가 어미에 음운론적 영향을 미친 결과로 볼 수 있다. 즉 '-여', '-야', '-러'는 형태론적 조건에 따른 이형태로서, 어간 말음절 모음에 따라 선택적으로 결합하는 '-어'와 '-아'의 결합 조건과 실현 양상에 대한 설명에 함께 포함하기 어려운 측면이 있다. 이들은 각각의 표제어에서 해당 어간의 제약 조건을 명시하는 것으로 충분한 설명이 가능하므로 '-어/-아'의 어미 결합 양상을 다루는 자리에서 함께 다루지 않아도 무방하다. 따라서 본고의 논의에서는 흔히 '-어/-아'의 형태론적 이형태로 언급되는 '-여, -야'나 '-러'와 같은 형태들에 대해서는 논외로 하고 순수하게 '-어/-아'의 결합 조건에 관해서만 논의를 진행한다.

(2) ㄱ. 〈표준〉

-아: 끝음절의 모음이 'ㅏ, ㅗ'인 용언의 어간

-어: 끝음절의 모음이 'ㅏ, ㅗ'가 아닌 용언의 어간

ㄴ. 〈조선〉

-아: 용언 말줄기의 마지막 소리마디의 모음이 밝은 모음일 때

-어: 용언 말줄기의 마지막 소리마디의 모음이 어두운 모음일 때

(3) ㄱ. 〈금성〉

-아: 끝 음절이 'ㅏ', 'ㅑ', 'ㅗ'로 된 어간

-어: 어간 끝 음절이 'ㅓ', 'ㅕ', 'ㅜ', 'ㅡ', 'ㅣ' 모음인 어간[5]

ㄴ. 〈우리〉

-아: 끝소리마디 홀소리가 'ㅏ, ㅑ, ㅗ'인 움직씨, 그림씨 줄기

-어: 끝소리마디 홀소리가 'ㅐ, ㅓ, ㅔ, ㅕ, ㅚ, ㅜ, ㅞ, ㅟ, ㅡ, ㅓ, ㅣ'인 줄기

'-어/-아' 계열 어미의 결합 환경에 대한 기존 대사전의 기술 방식은 크게 두 가지로 나누어 볼 수 있다. 첫 번째는 (2ㄱ, ㄴ)에 제시한 〈표준〉과 〈조선〉이 취하고 있는 '여집합식 설명 방법'이다. 〈표준〉에서는 문법 형태소의 이형태를 "받침 있는 : 받침 없는"이나 "끝음절의 모음이 'ㅏ, ㅗ'인 : 끝음절의 모음이 'ㅏ, ㅗ'가 아닌" 등과 같은 여집합식 결합 환경을 지니는 것으로 기술하고 있다. 〈조선〉에서는 '밝은 모음 : 어두운 모음'의 대립으로 이들을 처리하고 있는데, 결과적으로 '밝은 모음'이 아닌 모음을 '어두운 모음'으로, '어두운 모음'이 아닌 모음을 '밝은 모음'으로 처리하게 되어 순환론적으로 여집합식 결합 환

---

5) 〈금성〉에는 "어간 끝 음절이 'ㅏ', 'ㅕ', 'ㅜ', 'ㅡ', 'ㅣ' 모음인 어간"이라고 기술되어 있다. 그러나 여기에서 'ㅏ'는 'ㅓ'를 잘못 표기한 것으로 보고 본고에서는 이를 정정하였다.

경을 제시하는 것이 된다. 결과적으로 〈조선〉에서의 처리 방식은 〈표준〉에서의 처리 방식과 크게 다르지 않다고 볼 수 있다.

두 번째는 (3)에 제시한 〈금성〉과 〈우리〉가 취하고 있는 방식이다. 이 두 사전은 '-어/-아'가 결합하는 말음절 모음자를 구체적으로 보여주는 방식을 취하고 있다. 이를 '결합환경제시식 설명 방법'이라고 하자. 우선 〈금성〉에서는 결합 가능한 선행 어간의 모음 유형을 막연히 "'ㅏ, ㅗ'인 어간" 혹은 "'ㅏ, ㅗ'가 아닌 어간"으로 나누지 않고 구체적으로 '-아'가 선택되는 어간 말음절 모음을 'ㅏ, ㅑ, ㅗ'로, '-어'가 선택되는 어간 말음절 모음을 'ㅓ, ㅕ, ㅜ, ㅡ, ㅣ'로 제시하고 있다. 〈우리〉에서는 '-어/-아'가 선택되는 조건을 이보다 좀 더 구체적으로, 어간 말음절 모음이 'ㅏ, ㅑ, ㅗ'인 경우와 'ㅐ, ㅓ, ㅔ, ㅕ, ㅚ, ㅜ, ㅞ, ㅟ, ㅡ, ㅢ, ㅣ'인 경우로 구분하여 제시하고 있다.

본고는 '-어/-아' 계열 어미의 결합 환경을 '여집합식 설명 방법'을 이용하여 제시하는 데에는 몇 가지 문제가 있으며, '결합환경제시식 설명 방법'이 해당 형태소의 결합 분포를 보여주는 데에 적합한, 더 친절하고 유용한 방법이라고 본다.

'여집합식 방법'의 첫 번째 문제점은 '-어/-아' 계열 어미의 경우 이형태 '-어'와 '-아'를 선택하는 단일하며 절대적인 기준을 제시할 수 없다는 데 있다. 한 형태소의 이형태를 결정하는 절대적인 기준이 존재하는 경우에는 '여집합식 설명 방법'을 이용하여 예외조건으로 결합 환경을 제시하는 것이 가능하다. 예를 들어 주격 조사 '이'와 '가'는 '결합하는 체언의 받침 유무'라는 조건으로 이형태의 결합 환경을 보여줄 수 있다. 그러나 '-어/-아' 계열 어미의 경우, 서태룡(2002)에서 지적한 바 있듯이 '-어'와 '-아'의 결합 환경을 결정하던 모음조화가 균형을 잃어 현대국어에서는 '양성모음', '음성모음'이라는 용어가 객관성을 잃게 되었다. 따라서 '-어/-아' 계열 어미의 결합 환경 정보를 제시할 때 〈조선〉에서와 같이 '양성, 음성'의 정보를 주는 것은 사전 이용자가 '양성모음', '음성모음'이라는 용어가 구체적으로 어떤 모음을 지시하는지 알기 어렵다는 점에서 친절한 정보 제공 방식이라고 보기 어렵다.

또한 〈표준〉에서와 같이 '양성'과 '음성'이라는 정보 대신 끝음절의 모음이 'ㅏ, ㅗ'인 경우와 그렇지 않은 경우로 나누어 제시하는 방식도 비슷한 한계를 지닌다. 'ㅏ, ㅗ'가 대표하는 모음이 어디까지인지 명확히 알기 어렵기 때문에 현 기술 방식으로는 끝음절의 모음이 'ㅏ, ㅗ'가 아닌 경우는 모두 '-어' 계열의 어미와 결합하는 것으로 해석된다. 따라서 어간 끝음절 모음이 'ㅑ'나 'ㅘ'인 경우 '약아', '괄아'와 같이 '-아' 계열 어미와 결합한다는 것을 보여 주지 못한다.6)

'여집합식 방법'의 두 번째 문제점은 국어의 모든 모음이 어간 끝음절에 사용되는 것은 아니라는 점이다. 문법 형태소의 결합 환경에 대한 정보를 여집합 방식으로 기술한다는 것은 한 형태소의 이형태들이 결합하는 환경의 총합이 전체 집합이 된다는 것을 전제한다. 그러나 '-어/-아' 계열 어미는 그 조건이 충족되지 않는다. 우리말의 모음자 21개 중 용언 어간의 끝음절에 사용되는 모음자는 'ㅒ, ㅛ, ㅝ, ㅠ'를 제외한 'ㅏ, ㅐ, ㅑ, ㅓ, ㅔ, ㅕ, ㅖ, ㅗ, ㅘ, ㅙ, ㅚ, ㅜ, ㅞ, ㅟ, ㅡ, ㅢ, ㅣ'의 17개이다. 이 중 'ㅏ, ㅑ, ㅗ, ㅘ'는 어미 '-아'와, 'ㅐ, ㅓ, ㅔ, ㅕ, ㅖ, ㅙ, ㅚ, ㅜ, ㅞ, ㅟ, ㅡ, ㅢ, ㅣ'는 어미 '-어'와 결합한다.7) 이를 표로 보이면 [표1]과 같다. 표의 어두운 부분은 해당 모음을 어간 말음절

---

6) 익명의 한 심사자는 "끝음절의 모음이 'ㅏ, ㅗ'인 용언의 어간"이라는 〈표준〉의 기술이 문자가 아닌 음에 대한 기술이므로 오히려 정확한 것으로 볼 수 있다고 하였다. 이는 뜻풀이 자체로는 틀린 기술이라고 보기 어렵지만 사전 이용자가 이를 판독하고 응용할 것을 기대하기 어렵다는 점에서 친절한 방식의 사전 기술로 볼 수 없다. 즉 '약다'와 '괄다'의 경우 끝음절 모음이 /ja/, /wa/인데, 사전 이용자는 이로부터 모음 'ㅏ, ㅗ'를 추출해 내기 어렵다.

에 취하는 용언이 없음을 뜻한다.

	ㅏ	ㅐ	ㅑ	ㅒ	ㅓ	ㅔ	ㅕ	ㅖ	ㅗ	ㅘ	ㅙ	ㅚ	ㅛ	ㅜ	ㅝ	ㅞ	ㅟ	ㅠ	ㅡ	ㅢ	ㅣ
-아	o		o						o	o											
-어		o			o	o	o	o				o		o			o		o	o	o

표1. 용언 어간 말음절에 사용되는 모음의 목록

'-어/-아' 계열 어미의 결합 환경을 여집합 방식으로 제시하게 되면 현재 어간말 모음으로 사용되지 않는 'ㅒ, ㅛ, ㅝ, ㅠ'에 대해서도 어떤 형태의 어미와 결합할지 제시하는 격이 되어 버린다. 그러나 현재 어간 말음절에 사용되지 않는 모음이 '-어'와 '-아' 중 어떤 형태와 결합할지에 대해 예측할 수 없다. 예를 들어 가상의 '*욱다'라는 용언이 생겨난다면, 이 용언은 어미 '-어'와 만나 '욱어'의 활용형을 보일 것인가. 아니면 '-아'와 만나 '욱아'의 활용형을 보일 것인가. '약다'가 '약아'로

---

7) 우리말의 모음자는 21개이지만 모음은 단모음 7개와 이중모음 10개를 합한 17개이다. 그 목록은 다음과 같다. /ɑ/, /ʌ/, /o/, /u/, /ɛ/, /ɯ/, /i/, /jɑ/, /jʌ/, /jo/, /ju/, /jɛ/, /ɯi/, /wɑ/, /wʌ/, /wɛ/, /wi/. 이 중 /jo/, /ju/, /wʌ/는 어간의 끝음절에 사용되지 않는다. 따라서 "우리말의 모음 17개 중 용언 어간의 끝음절에 사용되는 모음은 /jo/, /ju/, /wʌ/를 제외한 /ɑ/, /ʌ/, /o/, /u/, /ɛ/, /ɯ/, /i/, /jɑ/, /jʌ/, /jɛ/, /ɯi/, /wɑ/, /wɛ/, /wi/의 14개이다. 이 중 /ɑ/, /o/, /jɑ/, wɑ/는 어미 '-아'와 나머지는 어미 '-어'와 결합한다"라는 표현이 해당 현상을 기술하는 더 정확한 표현이다. 그러나 국어사전에서는 모음자가 지닌 소리 값을 중심으로 기술하는 것보다는 문자 단위로 기술하는 것이 적합하다. 모음자와 모음은 일대일 대응을 하지 않고 일대다 혹은 다대일 대응을 한다. 즉 둘 이상의 모음자가 동일한 음가를 갖기도 하고 하나의 모음자가 환경에 따라 혹은 화자에 따라 다른 음가를 갖기도 한다. 예를 들어 '되-'라는 어간은 화자에 따라 [twɛ]로 실현될 수도 있고 [tø]나 [te]로 실현될 수도 있다. 그러나 일반적인 사전 이용자에게는 그 소릿값과는 무관하게 모음자 'ㅚ'가 '-아'가 아닌 '-어'와 결합한다는 정보만이 유의미하다. 따라서 사전적 처리 방안을 모색하는 본고에서는 어미 '-어'와 '-아'가 선택되는 환경에 대한 기술을 문자 단위로 한다. 본고에서 사용한 "모음 'ㅏ'"와 같은 표현은 "모음자 'ㅏ'가 지니는 소리값"을 뜻하는 것이다.

활용하는 것을 고려하면 '-아'와 결합할 듯하고 구어에서 '찾았다'를 '찾었다'로 발화하는 등 음성모음의 세력 확대를 고려하면 '-어'와 결합할 가능성도 배제할 수 없다. 이와 같이 현재 사용되지 않는 어간말 모음이 어떤 형태의 어미와 결합할지에 대해 예측할 수 없으므로 현재 사용되는 어간 말음절 모음을 직접 나열해 주는 것이 가장 정확하고 명시적인 방법이다.

〈금성〉과 〈우리〉에서 '여집합식 설명 방법'이 아닌 '결합환경제시식 설명 방법'을 사용한 것은 이러한 문제들을 고려한 것으로 생각된다. 그러나 〈금성〉에서는 한글 자모 가운데 기본 모음 10자(ㅏ, ㅑ, ㅓ, ㅕ, ㅗ, ㅛ, ㅜ, ㅠ, ㅡ, ㅣ)만을 대상으로 하여 제시하였으며, 이러한 처리에 일관성이 없어서 '-어도/-아도'는 〈표준〉에서의 방식으로, '-어서/-아서'는 〈조선〉에서의 방식으로 기술하고 있다는 문제가 있다.

반면 〈우리〉에서는 '-어/-아'가 각각 결합 가능한 음절 정보를 구체적으로 적시하고 있다는 점에서 가장 친절하면서도 정확한 결합 정보를 제시하고 있다고 할 수 있다. 그러나 '여집합식 설명 방법'이 아닌 '결합환경제시식 설명 방법'은 제시하는 정보에 빠진 사항이 없고 정확할 것이 요구되는데, 〈우리〉에서 제시한 어간 말음절 모음의 목록에는 빠진 것들이 있어서 추가할 필요가 있다. 〈우리〉에서는 '-아'와 결합하는 어간 말음절 모음 'ㅘ'와 '-어'와 결합하는 'ㅖ, ㅙ'를 제시하지 않고 있다. 물론 이 모음을 어간 말음절로 가진 용언 '괄다', '예다', '꽬다' 등은 〈우리〉에 엄연한 표제어로 등재되어 있다.8) 서태룡(2002)에서는 표제어 '-어/-아'에 대한 〈우리〉의 뜻풀이에서 'ㅒ, ㅖ,

---

8) 괄다 (그) ①불기운이 세다. ②누긋한 맛이 없고 거칠게 단단하다. ③성질이 거세고 괄괄하다. ④나무의 옹이 같은 데 엉기어 붙은 진이 많다. ⑤→꽬다
　　예다 (움제) '가다'의 예스러운 말.
　　꽬다 (그) 광석이 치밀하지 못하여 금분이 적은 듯하다. 〈우리말큰사전〉

ㅙ, ㅛ, ㅝ, ㅠ, ㅘ가 빠진 것은 해당 모음이 끝음절에 사용된 어간이 없기 때문일 것이라고 추정하였으나 어간 말음절 모음에 사용되지 않는 것은 'ㅒ, ㅛ, ㅝ, ㅠ'로 제한된다.

'여집합식 방법'을 지양하는 세 번째 이유는, '결합환경제시식 설명 방법'의 사용이 '-어/-아'가 결합하는 용언이 동사냐 형용사냐에 따라 실제 결합 가능한 음절의 유형에 차이가 있음을 보여줄 수 있어 장점을 지닌다는 점이다. 품사에 따른 어간 말음절 모음 목록의 차이를 도표로 보이면 [표2]와 같다. 역시 표의 어두운 부분은 해당 모음을 어간 말음절에 취하는 단어가 없음을 의미한다.

동	ㅏ	ㅐ	ㅑ	ㅒ	ㅓ	ㅔ	ㅕ	ㅖ	ㅗ	ㅘ	ㅙ	ㅚ	ㅛ	ㅜ	ㅝ	ㅞ	ㅟ	ㅠ	ㅡ	ㅢ	ㅣ
-아	o								o												
-어		o			o	o	o	o				o		o		o	o		o	o	o
형	ㅏ	ㅐ	ㅑ	ㅒ	ㅓ	ㅔ	ㅕ	ㅖ	ㅗ	ㅘ	ㅙ	ㅚ	ㅛ	ㅜ	ㅝ	ㅞ	ㅟ	ㅠ	ㅡ	ㅢ	ㅣ
-아	o		o						o	o											
-어		o			o	o	o				o	o		o			o		o	o	o

표2. 동사와 형용사의 어간 말음절에 사용되는 모음의 목록

'-아'를 선택하는 동사의 어간 말음절 모음은 실제로 'ㅏ, ㅗ'밖에 없으나 '-아'를 선택하는 형용사의 어간 말음절 모음에는 '얄-아', '괄-아'에서처럼 'ㅑ, ㅘ'를 포함하여 'ㅏ, ㅑ, ㅗ, ㅘ'가 있다. '-어'를 선택하는 동사의 어간 말음절 모음에는 'ㅐ, ㅓ, ㅔ, ㅕ, ㅖ, ㅚ, ㅜ, ㅞ, ㅟ, ㅡ, ㅢ, ㅣ'가 있는데, 이는 '-아'와 결합하는 'ㅏ, ㅗ'뿐 아니라 용언 전체의 어간 말음절 모음으로 사용되지 않는 'ㅒ, ㅛ, ㅝ, ㅠ'와 동사의 어간 말음절 모음으로만 사용되지 않는 'ㅑ, ㅘ, ㅙ'를 제외한 것이다. '-어'를 선택하는 형용사의 어간 말음절 모음에는 'ㅐ, ㅓ, ㅔ, ㅕ, ㅙ, ㅚ, ㅜ, ㅟ, ㅡ, ㅢ, ㅣ'가 있다. 이는 '-아'와 결합하는 'ㅏ, ㅑ, ㅗ, ㅘ'

뿐 아니라 'ㅒ, ㅛ, ㅟ, ㅠ'와 형용사의 어간 말음절 모음으로만 사용되지 않는 'ㅖ, ㅞ'를 제외한 것이다.9)

품사에 따른 어간 말음절 모음의 목록 차이는 특정 품사와만 결합하는 어미나 단의에 따라 결합하는 품사에 차이가 있는 어미가 있으므로 중요하다. 예를 들어 종결어미 '-어라/-아라'는 명령의 뜻을 가진 어미와 감탄의 뜻을 가진 어미가 동음이의어로 존재한다. 전자는 동사와만 결합하며 후자는 형용사와만 결합하므로 사전에서는 두 동음이의 표제어의 결합 환경 정보를 서로 다르게 제시해 주어야 한다. 또한 종결어미 '-어/-아'는 진술, 의문, 명령 등의 기능을 한다. 진술과 의문의 기능을 할 때 '-어/-아'는 용언 전체와 결합할 수 있으나 명령의 기능을 할 때는 동사와만 결합한다. 대사전이 이들을 각각의 단의로 제시할 때, 품사에 따른 결합 환경의 차이도 명시해 주어야 한다.10)

이와 같은 장점에도 불구하고 '결합환경제시식 설명 방법'의 사용은 가독성이 떨어진다는 단점을 지닌다. 그렇지만 '여집합식 설명 방법'

---

9) 지금까지의 논의에서는 용언 어간말 음절의 모음만을 대상으로 하였다. '-어/-아' 계열 어미는 선어말어미 뒤에 결합할 수도 있다. '-으시-', '-겠-' 등의 선어말어미가 '-어/-아'를 선택하는 조건은 용언 어간의 경우와 동일하다. 다만 선어말어미 {-었-}의 경우 '-았-'으로 실현되어도 어미 '-어'와 결합한다. 이는 {-었-}이 문법화하기 이전 구성인 '-어/아 잇-'의 흔적으로 보인다. 현대국어에서도 {-었-}은 '-어 있-' 구성의 흔적을 유지하고 있어 선행 환경에 따른 이형태 교체는 '-어/-아'를 따르고 후행 어미의 선택은 '있-'의 특성을 따른다. '있-'은 어간말 모음으로 'ㅣ'를 지니고 있으므로 '-어'를 선택한다. 따라서 {-었-}은 '-았-'으로 실현되든 '-었-'으로 실현되든 '-어'와 결합한다. {-었었-}의 경우 '-았었-'과 '-었었-'만을 이형태로 갖고 '-았았-'을 이형태로 갖지 않는 것도 동일한 원인에서 온 현상이다.

10) 익명의 한 심사자의 지적처럼 용언 어간 말음절의 모음 중 우연한 빈칸을 처리하는 방식에 대해 숙고할 필요가 있다. 그러나 [표2]의 빈칸 중 어떤 것이 체계적인 빈칸이고 어떤 것이 우연한 빈칸인지를 엄밀히 구별하기는 어렵다. 따라서 본고에서는 현재 존재하는 용언의 어간 말음절 모음을 조사하여 구체적으로 제시하는 것이 가장 정확한 정보라고 보고 이후에 빈칸에 해당되는 조건을 지닌 용언이 생긴다면 그때 사전의 수정이 이루어져야 한다고 본다. 근래에는 종이사전보다는 전자사전을 사용하는 경우가 많으므로 이러한 수정은 비교적 손쉽게 이루어질 수 있을 것이다.

은 언어학적 지식을 기반으로 하여 '음성모음'에 속하는 부류, 'ㅏ, ㅗ
가 아닌' 부류가 지시하는 바가 무엇인지 미루어 짐작하게 하는 방식
이므로 언어학적이거나 국어학적 지식이 없는 일반 사전 이용자들을
위해 적합하지 않다.

　또한 국어사전은 기본 의미 중심의 간략한 풀이 방식에서 환경과
용법에 따른 구체적인 의미 하나하나를 구별하여 제시하는 방향으
로 변화하고 발전해 왔다. 뜻풀이뿐만 아니라 관련어, 참고어 등도
단의별로 제시하는 등 구체적인 사안 하나하나를 용법에 따라 구별
하여 보여 주고자 하는 것이 사전이 변화하는 하나의 지향점이 되고
있다. 문법 형태소의 결합 환경에 대한 정보 역시 가능하면 구체적
으로 제시되고 용법에 따라 구분되어 제시되는 등 뜻풀이나 관련어,
참고어 등과 같은 방향으로 변화하는 것이 필요한 시점이라고 생각
한다.11)

　품사와 음절구조에 따른 어간 말음절 모음의 차이와 그 예는 다음
과 같다. 표 안의 '-' 표시는 해당 조건을 만족하는 단어가 없음을 뜻
한다.

---

11) 본고에서 논의한 바와 같은 자세한 기술이 내국인을 위한 국어사전에 꼭 필요한 정보
　인지에 대해 문제가 제기될 수 있다. 그러나 이러한 문제는 내국인을 위한 국어사전에
　서 '가다, 오다'와 같은 기본 어휘를 등재할 필요가 있는지, 등재한다면 단의를 어디까지
　세분해서 제시해야 할 것인지 하는 문제와 관련되어 있다. 기본 어휘와 문법 형태소에
　대한 상세한 뜻풀이나 문법 형태소의 결합 정보에 대한 자세한 기술은 일반 내국인 이
　용자에게 꼭 필요하지는 않은 정보일지도 모르지만 국어사전의 역할은 국어 어휘에 관
　한 여러 정보를 치밀하게 기록하여 제시하는 것이며, 본고에서는 이것이 현재 집필되고
　있는 사전들이 나아가야 할 지향점이라고 생각한다.

품사 모음	동사		형용사	
	(C)V	(C)VC	(C)V	(C)VC
ㅏ	가다	갈다	싸다	낡다
ㅐ	깨다	맺다	배다	맵다
ㅑ	-	-	-	약다
ㅒ	-	-	-	-
ㅓ	서다	걸다	-	넓다
ㅔ	베다	-	세다	-
ㅕ	펴다	겪다	-	역다
ㅖ	예다	-	-	-
ㅗ	고다	높다	외오다	곧다
ㅘ	-	-	-	괄다
ㅙ	-	-	-	괠다
ㅚ	괴다	뵙다	되다	-
ㅛ	-	-	-	-
ㅜ	누다	굶다	돋우다	굵다
ㅝ	-	-	-	-
ㅞ	꿰다	-	-	-
ㅟ	뛰다	-	바자위다[12]	쉽다
ㅠ	-	-	-	-
ㅡ	뜨다	긁다	쓰다	가늘다
ㅢ	띄다	-	희다	-
ㅣ	기다	빌다	시다	깊다

표3. 품사와 음절구조에 따른 어간 말음절 모음의 차이와 그 예

위의 표를 통해 동사·형용사의 어간 말음절에 사용되는 모음의 목록과 그 예를 확인할 수 있다. 또한 (C)V와 (C)VC라는 음절구조에 따른 어간 말음절 모음의 목록 차이도 확인할 수 있다. '-어/-아' 계열 어미는 (C)V 구조의 음절과 만날 때 다양한 실현 양상을 보이므로 음절구조에 따른 차이를 파악하는 것도 역시 중요하다. 이에 대해서는 3장에서 자세하게 다룰 것이다.

---

12) 바자위다 [형] 성질이 너그러운 맛이 없다. 〈표준국어대사전〉

3. '-어/-아' 계열 어미의 실현 양상

2장에서 '-어/-아' 계열 어미의 결합 환경 정보에 대해 상세하게 살펴보았다. 문법 형태소의 문법 정보로 중요한 두 가지 중 하나가 결합 환경에 대한 정보라면 나머지 하나는 의존 형태소인 문법 형태소가 어간과 결합하여 어떤 변화를 겪는지에 대한 정보이다.

어미 '-어/-아'가 어간 '가-'나 '오-'와 결합하면 '가아', '오아'로 실현되지 않고 '가', '와'로 실현된다는 것은 주지의 사실이다. 그러나 그동안 간행된 많은 사전들에서 '-어/-아' 계열 어미가 어간과 결합할 때 보이는 형태 실현 양상에 대한 정보를 면밀하게 제공하지 않았다. 이러한 정보에 대해 기존 대사전들의 뜻풀이 부에서 기술된 내용을 살펴보면 다음과 같다.

(4) ㄱ. 〈조선〉, 〈표준〉, 〈우리〉
  해당 정보 없음
 ㄴ. 〈금성〉
  -아: 'ㅏ'로 끝나는 어간 아래에서는 탈락됨.
  -어: 'ㅓ'로 끝나는 어간 아래에서는 탈락됨.

〈조선〉과 〈표준〉, 〈우리〉에서는 '-어/-아' 계열 어미의 표제어에서 그것의 실현 양상에 대한 정보를 전혀 제공하지 않고 있다. 〈금성〉에서만 (4ㄴ)과 같이 간략한 정보를 제공하고 있다.13)

또한 〈금성〉과 〈표준〉에서는 사전의 뜻풀이가 아닌 부록의 용언 활용표 부분에서 다음과 같은 정보를 주고 있다.14)

(5) 〈금성〉

　　ㄱ. 오 약어 ··· 'ㅗ+아 = ㅘ'로 줆.15) 예: 어미 '-아' 앞이 'ㅗ'인 것 전부.

　　　　외 약어 ··· 'ㅚ+어 = ㅙ'로 줆. 예: 어미 '-어' 앞이 'ㅚ'인 것 전부.

　　　　우 약어 ··· 'ㅜ+어 = ㅝ'로 줆. 예: 어미 '-어' 앞이 'ㅜ'인 것 전부.

　　　　이 약어 ··· 'ㅣ+어 = ㅕ'로 줆. 예: 어미 '-어' 앞이 'ㅣ'인 것 전부.

　　ㄴ. 으 불규칙: 어간 끝의 'ㅡ'가 어미 '-아(어)' 앞에서 없어짐.

　　　　　　예: 가쁘다, 끄다 ···

　　　　ㅂ 불규칙: 어간 끝의 'ㅂ'이 어미의 모음 앞에서 '오(우)'로 바뀜.

　　　　　　예: 곱다, 줍다 ···

　　　　ㅎ 불규칙: 어간 끝의 'ㅎ'이 어미 'ㄴ, ㄹ, ㅁ, ㅂ'이나 모음 앞에

　　　　　　서 없어짐.

　　　　　　예: 까맣다, 꺼멓다, 노랗다, 발갛다, 파랗다, 하얗다 ···

---

13) 각 사전은 용언 표제어의 활용형 정보를 통해 '-어/-아' 계열 어미의 실현 양상을 제공
하고 있다. 즉 표제어 '오다'에서 '와'를, '돕다'에서 '도와' 등을 보여 준다. 그러나 이 경
우 '-어/-아' 계열 어미의 활용 양상을 용언 어휘 개별적으로밖에 확인할 수 없게 되며,
이러한 정보는 사전 이용자에게는 단편적인 지식으로만 다가오게 된다. 사전 이용자는
개별적인 데이터를 종합하여 '-어/-아' 계열 어미의 실현 양상에 대한 총체적인 규칙을
만들어 내기 어려우므로 이에 대해 종합적으로 제시해 줄 필요가 있다.

14) 〈금성〉과 〈표준〉에서는 해당 부분에서 ㄷ, ㅅ, 르, 우 불규칙 등 '-어/-아' 계열 어미와
관련된 다른 불규칙 활용 정보도 함께 제시하고 있다. 그런데 이 정보들은 '-어/-아' 계열
어미의 선택과 실현에 대한 문제가 아니며 어간의 불규칙적인 변화와 관계된 문제이다.
이는 '-어/-아' 계열 어미 표제어에서가 아닌 해당 용언 표제어에서 설명해야 할 부분이
라고 생각되므로 이에 대한 정보는 생략하고 제시하였다.

15) 〈금성〉에는 "'ㅗ+아 = ㅚ'로 줆"이라고 기술되어 있다. 그러나 여기에서 'ㅚ'는 'ㅘ'를 잘
못 표기한 것으로 보고 본고에서는 이를 정정하였다.

(6) 〈표준〉

ㄱ. '-아/-어'는 모음으로 끝나는 용언 어간과 결합하는 경우 모음이
줄어드는 현상이 나타난다.

종류	예
모음 'ㅏ, ㅓ'로 끝난 어간	가- + -아 → 가 서- + -어 → 서
모음 'ㅐ, ㅔ'로 끝난 어간	개- + -어 → 개어(개) 세- + -어 → 세어(세)
모음 'ㅗ, ㅜ'로 끝난 어간	꼬- + -아 → 꼬아(꽈) 쑤- + -어 → 쑤어(쒀)
모음 'ㅚ'로 끝난 어간	괴- + -어 → 괴어(괘)
모음 'ㅣ'로 끝난 어간	가지- + -어 → 가지어(가져)

ㄴ. '-아/-어'는 불규칙용언과 결합하면 용언 어간이나 어미가 제 모
습을 유지하지 못하고 바뀌게 된다. 그 외의 경우에는 용언 어
간과 어미의 모습이 그대로 유지된다.

종류	예	비고
어간의 끝 'ㅡ'가 줄어든다	끄- + -어 → 꺼	
어간의 끝 'ㅂ'이 '우'로 바뀐다	눕- + -어 → 누워	잡- + -아 → 잡아
어간의 끝 'ㅎ'이 줄어든다	파랗- + -아 → 파래	좋- + -아 → 좋아

〈금성〉과 〈표준〉은 다른 사전과 달리 '-어/-아' 계열 어미가 어간과
결합할 때 보이는 형태 실현 양상에 대해 위와 같이 제시했다는 점에
서 의의가 있다. 그러나 두 사전은 상기의 정보를 부록에서 용언의 활
용에 대한 전반적인 설명의 일부로 다루고 있어, '-어/-아' 계열 어미
표제어에 대한 정보를 원하는 사전 이용자가 해당 정보를 확인하고
이용할 수 있는 방안이 없다. 적어도 '-어/-아' 계열 어미 표제어에서
사전의 부록에 해당 정보가 있음을 표시해 주어야 한다.

뿐만 아니라 부록에 있는 두 사전의 정보에도 불충분한 부분이 있

다. 지금까지 간행된 국어 대사전들에서 제공하지 못한 부족한 부분
들을 정리하면 다음과 같다.

우선 (5ㄱ)과 (6ㄱ)의 설명에서 빠진 모음들이 있다. '-어/-아' 계열
어미가 어간과 만났을 때 보이는 다양한 형태 실현 양상은 모음 충돌
현상으로 인해 발생한다. 어간 말음절이 (C)V인 경우 모음으로 시작
하는 '-어/-아' 계열 어미가 후행하면 모음 충돌을 회피하기 위해 어간
말음절 모음의 유형에 따라 몇 가지 변화를 보인다. 앞서 국어의 용언
어간 말음절에서는 21개의 모음 중 'ㅏ, ㅐ, ㅑ, ㅓ, ㅔ, ㅕ, ㅖ, ㅗ,
ㅘ, ㅙ, ㅚ, ㅜ, ㅞ, ㅟ, ㅡ, ㅢ, ㅣ'와 같은 17개의 모음만이 사용된다
고 하였다. 어간 말음절이 (C)V형일 때에는 [표3]에서 확인할 수 있듯
이 'ㅑ, ㅘ, ㅙ'를 추가로 제외한 14개 모음만이 사용된다. 이 중에서
'ㅟ, ㅢ'는 '쉬-어', '희-어'에서와 같이 어미의 실현에 아무런 형태 변화
가 없다.16) 따라서 이 두 모음을 제외한 12개 모음에 대해서는 어간
과 결합한 후의 형태 실현 양상에 대한 설명이 필요하다. 그러나 〈표
준〉에서는 'ㅏ, ㅐ, ㅓ, ㅔ, ㅗ, ㅚ, ㅜ, ㅡ, ㅣ'와 같은 아홉 가지 모음
으로 끝난 어간과 결합할 때의 설명만을 제시하고 있다. 제외된 'ㅕ,
ㅖ, ㅞ'에 대한 설명도 보여 주어야 '-어/-아' 계열 어미와 용언 활용에
대한 체계적인 정보를 제시할 수 있을 것이다.

(7) ㄱ. 펴- + -어 → 펴 (O) / 펴어 (×)

　　ㄴ. 폐- + -어 → 폐 (O) / 폐어 (O)

　　ㄷ. 꿰- + -어 → 꿰 (O) / 꿰어 (O)

---

16) 신지영·차재은(2003)에서는 이중모음 'ㅟ'로 끝나는 어간이 '-어'로 시작하는 어미와 결
합하여 음절 축약이 일어날 경우 [wjʌ]와 같이 삼중모음이 나타난다고 하였다. 그러나
한글 자모에는 [wjʌ]를 표기할 수 있는 모음자가 없다. 국어사전은 한글로 표기할 수 있
는 어형으로 설명해야 한다는 한계를 지니므로, '쉬-어'에 대해 '쉽'는 보여줄 수 없고 형
태 변화가 없는 '쉬어'로 기술할 수밖에 없다.

(7)에서 볼 수 있듯이 'ㅕ'는 모음 'ㅏ, ㅓ'로 끝난 어간에 대한 설명
과 함께, 'ㅖ, ㅒ'는 모음 'ㅐ, ㅔ'로 끝난 어간에 대한 설명과 함께 제
시해야 할 것이다.

두 번째는 (5ㄱ)과 (6ㄱ)에 제시된, 모음 'ㅗ, ㅜ'로 끝난 어간과 '-어
/-아' 계열 어미가 결합했을 때의 실현 양상에 대한 설명이 미흡하다
는 점이다. (5ㄱ)과 (6ㄱ)의 설명으로는 'ㅘ, ㅝ'로의 축약이 언제나
수의적인 현상으로 여겨진다. 그러나 (8)에서 확인할 수 있듯이 어간
말음이 'ㅗ, ㅜ'인 용언에 어미 '-어/-아'가 결합하는 경우, 음절초 자음
이 있으면 'ㅘ, ㅝ'로의 축약이 수의적이지만 없으면 'ㅘ, ㅝ'로의 축약
은 필수적이다.17)

(8) ㄱ. 오- + -아 → 와 (O) / 오아 (×)
　　ㄴ. 재우- + -어 → 재워 (O) / 재우어 (×)
　　ㄷ. 주- + -어 → 줘 (O) / 주어 (O)

세 번째는 (5ㄴ)과 (6ㄴ)에서 제시된, 비읍 불규칙 용언과 '-어/-아'
계열 어미가 결합했을 때의 실현 양상에 대한 설명이 미흡하다는 점
이다. 〈표준〉에서 제시한 (6ㄴ)의 설명으로는 비읍 불규칙 용언이 언

---

17) 송철의(1993)에서 논의한 바 있듯이 어떤 언어 형식이 준말로 인정되려면 그 본말이 표
면음성형으로 실현될 수 있는 것이어야 한다. 즉 준말은 본말의 실현을 전제로 하므로
'필수적인 축약'은 성립할 수 없다. 어간 말음이 'ㅗ'나 'ㅜ'이면서 음절초 자음이 없는 용
언에 어미 '-어/-아'가 결합하여 필수적으로 'ㅘ, ㅝ'가 되는 것은 축약에 의한 것이 아니
라 어간 이형태에 의한 것으로 보아야 한다. 예를 들어 '재우다'의 경우 어미 '-어/-아'와
만났을 때 필수적으로 '재워'가 되는데, 이는 '재우어'가 축약된 것이 아니라, '재우
(/tɕɛu/)-'가 어미 '-어/-아' 앞에서 '/tɕɛw/'를 이형태로 갖는 것으로 보아야 한다. 그러나
국어사전에서 음절초 초성의 유무에 따른 활용 양상 차이를 별도의 기제로 설명하는 것
은 사전 이용자에게 혼란스러운 정보로 다가올 것이다. 따라서 본고에서는 '준말'에 대
한 송철의(1993)의 견해에 동의하지만, 사전 기술에 있어서는 해당 현상에 대해 '축약'이
라는 용어를 사용한다.

제나 어미 '-어'와 만나 '워'로 실현되는 것으로 여겨진다. 그러나 (9ㄱ)
에서 확인할 수 있듯이 형용사 '곱다'와 동사 '돕다'는 '-아'와 결합하여
'와'로 실현된다.18) 비읍 불규칙 용언이 '-어/-아' 계열 어미의 이형태
를 선택하는 것은 어간 말음절 모음의 종류와는 무관한 어휘 개별적
인 것이다. 비읍 불규칙 용언은 /ㅂ~ㅜ/의 교체를 보여 '-어'와 결합하
는 것이 자연스럽다. 그러나 (9ㄱ)과 같이 몇몇 어휘는 '-어/-아' 계열
어미를 만날 때 예외적인 활용을 보이므로 국어 대사전에서는 이를
보여 주어야 한다.

    (9) ㄱ. 곱- + -아 → 고와, 돕- + -아 → 도와,

        ㄴ. 아니꼽- + -어 → 아니꼬워, 가깝- + -어 → 가까워,

          춥- + -어 → 추워

    네 번째는 (5ㄴ)과 (6ㄴ)에서 제시된 히읗 불규칙 용언과 '-어/-아'
계열 어미가 결합했을 때의 실현 양상에 대한 설명이 미흡하다는 점
이다. 히읗 불규칙 용언은 모두 '-어/-아' 계열 어미의 이형태 중 어떤
형태를 선택하는지 확인할 수 없다. (10ㄱ)처럼 모음조화에 의한 교
체가 있는 '노랗다-누렇다, 파랗다-퍼렇다, 하얗다-허옇다, 동그랗다-
둥그렇다, 싸느랗다-써느렇다' 등과 같은 형용사는 '-어/-아'와의 결합

18) 동사 '듣잡다, 묻잡다, 받잡다, 좇잡다'도 '-어/-아' 계열 어미와 만나면 '-어'가 아닌 '-아'
와 결합하여 '듣자와, 묻자와, 받자와, 좇자와'로 활용해 '곱다, 돕다'와 동일한 부류인 것
처럼 보인다. 그러나 어미 '-으니'와 만났을 때 '곱다, 돕다'가 '고우니, 도우니'로 활용하
는 반면, 이들은 '듣자오니, 묻자오니, 받자오니, 좇자오니'로 활용한다는 점에서 '곱다,
돕다'와 같이 예외적인 활용을 하는 비읍 불규칙 용언으로 다룰 수 없다. 동사 '뵙다'의
경우 '-어/-아' 계열 어미와 만날 때 〈조선〉에서는 '뵈와'로, 〈금성〉에서는 '뵈워'로 활용
하는 것으로 보았다. '뵙다'와 '듣잡다, 묻잡다, 받잡다, 좇잡다'의 동질성을 고려할 때
'뵙다'도 이들과 동일한 활용 양상을 보일 것이라고 기대할 수 있다. '뵙다, 듣잡다, 묻잡
다, 받잡다, 좇잡다' 부류의 활용 양상에 대해서는 후고를 기약한다.

형이 어간 말음절 모음(ㅏ, ㅑ, ㅓ, ㅕ)에 따라 '애/얘/에/예'로의 교체를 보인다. 그러나 (10ㄴ)처럼 모음조화에 의한 교체가 없는 '그렇다, 이렇다, 저렇다, 어떻다, 좁다랗다, 커다랗다, 조그맣다' 등과 같은 형용사는 어간 말음절 모음의 종류와 관계없이 항상 '애'로 실현된다.

> (10) ㄱ. 파랗- + -어/-아 → 파래, 퍼렇- + -어/-아 → 퍼레,
>
> 하얗- + -어/-아 → 하얘, 허옇- + -어/-아→허예[19]
>
> ㄴ. 이렇- + -어/-아 → 이래, 그렇- + -어/-아 → 그래,
>
> 저렇- + -어/-아 → 저래, 어떻- + -어/-아 → 어때,
>
> 아무렇- + -어도/-아도 → 아무래도

국어 대사전에서는 위와 같은 보완된 설명을 어미 표제어의 문법 정보로 제시하여 사전 이용자가 해당 정보를 어미 표제어에서 직접 확인할 수 있도록 해야 할 것이다.

4. 국어사전에서의 실제 처리 방안

2장과 3장에서 '-어/-아' 계열 어미의 결합 환경 조건과 어간과 결합한 후의 실현 양상에 대해 살펴보았다. 이 장에서는 지금까지 살핀 '-어/-아' 계열 어미에 대한 문법 정보를 국어사전에서 어떻게 제공할 것인지 종결어미 '-어라/-아라', 연결 어미 '-어/-아'를 예로 들어 실질적인 방안을 제시하겠다.

종결어미 '-어라/-아라'는 (11ㄱ)과 같이 명령의 뜻을 가진 어미와

---

19) '허예'를 잘못 정해진 표기법의 사례로 생각하는 견해도 있으나 표기법 사정(查定)은 필자의 능력을 벗어나는 일이라고 판단되므로 본고에서는 따로 논의하지 않는다.

(11ㄴ)과 같이 감탄의 뜻을 가진 어미가 동음이의어로 존재한다. 명령의 뜻을 가진 어미는 동사와만 결합하며 감탄의 뜻을 가진 어미는 형용사와만 결합한다. 따라서 '여집합식 설명 방법'을 지양하고 '결합 환경제시식 설명 방법'을 취한다면 동음이의어인 두 어미의 결합 환경은 다음과 같이 다르게 제시된다. 국어 대사전은 이와 같이 문법 형태소의 결합 환경에 대한 정보를 상세하고 정밀하게 기술하여 국어의 다양한 형태 정보를 제공할 수 있어야 한다.

(11) ㄱ. -아라¹ 끝「종」

끝음절의 모음이 'ㅏ, ㅗ'인 동사의 어간 뒤에 붙어, 상대에게 어떤 행동을 할 것을 명령하는 뜻을 나타내는 말. 해라체로 주로 구어체에 쓰인다. ¶먼저 가라 / 모두 이쪽으로 와라 / 꿋꿋하게 열심히 살아라. ▷-어라¹, -여라¹.

ㄴ. -어라¹ 끝「종」

끝음절의 모음이 'ㅐ, ㅓ, ㅔ, ㅕ, ㅖ, ㅚ, ㅜ, ㅞ, ㅟ, ㅡ, ㅢ, ㅣ'인 동사의 어간 뒤에 붙어, 상대에게 어떤 행동을 할 것을 명령하는 뜻을 나타내는 말. 해라체로 주로 구어체에 쓰인다. ¶식기 전에 빨리 먹어라 / 가만히 있지 말고 너도 짐을 좀 들어라 / 글을 잘 쓰고 싶다면 우선 남의 글을 많이 읽어라. ▷-아라¹, -여라¹.

(12) ㄱ. -아라² 끝「종」

끝음절의 모음이 'ㅏ, ㅑ, ㅗ, ㅘ'인 형용사의 어간 뒤에 붙어, 어떤 사실을 감탄하여 나타내는 말. ¶아이, 좋아라 / 달도 참 밝아라. ▷-어라², -여라².

ㄴ. -어라² 끝「종」

끝음절의 모음이 'ㅐ, ㅓ, ㅔ, ㅕ, ㅙ, ㅚ, ㅜ, ㅟ, ㅡ, ㅢ, ㅣ'인 형

용사나 '이다'의 어간 또는 선어말 어미 '-으시-'의 뒤에 붙어, 어떤 사실을 감탄하여 나타내는 말. ¶아이, 예뻐라 / 세상에, 가엾어라. ▷-아라², -여라².

연결 어미 '-어/-아'의 경우는 한 표제어 안에서 단의에 따라 결합 환경이 다른 경우이다. 이러한 경우에도 '결합환경제시식 설명 방법'을 사용하여 단의마다 결합 환경을 달리 제시해 줄 수 있다.

(13) ㄱ. -아 끝「연」
　　　① 끝음절의 모음이 'ㅏ, ㅗ'인 동사의 어간 뒤에 붙어, 앞 절의 일이 있고 난 뒤에 뒤 절의 일이 순차적으로 일어남을 나타내는 말. ¶그들은 빗물을 받아 식수로 사용했다 / 우리들은 식은 밥을 볶아 맛있게 먹었다. ▷-어, -여.
　　　② 끝음절의 모음이 'ㅏ, ㅑ, ㅗ, ㅘ'인 용언의 어간 뒤에 붙어, 앞 절이 뒤 절의 일에 대한 원인이나 이유가 됨을 나타내는 말. ¶돌쇠는 너무 배가 고파 빵을 훔쳐 먹었다 / 영희는 화가 나 공책을 집어던졌다 / 물건이 너무 좋아 충동적으로 사 버렸다. ▷-어, -여.
　　　(중략)
　　ㄴ. -어 끝「연」
　　　① 끝음절의 모음이 'ㅐ, ㅓ, ㅔ, ㅕ, ㅖ, ㅚ, ㅜ, ㅞ, ㅟ, ㅡ, ㅢ, ㅣ'인 동사의 어간 뒤에 붙어, 앞 절의 일이 있고 난 뒤에 뒤 절의 일이 순차적으로 일어남을 나타내는 말. ¶그는 웃옷을 벗어 옷걸이에 걸었다 / 그녀는 순식간에 맛있는 음식을 만들어 가져왔다 / 아이는 사람들에게 길을 물어 이곳까지 찾아왔다고 한다. ▷-아, -여.
　　　② 끝음절의 모음이 'ㅐ, ㅓ, ㅔ, ㅕ, ㅖ, ㅙ, ㅚ, ㅜ, ㅞ, ㅟ, ㅡ, ㅢ,

ㅣ'인 용언의 어간 뒤에 붙어, 앞 절이 뒤 절의 일에 대한 원인이
나 이유가 됨을 나타내는 말. ¶그곳은 너무 멀어 가기가 힘들다
/ 이 빵은 너무 굳어 잘 씹히지 않는다 / 개가 계속 짖어 밖에 나
가 보았다. ▷-아, -여.
(중략)

문법 형태소의 결합 환경은 뜻풀이의 일부로 각 단의마다 상세하게
기술해 줄 수 있다. 한편 어미가 어간과 결합하여 실현되는 다양한 양
상은 표제어 단위로 제공하는 부가 정보로 보여줄 수 있다. 다음은 연
결 어미 '-어/-아'에 제공할 수 있는 부가정보로, 3장에서 살핀 현상을
두루 정리한 것이다.

(14)와 같은 정보를 부록이 아닌 표제어의 뜻풀이와 함께 제시하여
야 사전 이용자는 하나의 문법 형태소에 대한 다양한 정보를 한번에,
한눈에 확인할 수 있을 것이다. 표제어 '-어'와 '-아' 각각에 이러한 부
가정보를 반복하여 제시해야 할 것이다.20) 그러나 해당 정보를 '-어/-
아' 계열 어미의 모든 표제어에 제공할 필요는 없다고 여겨진다. 해당
표제어들이 지면상 연이어 배열될 것이며, '-어도/-아도', '-어서/-아서'
등의 어미는 연결 어미 '-어/-아'에 보조사가 결합하여 형성된 것이기
때문이다. 본고에서는 (14)와 같은 부가 정보는 연결 어미 '-어/-아',
종결 어미 '-어라/-아라'와 선어말 어미 '-었-/-았-'에만 제공할 것을 제
안하는 바이다.

---

20) 표제어 '-어'에는 '-어'에 대한 정보만, '-아'에는 '-아'에 대한 정보만 제공할 수도 있을 것
이다. 그러나 '-어/-아'가 한 형태소의 이형태이며, 각 형태가 보이는 현상에 중첩되는 부
분이 있음을 감안할 때 (14)와 같이 '-어'에 대한 정보와 '-아'에 대한 정보를 동시에 제공
하는 것이 합리적이라고 여겨진다.

(14) 연결 어미 '-어/-아'의 부가정보

※ 연결 어미 '-어/-아'의 결합 조건과 양상은 다음과 같다.

(1) 우리말의 모음자 21개 중 용언 어간의 끝음절에 사용되는 모음자는 'ㅏ, ㅐ, ㅑ, ㅓ, ㅔ, ㅕ, ㅖ, ㅗ, ㅘ, ㅙ, ㅚ, ㅜ, ㅞ, ㅟ, ㅡ, ㅢ, ㅣ'와 같은 17개이다. 끝음절의 모음이 'ㅏ, ㅑ, ㅗ, ㅘ'인 용언의 어간은 어미 '-아'와 결합하며, 'ㅐ, ㅓ, ㅔ, ㅕ, ㅖ, ㅙ, ㅚ, ㅜ, ㅞ, ㅟ, ㅡ, ㅢ, ㅣ'인 용언의 어간은 어미 '-어' 와 결합한다.

(2) 어간 말음이 'ㅏ, ㅓ, ㅕ'인 용언에 어미 '-어/-아'가 결합하면 '-어/-아'가 반드 시 생략된다. ¶가아(×), 가(O) / 서어(×), 서(O) / 펴어(×), 펴(O)

(3) 어간 말음이 'ㅗ, ㅜ'인 용언에 어미 '-어/-아'가 결합하는 경우, 음절초 자음 이 없으면 반드시 'ㅘ, ㅝ'로 축약된다. 있으면 'ㅘ, ㅝ'로의 축약은 수의적으 로 나타난다. ¶오아(×), 와(O) / 날아오아(×), 날아와(O) / 재우어(×), 재워 (O) / 고아(O), 과(O) / 주어(O), 줘(O)

(4) 어간 말음이 'ㅣ, ㅚ'인 용언에 어미 '-어'가 결합하면 수의적으로 'ㅕ, ㅙ'로 축약된다. ¶피어(O), 펴(O) / 되어(O), 돼(O) / 이어(O), 여(O) / 외어(O), 왜(O)

(5) 어간 말음이 'ㅐ, ㅒ, ㅔ, ㅖ'인 용언에 어미 '-어'가 결합하면 '-어'가 수의적 으로 생략된다. ¶달래어(O), 달래(O) / 건네어(O), 건네(O) / 폐어(O), 폐 (O) / 꿰어(O), 꿰(O)

(6) 어간 말음이 'ㅡ'인 용언에 어미 '-어/-아'가 결합하면 어간 말음 'ㅡ'가 탈락 한다. 용언의 어간이 일음절일 때는 항상 '-어'가 결합하지만, 이음절 이상 일 때는 'ㅡ'가 탈락한 활용형 어간의 말음절 모음에 따라 '-어/-아'가 결합 한다. '-어/-아'의 선택은 (1)에 따른다. ¶쓰어(×), 써(O) / 아프아(×), 아파 (O), 아퍼(×) / 슬프어(×), 슬퍼(O) / 빠르어(×), 빨라(O), 빨러(×) / 흐르어 (×), 흘러(O)

※ 불규칙 용언과 연결 어미 '-어/-아'의 결합 양상은 다음과 같다.

(1) ㅂ 불규칙 용언은 형용사 '곱다'와 동사 '돕다'만 '-아'와 결합하며 나머지 용 언은 모두 '-어'와 결합한다. ¶고와(O), 고워(×) / 도와(O), 도워(×) / 가까 와(×), 가까워(O) / 아니꼬와(×), 아니꼬워(O)

(2) ㅎ 불규칙 용언의 어간말 모음에는 'ㅏ, ㅑ, ㅓ, ㅕ'가 사용된다. 모음조화에 의한 교체가 있는 용언은 어미 '-어/-아'와 결합하여 각각 'ㅐ, ㅒ, ㅔ, ㅖ'로 교체된다. 모음조화에 의한 교체가 없는 용언은 어간말 모음과 관계없이 'ㅐ'로 교체된다. ¶까매, 꺼메, 동그래, 둥그레, 하얘, 허예, 이래, 그래, 저 래, 어때, 좁다래, 커다래

이에 덧붙여 국어 대사전은 [표4]에 해당하는 정보를 사전의 앞이나 뒤에 부록으로 보여서 사전의 이용자들로 하여금 추상적인 이해가 아니라 구체적인 이해를 할 수 있도록 도와주어야 한다. [표4]는 2장에서 살핀 '-어/-아' 계열 어미의 결합 조건과 3장에서 살핀 실현 양상을 예를 통해 살필 수 있도록 정리한 것이다.

품사 / 모음	동사		형용사	
	(C)V	(C)VC	(C)V	(C)VC
ㅏ	가-아→가	갈-아→갈아	싸-아→싸	낡-아→낡아
ㅐ	깨-어→깨어/깨	맺-어→맺어	배-어→배어/배	맵-어→매워
ㅑ	-	-	-	얕-아→얕아
ㅒ	-	-	-	-
ㅓ	서-어→서	걸-어→걸어	-	넓-어→넓어
ㅔ	베-어→베어/베	-	세다→세어/세	-
ㅕ	펴-어→펴	겪-어→겪어	-	역-어→역어
ㅖ	예-어→예어/예	-	-	-
ㅗ	오-아→와, 고-아→고아/과	높-아→높아	외오-아→외와, 우습게보-아→우습게보아/우습게봐	곧-아→곧아
ㅘ	-	-	-	괄-아→괄아
ㅙ	-	-	-	괠-어→괠어
ㅚ	괴-어→괴어/괘	_21)	되-어→되어/돼	-
ㅛ	-	-	-	-
ㅜ	게우~어→게워, 누-어→누어/눠	굶-어→굶어	돋우~어→돋우어/돋워22)	굵-어→굵어
ㅝ	-	-	-	-
ㅞ	꿰-어→꿰어/꿰	-	-	-
ㅟ	뛰-어→뛰어	-	바자위-어→바자위어	쉽-어→쉬워
ㅠ	-	-	-	-
ㅡ	뜨-어→떠, 아프-아→아파	긁-어→긁어	쓰-어→써, 빠르-아→빨라	가늘-어→가늘어
ㅢ	띄-어→띄어	-	희-어→희어	-
ㅣ	기-어→기어/겨	빌-어→빌어	시-아→시어/셔	깊-어→깊어

표4. '-어/-아' 계열 어미의 결합 환경과 실현 양상

5. 결론

국어사전, 특히 대사전에서 표제어의 문법 정보를 제공하는 것의 중요성이 대두되고 있다. 사전의 미시 구조에서 문법 정보를 제공할 때 고려해야 하는 것은 '어떤 문법 정보를 제공할 것인가'하는 문제와 '그 문법 정보를 어떤 방식으로 제공할 것인가'에 대한 문제이다. 본고에서는 문법 형태소의 경우 각 이형태가 결합하는 환경에 대한 정보와 결합 이후의 실현 양상에 대한 정보가 사전에 제시되어야 한다고 보았다. 이를 위해 결합 환경 조건과 실현 양상이 가장 복잡한 '-어/-아' 계열 어미를 대상으로 하여 논의를 진행하였다.

어미 '-어/-아'와 '-었-/-았-' 등은 국어의 가장 대표적이고 특징적인 교착소들이다. 이들은 그 다양한 실현 방식으로 우리말의 고유한 형태임을 더욱 분명히 하고 있는데, 국어사전에서 이를 간략히 설명하는 것은 이들의 특징을 드러나지 않게 하여 국어 형태론의 풍부한 현상을 충분히 제공하지 못하는 것이 된다. 본고에서는 '-어/-아' 계열 어미의 다양한 형태 결합 양상에 대한 설명이 국어 대사전에 반드시 마련되어 있어야 한다는 전제에서 기존의 국어 대사전류에서 보인 설명의 방식이 갖는 한계점을 지적해 보고 '-어/-아'의 결합 양상에 대한 전체적인 모습을 보인 뒤, 이를 국어사전에 반영할 수 있는 방안을 찾아보고자 하였다. 다른 어떤 형태소보다 복잡한 양상을 띠는 '-어/-아' 계열

---

21) 어간 말음절 모음이 'ㅚ'이고 (C)VC 음절 구조를 갖는 동사에는 '뵙다'가 있다. 그러나 〈표준〉에서는 '뵙다'가 자음 어미와만 결합하며 '-어/-아' 계열 어미와는 결합할 수 없는 것으로 보았다. 그러나 〈각주8〉에서 언급했듯이 〈조선〉이나 〈금성〉에서는 '뵙다'가 '-어/-아' 계열 어미와 결합할 수 있다고 보았다. 본고에서는 이에 대한 판정을 보류하고 〈표준〉에서 제시한 '뵙다'의 활용 제약을 따라 '-어/-아' 계열 어미가 결합할 수 없는 것으로 보고 표에서 제외하였다.

22) 이는 원 논문에서 '돋우-어→돋우워/돋워'로 표시되었던 것인데, '돋우워'는 '돋우어'의 입력 오류이므로 바르게 수정하였다.

어미들의 결합상이 이 한 구절로 정리되어서 국어사전을 찾는 사람이라면 누구라도 한눈에 알아볼 수 있는 그러한 설명 방법이 마련되기를 바라 마지않는다.

참고 문헌

김양진. 1999. 「국어 형태 정보 연구」. 고려대 박사학위논문.

서태룡. 2002. "국어 사전의 '-아', '-어', '-야', '-여'." 「한국어문학연구」 (한국어문학연구
　　학회) 39. 81-106

송철의. 1993. "준말에 대한 형태 음운론적 고찰." 「동양학」 (단국대학교 동양학연구
　　소) 23. 25-49.

신지영·차재은. 2003. 「우리말 소리의 체계」 서울: 한국문화사.

이희자·남길임. 2003. "국어 사전과 '사전 문법': 사전 문법학의 정립을 위하여." 「한국
　　사전학」 (한국사전학회) 1. 89-110.

임동훈. 1998. "어미의 사전적 처리." 「새국어생활」 (국립국어원) 8-1. 85-110.

최윤현. 1984. "모음충돌과 그 기피 유형에 대하여." 「논문집」 (건국대학교 대학원)
　　18. 29-44.

홍재성. 1987. "한국어 사전 편찬과 문법 정보." 「어학연구」 (서울대학교 어학연구소)
　　23-1. 113-132.

참고 사전

사회과학원 언어연구소. 1992. 「조선말사전」 사회과학출판사.

국립국어연구원. 1999. 「표준국어대사전」 두산동아.

김민수 외 편. 1991. 「금성판국어대사전」 금성출판사.

한글학회. 1992. 「우리말큰사전」 어문각.

〈고려대 한국어대사전〉과 사전학

의성의태 용언의 특성과 사전 처리 방향

박주원

1. 서론

의성의태어는 한국어 어휘 전체에서 차지하는 비율이 상당히 큰 부류로서 그동안 다양한 측면에서 연구의 대상이 되어 왔다. 청각이나 시각을 통해 인지된 소리나 모양을 언어 형식으로 나타낸 결과물인 의성의태어는 범언어적으로 관찰되는 현상으로, 언어에 따라 서로 다른 범주의 어휘로 나타날 수 있다. 한국어에서는 이것이 부사 범주의 어휘로 나타나기 때문에 '의성의태 부사'라고 부를 수 있을 것이다.

초기의 음성상징 연구에서부터 조어적·의미적 특성에 대한 연구들까지 의성의태어 관련 논의에서 그 대상이 된 것은 의성의태 부사였다. 의성의태 부사를 어기로 하여 형성된 동사나 형용사들에 대해서는 부수적인 현상으로만 언급되었으며 의성의태어 연구에서 큰 주목을 받지 못하였다. 그러나 의성의태어는 기능이 아닌 의미적 특성에 의해 정의된 부류이므로, 그러한 동사나 형용사가 부사 어기가 가진 기본 의미를 그대로 이어받는 점을 고려할 때 의성의태어 연구에서 함께 다루어질 필요가 있다. 본고에서는 의성의태 부사가 어기가 되어 형성된 동사와 형용사를 '의성의태 용언'으로 지칭하고자 한다.

사전 처리와 관련된 의성의태어 연구들을 살펴보면, 의성의태 부사를 다루는 데 있어서 어려운 점이 무엇이며 그것을 극복할 수 있는 보완 방향이 무엇인가를 논의하고 있다. 의성의태 부사는 자음 교체와 모음 교체에 따른 다양한 관련 어휘와 유의어, 참고어 등을 많이 가지고 있다. 또 다른 부사류와는 달리 다른 문장성분과 공기하는 데 제약을 보이는 경향이 있다. 이러한 특성을 반영하여 어휘의 의미를 정확하게 기술하면서도 각종 관련어, 유의어, 참고어 등과의 관계를 적절하게 반영하며, 아울러 공기 제약까지 보여줄 수 있도록 사전에 기술하는 것이 과제가 된다. 더욱 근본적으로는 의성의태어의 개념을 정립하고 그에 따라 일반 어휘와의 판별 기준을 정확히 세워 표제어를 선정하고, 동음이의어와 다의어를 구분해야 한다는 점이 선행되어야 할 과제이다.

다행히 이러한 의성의태 부사 관련 문제들은 여러 논의에서 이미 지적되고 있는 바이며, 아직 완전하지는 않지만 다양한 제안들이 나오고 있다. 본고에서는 이러한 논의들을 기반으로 하고, 덧붙여 의성의태 용언 역시 함께 논의될 필요가 있음을 밝히고자 한다. 의성의태 부사의 사전 처리와 관련된 어려움은 그들을 기반으로 형성된 용언을 처리하는 데 있어서도 그대로 적용될 수 있을 것이다.

의성의태 용언의 사전 처리 방향을 논하기 위해서는 먼저 그 특성을 무엇인지 정확하게 알아야 한다. 따라서 먼저 2장에서는 의성의태 용언의 특성을 살펴볼 것이다. 의성의태 용언의 특성은 어기가 되는 부사와 밀접한 관련성을 가지고 있다는 점을 전제로, 부사와의 관계를 바탕으로 논의하면서 사전 처리에서 반영되어야 할 사항들을 중심으로 보

게 될 것이다. 3장에서는 기존 사전들을 검토하면서 의성의태 동사와
형용사 처리에서 어떤 점들이 고려되어야 하는지 제안하고자 한다.

2. 의성의태 용언의 특성

2.1. 의성의태 용언 범주의 정의

의성의태 부사의 일부는 '-거리다/-대다/-이다/-하다'와 결합하여 동
사나 형용사가 된다. 의성의태 부사의 다수는 '덜컹덜컹, 반짝반짝' 등
과 같이 동형 반복의 형식을 가지고 있는데, 이를 'XX'형으로 나타낸
다면 'X'는 의성의태 부사 구성소라고 할 수 있다. 의성의태 부사가 용
언이 될 때 어기의 형식은 반복형(XX형) 자체가 될 수도 있고 그것의
구성소 'X'만이 될 수도 있다. 일반적으로 '-거리다/-대다/-이다'는 'X'
와 결합하는 반면에 '-하다'는 'XX'나 'X' 모두와 결합한다.1)

> (1) 덜컹(X)-거리다, 덜컹(X)-대다, 덜컹덜컹(XX)-하다, 덜컹(X)-이다,
>   덜컹(X)-하다

---

1) 'XX-거리다/대다/이다'의 형성이 전혀 불가능하다고 말하기는 어렵다. 실제 언어생활에
  서, 특히 구어에서 꽤 사용되고 있으며, 소설에서도 다음과 같은 용례를 찾아볼 수 있다.
  ㄱ. 어쩌다가 굵은 별빛이 느티나무 가지 사이로 비치니까, 머리에 빵떡모자처럼 씌워진
     밥그릇이 반짝반짝거렸습니다.
  ㄴ. 임이네는 입맛을 다시며 잠꼬대하듯 중얼중얼거린다.
  그러나 'XX-거리다/대다/이다'형의 사용은 어기가 되는 의성의태 부사의 빈도가 높을 때
  나타나는 경향이 있으며, 기존 사전들에서 표준형으로 인정하는 경우가 없으므로 일단
  논의에서 다루지 않았다. 이는 먼저 의성의태 용언의 조어론적 연구에서 논의될 필요가
  있을 것이다.

반짝(X)-거리다, 반짝(X)-대다, 반짝반짝(XX)-하다, 반짝(X)-이다,
반짝(X)-하다

　형성 과정과 그 결과물의 특성을 정확하게 알기 위해서는 용언 형
성에 참여하는 의성의태 부사의 목록과 의성의태 동사, 형용사의 목록
이 파악되어야 한다. 본고에서는『표준국어대사전』(이하『표준』)에 등
재된 어휘를 중심으로 하되 다른 사전류를 참고하여 그 목록을 작성
해 본 결과, 약 2,800여개의 부사가 동사나 형용사 형성에 참여하고
있음을 확인할 수 있었다. 어기가 되는 각 부사는 하나의 접미사와만
결합하는 것이 아니라 동사 형성의 경우 '-거리다/-대다'와 모두 결합
하여 생성되고, 부사에 따라서는 '-이다'와 결합하여 동사가 될 수도
있으며 '-하다'와 결합할 때는 동사가 되기도 하고 형용사가 되기도 하
기 때문에 실제 의성의태 동사, 형용사의 수는 단어 형성에 참여하여
어기가 되는 부사의 수보다 훨씬 많다. '-하다'의 경우 'X-하다'와 'XX-
하다'가 모두 형성될 수 있는데, 'XX-하다'가 항상 가능한 데 반하여
부사 어기에 따라 'X-하다'는 형성되지 않는 경우도 있기 때문에 여기
에서는 우선 반복형 어기에 결합한 경우만을 다루었다. 이를 표로 정
리하면 다음과 같다.

용언의 어기가 되는 부사의 총수 2,876개	⇒	'X-거리다'형 동사 : 2,271개
		'X-대다'형 동사 : 2,271개
		'XX-하다'형 동사 : 2,271개
		'X-이다'형 동사 : 473개
		'XX-하다'형 형용사 : 685개

표1. 어기로 쓰이는 부사의 수와 형성된 용언의 수[2)]

  의성의태 부사가 동사가 되는 과정에 참여하는 접미사는 '-거리다/-대다/-이다/-하다'이다. 어기가 될 수 있는 의성의태 부사의 다수는 '-거리다/-대다/-하다'와는 자유롭게 결합하여 동사가 될 수 있는 것으로 보인다.3) 그리고 그 가운데 일부의 부사만이 '-이다'와 결합하여 동사를 만들 수 있는데, [표1]에서 본 바와 같이 '-이다'형 동사는 그 수가 '거리다/대다/하다'형 동사에 비해 약 1/4 정도에 불과하다. 부사 어기가 '-이다'와 결합하는 데 있어서 제약을 가진다는 사실은 기존 논의들에서 많이 지적된 바이나 아직까지 그 원인에 대하여 적절한 제안은 나오지 못하였다.

  의성의태 부사가 형용사가 되는 과정에 참여하는 접미사는 '-하다'이다. 주로 '동작성'의 의미가 없는 의성의태 부사가 '-하다'와 결합하여 형용사가 되는데, 이들 부사는 '-거리다/-대다/-이다'와는 결합할 수 없다. 다시 말하자면 동사 형성에 참여하는 부사 어기들이 '동작성'을 가지는 데 반하여 형용사 형성에 참여하는 부사 어기들은 '상태성'

---

2) 익명의 한 심사자는 '개굴개굴-하다'는 사전에 있지만 '개굴-거리다'는 없다는 예를 들면서 'XX-하다'형 동사의 수가 'X-거리다/대다'형과 동일한 것에 대한 설명이 필요하다고 하였다. 심사자의 말씀대로 '개굴개굴', '뻐꾹뻐꾹'을 비롯한 일부의 의성의태 부사는 '-하다'와만 결합하여 동사를 이룬다. 따라서 실제 'XX-하다'형 동사의 수는 다른 유형에 비하여 더 많을 것이다. 그러나 본고에서는 부사 어기와 각 접미사와의 결합 관계에 따라 각각의 동사나 형용사가 어떤 특성을 가지고 형성되는가보다는 일단 의성의태 동사와 의성의태 형용사라는 큰 두 부류의 특성을 살피는 것이 목적이었기 때문에 '-거리다/-대다/-하다' 모두와 동일하게 결합할 수 있는 어기에만 주목하였다. 그 결과 '개굴개굴-하다' 부류를 배제하여 세 유형의 개수가 동일하게 나오게 되었다. 연구 대상과 자료에 대한 세심한 설명이 부족하였음을 지적해 주셔서 감사드린다.

3) 결합 특성이나 의미가 매우 비슷한 것으로 보이는 '-거리다'와 '-대다'는 전통적으로는 '-대다'가 '-거리다'의 비표준어로 처리되어 왔으나, 1988년에 개정된 표준어 규정에서 복수 표준어로 인정되었다. 『표준국어대사전』을 보면, 의성의태 부사와 '-대다'가 결합한 동사들에 대하여 '거리다'형과 '='관계로 표시하고 있다. 동일한 어기를 지닌 경우 '거리다'형 동사가 '대다'형 동사보다 빈도가 높은 편이고, 연구자에 따라 특정 어기의 경우 '거리다'형은 인정하되 '대다'형의 문법성을 인정하지 않기도 하지만 일단 본고에서는 두 접미사가 결합할 수 있는 의성의태 부사 어기의 분포는 동일하다고 본다.

을 가진다고 할 수 있다.

이상의 내용을 정리하면 의성의태 용언이란 일부의 의성의태 부사들이 '-거리다/-대다/-하다/-이다'와 결합하여 된 동사 그리고 '-하다'와 결합하여 된 형용사를 말하는데, '-거리다/-대다/-이다'의 경우 'X-거리다/대다/이다' 형식으로 '-하다'의 경우 'XX-하다' 형식으로 만들어진다. 이때 어기가 되는 부사의 성격이 용언의 성격에 영향을 미치게 되는데, 이에 대하여 절을 바꾸어 차례로 논의할 것이다.

2.2. 의성의태 용언의 품사 문제

앞 절에서 '동작성'을 지닌 의성의태 부사는 동사가 되고 '상태성'을 지닌 의성의태 부사는 형용사가 된다고 기술하였는데, 사실 이는 동사와 형용사의 속성을 고려할 때 당연한 현상이다. 문제는 의성의태 부사에 대하여 동작성과 상태성을 어떻게 파악하는가이다. 이는 의성의태 부사가 어떤 소리를 혹은 어떤 모양을 나타내고 있는지와 관련될 것인데, 직관적으로는 어느 정도 알 수 있으나 의성의태 부사의 의미만으로는 동작과 상태를 구분하기 어려운 경우도 많다.

의성의태 부사에 있어서 '동작성'과 '상태성'은 의성의태 부사 자체로 알 수 있는 의미 뿐만 아니라 그 부사가 문장에서 함께 쓰이는 서술어와 관련하여 이해할 필요가 있다. 의성의태 부사는 주로 서술어가 나타내는 사태를 수식하는 기능을 한다.

(4) ㄱ. 태우는 대문 밖으로 <u>어슬렁어슬렁</u> 나갔다.

ㄴ. 예진은 친구에게 <u>종알종알</u> 말했다.

(4)의 '어슬렁어슬렁'과 '종알종알'은 각각 나가는 동작과 말하는 과정의 방식을 수식하고 있다. (4ㄱ)에서 '나가다'라는 사태에 대하여 부사 '어슬렁어슬렁'이 수식하는 부분은 그 사태의 중간 지점으로서, 나가는 행위가 몸을 조금 흔들면서 느리게 이루어지고 있다는 의미를 더한다. (4ㄴ)의 '말하다'라는 사태에 대하여는 부사 '종알종알'이 역시 사태의 내부를 수식하여 말하는 행위가 남이 듣지 못하게 작은 목소리로 이루어지고 있다는 의미를 더한다.

　　(5) ㄱ. 붉은 감이 나무에 <u>주렁주렁</u> 열렸다.
　　　　ㄴ. 빨래가 <u>보송보송</u> 말랐다.

(5)의 '주렁주렁'은 '매달리다'를, '보송보송'은 '마르다'를 수식하고 있다. 그러나 각 부사의 의미를 고려할 때 사태의 내부를 수식한다고 보기 어렵다. 예를 들어 '열매가 많이 매달려 있는 모양'을 의미하는 '주렁주렁'은 감이 나무에 맺히는, 즉 열리는 사태 자체를 수식한다고 볼 수 없으며, '물기가 없고 부드러운 모양'을 의미하는 '보송보송'이 물기가 없어지는, 즉 마르는 사태를 수식한다고 볼 수 없다.

(4)와 (5)의 차이는 의성의태 부사가 수식하는 부분이 후행 서술어가 나타내는 사태의 내부인가 아닌가에 있다. 사태의 내부란 곧 동작, 과정, 진행 등을 가리키며, 이를 수식할 수 있는 부사에 대해서 [동작성]을 지닌다고 할 수 있다. 반면에 사태의 내부를 수식하지 않는'주렁주렁', '보송보송'을 보면, (5ㄱ)의 '열리다'는 열매 따위가 많이 매달려 있는 모양을 나타내는 '주렁주렁'의 의미를 고려할 때 이것이 수식할 수 있는 것은 열매가 이미 나무에 있게 된 이후의 상황이다. (5ㄴ)의 '마르다'도 마찬가지로서, 물기가 없고 보드라운 모양을 나타내는 '보송보송'의 의미는 물기가 날아가서 없어진 상황을 수식한다. 따라서

이들이 수식하는 것은 사태의 내부가 아니라 사태가 끝난 이후이거나 또는 사태의 시작과 끝이 아예 없는 경우일 것이다. 이렇게 사태가 끝난 이후나 아예 시작과 끝이 없는 상태 그 자체를 수식하는 의성의태 부사에 대해서는 [상태성]을 지닌다고 할 수 있다.

의성의태 부사의 '동작성/상태성' 구분은 의성의태 부사가 서술어를 수식할 때 그 서술어가 나타내는 사태에 관여한다는 것과 개별 부사의 의미에 따라 어느 지점에 관여하는가에 차이가 있다는 사실에 바탕을 둔다. 그리고 부사의 '동작성/상태성' 여부에 따라 형성되는 용언의 하위 범주 즉 품사가 결정된다.

| 용언 어기가 되는 의성의태 부사 | [+동작성] | ⇒ 동사('거리다/대다/(이다)/하다'형) |
| | [+상태성] | ⇒ 형용사('하다'형) |

표2. 어기의 의미적 특성과 형성된 용언의 품사 관계

위의 [표2]는 지금까지의 내용을 정리한 것으로서, 어기가 되는 부사의 의미적 특성에 따라 용언의 품사가 결정되는 것이 의성의태 부사의 용언화 과정에서 기본적인 경향이라고 할 수 있다. 이는 우리의 직관과도 잘 부합하며 사전 처리에 있어서도 비교적 잘 반영되어 있는 부분이다.

그러나 의성의태 용언들 가운데는 이로써 설명하기 어려운 경우가 존재한다. 본고의 관찰 결과 발견된 예들, 즉 위의 경향성에 어긋나는 경우를 보도록 하겠다. 아래의 예들을 보자.

(6) ㄱ. 몸뚱이가 <u>미끈미끈하고</u> 반들반들 빛나는 오징어.
　　　(형)미끈미끈-하다)

ㄴ. 수분이 많은 식품을 많이 먹으면 <u>물렁물렁한</u> 살이 찐다.

(형)물렁물렁-하다)

(7) ㄱ. 땀으로 <u>미끈거리는</u> 손바닥을 치맛자락에 문질렀다.

(동)미끈-거리다)

ㄱ′. 나는 한 손으로 비에 젖어 <u>미끈대는</u> 난간을 붙잡았다.

(동)미-끈대다)

ㄴ. 냄비에서 꺼낸 당근을 만져 보니 부드럽고 <u>물렁거렸다</u>.

(동)물렁-거리다)

ㄴ′. 그 고깃덩어리는 탄력이 없고 <u>물렁댔다</u>.

(동)물렁-대다)

'미끈미끈, 물렁물렁'은 [+상태성]을 가지기 때문에, 용언이 될 때 (6)과 같이 '하다'형의 형용사만 가능하며 동사가 되지 않을 것이라고 예상할 수 있다. 그러나 두 부사는 '-거리다/-대다'와 결합하여 동사가 될 수도 있는데, 실제 문장에서 자연스럽게 쓰이는 예를 (7)에서 볼 수 있다. 이들은 [+상태성]의 의성의태 부사가 '하다'형의 형용사가 된다는 경향성을 따르고 있지만, 동시에 '거리다/대다'형의 동사가 되는 것이 가능하기 때문에 [+동작성]이 아님에도 불구하고 동사가 된다는 점에서 경향성과 어긋난다.

『표준』에 등재된 단어를 기준으로 하여, 이와 같은 현상을 보이는 의성의태 부사들을 제시하면 다음과 같다.

(8) '하다'형 형용사와 '거리다/대다/이다'형 동사가 동시에 되는 부사

되록되록, 뛰록뛰록, 뒤룩뒤룩, 뛰룩뛰룩

매끈둥매끈둥, 매끈매끈, 미끈둥미끈둥, 미끈미끈

> 몰랑몰랑, 물렁물렁, 말캉말캉, 몰캉몰캉, 물컹물컹
> 말씬말씬, 몰씬몰씬, 물씬물씬, 뭉글뭉글, 뭉클뭉클
> 반들반들, 빤들빤들, 번들번들, 뻔들뻔들
> 새들새들, 시들시들, 새근새근, 새큰새큰, 시근시근, 시큰시큰
> 껄렁껄렁, 능글능글, 유들유들 등

(8)의 부사들은 모두 'X-거리다/대다/(이다)'형의 동사와 'XX-하다'형 형용사를 가지는 것으로 처리되어 있다. 이들이 용언 형성에 있어서 예외적인 모습을 보이는 것은 [+상태성]을 가지는 다른 의성의태 부사와 비교할 때 구별되는 어떤 특징을 지니기 때문이라고 예측해 볼 수 있다. 일단 이들 부사의 의미 기술이 어떻게 되어 있는지 사전에서 확인해 보면, '뒤룩뒤룩, 미끈미끈, 반들반들, 시들시들, 유들유들' 등은 '~하는 모양'으로 '물렁물렁, 뭉클뭉클, 시큰시큰' 등은 '~하는 느낌'으로 되어 있어서 무언가 차이가 있는 것이 아닐까 생각할 수 있다.

그러나 김홍범(2008)에서도 지적한 바와 같이, 기존 사전에 있는 의성의태 부사들은 대개 '소리'나 '모양' 범주로 기술되어 있고 일부만이 '느낌' 또는 '상태' 범주로 기술되어 있는데, 범주 간의 명확한 기준이 부족하기 때문에 기술 방식이 보완될 필요가 있다. 필자의 직관으로도 '미끈미끈, 물렁물렁'은 어떤 촉감과 관련된 하나의 범주로 생각되는데, 하나는 '모양'으로 다른 하나는 '느낌'으로 구분되는 기준이 무엇인지 알기 어렵다. 따라서 『표준』을 비롯한 기존 사전에서의 범주 구분은 정확성과 일관성 면에서 재고의 여지가 있기 때문에 사전에 기술된 범주가 다르다고 해서 (8)의 부사들이 공통된 속성이 없다고 판단할 수는 없다.[4]

사전된 기술된 '모양/느낌' 여부를 떠나서 목록에 있는 부사의 의미 하나하나를 살펴보면, 일단 의미적 유사성이 많은 '새근새근, 새큰새

큰, 시근시근, 시큰시큰'이 구별되어 묶일 수 있다. 이들은 '신체 감각'
과 관련된 의미를 공통적으로 가지는 하나의 하위 부류(편의를 위해 '시
큰시큰'류로 지칭)로 분류할 수 있을 것이다.

이와 비교할 때, '미끈미끈, 물렁물렁, 반들반들' 등의 부사는 직관
적으로 보았을 때 어떤 느낌과 관련된다는 점에서는 유사하지만, '시
큰시큰'류가 그 느낌이 신체 내적인 데 반하여 미끄러운 혹은 부드러
운 느낌을 알기 위해서는 만지거나 맛보거나 하는 등 오감을 통해야
한다. 따라서 오감을 이용한 외적인 경험이 수반되어야만 알 수 있는
느낌이라고 볼 수 있으며, 이들을 또 하나의 부류(편의를 위해 '미끈미
끈'류 로 지칭)로 분류할 수 있을 것이다.

마지막으로 남은 '뒤룩뒤룩, 유들유들' 등을 보자. 앞의 두 부류가
감각, 느낌과 관련되어 있었다면 이들 부사는 대상의 속성과 관련이
된다. 이 속성들은 감각을 통해서가 아니라 화자의 판단을 통해 알게
되는 것이다. 예를 들어 어떤 대상에 대하여 '뒤룩뒤룩 살이 쪘다'라고
말할 때는 '살이 찐 정도'에 대한 판단이 선행되며, '유들유들 웃는다'
라고 말할 때는 '태도'에 대한 판단이 선행된다.

---

4) 기존 사전들에서는 의성의태 부사에 대하여 주로 '~하는 소리/모양/소리 또는 모양'으로
기술하고, 일부 경우에 '~하는 느낌/상태/동작' 등으로 기술하고 있는데, 이에 대한 명확
한 기준이 없다. 『표준』의 지침에서도 기술 방식에 대한 언급만 있을 뿐 기준에 대한 설
명이 없으며, 최근에 나온 『고려대한국어대사전』(이하 『고려대』)에서도 기준에 대한 설명
이 부족하다. 따라서 이는 연구자의 직관에 의존하여 처리될 수밖에 없다. 김홍범(2008)
에서는 '소리'나 '모양'의 범주만으로는 충실한 의미 기술을 못하는 경우들을 지적하고,
'소리'와 '모양' 외에 '느낌', '상태' 등의 경계에 대한 구별 기준을 마련할 필요가 있다고 하
였다.

① 신체 내적 느낌	새근새근, 새큰새큰, 시근시근, 시큰시큰 등
② 오감을 통해 지각되는 느낌	매끈둥매끈둥, 매끈매끈, 미끈둥미끈둥, 미끈미끈, 몰랑몰랑, 물렁물렁, 말캉말캉, 몰캉몰캉, 물컹물컹, 말씬말씬, 몰씬몰씬, 물씬물씬, 뭉글뭉글, 뭉클뭉클, 반들반들, 빤들빤들, 번들번들, 뻔들뻔들, 새들새들, 시들시들 등
③ 판단을 통해 인지되는 속성	되록되록, 뙤록뙤록, 뒤룩뒤룩, 뛰룩뛰룩, 껄렁껄렁, 능글능글, 유들유들 등

표3. 의미적 특징에 따른 (8)의 부사 분류

(8)의 부사들을 의미적 특징에 따라 위와 같이 세 가지의 부류로 나누어 정리하였다. [+상태성]을 가진 부사들 가운데, 신체 내적 느낌과 관련되거나 오감을 통해 지각될 수 있는 느낌과 관련되거나 화자의 판단을 통해 인지되는 대상의 속성과 관련되는 부사들은 그 느낌이나 속성을 나타내는 형용사가 될 뿐만 아니라 동사가 될 수도 있다.

(9) ㄱ. 한참 계단을 오르니 무릎이 <u>시큰거린다</u>.

(시큰거리다 = 신체 내부에 시린 느낌이 자꾸 들다.)

ㄴ. 돌에는 이끼가 잔뜩 끼어서 <u>미끈거린다</u>.

(미끈거리다 = 만질 때 밀리어 나갈 정도로 미끄러운 느낌이 자꾸 나다.)

ㄷ. 목검이 손때가 묻어서 <u>반들거린다</u>.

(반들거리다 = 만지거나 볼 때 매끄럽고 윤기가 흐르는 느낌이 자꾸 나다.)

ㄹ. 그는 반성의 기색도 없이 <u>유들거린다</u>.

(유들거리다 = 부끄러운 줄 모르고 계속 뻔뻔하게 행동하다.)

①부류의 경우, (9ㄱ)과 같이 '시큰시큰'류의 부사가 나타내는 내용을 신체 내적으로 감지(感知)하는 사태를 나타내는 동사가 된다. ②부류 역시 (9ㄴ,ㄷ)과 같이 '미끈미끈'류가 나타내는 내용을 만지거나 맛보는 경험을 통해 지각하는 사태를 나타내는 동사가 된다. ③부류는 판단을 통해 인지되는 속성의 종류가 다양하기 때문에 동사가 나타내는 사태를 하나로 유형화할 수는 없지만, 대체로 (9ㄹ)과 같이 그 속성을 가진 어떤 행위를 함을 나타내는 동사가 된다.

이렇게 [+상태성]부사는 형용사의 어기가 되고 [+동작성]부사는 동사의 어기가 되는 경향성을 거스르는 현상이 일부 의성의태 부사에서 나타남을 보았다. 이를 통하여 사전 처리에서 고려해야 할 사항을 생각해 볼 수 있다. 이러한 특성을 가진 일부 의성의태 부사의 경우, 관련 용언을 처리하는 데 있어서 형용사만을 단어로 인정할 수 있는가 '거리다/대다/(이다)'형의 동사도 인정할 수 있는가를 고민해야만 한다.

(8)의 부사들은 『표준』을 비롯한 기존 사전에서 비교적 일관되게 처리된 것들이다. 그러나 의성의태 부사 전체를 놓고 보면 ①, ②, ③의 부류에 해당하는 의미 특징을 지닌 부사들을 더 찾아 볼 수 있을 것이다. 한 예로 ①부류에 속할 수 있는, 즉 신체 내적 느낌과 관련된 의성의태 부사인 '간질간질, 욱신욱신, 찌릿찌릿'를 보자. 이들 부사가 어기가 되는 용언들은 '시큰시큰'의 경우처럼 '하다'형 형용사와 '거리다/대다'형의 동사가 될 것이라 예상되지만, 사전에서 그 처리가 일관되지 않음을 확인할 수 있다.

(10) ● 동사 '거리다/대다'형과 형용사 · 동사 '하다'형으로 처리
　　　감기에 걸렸는지 목이 <u>간질간질한다/간질거린다/간질댄다</u>.
　　　감기에 걸렸는지 목이 <u>간질간질하다</u>.
　● 형용사 '하다'형으로만 처리

　　　깜짝 놀라서 온몸이 <u>찌릿찌릿하다</u>.
　　● 동사 '거리다/대다/하다'형으로만 처리
　　　하루 종일 작업을 했더니 뼈마디가 <u>욱신욱신한다/욱신거린다/</u>
　　<u>욱신댄다</u>.

　위의 예에서 '간질간질'은 '시큰시큰'의 처리와 거의 동일하나 '하다'형에 대하여 형용사뿐만 아니라 동사로서의 용법을 인정하여 다품사어로 처리하고 있으며, '찌릿찌릿'은 동사는 인정하지 않고 '하다'형 형용사로만 처리되어 있다. '욱신욱신'의 경우 동사로만 처리되어 있고 형용사로서의 쓰임을 전혀 인정하지 않아서 가장 예외적이라고 볼 수 있는데, '쑤시는 듯이 아픈 느낌'을 나타내는 '욱신욱신'과 '시린 느낌'을 나타내는 '시큰시큰'이 '신체 내적 느낌'을 나타내는 하나의 부류로 묶이지 못할 이유가 없기 때문에 이는 일관성이 결여된 처리라고 할 수 있다. '간질간질, 찌릿찌릿'의 경우 역시 형용사로서의 쓰임을 인정하고 있기는 하지만 '간질간질'은 동사 형성을 인정하는 반면에 '찌릿찌릿'은 동사 형성을 인정하지 않아서 역시 일관성이 부족하다.

　물론 일관성만을 위하여 무조건 '찌릿거리다, 찌릿대다'라는 동사를 인정하여 표제어로 올리고 '욱신욱신하다'라는 형용사를 인정하여 표제어로 올릴 수는 없다. 그러나 [표3]에서 정리된 바와 같은 의미 특징을 가진 의성의태 부사들의 경우, 동사와 형용사가 모두 될 수 있는 가능성이 높다고 할 수 있다. 따라서 그러한 의성의태 부사들을 뽑아서 검토하는 작업이 필요할 것이다. 즉, 각 부사가 '-하다'와 결합하는 것이 그리고 '-거리다/-대다'와 결합하는 것이 가능한지 또 결합했을 때 어떻게 쓰이며 그것이 우리의 직관상 자연스럽게 받아들일 수 있는 가능한 용법인지 면밀하게 검토할 필요가 있다.

2.3. 의성의태 동사의 하위 구분과 의미역

앞 절에서는 어떤 의성의태 부사가 용언이 되는 과정에 있어서 형용사 형성만을 인정할 것인가 동사의 형성도 인정할 것인가의 문제, 즉 사전과 관련하여 보자면 표제어 선정과 품사 설정 문제를 논의하였다. 여기에서는 의성의태 동사에 대하여 살펴볼 것인데, 주로 '자동사/타동사'의 하위 구분과 의미역에 대한 내용이 될 것이다.

의성의태 용언은 어기가 되는 부사에 큰 영향을 받는데, 부사의 의미에 따라 '동사/형용사' 형성이 결정되는 경향성이 높을 뿐만 아니라 동사의 경우 논항과 의미역에 있어서도 밀접한 관계를 가진다. 먼저 의성의태 동사가 쓰인 예문들을 보자.

(11) ㄱ. 태우는 만화책을 보면서 <u>낄낄거렸다</u>.

ㄴ. 학생들이 휴게실에서 <u>노닥거리고</u> 있었다.

ㄷ. 바닥에 떨어진 구슬이 <u>데굴거렸다</u>.

ㄹ. 별이 <u>반짝거리는</u> 아름다운 밤이었다.

ㅁ. 어머니가 아이의 등을 <u>토닥거려</u> 주었다.

ㅂ. 준서는 뒤통수를 <u>긁적거리며</u> 얼굴을 붉혔다.

동사를 자동사와 타동사로 구분하는 전통적이고 일반적인 관점에서 (11)을 본다면5), (11ㄱ~ㄹ)의 '낄낄거리다, 노닥거리다, 데굴거리

---

5) 시정곤 외(2000)에서 정리한 바에 따르면, 자동사와 타동사는 타동성(transitivity) 유무에 의하여 구별되는 것으로, 지금까지도 유용한 개념으로 자리매김하고 있다. 타동사절과 자동사절의 특징을 요약하면 다음과 같다.
  ▶ 타동사절 - 목적어를 가짐, 동작성이 주어로부터 목적어까지 전이되고 목적어가 동작성에 의해 영향을 받음, 수동절로 변화될 수 있음.
  ▶ 자동사절 - 목적어가 없음, 어떠한 행동성도 전이될 수 없음.

다, 반짝거리다'는 자동사이고 (11ㅁ,ㅂ)의 '토닥거리다, 긁적거리다'
는 타동사라고 할 수 있다. '-거리다/-대다/-이다/-하다'가 동일하게 결
합함에도 불구하고 의성의태 동사는 자동사가 될 수도 타동사가 될
수도 있는 것을 볼 때, 이 접미사들이 자동사와 타동사의 여부를 결정
하지 않음을 알 수 있다.

　자동사와 타동사의 구분은 일차적으로 동사가 최소 몇 개의 논항을
반드시 필요로 하는가의 문제이다. 주어와 목적어라는 개념을 이용하
여 말한다면, 동사가 주어만으로 그 개념을 구현할 수 있는가 주어와
목적어가 모두 있어야만 하는가의 문제로서, 동사가 목적어를 반드시
필요로 하는 것은 통사적인 요구이면서 그 원인은 의미적인 데에 있
다. 동사가 나타내는 사태가 주체뿐만 아니라 주체의 동작이나 행위
의 대상이 될 수 있는 무언가를 필요로 하기 때문이다.6)

　의성의태 부사를 어기로 하여 동사가 형성될 때 의미가 어떻게 반
영되는지 다음의 예를 통해 보자.

　　　(12) ㄱ. 태우(x)는 만화책을 보면서 <u>낄낄거렸다</u>.
　　　　　　ㄴ. 바닥에 떨어진 구슬(x)이 <u>데굴거렸다</u>.
　　　　　　ㄷ. 어머니(x)가 아이의 등(y)을 <u>토닥거려</u> 주었다.

　'(무엇이) 웃는 소리'를 나타내는 '낄낄'은 동사가 되면서 '무엇이 (낄
낄=억지로 웃음을 참으면서 입속으로) 웃는 소리를 내다'라는 의미를
가지게 되고 (12ㄱ)과 같이 쓰인다. '(무엇이) 구르는 모양'을 나타내
는 '데굴데굴'은 동사가 되면서 '무엇이 (데굴데굴=크고 빠르게) 구르
다'라는 의미를 가지게 되고 (12ㄴ)과 같이 쓰인다. '낄낄'과 '데굴데

---

6) 한국어의 경우, 타동사는 대격표지 '-을/를'을 동반하는 명사항을 가지며 그 명사항의 내
　용은 술어 동사의 의미적 구현에 개념적으로 필요한 것이다.

굴'은 각각 웃는 사태와 구르는 사태를 나타내는 동사가 되며, 하나의 논항 즉 주어만으로 문장 실현이 가능한 자동사가 된다. 한편 '(무엇이 무엇을) 두드리는 모양'을 나타내는 '토닥토닥'은 동사가 되면서 '무엇이 무엇을 (토닥토닥=가볍게) 두드리다'의 의미를 가지는데, 앞의 두 예와는 달리 어기가 되는 부사의 의미를 볼 때 동작이나 행위의 대상이 될 무언가가 필요하기 때문에 (12ㄷ)과 같이 목적어를 필요로 하는 타동사가 된다.

　사전에서 의성의태 부사를 기술할 때는 '무엇'에 해당하는 부분을 명시할 때도 있고 명시하지 않을 때도 있다. 예를 들어 '낄낄'은 '웃음을 억지로 참으면서 입속으로 웃는 소리.'라고 기술하여 웃음의 주체가 누구인지 드러나 있지 않은 반면에 '토닥토닥'은 '잘 울리지 아니하는 물체를 잇따라 가볍게 두드리는 소리. 또는 그 모양.'으로 기술하여 행위의 대상이 드러나 있다. 이렇게 '무엇'에 해당하는 주체나 대상은 부사를 기술할 때는 잘 드러나지 않을 수 있지만, 동사가 되는 경우에는 논항과 의미역에 대하여 중요한 영향을 미친다. 즉, 의성의태 부사가 나타내는 내용이 주체만으로 가능한 것인지 주체와 대상이 모두 필요한 것인지에 따라 동사가 될 때 논항의 수가 결정된다.

　앞서 말한 대로 의성의태 부사는 후행 서술어나 심할 경우 문장에서 함께 쓰이는 다른 명사항에 대하여도 공기 제약을 가지는 경향이 있다. 물론 제약의 정도는 부사에 따라 다양하며 제약을 거의 가지지 않는 경우도 있으나, 구체적이고 특정적인 의미를 가지는 의성의태 부사의 경우 제약을 보인다. 그리고 이는 동사가 되었을 때 주어나 목적어 자리에 올 수 있는 내용에 대한 제약으로 나타난다. 즉, 의미역에 반영되어 나타나는 것이다.

(13) ㄱ. 멍멍 : '멍멍' (개가 짖는 소리)

　　　　낯선 사람을 본 개가 멍멍거렸다.

　　　ㄴ. 까옥까옥 : '까옥까옥' (까마귀・까치가 우는 소리)

　　　　까마귀가 까옥거리며 나무 위에 앉았다.

　의성의태 부사 가운데는 다양한 동물(포유류, 조류, 곤충)의 소리를 나타내는 것이 많은데, 이 경우 (13)와 같이 주어 자리에는 그 소리와 관련된 특정 동물만을 허용하게 된다.

(14) ㄱ. 두근두근 : '두근두근' (놀라거나 불안하여 가슴이 뛰는 모양)

　　　　친구들을 만날 생각에 가슴/심장/마음(x)이 두근거렸다.

　　　ㄴ. 끌끌 : '끌끌' (혀를 차는 소리)

　　　　그(x)는 기가 막혀서 혀(y)를 끌끌거리며 고개를 저었다.

　'두근두근'은 그 의미가 가슴(심장, 마음)이 뛰는 모양으로 한정되어 있는데, 동사로 쓰일 때도 마찬가지로 적용되어서 주어 논항에 올 수 있는 내용에 제한을 가한다. 또 '끌끌'은 혀를 차는 소리를 나타내는 아주 한정된 의미를 가지고 있어서 동사가 되어서도 행위의 대상, 즉 목적어 논항에 올 수 있는 것이 '혀'로만 제한된다. (13), (14)의 예는 주어나 목적어의 내용을 아주 심하게 제약하는 경우라고 할 수 있다.

(15) ㄱ. 물에 빠진 나그네는 팔다리를 허우적거리며 소리를 쳤다.

　　　ㄴ. 민서는 알았다고 대답하면서 고개를 끄덕거렸다.

　　　ㄷ. 목이 탔던 정우는 물을 벌컥거리고 나서 말을 이었다.

　　　ㄹ. 고요한 거실에서 벽시계가 똑딱거렸다.

(16) ㄱ. 그 녀석은 웃음을 참지 못하고 낄낄거렸다.

ㄴ. 피투성이가 된 부상자가 끙끙거렸다.

ㄷ. 배가 고픈 고양이가 앙앙거렸다.

(17) ㄱ. 그녀는 치맛자락을 치렁거리며 우아하게 걸어 들어갔다.

ㄴ. 상자 안에는 보석들이 번쩍거렸다.

/ 형광등이 다 됐는지 불이 깜빡거렸다.

  (15)의 예들은 논항의 의미 범위에 제한은 있지만 그것이 특정 성질을 가진 하나의 부류로 묶일 수 있다. 목적어 논항에 대하여 (15ㄱ, ㄴ)은 사지(四肢)나 고개 등의 신체 부위로, (15ㄷ)은 액체로 한정하고 있으며, (15ㄹ)에서는 시계나 그와 비슷한 소리를 내는 기계류만이 논항에 올 수 있다. 각각 '신체, 액체, 기계' 등으로 그 범주의 특징을 표시하여 부가 정보로서 동사에 나타낼 수도 있을 것이다. (16)은 주로 웃거나 우는 소리를 나타내는 부사를 어기로 하는 동사들을 보여주는데, 특정 동물이나 특정 조건을 가진 사람의 소리 외에 주로 그것이 사람이 내는 것인지 동물이 내는 것인지 아니면 모두 낼 수 있는 것인지에 따라 '사람, 동물, 유정물' 등으로 표시하여 나타낼 수 있을 것이다. (17)의 예들은 제한 범위가 보다 넓은 편으로서, '치렁거리다'는 주어 논항이나 목적어 논항에 오는 것의 내용을 '길게 늘어진 무엇' 정도로 제한하고, '번쩍거리다, 깜빡거리다'의 경우는 '빛을 낼 수 있는 무엇'으로 제한한다. 이처럼 논항의 의미는 부사의 의미에 의해 영향을 받으며, 의성의태 부사와 어울릴 수 있는 명사항의 제약이 개별 부사에 따라 정도성이 다양했던 것과 같이 동사의 논항에 올 수 있는 내용의 의미도 그 범위가 다양하다.
  어기가 되는 부사의 의미가 동사가 되었을 때 논항의 수와 의미역

에 영향을 미치는 것을 보았다. 이는 사전에서 이러한 동사를 처리할
때 문형, 의미역 정보를 기술하는 데 있어서 참고해야 하는 부분이다.
아울러 또 하나 중요하게 고려해야 할 것이 있는데, 의성의태 동사 중
에는 동일한 기본 의미로 형태의 변화 없이 자동사와 타동사 모두로
쓰이는 경우를 쉽게 발견할 수 있다는 것이다.7)

　의성의태 동사들이 자·타 양용성을 보이는 경우가 많다는 관찰은
막연하게나마 지적된 적은 있지만, 그 원인에 대하여는 제안되거나 밝
혀진 바가 거의 없다. 실제로 의성의태 동사들과 그 쓰임을 구체적으
로 살펴보면 예상보다 더 많은 동사들이 양쪽의 용법을 모두 보인다
는 것을 확인할 수 있기 때문에, 이는 의성의태 동사 부류의 주요 특성
이라고 할 수 있다. 물론 양쪽의 쓰임이 비슷하게 많이 나타나는 경우
가 있는 반면 어느 한쪽이 우세하거나 판단이 어려운 모호한 예들도
있어서 자·타 양용성을 결정하기가 쉽지는 않다. 그러나 일단 소수의
예라도 적절한 용법을 가지고 있다면 이를 인정하고 사전 처리에서도
반영하는 것이 좋을 것이다.

　본고에서는 어기가 되는 부사의 의미에 따라 동사의 논항과 의미역
이 영향을 받는다고 보았으므로, 자·타 양용성을 가지는 동사에 대
해서도 부사 어기와 연관이 있다는 입장을 취한다. 따라서 동사가 자
동사뿐만 아니라 타동사의 용법을 함께 가지는 경우, 주로 어떤 성격
을 가진 부사 어기를 가지고 있는지 살펴본다면 의성의태 동사의
자·타 양용성을 검토하는 데 도움이 될 것이다.

7) 박동근(1996)에서는 강은국(1993)의 조사를 인용하여 "국어의 전체 제/남움직씨의 총수
　가운데 77% 정도가 흉내형식에 '-하다, -대다, -거리다, -이다'형이 결합한 것"이라고 밝히
　고 있다.

(18) ㄱ. 축구공이 데굴거렸다.

　　ㄱ'. 아이는 축구공을 데굴거렸다.

　　ㄴ. 소녀의 눈에는 눈물이 글썽거렸다.

　　ㄴ'. 소녀는 눈물을 글썽거렸다.

　　ㄷ. 아저씨는 술에 취해 비틀거렸다.

　　ㄷ'. 아저씨는 술에 취해 몸을 비틀거렸다.

　　ㄹ. 언니가 내 귀에 대고 속닥거렸다.

　　ㄹ'. 언니가 내 귀에 대고 비밀을 속닥거렸다.

(18)은 자동사와 타동사로 모두 쓰이는 동사들의 예이다. 양용성을 갖는 것에 있어서는 동일하지만, 각 동사에 대한 주어 논항과 목적어 논항의 의미역을 고려하면 차이를 발견할 수 있다. (18ㄱ~ㄱ')의 '데굴거리다'에서 자동사문의 주어 자리에 오는 '축구공'은 타동사문에서는 목적어 자리에 오며 주어 자리에는 '아이'가 온다. 마찬가지로 (18ㄴ~ㄴ')의 '글썽거리다' 역시 자동사의 주어와 타동사의 목적어가 같음을 볼 수 있으며, 이러한 양상은 본 절의 시작에서 제시한 예문들에서도 찾아 볼 수 있다. 한편 (18ㄷ~ㄷ')의 '비틀거리다'에서 자동사문의 주어 자리에 오는 '아저씨'가 타동사문에서도 똑같이 주어 자리에 오며, (18ㄹ~ㄹ')의 '속닥거리다'에서도 '언니'가 자동사문과 타동사문에서 모두 주어 자리에 온다.

이처럼 자동사와 타동사 용법을 모두 가지는 동사의 경우 문장에서 실현되는 양상에 따라 크게 두 유형으로 나눌 수 있다.

(19) 논항 의미역에 따른 '자동사-타동사' 양용의 유형

　　● 1유형

　　자동사의 주어 논항과 타동사의 목적어 논항의 의미역이 동일

자동사		S (축구공이)	V (데굴거리다)
타동사	S (아이가)	O (축구공을)	V (데굴거리다)

● 2유형

자동사의 주어 논항과 타동사의 주어 논항의 의미역이 동일

자동사	S (아저씨가)		V (비틀거리다)
타동사	S (아저씨가)	O (몸을)	V (비틀거리다)

각 유형별로 예문을 통해 살펴보도록 하겠다. 먼저 1유형은 자동사의 주어에 오는 내용이 움직임의 주체가 될 수는 있으나 의도성, 자발성 등이 없어서 그것을 가능하게 하는 어떤 요소 즉 자극체가 상정될 수 있는 경우이다.

(20) ㄱ. 축구공이 데굴거린다.

　　ㄱ′. 아이가 축구공을 데굴거린다.

　　ㄴ. 눈물이 글썽거린다.

　　ㄴ′. 은수가 눈물을 글썽거린다.

　　ㄷ. 옷자락이 나풀거린다.

　　ㄷ′. 연희가 옷자락을 나풀거린다.

　　ㄹ. 전조등이 깜빡거린다.

　　ㄹ′. 운전자가 전조등을 깜빡거린다.

　　ㅁ. 그릇들이 달그락거린다.

　　ㅁ′. 아주머니가 그릇들을 달그락거린다.

　　ㅂ. 동전들이 짤랑거린다.

ㅂ′. 민서가 동전들을 <u>짤랑거린다</u>.

(2ㄱ~ㅂ)은 부사 어기의 의미상 어떤 움직임의 주체가 동사가 되었을 때 주어 논항이 된 자동사 예들의 쓰임을 보여주고 있다. 그리고 (20ㄱ′~ㅂ′)는 이와 짝을 이루는 타동사로서의 쓰임을 보여준다. 각 예문을 보면 (20ㄱ,ㄴ,ㄷ,ㄹ)은 부사 어기가 모양을 나타내므로 '어떻게 움직이다'라는 의미의 자동사가 된 반면에 (20ㅁ,ㅂ)은 부사 어기가 소리를 나타내기 때문에 '어떤 움직임을 통해 어떤 소리가 나다'라는 의미의 자동사가 되었다. 이때 움직이거나 또는 움직여 소리를 내는 것이 바로 주어 논항이다. 주어 논항은 움직임의 주체가 되기는 하지만 의도성, 자발성 등이 없다. 그러므로 움직이게 하는 어떤 요인이 있을 것을 예상할 수 있는데, 그것이 동사의 논항으로 실현되면 주어 논항이 되어서 타동사로서의 쓰임이 가능해진다.

이러한 원리에 의해 타동사의 용법을 가질 수 있는 자동사, 즉 직접 동작·이동·변화 등을 하지 않으나 그것을 유발할 수 있는 자극체가 주어 논항으로 실현될 수 있는 동사들이 1유형에 속하는 동사들이다. 자극체가 상정될 수 있다는 공통적 특성 아래 이들 동사들을 살펴보면, 대체로 그 의미가 두 종류로 크게 정리될 수 있는데, 하나는 (20ㄱ,ㄷ,ㄹ,ㅁ,ㅂ)과 같이 자동사의 주어와 타동사의 주어가 '물체-자극체'의 관계를 가지는 것이고 다른 하나는 (20ㄴ)처럼 자동사의 주어와 타동사의 주어가 이른바 '비분리 관계(inalienable relation)'를 가지는 것이다. 유정물과 신체 부위의 관계와 같이 서로 분리할 수 없는 전체와 부분의 관계를 비분리적이라고 한다. 위의 '글썽거리다' 예는 '눈물-사람'의 관계를 이루고 있어서 엄밀하게는 신체 부위가 아니지만, 눈물이나 콧물, 땀 등의 신체 분비물도 유정물과 비분리 관계를 이룬다고 볼 수 있다.

(21) ㄱ. 너무 겁이 나서 **다리**가 <u>후들거렸다</u>.

　　ㄱ′. **송이**는 너무 겁이 나서 **다리**를 <u>후들거렸다</u>.

　　ㄴ. **가슴**이 <u>두근거려서</u> 가만히 앉아 있을 수 없었다.

　　ㄴ′. **송이**는 **가슴**을 <u>두근거리며</u> 자기 차례를 기다렸다.

　(21)은 유정물과 신체 부위의 관계를 보다 명확하게 보여준다. 각 동사의 타동사문 (21ㄱ′,ㄴ′)에서 '후들거리다'는 '사람-다리'의 관계를 '두근거리다'는 '사람-가슴'의 관계를 맺고 있기 때문에 비분리적이며, 이러한 경우 개별 부위의 움직임을 유발하는 전체, 즉 유정물이 자극체로서 타동사의 주어 논항이 될 수 있다.

　이제 2유형을 보도록 하겠다. 1유형이 '자동사의 주어-타동사의 주어' 관계가 '물체-자극체' 또는 '신체 부위-유정물' 등으로 비교적 잘 정리될 수 있었던 데 반하여 2유형에서의 관계는 뚜렷한 특징이 드러나지 않고 임의적인 측면이 있다.

(22) ㄱ. **아저씨**가 술에 취해 <u>비틀거렸다</u>.

　　ㄱ′. **아저씨**가 술에 취해 **몸**을 <u>비틀거렸다</u>.

　　ㄴ. **민서**는 <u>콜록거리면서도</u> 밖에 있겠다고 고집을 부렸다.

　　ㄴ′. **민서**는 **기침**을 <u>콜록거리면서도</u> 밖에 있겠다고 고집을 부렸다.

　　ㄷ. **언니**가 내 귀에 대고 <u>속닥거렸다</u>.

　　ㄷ′. **언니**가 내 귀에 대고 **비밀**을 <u>속닥거렸다</u>.

　위의 (22)에서 '비틀비틀, 콜록콜록, 속닥속닥'을 어기로 하는 동사들의 예를 볼 수 있는데, 이들은 모두 자동사와 타동사 주어 논항의 의미역이 동일하고 타동사로 쓰일 때는 대상의 목적어 논항이 실현된다. 이때 추가되는 목적어 논항에 오는 것은 의미적으로 세부 사항을 더하는 것으로 보인다. 이는 의미적으로 이미 부사의 정보에 그리고 그것이 반영되는 동사의 의미 속에 있는 들어 있는 것과 밀접하게 관련되는 내용이다. (22ㄱ)의 '비틀비틀'은 이미 몸이 쓰러질 듯이 걷는 모양이라는 의미 정보를 가지고 있어서 동사에도 그것이 반영되어 있지만, '몸'이 목적어 논항으로 추가됨으로써 보다 정확하게 강조하여 사태를 나타낸다. (22ㄴ)의 '콜록콜록' 역시 기침하는 소리라는 의미 정보를 동사도 이미 가지고 있으나, '기침'이 추가되었다. 이들은 부사의 어기에서 비롯된 동사의 의미와 관련되었기 때문에 새로운 정보를 추가하지 않고 강조의 의미만을 더하거나 약간의 세부 정보를 더한다.8) 예를 들어 '콜록거리다'의 경우 기침뿐만 아니라 '마른기침을/잔기침을 콜록거리다' 등과 같이 기침과 관련된 의미적 하위 명사를 목적어 논항으로 취할 수도 있다.9)

한편 (22ㄷ)의 '속닥속닥'은 목적어 논항으로 올 수 있는 것의 내용이 동사의 의미 속에 있지 않기 때문에 새로운 정보를 추가하는 역할을 한다는 점에서 (22ㄱ,ㄴ)과는 차이가 있다. 또 동사 '속닥거리다'는 목적어 논항을 추가하는 것 이외에 다른 방법으로 새로운 정보를 추가하기도 한다.

(23) ㄱ. 은수가 <u>속닥거렸다</u>.

ㄴ. 은수가 **선생님이 화가 나셨다고** <u>속닥거렸다</u>.

ㄷ. 은수가 **비밀을** <u>속닥거렸다</u>.

---

8) '비틀거리다, 콜록거리다'는 수의적으로 동족목적어를 취하여 타동사로 쓰일 수 있는 다른 일반 동사들과 유사한 면이 있다. 예를 들어 '자다, 울다, 웃다' 등은 '잔다/잠을 잔다, 운다/울음을 운다, 웃다/웃음을 웃는다'와 같이 자동사와 타동사의 교체를 보인다. 또한 '새우잠·낮잠을 자다'나 '쓴웃음·헛웃음을 웃다' 등과 같이 '적정명사'(김문오(1997b))를 목적어로 취하기도 한다.

9) '콜록거리다'에 대하여 '마른기침, 잔기침' 등이 적정명사의 개념에 부합할 수 있을 것이다.

(23ㄴ)에서는 인용절의 형식으로 속닥거리는 내용에 대한 정보를 추가하고 있다. 주로 '말하는 모양'과 관련된 부사를 어기로 하는 동사들에서 이러한 양상을 찾아볼 수 있다.10) 이들은 목적어 논항을 취하는 타동사로서 뿐만 아니라 자동사문에서 주어 논항 이외에 인용절을 취하여 무엇을 말하는지에 대한 정보를 밝힌다.

지금까지 동사가 되었을 때, 자동사/타동사 양용성을 보이는 경우를 어기의 성격에 따라 다음의 표로 정리하였다.

	의미역 관계	부사 어기의 성격	
1유형	자동사 주어 ∥ 타동사 목적어	소리나 움직임의 주체가 의도성·자발성이 없어서 자극체가 상정될 수 있고 경우에 따라 그것이 타동사의 주어 논항으로 나타남	소리나 움직임의 주체가 주로 물체
			소리나 움직임의 주체가 신체 부위에 해당 유정물과 비분리 관계를 이룸
2유형	자동사 주어 ∥ 타동사 주어	부사의 의미에 이미 반영되어 있는 내용과 관련된 것을 목적어 논항으로 취함 - 의미적으로 동일한 것을 취하는 경우 - 약간의 세부 정보를 추가하는 경우	
		부사는 '말하는 모양'을 나타내며, 말하는 내용에 대한 것을 목적어 논항으로 취함	

표4. 자동사-타동사 양용 유형과 해당 부사 어기의 성격

---

10) 소곤소곤, 수군수군, 수군덕수군덕, 속살속살, 숙설숙설, 속달속달, 숙덜숙덜, 숙덕숙덕, 싸부랑싸부랑, 씨불씨불, 조잘조잘, 주절주절, 종알종알, 중얼중얼 등

3. 의성의태 용언의 사전 처리

의성의태 용언은 어기가 되는 의성의태 부사와의 밀접한 관계 아래 형성되며, 그에 따른 여러 특성을 가진다. 의성의태 동사나 형용사를 사전에서 처리하기 위해서는 이러한 특성들을 고려할 필요가 있다. 본 장에서는 앞서 살펴본 의성의태 용언의 특성을 바탕으로 사전 처리에서 무엇을 어떻게 반영해야 하는가에 대하여 논의하도록 할 것이다.

의성의태 용언을 다루는 데 있어서 고려해야 할 특성은 다음과 같이 세 가지로 정리될 수 있다.

첫째, 의성의태 부사는 동사의 어기가 되거나 형용사의 어기가 되는데, 그 가운데 일부는 동사와 형용사 형성 모두에 참여할 수 있다.

둘째, 의성의태 부사의 의미적 특성에 기인하여 상당수의 의성의태 동사가 자동사/타동사 모두로 쓰일 수 있다.

셋째, 의성의태 부사의 의미적 특성에 기인하여 일부의 의성의태 동사는 의미역에 있어서 제한된 범위를 가진다.

이 가운데 첫 번째는 표제어 선정과 품사 결정 문제와 관련이 있고 두 번째와 세 번째는 미시구조에 있어서 뜻풀이를 기술하는 문제와 관련이 있으므로, 두 부분으로 나누어 각각 살펴보도록 하겠다.

3.1. 표제어 선정과 품사 결정

의성의태 부사는 '-거리다/-대다/-이다/-하다'와 결합하여 동사나 형용사가 되는데, 모든 의성의태 부사가 용언의 어기가 되는 것은 아니다. 따라서 표제어 선정에 있어서 첫 번째 작업은 어떤 의성의태 부사에 대하여 파생 용언의 형성이 가능한가를 판단하는 것이다. 의성의태 부사들 가운데 어기가 될 수 있는 것과 없는 것의 명확한 기준에 대한 논의는 아직까지 없었지만, 가장 중요하게 고려되어야 할 것은 실제 언어생활에서 쓰임이 있느냐의 문제라고 할 수 있다.

파생된 용언이 동사인가 형용사인가는 용법을 통하여 확인할 수 있는데, [+동작성]부사는 동사의 어기가 되고 [+상태성]부사는 형용사의 어기가 되는 것이 일반적인 경향이므로 이를 고려하여 동사/형용사의 여부를 판단할 수 있다. 그러나 2.2에서 논의한 바와 같이 어기로 쓰이는 [+상태성]을 가진 의성의태 부사 가운데 일부는 동사와 형용사 모두를 형성할 수 있기 때문에 주의해야 한다.

앞서 기존 사전 처리에서 하나의 부사가 동사와 형용사 모두를 형성한 것으로 인정된 예들을 검토한 결과, 그러한 의성의태 부사들이 신체 내적 느낌과 관련되거나(①부류) 오감을 통해 지각될 수 있는 느낌과 관련되거나(②부류) 화자의 판단을 통해 인지되는 대상의 속성과 관련되는(③부류) 의미적 특징을 가진다는 사실을 알 수 있었다. 그리고 '간질간질, 욱신욱신, 찌릿찌릿' 등이 ①부류와 동일한 특징을 가진다고 판단됨에도 불구하고 파생 용언의 처리에 있어서 일관성을 보이지 않음을 지적하였다. 의성의태 용언의 형성은 어기가 되는 부사와 관련이 깊으므로, 동일한 의미적 특징을 가진 의성의태 부사들은 파생 용언의 형성 양상에 있어서도 동일하거나 유사한 모습을 보일 것이라 예상된다. 따라서 표제어를 선정하는 단계에서 ①, ②, ③ 부류의 부사와 동일한 의미적 특징을 가진 의성의태 부사들을 검토하여 파생 용언 형성 양상을 관찰한다면 보다 일관성 있는 처리를 할 수 있을 것이다.

'시큰시큰, 미끈미끈, 유들유들' 등과 용언 형성에 있어서 동일하게 처리될 가능성이 있는 부사들을 다음과 같이 제시해 볼 수 있다.

① 신체 내적 느낌	가닐가닐, 그닐그닐, 간질간질, 근질근질, 느글느글, 니글니글, 따끔따끔, 뜨끔뜨끔, 매슥매슥, 메슥메슥, 섬뜩섬뜩, 오슬오슬, 오싹오싹, 옥신옥신, 욱신욱신, 울렁울렁, 자끈자끈, 지끈지끈, 짜릿짜릿, 쩌릿쩌릿 등
② 오감을 통해 지각되는 느낌	끈적끈적, 날캉날캉, 녹신녹신, 는적는적, 늘컹늘컹, 반질반질, 번질번질, 빤질빤질, 뻔질뻔질, 뻰질뻰질, 잘박잘박, 잘착잘착, 잘팍잘팍, 질벅질벅, 질척질척, 질퍽질퍽, 짠득짠득, 쫀득쫀득, 찐득찐득 등

표5. 동사/형용사 모두 형성할 가능성이 있는 부사 부류의 추가 목록

위에서 제시된 의성의태 부사들은 2장에서 기존 사전에서 '거리다/대다/(이다)'형 동사와 '하다'형 형용사를 형성하는 것으로 처리된 부사들과 함께 검토될 필요가 있다. 먼저 각 의성의태 부사 자체의 의미가 정확하게 무엇인지 살피고, 어떤 것을 나타내는지 즉 모양인지 느낌인지 상태인지 등을 구분해 줄 필요가 있다. 이는 의성의태 부사가 나타내는 대상을 하위 구분하는 문제와 연관되어 있는데 의성의태 부사의 정확한 의미 기술을 위하여 반드시 선행되어야 하는 작업이다.

의성의태 부사의 구분이 명확하게 이루어진다면 그것을 어기로 하여 형성된 동사나 형용사를 처리하는 데 있어서 도움이 될 수 있다. '시큰시큰'류, '미끈미끈'류, '유들유들'류와 [표5]에서 제시된 부사들을 검토하는 데 있어서 초점이 되는 것은 '거리다/대다/(이다)' 동사 형성을 인정할 수 있는가와 '하다'형을 형용사로 처리할 것인가, 형용사/동사 다품사어로 처리할 것인가의 문제이다.

(24)

『우리말』	『표준』	『고려대』
느낌/ 시큰시큰-하다 [동][자]	느낌/ 시큰시큰-하다 [형]	느낌/ 시큰시큰-하다 [형]
니글니글 없음	모양/ 니글니글-하다 [동]/[형]	모양/ 니글니글-하다 [동][자]/[형]
모양/ 메슥메슥-하다 [동][자]	모양/ 메슥메슥-하다 [동]	모양/ 메슥메슥-하다 [동][자]
울렁울렁-하다 [동]	모양/ 울렁울렁-하다 [동]	모양/ 울렁울렁-하다 [동][자]

(24)는 '시큰시큰'처럼 신체 내적 느낌을 나타내는 것으로 보이는 부사 '니글니글, 메슥메슥, 울렁울렁'이 각 사전에서 어떤 하위 범주로 구분되어 있으며 '하다'형 용언이 어떻게 처리되어 있는 간단히 보인 것이다. 이처럼 부사가 의미적 유사성을 지닌다고 판단됨에도 불구하고 사전 처리에서 차이를 보이는 경우가 더 다양하고 많이 있다. 특히 본고에서 분류한 '신체 내적 느낌, 오감을 통해 지각되는 느낌, 판단을 통한 속성'의 의미적 특징을 가지는 부사가 용언이 되는 경우에서 이러한 현상이 두드러지게 나타나므로 이들을 중심으로 부사와 파생 용언들을 함께 검토한다면 보다 일관성 있으면서도 실제 용법을 잘 보여주는 방향으로 처리할 수 있을 것이다.

3.2. 뜻풀이의 기술

의성의태 용언은 부사를 어기로 하여 형성되기 때문에 예전에는 어기가 되는 의성의태 부사와 관련하여 다음과 같이 기술되는 경우가 많았다.

(25) [동] 껑충껑충-하다

⇨ 껑충껑충

[형] 주렁주렁-하다

　　⇨ 주렁주렁

　그러나 요즘에는 직접 뜻풀이를 하는 경우가 많은데, 부사의 의미를 알면 의성의태 동사나 형용사의 의미를 어느 정도 예측은 할 수 있으나 그것만으로는 동사나 형용사로서 가지는 특징을 정확하게 보여줄 수 없기 때문에 직접 뜻풀이를 해 주는 것이 좋을 것이다. 용언은 문형과 의미역을 가진다. 따라서 용언은 뜻풀이는 문형, 의미역을 뜻풀이와 유기적으로 연결될 수 있도록 기술하는 것이 필요하다.

　이는 의성의태 용언을 기술하는 데 있어서도 마찬가지이다. 문형과 의미역 정보를 정확하게 기술함으로써 의미를 이해를 높일 수 있다.

(26)

ㄱ. 낄낄-거리다

　「동」웃음을 억지로 참으면서 입속으로 웃는 소리를 자꾸 내다. ¶음충맞게 (낄낄거리다)/능글맞게 (낄낄거리다) …

ㄴ. 토닥-거리다

　「동」【…을】 잘 울리지 아니하는 물체를 가볍게 두드리는 소리를 잇따라 내다. 도닥거리다 보다 거센 느낌을 준다. ¶엄마가 아기의 등을 (토닥거리며) 달랜다./그는 새로 입은 양복을 여기저기 (토닥거리며) 먼지를 털었다.

ㄷ. 두근-거리다

　「동」【(…을)】 몹시 놀라거나 불안하여 가슴이 자꾸 뛰다. 또는 그렇게 하다. ¶가슴이 (두근거리다)/놀라서 (두근거리는) 심장을 가라앉힐 수 없었다./나는 벌써부터 학급 애들이 쉼 없이 종알대는 입들을 보는 듯싶어서 기쁨에 가슴이 (두근거렸다).≪김승옥, 건≫//그

는 가슴을 {두근거리며} 면접을 기다렸다./그 송화 따 오던 길에서
처음 가슴을 {두근거려} 본 사내아이다.≪이태준, 농토≫

　(26)은 자동사 '낄낄거리다'와 타동사 '토닥거리다', 자·타 양용동
사인 '두근거리다'에 대한 『표준』의 뜻풀이 부분이다. 여기에서는 자
동사/타동사 여부 즉 동사의 하위 구분을 표시해 주지 않고, 문형과
뜻풀이 내용을 통해서만 보여주고 있다. 그리고 주어나 목적어 자리
에 올 수 있는 내용 즉 의미역 정보는 따로 제시하는 방식이 아니라 뜻
풀이에서 함께 기술하고 있다.

　(27)
　ㄱ. 낄낄거리다
　　동자 ◀명이▶ (사람이) 웃음을 억지로 참으면서 입속으로 소리를 내
　　며 자꾸 웃다. ¶그는 혼자 무슨 생각을 했는지 낄낄거리며 웃기 시작
　　했다. … 〈작은〉깰깰거리다 〈거센〉킬킬거리다 〈유의〉낄낄대다
　ㄴ. 토닥거리다
　　동타 ◀명이 명을▶ (사람이 조금 단단한 물체를) 조금 힘있게 잇
　　따라 두드리다. ¶덕수는 아내를 달래려고 어깨를 토닥거렸다. …
　　〈큰말〉투덕거리다 〈센말〉또닥거리다 〈여린〉 도닥거리다 〈유의〉
　　토닥대다, 토닥이다, 토닥토닥하다
　ㄷ. 두근거리다
　　1 동자 ◀명이▶ (가슴이) 몹시 놀라고 불안하거나 기분이 좋아서
　　자꾸 크게 뛰다. ¶얼마나 가슴이 두근거렸던지 발이 떼이지 않았
　　습니다. … 〈작은〉도근거리다 〈유의〉두근대다, 두근두근하다, 설
　　레다
　　2 동타 ◀명이 명을▶ (사람이 가슴을) 몹시 놀라고 불안하거나 기

분이 좋아서 자꾸 크게 뛰게 하다. ¶아찔한 외줄타기를 보며 우리
는 가슴을 두근거렸다. … 〈작은〉도근거리다 〈유의〉두근대다, 두
근두근하다

(27)은 『고려대』에서 각 의성의태 동사에 대하여 뜻풀이를 기술한
부분이다. 뜻풀이 항목에 동사를 하위 구분하는 표지 즉 자동사/타동
사 표시를 해 주었고, 의미역 정보를 뜻풀이와 함께 기술하지 않고 분
리하여 나타내었다.

(26)과 (27)의 방식을 비교할 때 가장 큰 차이는 의미역 정보를 어
떻게 제시하는가와 자동사/타동사 여부를 품사에서 하위 구분하여 표
시하는가 그리고 자·타 양용의 경우 뜻풀이 항목을 나누어 기술하는
가에 있다.

의성의태 동사의 뜻풀이를 사전에서 기술하는 데 있어서 그 특성을
정확하게 반영하여 기술하는 것이 가장 중요하다. 여기에서 반영되어
야 할 특성이란 어기가 되는 부사의 의미를 이어받으면서 그에 따라
주어나 목적어 등 필수 성분에 올 수 있는 어휘들의 의미 부류에 제한
을 가질 수 있다는 점 그리고 자동사/타동사 용법을 모두 보이는 경우
가 많다는 점이다. 따라서 의미역 정보를 따로 제시해 주고, 자동사와
타동사를 나누어 기술하는 (27)의 방식이 의성의태 동사의 특성을 반
영하기에는 더욱 적절할 것으로 보인다.

이에 따라 의성의태 동사, 형용사의 특성을 잘 드러내기 위해서는
다음의 각 부분들이 나누어져서 정확하게 기술되어야 할 것이다.

동 '자동사' 또는 '타동사' 표시 / 문형 정보 / 의미역 정보 / 뜻풀이 / 용례
형 문형 정보 / 의미역 정보 / 뜻풀이 / 용례

특히 의미역 정보와 뜻풀이는 따로 제시되기는 하지만 유기적으로 연결되어야 동사나 형용사의 의미를 정확하게 드러낼 수 있으며, 용례에서는 '문형, 의미역, 뜻풀이' 모두를 잘 드러내는 문장을 실어야 할 것이다. 의미역 정보와 뜻풀이는 계속 언급했던 바와 같이 어기가 되는 의성의태 부사와의 관계를 고려하여 기술될 수 있는데, 몇 가지를 예를 아래에서 제시하였다.

(28)

ㄱ. 두근두근 - 두근거리다
    閉 몹시 놀라고 불안하거나 기분이 좋아서 (가슴이) 자꾸 크게 뛰는 모양을 나타내는 말.
    동 자 ◀명이▶ (가슴이) 몹시 놀라고 불안하거나 기분이 좋아서 자꾸 크게 뛰다.

ㄴ. 니글니글 - 니글거리다
    閉 먹은 것이 내려가지 않아 (속이) 자꾸 메스꺼워 곧 토할 듯한 모양을 나타내는 말.
    동 자 ◀명이▶ (사람의 속이) 먹은 것이 내려가지 않고 자꾸 메스꺼워 곧 토할 듯하다.

ㄷ. 달그락달그락 - 달그락거리다
    閉 (작고 단단한 물건이) 서로 자꾸 가볍게 맞부딪치거나 닿는 소리를 나타내는 말.
    1 동 자 ◀명이▶ (작고 단단한 물건이) 서로 가볍게 맞부딪치거나 닿는 소리가 자꾸 나다.
    2 동 타 ◀명이 명을▶ (사람이 작고 단단한 물건을) 서로 가볍게 맞부딪치거나 닿는 소리를 자꾸 내다.

ㄹ. 주렁주렁 - 주렁주렁하다

🕮 (큰 열매 따위가) 많이 매달려 있는 모양을 나타내는 말. 〈작은〉 조랑조랑

🔲 ◀🔲이▶ (큰 열매 따위가) 많이 매달려 있다. 〈작은〉조랑조랑 하다

ㄹ'. 조랑조랑 - 조랑조랑하다

🕮 (작은 열매 따위가) 많이 매달려 있는 모양을 나타내는 말. 〈큰 말〉주렁주렁

🔲 ◀🔲이▶ (작은 열매 따위가) 많이 매달려 있다. 〈큰말〉주렁주 렁하다

(28)을 볼 때, 부사의 의미에 따라 동사나 형용사의 의미역과 뜻풀 이 내용이 결정된다는 것을 알 수 있다. (28ㄹ, ㄹ')은 부사가 '큰-작은' 의 관계를 맺고 있는 경우 용언에 있어서도 동일하게 적용되어 뜻풀 이되는 것을 보여주는데, 이렇게 부사의 다양한 관련어, 참고어 관계 는 용언을 처리할 때 관련어, 참고어를 제시해 주는 것뿐만이 아니라 뜻풀이 기술에서 그대로 반영되어야 한다.

마지막으로 자·타 양용동사의 처리에 대하여 보면, 뜻풀이 항목을 구별하여 기술하는 것이 용법을 더 잘 보여줄 수 있는 방법이라고 할 수 있다. 어기가 되는 의성의태 부사 가운데 동사가 되었을 때 자동사 뿐만 아니라 타동사로서의 용법도 함께 가지는 부류들의 특징을 두 가지 유형으로 나누어서 2.3에서 살펴보았다. 앞의 [표4]에서 정리된 유형에 해당하는 부사들이 어기가 되는 동사들을 처리할 때는 어떤 용법을 가지는지 면밀하게 검토하여 그것을 뜻풀이에 반영할 필요가 있다. '데굴데굴'을 예를 들어 제안을 해 보면, 지금까지 사전들에서 '데굴거리다'를 자동사로만 처리하고 있다.

(29)

『우리말』

데굴-거리다 (움제) 큰 물건이 자꾸 구루다.

『표준』

데굴-거리다 「동」 큰 물건이 잇따라 구르다.

『고려대』

동자 ◀명이▶ (사람이나 물건이) 계속 조금 빠르게 구르다.

그러나 2.3에서 제시한 대로 '축구공이 데굴거린다.'뿐만 아니라 물체를 움직이게 하는 자 극체를 설정할 수 있으므로 '아이가 축구공을 데굴거린다.'와 같이 타동사로서도 충분히 쓰일 수 있기 때문에, 타동사 용법을 기술할 것인지 재고할 필요가 있다.[11]

이처럼 의성의태 동사들을 하나하나 살펴보면 하나로만 하위 구분되는 것이 아니라 자동사/타동사 용법을 모두 가지는 것으로 인정할 만한 경우를 찾아볼 수 있다. 최종적인 결정은 연구자의 몫이 되겠지만, 그 전에 자·타 양용성을 보일 가능성이 높은 어기를 가진 의성의태 동사들의 용법을 철저하게 조사할 필요가 있다.

자·타 양용성을 가지는 동사의 어기가 되는 부사들의 성격을 앞서 〈표4〉에서 '1유형/2유형'으로 나누어서 제안해 보았다. 이에 해당하는 사전 처리의 예를 차례로 제시하면 다음과 같다.

---

11) 익명의 심사자는 '아이가 축구공을 데굴거렸다.'에 대하여, '데굴거리다'는 외부의 물리적 힘에 의해 물체가 이동하며 카오스적으로 움직이는 모양을 나타내는 것으로 타동성을 갖는다고 보기 어렵다는 근거를 들어 예문의 타당성에 의문을 제기하였다. '데굴데굴'이 나타내는 이동의 모양이 카오스적이라는 점은 인정할 수 있으나, 주어 논항의 자리에 '외부의 물리적 힘'에 해당하는 요소가 올 가능성이 없다고 생각되지는 않는다. 현재 '데굴거리다'의 타동사적 용법을 인정하고 있는 사전은 없으나, 위 예문이 쓰일 가능성이 충분하기 때문에 본고에서는 타동사 용법을 추가할 수 있는 의성의태 동사의 하나의 예로서 제안한 것이다.

첫 번째는 1유형으로서, '찰랑거리다'와 같이 물체의 움직임을 통해 나는 소리나 그 움직이는 모양을 나타내는 부사가 동사가 되는 예와 '두근거리다'와 같이 신체 일부의 움직임을 통해 나는 소리나 그 움직이는 모양 부사가 동사가 되는 예이다.

(30)

ㄱ. 찰랑거리다

　1 [동]자 ◀[명]이▶ (작은 방울이나 얇은 쇠붙이가) 함께 부딪쳐 거세게 흔들리는 소리가 자꾸 나다. ¶은옥은 찰랑거리는 목걸이며 귀걸이며 온갖 장신구들을 뽐내며 나타났다.

　2 [동]타 ◀[명]이 [명]을▶ (사람이 작은 방울이나 얇은 쇠붙이를) 함께 흔들어서 서로 거세게 부딪치는 소리를 자꾸 내다. ¶악사들이 금속으로 만든 전통 악기를 찰랑거렸다.

ㄴ. 두근거리다

　1 [동]자 ◀[명]이▶ (가슴이) 몹시 놀라고 불안하거나 기분이 좋아서 자꾸 크게 뛰다. ¶얼마나 가슴이 두근거렸던지 발이 떼이지 않았습니다.

　2 [동]타 ◀[명]이 [명]을▶ (사람이 가슴을) 몹시 놀라고 불안하거나 기분이 좋아서 자꾸 크게 뛰게 하다. ¶아찔한 외줄타기를 보며 우리는 가슴을 두근거렸다.

두 번째는 2유형으로서, 하나는 '비틀거리다'와 같이 동사가 되었을 때 부사가 나타내는 내용의 일부나 추가적인 정보를 목적어로 취하는 경우이고 다른 하나는 '말하는 모양'을 나타내는 부사가 동사가 되는 경우이다.

(31)

ㄱ. 비틀거리다

1 동자 ◀명이▶ (사람이나 동물이) 힘이 없거나 어지러워 몸을 바로 가누지 못하고 이리저리 쓰러질 듯이 계속 걷다. ¶총에 맞은 말이 비틀거렸다.

2 동타 ◀명이 명을▶ (사람이나 동물이 몸을) 힘이 없거나 어지러워 바로 가누지 못하고 이리저리 쓰러질 듯이 계속 걷다. ¶이등병은 몸을 비틀거리면서도 안간힘을 다해 행군을 계속했다.

ㄴ. 속닥거리다

1 동자 ◀명이▶◀명이 명과▶ (둘 이상의 사람이, 또는 어떤 사람이 다른 사람과) 남이 알아듣지 못하도록 작은 목소리로 은밀하게 자꾸 이야기하다. ¶퇴근 시간이 되면 영업부 직원들이 여직원들과 속닥거리다 나가곤 했다.

② ◀명이 동다고/형다고▶ (사람이 어떠하다고) 남이 알아듣지 못하도록 작은 목소리로 은밀하게 자꾸 이야기하다.

2 동타 ◀명이 명을▶ (사람이 무엇을) 남이 알아듣지 못하도록 작은 목소리로 은밀하게 자꾸 이야기하다. ¶밤하늘에는 고즈넉한 별들이 서로의 사연을 속닥거리다 단잠을 청했다.

4. 결론 및 남은 과제

본고에서는 의성의태어 부류 중에서 파생 용언을 사전 처리하는 데 있어서 이른바 의성의태 용언만이 가지는 특성이 잘 반영되어야 함을 주장하였다. 이를 위해 먼저 의성의태 용언의 특성을 살펴보았고, 무엇이 어떻게 반영되어야 하는지 구체적인 예를 중심으로 논의를 진행하였다.

의성의태 용언의 특성 가운데 사전 처리에서 고려해야 할 사항은 크게 두 가지로 나눌 수 있었다. 하나는 표제어 선정과 품사와 관련된 문제로서, 의성의태 부사 어기의 성격을 고려하여 품사를 결정하되 경우에 따라 동사와 형용사 모두 형성될 수 있기 때문에 주의할 필요가 있다는 것이다. 다른 하나는 뜻풀이 기술에 있어서 의미역 정보가 자세하게 드러나야 하며 자·타 양용성을 보이는 경우가 많은 의성의태 용언의 성격을 잘 보여줄 수 있도록 뜻풀이해야 한다는 것이다. 여기에서 잊지 말아야 하는 것은 의성의태 용언의 특성은 어기가 되는 의성의태 부사의 의미적 특징과 밀접한 관계를 가지고 있기 때문에 사전 처리에 있어서도 항상 부사와의 관계를 염두에 두어야 한다는 점이다.

그 동안 수많은 의성의태어 논의들에서 크게 주목을 받지 못했던 의성의태 용언에 주목하여 그 특성을 사전 처리에서도 반영할 수 있는 방향에 대하여 고민한 것은 본고의 의의라고 할 수 있다. 그러나 기술 방식에 대하여 구체적인 지침을 제안하지 못한 것은 부족한 점으로 남는다. 앞으로 더욱 면밀한 연구를 통하여 구체적인 처리 방법을 체계적으로 제안하고자 한다. 아울러 의성의태 용언의 특성이 결국 어기가 되는 부사에서 비롯하는 것이므로 부사의 일관성 있고 정확한 처리가 의성의태 용언의 밑바탕이 될 것이다. 따라서 의성의태 부사의 처리에 나타나는 문제점들도 지속적으로 함께 고민할 필요가 있다.

참고 문헌

강은국. 1993. 「조선어 접미사의 통시적 연구」 서울: 서광학술자료사.

고광주. 2001. 「국어의 능격성 연구」 서울: 월인.

김문오. 1997a. 「국어 자타 양용동사 연구」. 경북대 박사학위논문.

김문오. 1997b. "국어 자타 양용동사 구문의 의미구실 연구."「국어학」(국어학회) 30. 257-283.

김홍범. 1995. 「한국어의 상징어 연구」. 연세대 박사학위논문.

김홍범. 1998. "한국어의 상징어 연구-통사론적 특성을 중심으로."「새국어교육」(한국국어교육학회) 55. 103-129.

김홍범. 2000. "국어 사전 의미 정보 기술의 실제와 문제 - 상징 부사류를 중심으로."「한말연구」(한말연구학회) 7. 135-147.

김홍범. 2008. "상징어의 의미 기술 모형 연구."「청람어문교육」(청람어문교육학회) 38. 341-366.

김홍범 · 박동근. 2000. "한국어 상징어 사전 편찬의 실제." 제 2차 아시아 사전학회 국제학술대회.

남길임. 2004. "활용 양용 용언 연구."「형태론」(도서출판 박이정) 6-2.

도원영. 2003. "「민연국어사전」(가칭)의 특징."「한국사전학」(한국사전학회) 2.

도원영. 2008. 「국어 형용성 동사 연구」 파주: 태학사.

박동근. 1996. 「현대국어 흉내말의 연구」. 건국대 박사학위논문.

박동근. 1999. "한국어 흉내말의 의미 구조 연구."「건국어문학」(건국대국어국문학연구회) 23. 363-388.

박소영. 2004. 「한국어 동사구 수식 부사와 사건구조」. 서울대 박사학위논문.

박주원. 2009. 「의성의태 부사의 용언화 연구」. 고려대 석사학위논문.

서상규. 1993. "현대 한국어의 시늉말의 문법적 기능에 대한 연구 - 풀이말과의 결합 관계를 중심으로."「조선학보」149.

손남익. 1995. 「국어부사연구」. 고려대 박사학위논문.

손남익. 1998. "국어 상징부사어와 공기어 제약."「한국어 의미학」(한국어의미학회) 3. 119-134.

시정곤 외 3명. 2000. 「논항구조란 무엇인가」 서울: 월인.

신중진. 1998. "현대국어 의성의태어 연구."「국어연구」154.

신중진. 1999. "의성어의 조어원리와 단어형성 참여 양상." 「형태론」(도서출판 박이
    정) 1-1. 61-73.

신중진. 2000. "의성의태어의 사전 처리와 그 방향-국립국어연구원의 「표준국어대사
    전」을 중심으로." 「관악어문연구」(서울대학교 국어국문학과) 26. 265-291.

우인혜. 1990. "시늉부사의 구문론적 제약-용언과의 어울림 관계를 바탕으로." 「동아
    시아 문화연구」(한양대학교 한국어연구소) 17.

조남호. 1988. "현대국어 파생접미사 연구." 「국어연구」 85.

조남호. 1993. "국어사전에서의 의성의태어 처리." 「새국어생활」(국립국어연구원)
    3-2. 73-92.

채 완. 1993. "의성어·의태어의 통사와 의미." 「새국어생활」(국립국어연구원) 3-2.
    54-72.

채 완. 2000. "국어 의성어 의태어 연구의 몇 문제." 「진단학보」(진단학회) 89. 207-
    221.

채 완. 2003. 「한국어의 의성어와 의태어」 서울: 서울대학교 출판부.

홍재성. 1998. "동사·형용사의 사전적 처리." 「새국어생활」(국립국어연구원) 8.
    131-157.

홍종선. 2000. "국어사전 편찬과 현실 언어의 수용." 「사전편찬학 연구」(연세대학교
    언어정보개발원) 10. 7-34.

홍종선 외 6명. 2009. 「국어사전학 개론」 서울: 제이앤씨.

참고 사전

고려대학교 민족문화연구원 편. 2009. 「고려대한국어대사전」 서울: 고려대학교 민족
    문화연구원.

국립국어원 편. 1999. 「표준국어대사전」 서울: 두산동아.

연세대학교 언어정보개발원 편. 1998. 「연세한국어사전」 서울: 두산동아.

운평어문연구소 편.1996. 「금성국어대사전」 서울: 금성출판사.

한글학회 편. 1991. 「우리말큰사전」 서울: 어문각.

〈고려대 한국어대사전〉과 사전학

'몰(沒)-', '무(無)-', '미(未)-', '불(不)-', '비(非)-'계 접두 파생어와 어기의 의미 관계

김혜령

1. 서론

국어에는 부정의 의미를 갖는, 이른바 부정소들이 존재한다. 그 예로는 '무(無)', '불(不)', '안', '못' 등이 있다. 이 가운데 고유어에 해당하는 '안', '못' 등은 주로 통사적인 구성에서 사용되므로, 단어 형성에 활발하게 참여하는 부정소는 고유어보다는 한자어라고 할 수 있을 것이다. '무(無)', '불(不)' 등이 이에 해당한다. 그리고 이들은 단어 형성에서 단어의 어두 위치에 쓰이며 단어 형성에서 접두사 역할을 한다.1) 본고에서는 '몰(沒)-', '무(無)-', '미(未)-', '불(不)-',2) '비(非)-' 등의 접두

---

1) 이들의 지위, 즉 이들을 접두사로 볼 수 있는가에 대하여서는 이견이 존재한다. 전수태 (1992, 1997), 최호철(2001) 등에서는 이들을 접두사로는 볼 수 없고, 접두어로 보아야 한다고 주장하였다. 실제로 이들이 보이는 다양한 면모를 감안한다면 접두사로 보는 데에는 무리가 따를 수도 있다. 그러나 본고의 목적은 이들이 접두사인가 그렇지 않은가를 판별하는 데에 있는 것이 아니므로, 이들을 접두사로 등재한 사전의 판단에 따라 모두 접두사로 파악하기로 한다.

사를 선택하여, 이러한 부정 접두사에 의하여 생성되는 파생어와, 그 어기의 의미 관계를 살피고자 한다.3)

지금까지의 연구를 살펴보면 대체로 부정 접두사 그 자체에 관심이 집중되었고,4) 그에 의해 형성된 파생어와 어기 사이의 의미 관계에 관하여서는 연구가 많이 이루어지지 못하였다. 의미 관계를 살핀 대표적인 연구로는 전수태(1992, 1997)과 손남익(2006) 등이 있다.

전수태(1992, 1997)에서는 '몰(沒)', '무(無)', '미(未)', '불(不)', '비(非)' 등을 부정 접두어라고 하고, 이들이 갖는 의미적 특성과 결합 어기에 대하여 다루었다. 그리고 부정 접두어에 의해 형성되는 단어와 어기가 반의 관계에 있다고 논의하였다. 부정 접두어에 의해 생성된 단어는 그 어기에 대하여 부정 반의어가 된다고 하였는데, 이때 반의어로 인정되려면 의미는 다르나 그 문법적 기능이 같아야 한다고 보았다. 부정 접두사가 결합한 파생어와 그 어기의 명사 결합형을 보이고, 형용사와 동사로 문법 기능이 변화할 때에 그 결합형이 어떤 양상을 띠는가를 보였다.

---

2) 여기에서는 동일한 한자어이되 결합하는 어기의 음운적 조건에 따라 달리 나타나는 형태인 '부(不)'도 포함하였다.

3) 본고에서는 한자어 접두사 가운데 부정의 의미를 갖는 것들을 연구의 대상으로 삼고 있다. 본고의 연구 대상 외에도 부정의 의미를 나타내는 접두사로 '반(反)-'이 있다. 그런데 '반-'의 경우에는 통사적인 구성으로 쓰이는 경우가 많아 어휘적 성격을 강하게 띠는 '몰-', '무-', '미-', '불-', '비-' 등과는 상당한 차이를 갖는다. 따라서 본고에서는 '반-'은 본고의 연구 대상에서 제외하였다.

4) 지금까지 부정 접두사나 접두어와 관련하여서는 그 지위나 의미에 관한 논의가 주로 이루어져 왔다. 조현숙(1989)에서는 '무', '불', '비', '미'를 대상으로 하여, 이들과 결합하는 어기의 특성에 대하여 살피고, 각 접두어가 어떤 의미적 특성을 갖는지를 밝히고 있다. 노명희(1997)에서는 '몰(沒)', '무(無)', '미(未)', '불(不)', '비(非)'의 의미 특성에 대하여 논하고, 각각 결합할 수 있는 어기 및 생성된 복합어의 결합 관계에 대하여 논의하였다. 최호철(2001)에서는 '몰(沒)', '무(無)', '미(未)', '불(不)', '비(非)'의 의미와 그 분포, 결합 어기의 특성에 대하여 다루었다.

손남익(2006)에서는 '무(無)-'에 의해 생성되는 복합어와 그 어기의 관계를 고찰하였다. '무-'와 결합하는 어기를 그 음절 수에 따라 나누어 각각의 경우에 어기와 파생어의 관계를 살폈다. 이들 사이의 관계를 '무/유' 대립에 의해 반의어를 형성하는 경우와 '무/∅' 대립에 의해 반의어를 형성하는 경우, 그리고 반의어가 존재하지 않는 경우로 나누었다. 결국 손남익(2006)에서는 '무/유' 대립에 의한 단어의 쌍과 '무/∅' 대립에 의한 단어의 쌍을 모두 반의 관계에 있는 것으로 파악하는 것이다.

이처럼 파생어와 어기의 의미 관계에 대하여 다룬 경우에는 대체로 이들이 반의 관계에 있다는 입장을 취하고 있는데, 과연 반의 관계라고 할 수 있는지에 관한 본격적인 고찰은 이루어지지 않았다.5) 일반적으로 부정의 의미를 나타내는 접두사는 어기와 결합하여 어기에 반대되는 의미를 갖는 단어를 생산하는 것으로 생각될 수 있다. 그러나 접두사 '무-'의 결합으로 나타나는 '무주택'의 경우에는 그것이 부정 접두사에 의해 형성된 단어이지만 어기인 '주택'과 반의 관계에 있다고 말하기는 어렵다. 또 부정 접두사에 의해 형성되는 파생어와 어기의 의미 관계가, 모든 부정 접두사에 공통적이라고 말하기도 어렵다.

이에 본고에서는 생산성이 높은 부정 접두사에 의한 파생와 어기가 어떤 의미 관계를 갖는지, 특히 이들이 반의 관계에 있다고 할 수 있는지에 대하여 살필 것이다.

---

5) 이승명(1973ㄱ, ㄴ)에서는 부정과 반의를 구분해야 한다는 일련의 논의를 펼치고 있다. A가 B의 부정일 때 이들의 관계가 반의일 수도 있으나 그렇지 않은 경우도 존재한다는 것이다.

2. 부정과 반의

2.1. 부정의 정의 및 판별 기준

논리학에서 부정은 진리치를 바꾸는 것을 일컫는다. 따라서 부정 이전의 명제는 부정된 명제와 양립이 불가능한, 모순 관계에 있다. 이러한 내용은 문장이 갖는 부정의 의미를 다룰 때에도 동일하게 적용되었다. 서정수(1994)에서는 긍정문과 부정문의 관계를 논의하면서, 이들이 서로 모순 관계에 있다고 논의하였다. 박형우(2003)은 부정을 긍정과 모순의 관계를 보이는 의미 작용으로 정의하고, 명제 논리적 입장에서는 문장의 진리치를 바꾸는 기능을 갖는 것으로 보았다.

정리해 보자면 '부정'은 대체로 긍정과 모순의 관계에 있는 것으로 파악된다. 즉 부정 관계에 있는 '가다'와 '가지 않다'의 경우 서로 모순 관계에 있는 것으로 가거나, 가지 않는 상황이 동시에 발생하는 것은 불가능하다. 이는 일견 대표적인 반의 관계로 예시되는 '남자, 여자'의 관계와 동일하게 보인다. 어떤 사람이 남자가 아니면서 동시에 여자도 아닌 것은 불가능하기 때문이다. 그러나 '남자, 여자' 외에 반의 관계로 논의되는 '친절, 불친절'의 관계를 생각해 보면 다소 차이를 보임을 알 수 있다. 친절하지도, 불친절하지도 않은 성질을 동시에 갖는 사람이 존재하는 것은 가능하다. 이를 고려한다면 부정과 반의를 동일시하기는 어렵다. 부정이 모순의 성질을 갖는 것으로 볼 때, 반의 관계 가운데 서로 모순 관계가 성립하는 경우에는 이를 한 쪽이 다른 쪽의 부정이면서 동시에 반의 관계에 있는 것으로 볼 수 있다. 그러나 그 외의 경우에는 부정의 관계는 성립하지만 반의 관계가 성립한다고는 할 수 없다.

어기에 부정 접두사가 결합하여 생성된 파생어는 공통적으로 어기와 부정 관계를 맺고 있다. 그런데 그 가운데 일부는 부정이면서 동시에 반의 관계에 있을 수 있으나, 다른 일부는 반의 관계가 아니라 그저 부정 관계에 있을 것으로 추측할 수 있다. 그렇다면 어떤 경우에 어기와 파생어가 반의 관계라고 할 수 있는지, 반의의 정의 및 그 판정 기준에 대하여 알아보겠다.

2.2. 반의의 정의 및 판별 기준

반의, 또는 반의어 및 반의 관계의 정의에서 공통적으로 언급된 것은 의미적 공통점과 차이점이다. 남기심(1974)에서는 두 개의 단어가 모든 의미 자질을 공통적으로 갖고 다만 한 자질만이 상반될 때 이 두 단어는 서로 반의어라고 보았다. 심재기(1982ㄱ)은 반의어는 동질성과 이질성을 동시에 가지고 있어야 한다고 보았다. 이때 동질성의 조건으로는 동일 언어 사회 안에서 심리학적으로 동시 연상이 가능한 한 쌍의 단어, 즉 공존쌍이 있어야 하고 연상된 공존쌍은 논리적으로 동일한 유개념에 묶일 수 있어서 문제가 되는 한 쌍의 단어들은 동위 개념, 즉 같은 문법 범주를 가져야 한다는 것을 제시하였다. 그리고 이질성의 조건으로는 동위의 공존 쌍어들 상호 간에 교집합의 의미 영역이 발생하지 않아 의미적 배타성을 유지하여야 하고 의미적 배타성을 가장 명료하게 지정하는 것, 즉 대칭적 상반성을 가져야 한다고 보았다. 그리고 이에는 부정이나 결여의 요소도 포함될 수 있다는 점을 언급하였다. 성광수(1986)에서 역시 상반적 대립 관계가 되기 위해서는 동질성과 이질성을 함께 갖추고 있어야 한다고 보았다. 동질성을 갖기 위해서는 동일 어휘 범주에 속하여야 하고, 동일 의미 영역에 포함되어야 하며, 이질성을 갖기 위해서는 두 단어가 대조적인 배타성을 가져야 한다고 보았다.

이상에서 보았을 때, 반의 관계를 이루는 단어들은 동일한 범주 및 의미 영역에 속해야 하며, 의미적으로는 배타성을 가져야 하는 것으로 파악할 수 있다.6) 이는 곧 어떤 두 단어가 서로 반의 관계에 있는지를 판단하는 기준이 될 수 있다. 선행 연구들에 나타난 반의어의 판별 기준을 정리하여 제시한다.

첫째, 두 단어 A와 B가 동일한 어휘 범주와 동일한 의미 영역에 속하는 경우에 A와 B는 반의 관계일 수 있다.

둘째, 두 단어 A와 B는 다른 의미 자질은 모두 동일하고 한 가지 의미 자질에서 차이를 보이는 경우에 반의 관계가 된다. 바꾸어 말하면, 의미 자질에서 두 가지 이상의 차이를 보이는 경우 A와 B는 반의 관계일 수 없다.

셋째, 어떤 단어 A가 가지고 있는 의미의 자질이 B에 부재하는 경우에는 B를 A의 반의어로 볼 수 없다. 예를 들자면 '남자'와 '소녀'의 경우이다. '남자'에는 '소녀'에 포함된 [+연소] 자질이 없다. 따라서 '남자'와 '소녀'는 반의 관계에 있다고 할 수 없는 것이다.

이렇게 정리한 세 가지 기준에 더하여, 본고에서는 반의 관계를 결정짓는 기준을 두 가지 더 제시하도록 한다. 위에서 제시한 세 가지 기준으로는 반의 관계 판정에 있어서 이견이 존재할 수 있는 예들에

---

6) 본고에서는 반의 관계에 대하여 별다른 하위 분류 없이 논의를 진행하고 있으나, 실제로 반의 관계에 관한 연구 가운데 반의 관계의 하위 유형을 다룬 연구가 다수 존재하며, 이들이 모두 의견 일치를 보이고 있는 것은 아니다. 기존의 연구를 살펴보면 '있다, 없다'와 같이 상보적 관계를 이루는 유형은 모두 공통적으로 인정하고 있으며, '높다, 낮다' 등과 같이 정도성을 갖는 단어들이 이루는 정도적 반의 관계 역시 대부분의 연구에서 대체로 의견의 일치를 보이고 있다. 이 두 가지 유형 외에도 연구자에 따라 다양한 반의 관계의 유형이 설정되었다. 임지룡(1989), 전수태(1997) 등에서는 방향이나 위치에 의한 반의 관계를 두었고, 이승명(1978), 김주보(1989) 등에서는 친족 관계나 색상 등 다원 대립에 의한 반의 관계를 설정하였다. 전수태(1997), 손남익(2006) 등에서는 부정소 유무에 따른 반의 관계를 설정하고 있다. 그 밖에 이승명(1978)에서는 상황에 의하여 성립되는 반의 관계를 두었다.

관한 기준이다.

먼저 '의미'와 '무의미'의 관계를 고려해 보자. 학자에 따라 '의미'와 '무의미'를 반의 관계로 보는 시각이 존재한다(전수태 1992). 그런데 '무의미'에 대립되는 단어로 '유의미'가 있고 이들이 반의 관계에 있다고 보는 시각도 있다. 이때 '무의미'와 반의 관계를 맺는 것이 '유의미'와 '의미' 가운데 어느 쪽인지, 또는 양자가 모두 '무의미'의 반의어가 되는지에 관하여 잘라 말하기 어렵다. 게다가 '유의미'와 '의미'가 갖는 의미 차이가 확연하다는 점을 본다면 이들과 '의미'가 갖는 관계의 규정이 더 어려워진다.

'의미'와 '무의미', 그리고 '유의미'는 일견 한 단어가 다수의 단어와 반의 관계를 맺는 것으로 보이는 예이다. 이처럼 한 단어와 다수의 단어가 반의 관계를 맺는 예로 '위'와 '아래', 그리고 '밑'을 들 수 있다. '위'에 대하여 '아래'와 '밑'은 공간의 수직적 위치에 있어 반의 관계에 있다. 이러한 경우 한 단어인 '위'에 대하여 다수의 단어 '아래'와 '밑'이 반의 관계를 맺고 있다고 할 수 있을 것이다. 이때 '아래'와 '밑'은 하부 공간을 나타내는 유의어군에 속한다. 그리고 '위'에 대하여 동일한 의미 자질로 정의되는 반의 관계를 이룬다. '위'와 '아래', '위'와 '밑'을 변별하기 위하여 사용된 자질과 자질값이 동일하게 되므로, 이 두 관계에서 '아래'와 '밑'은 그 의미 자질과 자질값에 차이가 없는 것이다. 그렇다면 '아래'와 '밑'은 유의 관계를 이루어야 하며, 실제로 이들이 유의 관계를 이루고 있으므로 '위'와 '아래', '위'와 '밑'이 반의 관계에 있다는 설명은 타당하다고 할 것이다. 이러한 관계를 '의미'와 '유의미', '무의미'의 관계에 적용해 보면 '무의미'에 대하여 '유의미'와 '의미'는 동일한 의미 자질과 자질값을 가지고 반의어로 인식되는 듯하다. 그렇다면 '유의미'와 '의미'가 실제로 유의 관계에 있어야만 이들 사이에 반의 관계가 성립할 수 있을 것이다.7)

　이러한 내용은 다음과 같이 정리된다. 만약 동일한 의미 자질을 사용하여 정의된 반의 관계가 다(多)대 일, 혹은 일대 다 관계일 때 다수인 쪽은 그 다수의 단어들이 동일한 유의어군에 속해야 한다. 만약 A, B, C 가운데 A와 B, C가 반의 관계에 있다고 말하기 위해서는 B와 C가 동일한 의미 영역에 속해 있으며 유의어 관계에 있어야 한다. A와 B가 반의 관계이고 A와 C가 반의 관계에 있다면, B와 C도 유사한 특성으로 묶일 수 있어야 한다는 것으로, 결국 B와 C는 유의어군에 속하는 단어들이 되어야 한다는 것이다.

　다음으로, '뛰다'와 '뛰지 않다'의 관계를 생각해 볼 수 있다. '뛰지 않다'에는 '걷다, 달리다, 기다, 서다, 날다' 등 많은 개념의 단어들이 포함되는데, 이들은 정말로 뛰는 것이 아니라는 외에는 포함된 단어들을 규정할 수 있는 의미적 특성을 찾을 수가 없다. 이처럼 A에 대하여 B가 논리적으로 모순 관계에 있으나 B가 단순히 A의 여집합일 뿐 B를 규정할 의미적 특성이 없다면 이들을 반의 관계로 볼 수 없다. 즉, A와 B가 반의 관계일 때 B에 사실상 여러 개념을 나타내는 단어가 포함된다면, B에 포함되는 개념의 단어들은 A가 아니라는 특성 외에 이들을 규정할 수 있는 의미적 특성이 있어야 한다.

　지금까지 논의한 기준을 가지고 각 부정 접두사에 의한 파생어와 그 어기가 과연 반의 관계를 이루고 있는지에 대하여 살펴보기로 하겠다.

---

7) 실제로 '의미'와 '무의미', '유의미'의 관계는 본고에서 논의하고자 하는 내용 가운데 일부이다. 이에 관한 논의는 3장에서 하도록 하겠다.

3. '몰-', '무-', '미-', '불-', '비-'계 파생어와 어기의 의미 관계

본고에서 분석 대상으로 삼은 접두사들은 비교적 생산성이 높은 요소들로, 많은 수의 파생어를 생성할 수 있다. 그런데 이들 접두사에 의해 생성될 수 있는 모든 파생어가 화자들의 동의를 얻는다고 보기는 어렵다. 결국 어떤 한자어 어기와 접두사를 결합하여 단어를 만들어 내는 것은 가능하지만 그렇게 만들어 낸 단어가 실제로 쓰이는 단어인지를 확신하기 어려운 것이다. 따라서 본고에서는 어기와 파생어가 모두 사전에 등재되어 있으며, 실제 사용례가 발견되는 경우에 한하여 연구 대상으로 삼았다. 단어를 추출하는 데에 사용한 사전은 「표준국어대사전」이다. 모든 파생어의 용례에서, 그 어기가 1음절 한자어인 경우는 제외하였다. 1음절 한자어와 결합한 경우에도 접두사의 형태와 의미가 같다는 점에서 해당 접두사가 쓰인 것으로 생각될 수 있다. 그러나 1음절 한자어와 결합하여 2음절 한자어가 된 경우에는, 결합된 1음절 한자어가 명백히 자립적으로 쓰이지 않는 이상 분리하여 분석하는 데 곤란이 따른다. 그리고 해당 1음절 한자어가 과연 자립적으로 쓰이는지에 관해서도 검증하는 데에 어려움이 있으므로, 이러한 경우는 용례에서 제외하였다.[8]

3.1. 파생어와 어기의 의미 관계 판별 방안

본고의 연구 대상이 되는 단어들은 어기와 파생어 관계로, 어기에

---

[8] 2음절 이상의 한자어인 어기에서 핵심이 되는 한자만 남아 부정 접두사와 결합하는 경우가 있다. 이 때에는 남은 한자가 자립적으로 쓰이지 않는 경우가 많다. 또한 어기의 일부분이 생략되는 과정을 거치며 본래의 한자어의 의미와 차이를 갖게 되는 경우가 있을 수 있다. 따라서 파생어의 형성 과정에서 어기의 형태가 변화된 경우 연구 대상 목록에서 제외하였다.

접두사 '몰-, 무-, 미-, 불-, 비-'에 결합한 것이므로 어기 부분을 공유하고 있다. 1차적으로는 파생어와 어기가 갖는 의미 차이는 각 접두사가 갖는 의미 차이와 같을 것이라고 생각할 수 있다. 어기와 파생어가 반의 관계를 이루는지 판정하기 위해서는 접두사의 의미를 제외하고 어떤 의미적 차이가 나는지를 살펴보는 것이 반드시 필요하다. 어기와 파생어가 공유하고 있는 의미, 그리고 접두사의 의미 외에 일차적으로 변화 가능성이 있을 것으로 예상되는 것은 어기가 갖고 있는 상태성과 동작성의[9] 양상에 관한 것이다.

조현숙(1989), 노명희(1997) 등의 연구는 부정 접두사 가운데 '몰-', '무-'는 비상태성 어기와 결합하여 상태성을 추가한다거나, '무-'는 동작성을 가진 어기와 결합할 경우 동작성을 제거한다는 등의 논의를 하였다. 이러한 논의들은 어기가 갖는 중요한 의미적 특성으로 동작성과 상태성을 들고, 이러한 의미 특성이 파생어의 경우에는 어떻게 드러나는지 살핀 것이다. 그 결과 상태성, 혹은 동작성을 갖는 어기에 부정 접두사가 결합할 때, 파생어가 갖는 상태성이나 동작성의 특성은 어기가 가지고 있던 것과는 달라지는 양상을 보였다.[10]

---

9) Lyons(1977)에서는 존재론적 분류 방식에 의해 세계를 1차 실체, 2차 실체, 3차 실체로 구분하고 있다. 이때 1차 실체는 대체로 구체물이 포함된다. 2차 실체는 1차 실체의 존재 양식에 관한 것으로 사건과 상태로 구분된다. 그리고 3차 실체는 실체가 없는 추상적 개념들이 포함된다. 이러한 분류에 따르면 상태성이나 동작성을 갖는 것은 2차 실체인 사건과 상태만으로 파악될 수 있다. 그러나 최경봉(1996, 2001), 차준경(2004) 등 많은 연구에서 명사도 사건, 상태, 관계 등의 의미를 가질 수 있음이 지적되었다. 대체로 명사가 갖는 의미적 특성에 따라 1차 실체인 구체물의 존재 양식으로서 움직임이나 변화를 나타내는 경우 동작성을 갖는 것으로 보고, 구체물의 성질을 나타내는 경우 상태성을 갖는 것으로 보고 있다. 본고에서 사용한 동작성 및 상태성의 개념도 기본적으로 이와 동일하다.

10) 이러한 현상은 다수의 선행 연구에서 지적된 바와 같이 해당 접두사가 갖는 고유의 의미적 특성에서 기인한 것으로 보인다. 한자어 접두사의 경우에는 어휘적 의미를 강하게 지니고 있어 접두사가 가진 의미적 특성이 결합하는 어기의 의미적 특성에 제약을 갖게 되는 것은 자연스러운 일이라 할 수 있다.

또한 다수의 연구에서 어기의 '-하다' 파생형과 파생어의 '-하다' 파
생형의 품사가 다르다는 사실을 지적하고 있다(조현숙 1989, 전수태
1992, 노명회 1997 등). 예를 들어 '인식'에 '-하다'가 결합하는 경우 동
사가 되지만 '몰인식'에 '-하다'가 결합하는 경우에는 형용사가 된다.
이러한 논의는 일차적으로 어기와 파생어가 갖는 의미 차이에서 기인
한 것으로 생각해 볼 수 있다. 이로 미루어 보아 어기와 파생어가 갖
는 동작성과 상태성의 양상을 비교해 보는 것이 이들 사이의 의미 차
이를 알아보는 데에 유용하리라 생각할 수 있다. 물론 이는 어기와 파
생어가 보일 가능성이 있는 의미적 차이 가운데 한 가지 유형이다. 상
태성이나 동작성의 차이 외에도 어기와 파생어가 보일 수 있는 의미
적 차이는 얼마든지 있을 수 있다. 단 상태성과 동작성 여부를 선행
연구에서 명백한 의미적 차이로 제시한 것이므로 이를 이용하여 논의
의 출발점으로 삼는 데에 큰 무리는 없을 것으로 판단된다.11)

그리고 각각의 접두사는 결합 가능한 어기의 의미적 특성에서 차이
를 보인다. 결합 양상을 보면, '몰-'과 '무-'는 이른바 상태성이 없는 어
기들과 결합하는 양상을 보이며, '미-'는 상태성을 갖는 어기와 결합하
고, '비-'는 동작성이 없는 어기와 결합하는 양상을 보인다. 이러한 특
성은 접두사와 결합하는 어기를 의미적 특성에 따라 효과적으로 분류
할 수 있는 기준이 된다고 할 수 있을 것이다.

따라서 본고에서는 어기가 상태성과 동작성을 갖느냐 그렇지 않느
냐에 따라 상태성과 동작성을 모두 갖지 않는 [-상태성, -동작성]의 경
우와, 동작성은 없이 상태성만을 갖는 [+상태성, -동작성]의 경우, 상

---

11) 물론 어기와 파생어가 상태성이나 동작성 외에 다른 의미적 특성에서 차이를 보이는
것은 당연히 가능한 일이다. 본고에서는 상태성과 동작성을 논의의 출발이 되는 주요한
의미적 특성으로 삼은 것이지 어기와 파생어의 의미적 특성과 그 차이를 말해줄 대단히
결정적이며 유일한 의미적 특성으로 보는 것이 아니다. 따라서 어기와 파생어가 상태성
과 동작성 외에 다른 의미적 특성에서 차이를 나타낸다면 이에 관한 언급을 할 수 있다.

태성은 없이 동작성만을 갖는 [-상태성, +동작성]의 경우 등 모두 세 가지로 나누어 살펴볼 것이다.12)

어기와 파생어가 갖는 의미 관계에 관하여 논의하기 위해서는 어기가 갖는 의미 특성과, 파생어가 갖는 의미 특성이 어떻게 달라지는지를 보아야 한다. 본고에서는 어기를 상태성과 동작성의 유무를 기준으로 하여 나누었으므로, 가장 먼저 어기가 갖는 상태성이나 동작성의 양상이 파생어에서는 어떻게 달라졌는지 혹은 달라지지 않았는지를 살펴야 한다. 이를 위하여서는 어기나 파생어에 '-하다'를 결합시켜 용언으로 만들어 보는 것이 유용한 방법이 될 수 있다. '-하다'는 어휘적 의미는 갖지 않으며, 상태성이나 동작성을 갖는 어기에 결합하여 형용사나 동사를 만드는 기능을 갖는다.13) 따라서 '-하다' 결합형이 형용사가 된다면 어기에 상태성이, 동사가 된다면 어기에는 동작성이 있다고 할 수 있을 것이다. 결국 '-하다'가 결합한 형태가 어떤 범주를 형성하느냐를 근거로 어기가 갖는 의미적 특성에 대하여 말할 수 있을 것이다.14)

이제 이러한 구별 방법을 이용하여, 파생어와 어기의 관계가 2장에서 제시한 반의 관계에 해당하는지를 알아보기로 하겠다.

---

12) 상태성과 동작성을 동시에 갖는 [+상태성, +동작성]의 어기는 실제로 그 예를 찾을 수 없었다.

13) '하다'의 의미에 관해서는 여러 가지 의견이 존재한다. 크게는 '하다' 자체가 특유한 의미를 갖고 있는 입장과, '하다' 자체는 의미적 특질을 갖지 않는다는 의견, 그리고 환경에 따라 달라진다고 보는 의견 등으로 나눌 수 있다. 본고에서 다루고자 하는 것은 단어 형성 요소, 즉 접미사인 '-하다'로, 이때 '-하다'는 그 자체가 의미적 특질을 갖지 않는다는 입장을 취한다. 이러한 입장을 취하는 연구로는 서정수(1975), 심재기(1982ㄴ) 등이 있는데 '하다'가 갖는 의미는 '하다' 자체에서 유래한 것이 아니라 선행 요소의 의미적 특질에서 유래한 것으로 보고 있다.

3.2. 의미 관계 분석

3.2.1. '몰-'

'몰-'은 〈전혀 없다〉의 의미를 갖는 접두사이다. '몰-'과 어기의 결합 양상을 보면 [-상태성, -동작성] 어기나 [-상태성, +동작성] 어기와 결합하는 예는 존재하나, [+상태성, -동작성] 어기와 결합하는 예는 찾을 수 없었다. 따라서 [-상태성, -동작성] 어기 및 [-상태성, +동작성] 어기와 결합하는 경우를 각각 살펴보겠다.

3.2.1.1. [−상태성, −동작성] 어기와 결합하는 경우

상태성이나 동작성을 모두 갖지 않는 어기와 '몰-'이 결합하는 경우이다.

(1) ㄱ. 인정(人情)-몰인정　　ㄴ. 상식-몰상식
　　ㄷ. 취미-몰취미　　　　ㄹ. 염치-몰염치

---

14) 익명의 심사위원은 명사 어기에 '-하다'가 결합한 이후 접두사가 붙은 경우와 접두사와 명사 어기가 먼저 결합한 이후 '-하다'가 붙은 경우를 나누어 생각해 보아야 하며, 이들의 차이를 밝히는 것이 중요한 과제가 될 것임을 지적하였다. 이는 접두사에 의한 파생어 형성과 관련된 중요한 문제임에 틀림없다. '-하다'의 경우 이미 상태성이나 동작성을 가진 요소와 결합하는데, 본고의 논의 대상인 접두사들은 대체로 상태성이나 동작성을 갖는 어기와 결합한다. 따라서 '접두사+명사 어기'에 '-하다'가 결합하는 경우나 '명사 어기+하다'에 접두사가 결합하는 경우 모두 설명이 가능하여 용례들을 분류하기가 어렵다. 그러나 '불명예하다'와 같은 예를 보면 '명예하다'가 성립하지 않으므로, 이 경우 확실히 접두사와 명사 어기가 먼저 결합하고, 이후에 '-하다'가 붙은 것으로 볼 수 있다. 따라서 본고에서 다루고자 하는 예들은 접두사와 명사 어기가 먼저 결합하고 이후에 '-하다'가 결합한 것으로 보고 논의를 진행하였다. 다만 본고의 목적은 어기와 파생어의 의미 관계를 살피는 데에 있으므로 이와 관련된 자세한 논의는 뒤로 미룬다.

[-상태성, -동작성] 어기에 '몰-'이 결합하는 경우, 어기는 상태성이나 동작성이 없으므로 '-하다'와 결합이 불가능한 반면, 파생어의 경우 '-하다'와 결합이 가능하며 그 결과 형용사를 만든다. 예로 (1ㄱ)의 경우를 살펴보자. 이때 '몰인정'은 '-하다' 결합형인 '몰인정하다'가 존재하지만, '인정'의 경우에는 그렇지 않다. 어기인 '인정'은 자체가 동작성이나 상태성을 가지고 있지 않으므로 '-하다'가 결합할 수 없다. 반면 파생어인 '몰인정'의 경우에는 '-하다'와 결합이 가능하며, 이렇게 결합한 결과인 '몰인정하다'는 형용사이다. 즉 상태성을 갖는 것으로 볼 수 있다. 앞서 '-하다'는 의미적 특성을 갖지 않는다고 언급하였다. 따라서 '몰인정하다'에서 나타나는 상태성은 '-하다'에 의한 것이 아니며, '몰-'에 의한 파생어인 '몰인정'이 가지고 있는 것으로 보아야 한다. 어기는 갖고 있지 않은 상태성을 파생어가 갖고 있는 것으로 이는 [-상태성, -동작성] 어기를 취하는 다른 '몰-' 계 파생어에서도 마찬가지이다. 결국 어기는 상태성을 갖지 않으나 '몰-'에 의한 파생어는 상태성을 갖게 되는 것이다. 따라서 이들이 반의 관계에 있다고는 할 수 없을 것이다.

3.2.1.2. [-상태성, +동작성] 어기와 결합하는 경우
아래 (2)는 동작성을 가진 어기와 '몰-'에 의한 그 파생어의 예이다.

  (2) ㄱ. 이해-몰이해   ㄴ. 인식-몰인식
      ㄷ. 지각-몰지각

[-상태성, +동작성] 어기와 파생어의 경우에도 '-하다'와의 결합 양상을 살펴보아 의미 차이를 알아볼 수 있다. (2ㄱ)의 '이해'와 '몰이해'를 검토해 보자. 이때 '이해'와 '몰이해'에 '-하다'를 결합할 경우 생성되는

'이해하다'와 '몰이해하다'는 전자가 동사, 후자가 형용사로 범주가 달라진다. 즉 파생어는 어기와 달리 동작성을 갖게 되는 것이다. 따라서 '이해하다'와 '몰이해하다'는 반의 관계로 볼 수 없고, '이해'와 '몰이해' 역시 마찬가지라고 할 것이다. 그 외에도 '인식–몰인식', '지각–몰지각'의 관계도 마찬가지로 설명할 수 있다.

즉, 어기는 [-상태성, +동작성]을 갖는 반면, 파생어는 [+상태성, -동작성]을 갖는다. '몰-'이 갖는 의미 외에도 상태성과 동작성의 자질에서도 차이를 보이게 되는 것이다. 따라서 [-상태성, +동작성]의 어기와 '몰-'에 의한 파생어는 서로 반의 관계에 있다고 할 수 없다.

3.2.2. '무-'

'무-'는 〈없다〉의 의미를 갖는 접두사이다. '무-'와 결합하는 어기의 의미적 특성을 살펴보면, [+상태성, -동작성] 어기와 '무-'가 결합하는 예는 찾을 수 없었다. [-상태성, -동작성] 어기 및 [-상태성, +동작성] 어기와 결합하는 경우로 나누어 살펴보기로 한다.

3.2.2.1. [-상태성, -동작성] 어기와 결합하는 경우

'무-'에 의한 파생어와 어기의 관계를 보면 먼저 삼원 대립을 이루는 경우와, 이원 대립을 이루는 경우로 나뉘는 것을 알 수 있다. 전자는 '유의미–의미–무의미'에 해당하고, 후자는 '가치-무가치'에 해당한다. 먼저 '유의미–의미–무의미'와 같이 삼원 대립을 이루는 경우를 살펴보겠다.

삼원 대립을 이루는 경우는 부정 접두사와 의미적으로 대립 관계에 있는 접두사, 또는 접두어가 존재한다. '무-'의 경우에는 '유(有)-'에 의한 파생어가 어기와 파생어, 즉 '의미–무의미'의 관계를 반의 관계로 볼 수 없다는 것이 비교적 분명해 보인다. 아래는 '유의미-의미-무의미'와 같이 삼원 대립을 보이는 예이다.

    (3) ㄱ. 유의미-의미-무의미
        ㄴ. 유자격-자격-무자격

    (3)과 같은 예에서 '유-'에 의한 파생어가 있다는 사실만으로 어기와 '무-'에 의한 파생어가 반의 관계에 있지 않다고는 할 수 없다. 예를 들어 (3ㄱ)의 '의미'와 '무의미'의 경우, '무의미'는 '의미가 없다'는 뜻이므로 언뜻 어기에 '무-'가 갖는 의미만을 더한 것처럼 보일 수도 있다. 만약 그렇다면 '의미'와 '무의미'가 반의 관계일 가능성이 있다. 그런데 '무의미'와 '유의미'도 반의 관계로 파악된다는 데에 문제가 있다.

    이는 앞에서도 밝혔듯이 하나의 단어가 다수의 단어와 반의 관계를 맺는 예에 해당한다. 그리고 '유의미-의미-무의미'의 경우 '의미'와 '무의미'가 반의 관계일 경우에 '의미'와 '유의미'가 유의 관계에 있어야 하는데 실상 '유의미'와 '의미'가 유의 관계라고 하기 어렵다는 것까지 살펴보았다. 결국 '의미'와 '무의미', 또는 '유의미'와 '무의미'의 관계 중 적어도 하나는 서로 반의 관계가 아니라는 것이다.

    '유의미'와 '의미' 가운데 어떤 것이 '무의미'와 반의어인지 알아보기 위해 '유의미-의미-무의미'에 각기 '-하다'를 결합해 보겠다. '유의미'와 '무의미'는 유사한 양상을 보이지만 '의미'는 그렇지 않다는 것을 알 수 있다. 앞서 언급한 바와 같이 '-하다'는 어기를 용언으로 만드는 역할을 한다. 이때 '-하다'에는 어휘적 의미가 없으며 어기의 품사를 바꾸는 기능만을 한다. 따라서 '-하다'가 결합한 형태가 어휘적으로 갖는 의미에는 변화가 없어야 한다. '의미-무의미-유의미'의 경우에도, 이들에 각기 '-하다'가 결합하였을 경우 품사의 변화 외에 어휘적 의미 차이는 없다고 볼 수 있다. 따라서 '의미'와 '무의미'가 반의 관계에 있다면 '의미하다'와 '무의미하다' 역시 반의 관계에 있는 것으로 보아야 한다. 그런데 '의미하다'와 '무의미하다'는 품사도 각기 동사와 형용사로 차이가 나며, 그 의미 차이도 크다.15) 이를 고려한다면 '의미하다'와 '무의미하다'는 반의 관계로 보기 어렵고, '의미'와 '무의미' 역시 반의 관계라고 할 수 없다.

이처럼 삼원 대립을 이루는 경우는 어기와 파생어가 반의 관계를 이루는 것이 아니라, '유-'에 의한 파생어와 '무-'에 의한 파생어가 반의 관계에 있는 것이다. 이로 미루어 보면 '유의미-의미-무의미'가 실제로 모두 같은 자격을 지닌 단어가 아니며, '유의미'와 '무의미' 사이의 의미 관계를 살피는 것이 타당하다는 것이 분명해진다.

이제 [-상태성, -동작성] 어기에 '무-'가 결합하되, 이원 대립을 보이는 예를 살펴보겠다.

(4) ㄱ. 가치-무가치   ㄴ. 교양-무교양

    ㄷ. 원칙-무원칙   ㄹ. 자격-무자격

---

15) 동일한 문장에 '의미하다, 무의미하다, 유의미하다'만을 각기 달리한 검증이 가능하다. '무의미하다, 유의미하다' 양자가 자연스러운 문장에서 '의미하다'는 쓰일 수 없다.

　(1) ㄱ. 그 실험은 유의미한 결과를 냈다.
　　　ㄴ. 그 실험은 무의미한 결과를 냈다.
　　　ㄷ. *그 실험은 의미한 결과를 냈다.

　반면, '의미하다'가 자연스럽게 쓰이는 경우 이를 '무의미하다, 유의미하다'로 바꾸면 문장이 성립하지 않는다.

　(2) ㄱ. 이는 곧 죽음을 의미한다.
　　　ㄴ. *이는 곧 죽음을 유의미한다.
　　　ㄷ. *이는 곧 죽음을 무의미한다.

위의 예들은 어기에는 '-하다'가 결합할 수 없으나, 파생어에는 '-하다'가 결합하는 것이 가능하다. 이때 파생어들은 형용사를 형성하게 되는데, 따라서 '무-' 결합형에 상태성이 있다고 볼 수 있을 것이다. 이렇게 이원 대립을 보이는 경우에도 어기와 '무-'에 의한 파생어의 의미가, '없다'는 의미를 제외하고도 상태성의 유무에서 차이를 보이게 된다. 결국 (4)에서 제시한 예들도 어기와 '무-'에 의한 파생어가 서로 반의 관계에 있다고 할 수 없을 것이다.

이원 대립을 나타내는 예 가운데 지금까지 살펴본 것과는 다른 유형의 예가 존재한다. 이는 파생어에 '-하다'를 결합시키는 것이 불가능한 경우이다.

    (5) ㄱ. 이자–무이자   ㄴ. 종교–무종교
        ㄷ. 계급–무계급

이때 (5)의 예들은 동일한 의미 영역에 속하며, '-하다' 형과 결합할 수 없으므로 어기와 파생어가 모두 [-상태성, -동작성]을 갖는 것으로 보인다. 여기까지 검토한 결과로는 한 가지 의미적 차이만을 보이는 것이다. 이는 [-상태성, -동작성]의 어기와 결합한 '무-' 계열의 파생어와 어기가 전반적으로 반의 관계가 아니었던 것과는 대조적이라고 할 것이다. 지금까지의 논의에서 '무-' 계열의 파생어와 어기는 상태성에서 차이를 보였다. 어기는 상태성이나 동작성이 없는 구체적인 개체나 개념을 나타내는 반면 '무-'가 결합한 파생어는 그 개체나 개념이 있거나 없는 상태를 나타낸다는 것이다. 그런데 이러한 설명은 (5)의 예에도 동일하게 적용될 수 없다. 어기인 '이자, 임금' 등은 있거나 없는 상태를 나타내지 못하며 어떤 개념을 나타내므로 상태성이 없다. 파생어는 그 어기가 없는 상태를 나타내므로 상태성을 갖는다고 할 수 있을 것이다. 결국 (5)에서 제시된 유형 역시 어기와 파생어가 반의 관계를 이룬다고 할 수 없다.

3.2.2.2. [−상태성, +동작성] 어기와 결합하는 경우

앞서, [-상태성, -동작성] 어기와 '무-'에 의한 파생어는 '유'에 의한 파생어와 함께 삼원 대립을 이루는 경우와, '유'에 의한 파생어는 없이 이원 대립을 이루는 경우가 있음을 보았다. 이 절에서 살펴볼 [-상태성, +동작성]을 갖는 어기와 '무-'에 의한 파생어는 삼원 대립을 보이는 경우는 없었다.

(6) ㄱ. 경험−무경험   ㄴ. 차별−무차별
    ㄷ. 지각−무지각   ㄹ. 감동−무감동

(6)의 예들을 '-하다'를 결합시켜 보면 어기는 동사로, 파생어는 형용사로 다른 범주를 형성한다. (6ㄱ)의 경우 '경험'은 '경험하다'로 동사를, '무경험'은 '무경험하다'로 형용사를 만드는 것이다. 이는 '차별'과 '무차별', '지각'과 '무지각', '감동'과 '무감동' 등에서 모두 동일하게 나타난다. 따라서 어기인 '경험, 차별, 지각, 감동' 등에는 동작성이 있으며, '무경험, 무차별, 무지각, 무감동' 등에는 상태성이 있는 것으로 파악할 수 있다. 이처럼 어기와 그 파생어의 의미적 특성에서, 접두사의 의미인 〈없다〉를 제외하고도 차이를 보이므로 이들은 반의 관계를 이룬다고 할 수 없을 것이다.

3.2.3. '미-'

'미-'는 〈아직 않다〉의 의미를 가진 접두사로, 어기와의 결합에서 가장 제약적인 양상을 보인다. [-상태성, -동작성] 어기나 [+상태성, -동작성] 어기와는 결합하는 예를 찾을 수 없었다. [-상태성, +동작성] 어기와 결합하는 예를 (7)에 제시한다.

> (7) ㄱ. 완성-미완성　　　ㄴ. 지불-미지불
> 　　ㄷ. 해결-미해결　　　ㄹ. 발표-미발표

　이때 어기와 파생어는 상태성과 동작성 측면에서 [-상태성, +동작성]으로 모두 동일한 특성을 보인다. 이들은 모두 '-하다'와 결합이 가능하고, 그 결과 동사가 형성된다. 따라서 어기와 '미-'에 의한 파생어가 공통적으로 동작성을 갖는다. 그리고 어기와 파생어가 다대 일이나 일대 다 관계를 맺고 있지도 않다. 이렇게 본다면 [-상태성, +동작성] 어기와 '미-'가 결합하는 경우, 그 어기와 파생어가 반의 관계에 있다고도 할 수 있을 것이다.

　그런데 '미-'와 결합하는 어기의 다른 의미적 특성을 살펴보면 차이가 드러난다. '미-'와 결합하는 어기는 동작성 외에도 순간성을 지니고 있다.16) 즉 시간상 특정한 한 지점을 나타낸다는 것이다. 그런데 이러한 순간성을 지닌 어기에 '미-'가 결합하는 경우, 본래 어기가 갖고 있던 순간성이 제거되고 과정을 나타내게 된다.

　예를 들어 '완성'과 '미완성'의 경우, '완성'은 어떠한 일을 다 이룬 그

---

16) 조현숙(1989)에서는 '해결하다, 확인하다'의 동사가 동작 동사로, 순간성을 갖고 있다고 보았는데 동사는 동작성과 순간성을 가지고 있으나, 어기는 그렇지 않다고 언급하였다. 그러나 '발표, 완성, 해결' 등에 동작성이 없다고 하기는 어렵다고 본다. '-하다'에 특정한 의미가 없다는 본고의 입장에 의하면 어기 역시 동작성과 순간성을 갖는 것으로 보아야 할 것이다. 또 조현숙(1989)에서는 '미-'에 의한 파생어는 '-하다'와 결합하는 것이 불가능하며, '되다'와 결합하는 것만이 가능하다고 하였는데, 실제로는 이러한 형태들이 사전에도 등재되어 있고 용례도 발견된다. 따라서 '미X하다'가 불가능하다고는 할 수 없을 것이다.

시점을 나타낸다. 반면 '미완성'은 어떠한 일이 아직 덜 이루어진 것으로, 이는 특정한 시점을 나타내는 것이 아니다. 즉 '그림의 완성'이라고 한다면 완전히 다 그려진 그 순간을 나타내지만, '그림의 미완성'이라고 하였을 경우에는 그림이 반쯤 그려졌거나, 마무리만 남았다거나 또는 이제 막 스케치를 끝낸 시점까지 포함하게 된다. 결국 '미완성'은 어떤 일을 시작하여 끝내기 이전까지의 전 과정을 포함할 수 있고, 따라서 순간성이 제거된 것으로 파악할 수 있는 것이다. 이는 '완성'과 '미완성' 외에 위에서 예시한 '지불'과 '미지불' 등에서도 동등하게 적용된다.

따라서 [-상태성, +동작성] 어기와, '미-'에 의한 파생어는 서로 반의 관계로 볼 수 없을 것이다.17)

3.2.4. '불-'

'불-'은 〈않다〉의 의미를 갖는 접두사로, [-상태성, -동작성], [+상태성, -동작성], [+동작성, -상태성] 등 세 종류의 어기와 모두 결합할 수 있다.

3.2.4.1. [-상태성, -동작성] 어기와 결합하는 경우

[-상태성, -동작성] 어기와 '불-'과 결합하는 예는 아래 (8)과 같다.

---

17) 그리고 말뭉치 등의 용례에서 '기완성'이나 '기해결' 등의 용례가 소수 발견된다. 이는 '무-'에서와 같이 '미-' 역시 삼원 대립을 보이는 경우가 있을 수 있다는 것을 보여준다.

ㄱ. 납치문제가 기해결 사안이라는 기존 자세를 재차 강조했다. 〈한겨레 신문 2007년 3월 10일자〉
ㄴ. 본 발명은 유지방이 최소한 8중량% 이상이 아이스크림을 찹쌀로 기완성된 싸개로 싼 후 튀김옷을 입혀서… (김설문, 특허출원 초록, 출원번호 10-1996-0032873 (1996.08.07))

(8) ㄱ. 이익-불이익   ㄴ. 규칙-불규칙
     ㄷ. 명예-불명예

(8)의 예에서 파생어인 '불명예'나 '불규칙', '불이익' 등은 상태성을
갖는다. 이는 어기와 파생어에 각각 '-하다'를 결합시켜 보면 분명히
드러난다. 이때 어기인 '명예', '규칙', '이익'에는 '-하다'를 결합하는 것
이 불가능하다. 상태성이나 동작성을 갖고 있지 않기 때문이다. 그러
나 '불-'이 결합한 파생어에는 '-하다' 결합이 가능하며, 이때 '-하다' 결
합형은 형용사이다. '-하다'에 의미적 특성이 없다는 사실을 고려해 보
면, '불-'과 결합한 파생어에 상태성이 있다고 보는 것이 옳을 것이다.
결국 어기에는 상태성이 없으나 파생어에는 상태성이 포함되어 있으
므로, 한 가지 의미 자질에서 차이를 보이는 것이 아니라 최소한 두 가
지 의미 자질에서 차이를 보이게 되는 것이다. 따라서 [-상태성, -동작
성] 어기와 '불-'과 결합하는 파생어의 경우, 이들이 반의 관계에 있다
고 할 수 없을 것이다.18)

3.2.4.2. [+상태성, −동작성] 어기와 결합하는 경우
'불-'과 [+상태성, -동작성] 어기와 결합하는 예들을 살펴보기로 한다.

(9) ㄱ. 친절-불친절   ㄴ. 성실-불성실
     ㄷ. 투명-불투명

(9)는 상태성 어기에 '불-'이 결합하는 예를 보인 것이다. 이들은 '-
하다'와 결합할 경우 어기와 '불-'에 의한 파생어가 모두 형용사를 만든
다. 어기와 '불-'에 의한 파생어가 모두 상태성을 가지고 있다. 예를 들

---

18) 실상 (8)에서 제시한 예에서 '불-'은 〈않다〉라기 보다는 〈없다〉나 〈나쁘다〉에 가까운
   의미를 갖는다.

어 (9ㄱ)의 경우, '친절하다'과 '불친절하다'는 모두 형용사로, '-하다' 결합 이전의 '친절'과 '불친절'이 모두 상태성을 갖고 있다고 할 수 있다. 또한 어기와 파생어의 의미 자질에서 부정이냐 그렇지 않으냐로 한 가지 차이만을 보인다. 이처럼 본고에서 제시한 기준을 위배하지 않으므로, 이들은 반의 관계에 있다고 할 수 있다.19)

3.2.4.3. [−상태성, +동작성] 어기와 결합하는 경우

(10) ㄱ. 상정-불상정　　ㄴ. 채용-불채용
　　　ㄷ. 출마-불출마　　ㄹ. 복종-불복종

위에서 제시한 예는 모두 '-하다'와의 결합에서 모두 동사를 형성하게 되어 동작성을 보인다. 그리고 의미 자질에서 두 가지 이상의 차이를 보이지도 않는다. 여기에서 살펴보아야 할 것은 어기와 파생어의 관계가 단순 여집합 관계인지에 관한 것이다.

앞서 '가다'와 '가지 않다'의 관계는 의미적 특성으로 규정할 수 없는 단순한 여집합 관계이며 이러한 경우에는 양자가 반의 관계라 할 수 없다고 논의하였다. '가지 않다'에 '오다, 서다' 등 실제로 서로 다른 개념의 단어들이 포함된다. 그리고 이들을 하나로 규정할 수 있는 의미 자질이 존재하지 않는다. 따라서 '가다'와 '가지 않다'는 반의 관계라 할 수 없다고 본 것이다. 이와 유사하게 '상정'과 '불상정'의 경우 '불상정'에 여러 개념을 나타내는 단어가 포함될 수 있다. '불상정'에는 안건의 폐기, 보류 등 다양한 개념이 포함되는데 이들을 규정할 수 있는

---

19) '친절'과 '불친절' 사이에는 친절하지도 불친절하지도 않은 중간항이 존재한다. 이때 '불친절'에 이 중간항이 포함되지 않으므로 '친절'과 '불친절'의 경우 '불친절'이 '친절'의 여집합이 아니다.

공통된 의미적 특성을 제시할 수 없다. 이는 (10)에서 제시된 예에서 모두 공통적이다. 따라서 이들이 반의 관계를 형성하지 않는 것이다.

어기가 [-상태성, +동작성]을 갖는다는 점에서는 동등하나, (10)과는 다소 다른 유형으로 보이는 예들이 존재한다. 아래 (11)과 같은 예들이 그에 해당한다.

    (11) ㄱ. 일치-불일치   ㄴ. 성공-불성공

(11)의 '불일치'와 '불성공'은 사실상 일치하지 않는 모든 경우와, 성공하지 못한 모든 경우를 나타낸다. 그런데 이들은 일치하지 않는다거나, 성공하지 못했다는 외에는 그 모든 경우를 특정지을 수 있는 의미적 공통성을 찾을 수 없다. '일치'의 부정은 반드시 완전히 어긋나는 상황만을 나타내지 않는다. 이때 '일치'와 같은 어기는 정도성이 있는 어기로 볼 수 있다. 결국 '일치'와 '불일치' 외에 (11)과 같은 부류의 예는 반의 관계에 있다고 할 수 없을 것이다.[20)]

3.2.5. '비-'

'비-'는 〈아니다〉의 의미를 갖는 접두사로, [+상태성, -동작성] 어기와는 '비-'가 결합하는 예를 찾을 수 없었다. [-상태성, -동작성] 어기

---

20) 앞서 [+상태성, -동작성]의 어기와 '불-'이 결합한 경우, 그 파생어는 어기에 대하여 정도 반의어를 형성한다고 논의하였다. 그러나 [-상태성, +동작성] 어기와 결합하는 경우에는 반의 관계를 형성하지 않는다고 보았는데, 이는 양자가 확연한 차이를 보이기 때문이다. 양자가 정도성을 갖는다는 점에서는 동일하지만, 전자는 어기와 파생어의 관계가 여집합 관계가 아니다. 즉, 친절하지 않은 것이 모두 불친절한 것은 아니라는 것이다. 그러나 후자는 여집합 관계로, 일치하지 않는 것은 모두 불일치하게 된다. 따라서 전자는 본고의 기준을 위배하지 않으므로 반의 관계로 볼 수 있으나, 후자는 반의 관계라고 할 수 없는 것이다.

및 [-상태성, +동작성] 어기와 결합하는 예를 각기 살펴보기로 한다.

3.2.5.1. [−상태성, −동작성] 어기와 결합하는 경우

먼저 [-상태성, -동작성] 어기와 '비-'가 결합하는 용례들을 살펴보자.

(12) ㄱ. 금속−비금속　　　ㄴ. 교인−비교인21)
　　　ㄷ. 단백질−비단백질

(12)에서 보는 바와 같이 [-상태성, -동작성] 어기와 '비-'가 결합하는 경우 파생어는 여전히 [-상태성, -동작성]을 띤다. 또한 상태성이나 동작성 외에 어기가 본래 갖고 있는 의미를 변화시키거나, 다른 의미를 더하는 것으로도 볼 수 없다.

'비금속'은 금속이 아닌 물질을 통틀어 말하며, '비교인'은 어떤 종교를 기준으로 그 종교를 믿지 않는 이들을 나타낸다. '비금속'에는 플라스틱과 나무와 유리, 수증기 등이 모두 포함되고, 불교를 믿는 교인의 입장에서 '비교인'은 기독교도와 이슬람교도, 힌두교도 등의 타 종교인 외에 무교인까지가 포함된다. '비단백질'은 단백질이 아닌 물질을 나타내므로 만약 범위를 영양소만으로 한정한다고 해도 무기질이며 지방, 탄수화물 등이 포함된다. 이처럼 '비-'에 의한 파생어에 실제로는 많은 단어들이 포함되는데, 이들이 각기 어기가 지시하는 것이 아니라는 사실 외에는 어떤 의미적 특성으로 규정을 할 수가 없다. 예를 들어 '비금속'에 속하는 플라스틱이나 나무, 유리, 수증기는 금속이 아니라는 사실 외에 이들을 하나로 묶을 수 있는 의미적 특성이 없다는

---

21) 비-교인(非敎人) [비: —] 「명」 특정한 종교를 믿지 않는 사람. ¶최씨 부인의 총지휘 아래 매일같이 주야로 교인과 비교인을 가리지 않고 가정 방문을 한다, 가두선전을 한다 하면서 맹렬한 활동을 하였다.≪채만식, 돼지≫ §

것이다. 이는 '비교인'이나 '비단백질' 등의 경우에도 마찬가지이다. '비교인'에 포함되는 종교인과 비종교인이 그러하고, '비단백질'에 포함되는 지방과 탄수화물 역시 그러하다. 따라서 [-상태성, -동작성] 어기와 '비-'에 의한 파생어는 반의 관계에 있다고 할 수 없다.

3.2.5.2. [−상태성, +동작성] 어기와 결합하는 경우

[-상태성, +동작성] 어기에 '비-'가 결합하는 경우의 예를 제시하면 (13)과 같다.

  (13) ㄱ. 과세−비과세   ㄴ. 공개−비공개
       ㄷ. 무장−비무장   ㄹ. 보호−비보호

(13)은 본고에서 제시한 반의어 판정 기준을 위배하지 않는다. '비-'가 갖는 부정의 특성 외에 다른 의미에서 차이가 나지 않는다. '-하다'를 결합한 결과는 모두 동사로,[22] 공통적으로 동작성을 갖는다.[23] 파생어에 있는 자질이 어기에는 부재하지도 않는다. 그런데 '비-' 계열의 파생어들에는 다른 개념의 단어가 다수 포함될 수 있다. 결국 '비-' 계열의 파생어는 그에 포함되는 개념을 의미적 특성으로 규정하기 어려운 단순 여집합 관계에 해당한다. 그것이 가장 분명하게 보이는 예는 (13ㄹ)의 '보호'와 '비보호'이다. '비보호'는 위험한 상황에 처하도록

---

22) '비무장'의 경우 [표준국어대사전]에서는 '비무장하다'를 싣고 있지 않다. 그런데 실제 용례에서는 '비무장한 민간인' 등과 같은 형태로 여럿이 발견된다. 따라서 사전에 나타나지 않았다 하더라도, '비무장'에 '-하다'가 결합하는 것이 가능한 것으로 보고 논의를 진행하였다.

23) 전수태(1992)에서는 '비공개'에 '-하다'가 결합할 수 없다고 보았으며, 나아가 '비-'가 개재한 동사형은 존재하지 않는다고 보았다. 그러나 '비공개하다, 비과세하다' 등의 경우에는 사전에 등재되어 있고, 용례도 발견되므로 가능한 형태로 보아야 할 것이다.

만드는 것, 단순히 방치하는 것 등 여러 상황이 포함된다. 양상은 다소 다르지만 (13ㄱ~ㄷ)의 예도 유사한 방식으로 설명된다.24) 따라서 '비-'가 동작성이 있는 어기와 결합할 경우 파생어와 어기가 반의 관계를 이루지 않는다.

　지금까지 각 접두사별로, 어기의 의미 특성에 따라 나누어 살펴보았다. 분석 결과를 보면 '몰-'과 '무-'는 상태성이 없는 어기와 결합하며, 파생어는 어기에 없는 상태성을 갖게 된다. '미-'는 동작성과 순간성을 갖는 어기와 결합하며 파생어는 어기가 갖는 순간성을 갖지 못한다. 따라서 '몰-, 무-, 미-'의 경우는 어기와 파생어가 반의 관계를 이루지 않았다. '불-'의 경우 상태성을 갖는 어기의 일부와 결합할 경우 그 어기와 파생어가 반의 관계를 이룬다. '비-'의 경우에는 상태성이나 동작성을 갖는 어기와 결합하였는데, 어기와 파생어가 반의 관계를 이루지 않았다.25) 이상의 내용을 표로 정리하여 나타내면 아래와 같다.

---

24) 지금까지는 어기와 파생어 가운데 파생어가 어기에 대하여 단순히 여집합을 이루는 경우, 즉 그 안에 포함되는 개념을 의미적 특성으로 규정하기 어려운 경우가 대부분이었다. 그러나 '비-' 계열 파생어 중에는 그 반대가 되는 경우가 있다. '공개'와 '비공개'가 그러하다. '비공개'는 완전히 폐쇄적으로 어떤 것이 닫혀 있는 상태인 반면, '공개'는 완전히 열려 있거나 일부만 열려 있는 것이 포함되기 때문이다.

25) 이 결과를 놓고 보면 본고에서 인정한 반의 관계는 이른바 정도성이 있는 요소에 의한 반의 관계에 해당한다. 이는 본고에서 반의 관계를 정도성이 있는 경우에만 한정하여 살피고 있어서는 아니다. 앞서 지적한 바와 같이 본고에서 연구 대상으로 삼은 접두사들이 대체로 동작성이나 상태성이 있는 어기와 결합하는 경향을 가지고 있으며, 검토 결과 상태성이 있는 어기와 결합하는 '불-'의 경우에만 제한적으로 반의 관계를 형성하고 있기 때문인 것이다. 또한 본고에서는 이들이 반의 관계를 형성하는지 여부를 밝히는 데에 주된 목적이 있으므로, 이들이 반의 관계 가운데에 어떤 유형에 속하는지에 대해서는 구체적으로 논의하지 않았다.

접두사 어기	몰-	무-	미-	불-	비-
[-상태성, -동작성]	×	×		×	
[+상태성, -동작성]				○	×
[-상태성, +동작성]	×	×	×	×	×

표1. 접두사별 어기와 파생어 반의 관계 성립 여부26)

　지금까지 논의한 바에 따르면 부정 접두사가 결합하여 형성된 파생어의 대부분은 그 어기와 반의 관계를 이루지 않았다. 이들은 다만 양립 불가능한 부정 관계만을 이루고 있다. 반의 관계를 형성하지 않는 어기와 접사의 관계는 문장 의미 차원에서 긍정문과 부정문의 관계와 같이 단어 차원에서도 긍정어와 부정어의 관계로 파악할 수 있다. 결국 이들의 관계는 반의 관계가 아닌 부정 관계로 보아야 할 것이며, 각각의 파생어는 어기에 대하여 있는 단어는 부정어로27) 불러야 할 것이다.

4. 결론

　'몰-, 무-, 미-, 불-, 비-'계의 파생어는 접두사에 의해 부정의 의미를 갖게 되므로, 파생어와 어기가 반의 관계를 이루고 있을 것이라고 예

---

26) 음영 처리된 부분은 접두사가 그러한 의미 특성을 갖는 어기와는 결합하지 않는다는 뜻이다. 'ㅇ'는 그러한 어기와, 접두사가 결합한 파생어가 반의 관계를 이룬다는 것이고, '×'는 어기와 파생어가 반의 관계를 이루지 않는다는 것이다.

27) 박유정(1998)에서 '부정어'라는 용어를 사용하였다. 이때 부정어는 어떤 단어가 한 단어에 대하여 반의 관계를 맺지 못하고 단순히 부정의 의미만을 갖는 것을 가리킨다.

상할 수 있다. 이러한 예상은 부정과 반의를 동일한 것이나, 최소한 유사한 것으로 볼 때 가능한 것이다. 그러나 부정과 반의가 일부 겹치는 부분이 있을 수는 있으나, 양자가 동일하다거나 유사한 것으로는 볼 수 없다. 따라서 '몰-, 무-, 미-, 불-, 비-'계의 파생어가 어기에 대하여 반드시 반의어가 된다거나, 혹은 반드시 반의어가 아니라고 할 수는 없을 것이다.

본고에서는 반의 관계를 판정하기 위한 기준을 다섯 가지로 제시하고, 이 기준에 따라 어기와 파생어가 반의 관계에 있는지를 논의하였다. 이때 〈없다〉는 의미를 공유하는 '몰-', '무-'계 파생어는 대체로 어기의 반의어가 아니라 부정어가 되었다. '미-'는 동작성이 있는 어기와 결합하였고, 이때 역시 파생어는 어기의 반의어가 될 수 없으며 부정어가 된다. '불-'계 파생어는 상태성 어기와 결합할 때 제한적으로 반의어가 되었으며, '비-'는 어기와 파생어가 반의 관계를 이루지 않았고 부정 관계를 이루었다. 이로 미루어 보면 '몰-, 무-, 미-, 불-, 비-' 등 부정소라고 할 수 있는 접두사들이 결합하여 형성된 파생어가 반드시 어기와 반의 관계를 이룬다고 할 수 없다. 그리고 동시에 이들 어기와 파생어가 어떤 경우에도 반의 관계를 이루지 않는다고도 할 수 없다. 접두사에 의해 또는 다른 부정소에 의해 부정의 의미가 더해졌을 때, 단어 의미의 면밀한 검토 없이 그것이 어기의 반의어인지 아닌지에 관하여 규정하는 것은 위험한 일이 될 것이다.

참고문헌

김주보. 1989. 「국어 의미 대립어 연구」. 성균관대 석사학위논문.
남기심. 1974. "반대어고." 「국어학」(국어학회) 2. 133-139.
노명희. 1997. "한자어 형태론." 「국어학」(국어학회) 29. 309-339.
박유정. 1998. "한국어 상대어의 한 고찰." 「동악어문논집」(동국대학교 국어국문학과) 23. 105-154.
박형우. 2003. "부정문의 유형 분류." 「청람어문교육」(청람어문교육학회) 26. 375-405.
서정수. 1975. 「동사 '하-'의 문법」 대구: 형설출판사.
서정수. 1994. 「국어 문법」 서울: 뿌리깊은나무.
성광수. 1986. "동의성과 반의성의 한계." 「사대논집」(고려대 사범대) 11. 157-174.
손남익. 2006. "국어 반의어의 존재양상: '무-' 접두어를 중심으로." 「한국어 의미학」(한국어 의미학회) 19. 65-83.
심재기. 1982ㄱ. "반의어의 존재 양상." 「국어학」(국어학회) 3. 135-149.
심재기. 1982ㄴ. 「국어 어휘론」 서울: 집문당.
이광호. 1994. "한자어 접두사의 문법·의미적 기능." 「문학과 언어」(문학과 언어연구회) 15. 27-46.
이승명. 1973ㄱ. "국어 상대어론(I): 개념 정립을 위한 서설." 「어문논총」(경북어문학회) 8. 87-93.
이승명. 1973ㄴ. "국어 상대어고." 「국어국문학」(국어국문학회) 61. 94-96.
이승명. 1978. "국어 상대어의 구조적 양상." 「어문학」(한국어문학회) 37. 163-173.
임지룡. 1992. 「국어 의미론」. 서울: 탑출판사.
전수태. 1992. "부정 반의어 연구." 「어문논집」(민족어문학회) 31. 341-370.
전수태. 1997. 「국어 반의어의 의미 구조」 서울: 박이정.
조현숙. 1989. "부정접두어 '무, 불, 미, 비'의 성격과 용법." 「관악어문연구」 14. 231-252.
차준경. 2004. 「국어 명사 다의 현상의 체계성 연구」. 고려대 박사학위논문.
최경봉. 1996. "명사의 의미 분류에 대하여." 「한국어학」(한국어학회) 4. 11-45.
최경봉. 2001. "지식기반 구축을 위한 어휘의 의미 분류." 「담화와 인지」(담화인지학회) 4-2. 275-303.
최호철. 2001. "현대 국어 부정소 '몰(沒), 무(無), 미(未), 불(不), 비(非)'의 의미 분석." 「21세기 국어학의 과제」. 서울: 월인. 1033-1059.
Lyons, J. 1977. Semantics I, II, Cambridge: Cambridge Unversity Press.

'본말/준말'류에 대한 재고
- 사전의 어휘 관계 기술을 위하여

도원영·김의수·김숙정

1. 머리말

어휘 간의 관계를 맺는 말 중에는 형태상 관련이 있는 동의어들이 존재하는데, 그 대표적인 예가 본말과 준말이다. 그간 형태론적 입장에서 준말의 형성 과정에 초점을 둔 논의가 많았고 사전학적 입장에서 표제어 간의 어휘 관계를 밝히기 위한 접근도 있었다.

그러나 이러한 연구 성과 안에서도 충분히 다루어지지 않은 문제가 '본말/준말'류1)에 남아 있다. 조어론적 연구는 신어 생성의 측면을 다룬 논의여서 이미 존재하는 표현들 간의 관계의 다양성을 충분히 포착하지 못한 점이 있다.2) 그러다 보니 이미 존재하는 단어 간

---

1) 본고에서 연구 대상을 '본말/준말'류라고 한 것은, 그간의 논의에서 '본말/준말'로 다루어 온 것과 그와 관련된 몇 가지 유형을 아울러 표현한 용어이다.

2) 이 논문에서는 사전에 등재되어 있는 표제어를 대상으로 논의를 진행한다. 단순 나열어(국내·국외→국내외/ 유럽·아시아→유라시아) 등과 같이 줄기 이전 형태가 어휘화 강도가 낮은, 즉 사전 표제어의 지위를 가지지 못하는 경우 논의에서 제외하였다.

의 관계를 기술하는 사전 편찬 작업에 그간의 연구 결과가 충분히 반영되지 못하였다. 또한 형태상 관련이 있는 동의 관계어 중에는 '본말에서 준말로' 바뀐다고 볼 수 없는 예들이 존재한다는 점에 주목하지 못했다.

이 논문에서는 통상적으로 '본말/준말'로 설명되어 왔던 다양한 예들과, '본말/준말'과 유사한 특징을 가지고 있음에도 그간의 논의에서 다루어지지 않았던 부류들을 모아 유형을 분류하고, 각 유형이 주요 사전에서 어떻게 처리되었는지 살펴 문제점을 지적하고 그 대안을 제시하는 데 목적이 있다. 그런 과정에서 그간 '본말'과 '준말', '원어'와 '약어' 또는 '동의어' 등으로 다루어진 것들이 특성별로 묶여 '긴말/짧은말'이라는 상위 범주 안에서 설명될 수 있음을 보일 것이다.

2. '본말 / 준말'에 대한 앞선 논의

이 장에서는 '본말/준말'류에 대한 앞선 논의를 살펴보고 그 한계를 짚어 보고자 한다. 본말/준말에 대한 선행 연구는 조어론적 논의와 사전학적 논의로 나뉜다.

조어론적 논의를 살펴보면 준말이 조어법상 어떤 위치에 있는지, 이들을 어떻게 정의해야 하는지에 초점을 두고 있다. 먼저 준말의 조어법상의 위치를 살핀 논의로는 안상철(1998), 백영석(2002), 이재현(2005) 등이 있다. 조어법은 파생법과 합성법의 이분법이 가장 널리 알려져 있는데, 백영석(2002)에서는 이분법을 유지한 채 합성법의 하나로 '준말'을 포함하였다. 또한 안상철(1998)에서는 합성법과 파생법 외에 '전형적인 단어 형성법에서 벗어난 조어 방식'이라 하여 '기타'를 설정하고 여기에 준말을 두었다. 이와 달리 이재현(2005)는 조어법을 합성법과 파생법으로 나누지 않고 '확대의 방법'과 '축소의 방법' 둘로 나눈 뒤, '축소의 방법'에 준말을 포함하였다.3)

한편, 준말은 '준말' 이외에도 다양한 용어들로 불리고 정의되어 왔다. 준말 관련 용어로는 '약어(약어형), 가위질말(절단어), 뒤섞임말(혼성어), 융합어4)' 등이 있다. 약어는 우민섭(1974), 이석주(1988), 김영석·이상억(1992)에서 논의한 바 있다. 우민섭(1974: 69)에서는 약어를 말을 간단하게 하거나 발음을 편하게 하고 속도를 빠르게 하기 위하여 음이나 음절을 줄인 말로 정의하였다. 준말이라는 용어는 송철의(1993), 정희창(2005)5), 이재현(2005)에서 다룬 바 있다. 송철의(1993: 47)에서는 단어나 혹은 하나의 기식군으로 묶일 수 있는 구에

---

3) 조어법상에서 준말의 위치에 대한 기존 연구를 정리하면 다음과 같다.

  ㄱ. 백영석(2002): 합성법 내의 비전형적 조어 방식('변형적 합성법')

    a. 파생법: 접두 파생, 접미 파생

    b. 합성법: 전형적 합성법(통사적 합성법, 비통사적 합성법)

        비전형적 합성법(혼성법, 축약법)

  ㄴ. 안상철(1998): 전형적인 단어 형성법에서 벗어난 별도의 조어 방식

    a. 파생법

    b. 합성법

    c. 기타(생산성이 약한 것): 축약, 축약 합성, 어두음 합성, 역형성

  ㄷ. 이재현(2005)

    a. 확대의 방법: 파생법 / 합성법

    b. 축소의 방법=축소법: 준말 단어 형성

        (준말 미형성)

4) 융합어의 경우, 어떤 형식이 줄어들어 새 형식이 만들어진다는 점에서 함께 언급되곤 하였다. 그러나 줄기 이전 형태의 의미와 준 이후의 형태의 의미가 달라지기 때문에, 동의를 전제로 하는 준말/본말로 보기는 어렵다. 융합어(융합형)를 다룬 논의로는 안명철(1990), 이승재(1992), 이지양(1993) 등이 있다. 다음은 이지양(1993)에 제시된 융합어의 정의이다.

연결형에서 완전한 단어(full word)에 음절수 줄이기가 일어나 의존 요소로 재구조화되는 현상(이지양, 1993:15)

5) 정희창(2004)에서는 '본말/준말'류의 다양한 유형들을 제시하고 특징과 제약을 구체적으로 설명하였다.

서 인접한 두 음절이 의미 변화를 초래하지 않으면서 한 음절로 줄어들어 형성된 언어 형식이라고 하면서 단, 본말도 표면 음성형으로 실현될 수 있어야 한다고 보았다. 김석득(1992), 김영석(1998)에서는 가위질말(절단어, clipping)에 대해 살폈는데, 김석득(1992: 315)에서는 이은말이나 합성어에서 첫 부분, 때로는 가운데 부분, 흔히는 끝 부분을 잘라 내어 만드는 말로 보았다. '뒤섞임말(혼성어, blending)'은 임지룡(1992), 홍순성(1993), 박동근(2007)에서 음성적, 의미적으로 관련된 두 언어 형식의 일부가 결합되어 이루어진 새 어휘소로 다루고 있다.6)

　정리하자면 '본말/준말'이나 '원어/약어'라는 용어는 줄기 전의 말과 준 후의 말에 대한 포괄적 용어로 보았음을 알 수 있다. 반면 가위질말이나 뒤섞임말 등은 줄기 전의 말과 준 후의 말 간의 관계 중에 특정한 형성 과정에 주목하여 그 일부만 가리키는 용어로 쓰였다고 하겠다. 요약하자면 '준말'이나 '약어'가 준 후의 말을 아우르는 상위어로 쓰이고 그 아래 '가위질말'나 '뒤섞임말' 등이 하위 유형을 가리키는 용어로 쓰이고 있음을 알 수 있다.

　사전학적 입장에서 '본말/준말'류를 다룬 연구로는 이희자(1997)와 도원영(2000)이 있다. 이희자(1997: 27-28, 31, 33-35)에서는 '준말'과 '준 꼴', '줄인 꼴'로 나누어 어휘적 특성에 따라 달리 처리해야 함을 주장하였다. 준말은 '좀(〈조금)'이나 '균(〈세균)'처럼 하나의 단어에서 준 경우를, 준 꼴은 '나는/난'처럼 서로 다른 범주에 속하는 형태들이 하나의 형태로 줄어든 경우를, 줄인 꼴은 '여자 상업 고등학교/여상'

---

6) 임지룡(1992: 186)에서는 X(ab)와 Y(cd)의 조합인 ac, ad, bc, bd의 네 경우 모두를 혼성어라고 할 수 있겠지만, ac형을 머리글자말(acronym)이라 하고, 이에 대응되는 bd형을 꼬리글자말이라고 하면 엄격히 말해서 ad, bc 형을 혼성어라고 한다고 지적하였다. 홍순성(1993:7)에서도 이와 같은 견해를 제시하고 있다. 반면 박동근(2007)에서는 네 경우 모두를 뒤섞임말로 보았다.

처럼 단어 결합체에서 일부로 전체를 대신하는 경우라고 하였다. 다만 '줄인 꼴'은 두 말을 모두 단어로 보지 않았다는 점에서 기존 논의와 다르다.7)·8)

도원영(2003: 102-104)에서는 본말과 준말은 음운론적으로 축약된 단어와 축약되기 이전 단어 사이의 관계를, 원어와 약어는 둘 이상의 단어가 비음운론적으로 줄어서 하나의 어구로 되었을 때 줄기 전의 말과 준 말 사이의 관계를 지시하는 용어로 구분하였다. 음운론적 설명의 유무를 기준으로 삼은 것이다.9)

앞에서 언급한 기존 논의의 한계를 정리하면 다음과 같다.

첫째, 그간의 연구는 줄기 전의 말, 즉 본말의 어휘적 지위에 대한 관심이 적었다. 조어론적 연구의 공통적인 관심이 준말이 본말과 별개인 하나의 새로운 단어라는 데 있었고 그러다 보니 줄기 전의 말에 대해 크게 관심을 두지 못한 것이다. 그러나 본말과 준말에 해당하는 어휘를 살펴보면 줄기 전의 말이 다양한 지위를 가지고 있음을 알 수 있다. 다음 예처럼 단일어나 복합어와 같은 단어도 있고 구도 있다.

---

7) 특히 두 표현의 사용역을 글말과 입말로 분리하여 제시하였으나, 동의하기 어렵다. 물론 줄인 꼴은 글말보다는 입말에 더 자주 쓰이는 경향이 있으나, 줄인 꼴의 사용이 입말에 제약된다고 볼 정도로 배타적이지는 않기 때문이다. 또한 '여상'과 같은 줄인 꼴을 단어로 보지 않았는데, 국어사전에서도 대개 명사로 처리하고 있다.

8) 이희자(1999)에서는 '가전(〈가정용 전기〉', '농수산(〈농업과 수산업〉'을 '줄여서 만든 말'이라고 하여 '형성소'라는 용어를 사용하고 있다. 그러나 '줄여서 만든 말'이 '줄인 꼴'과 크게 다르다고 볼 수 없다. 줄어든 형태가 자립성이 있는지를 기준으로 삼고 있는데, '줄여서 만든 말에 전혀 자립성이 없다고는 볼 수 없기 때문이다. 원래 한자로 이루어진 구에서 줄었기 때문에 의미적 완결성도 그대로 가지고 있다. 「표준」에는 '가전'과 '농수산'이 '가전제품', '농수산업'과 동의 관계에 있는 명사로 기술되어 있기도 하다.

9) 송철의(1993)에서도 음운론적인 설명이 가능한 것만 준본 관계로 처리하였다.

(1)ㄱ. 사이/새, 다이아몬드/다이아

ㄴ. 고조부/고조, 시중판매/시판

ㄷ. 국제 연합/국련, 사법 시험/사시

ㄹ. 유럽 아시아/유라시아, 코리언 잉글리쉬/콩글리쉬

(1ㄱ)은 단일어, (1ㄴ)은 복합어, (1ㄷ)과 (1ㄹ)은 구이다. 둘 사이에 이루어지는 본말과 준말의 관계는 각각이 모두 어휘로서의 지위를 가져야 한다. 그렇다면 (1ㄹ)과 같이 단순 나열구나 수식구는 어휘적 단위로 볼 수 없으므로 본말/준말 관계에서 제외되어야 한다.

둘째, 기존 연구에서는 본말에서 준말, 원어에서 약어로 주는, 일방향 선후 관계에 집중하였기 때문에 그렇게 보기 어려운 관계에 대해 주목하지 못했다. 준말은 본말의 형식을 변형시켜 만드는 것이라고 보기 때문이다. 특히 이재현(2005)에서는 '축소의 방법'이라 하여 방향을 고정하고 있는데, 항상 축소의 방법으로 형성되는 것은 아니다. 본말에서 줄어들어 준말이 되었다고 할 수 없는, 즉 방향성이 본말에서 준말로 고정된 것이라고 할 수 없는 예가 상당수 있기 때문이다.

(2) ㄱ. 가상공간(假想空間)/가공간(假空間)

ㄴ. 견직물(絹織物)/견직(絹織)/견물(絹物)

ㄷ. 돈지갑(-紙匣)/지갑(紙匣)

(2ㄱ)의 '가상공간'과 '가공간'은 기본적으로 동의 관계에 있으면서 일부 음절이 떨어져 나가 본말과 준말로 보이는 예이다. 그러나 이 두 어휘가 그러한 축소의 방법으로 생성된 것이라고 보기 어렵다. 왜냐하면 '가상공간'은 '가상+공간'이라는 합성법으로, '가공간'은 '가-+공

간'이라는 파생법으로 도출되었다고 볼 수 있기 때문이다. 공시적으로 이들의 조어 과정은 전형적인 조어 과정을 거쳤다고도 축소와 같은 비전형적인 조어 과정을 거쳤다고 볼 수 있다. 따라서 이들을 본말과 준말의 관계로 보는 것은 적절하지 않다.

(2ㄴ)의 '견직물'과 '견물', '견직'도 마찬가지이다. '견물'과 '견직'을 '견직물'에서 음절이 떨어져 생성된 준말로 볼 수 있으나 각각 '絹'과 '物', '絹'과 '織'으로 구성된 한자어로 생성된 단어로 볼 수도 있다.

위와 달리 (2ㄷ)은 '지갑'이라는 말에 '돈'이 결합하여 나중에 '돈지갑'이라는 말이 탄생한 경우이다. 「표준국어대사전」에서는 '지갑'을 '돈지갑'의 본말로 처리하고 있다. 두 단어가 동의 관계에 있지만, 선후 관계가 일반적인 예들과 다르다는 점을 앞선 연구에서 다루지 못했다.

셋째, 본말과 준말이 일대일 대응 관계가 아닌 경우들이 존재함에 주목하지 못했다. 줄기 전의 말이 여러 개가 있어 준 후의 말이 어떤 말에서 줄었는지 결정하기 어려운 경우가 있다. 또한 하나의 단어나 구에서 둘 이상의 준말이 나오는 경우도 나타난다. 뿐만 아니라 셋 이상의 단어가 본말과 준말의 관계를 맺는 예들이 나타난다. 아래 예를 보자.

(3)ㄱ. 회갑연, 환갑연/갑연
    ㄴ. 갓양태/갓양/양태/양

(3ㄱ)에서 '갑연'이 '회갑연'에서 줄어든 말인지 '환갑연'에서 줄어든 말인지 결정하기 어렵다. (3ㄴ)에서도 본말이 무엇이고 준말이 무엇인지에 대해 단언하기는 어렵다. 일대다 대응 관계를 맺고 있기 때문이다.10)

넷째, 기존 논의에서 '본말/준말'류를 종합적이면서도 체계적으로 하위분류를 하지 못했음을 알 수 있다. 이재현(2005)에서 지적하였듯이, 기존에 제시된 본말이나 준말 등의 용어가 추상적, 포괄적이어서 음운 규칙에 의해 설명될 수 있는 것과 그렇지 않은 것, 공시적으로 같은 의미를 가지는 것과 그렇지 못한 것들이 뒤섞여 있기도 하다. 뿐만 아니라 위에서 살펴본 것처럼 방향성을 고정하기 어려운 예, 본말이 복수인 경우, 여러 단계로 줄어 복잡하게 얽혀 있는 경우 등을 고려하지 못하였다.

다음 장에서는 그간에 다루지 못했던 예들을 포함하여, 기존 논의를 바탕으로 새로운 유형 분류를 시도한다.

3. '본말 / 준말'의 유형 분류

'준말/본말'에 대한 전형적인 예를 제시하라고 할 때, 가장 먼저 떠오르는 것은 '사이/새'와 같은 것이다. '새'는 '사이'로부터 모음 축약에 의한 음절 재구조화를 겪어 만들어진다. 이것이 단일 형태소 내부의 예라면 '보이다/뵈다'는 '보-'와 '-이-'라는 상이한 두 개의 형태소 사이에서 모음 축약이 일어난 예이다. 이러한 모음 축약 외에 모음 탈락도 음절 재구조화를 유발하는데 여기에 속하는 것으로 '노을/놀', '고려하다/고렇다'가 있다. 전자는 하나의 형태소 내부에서, 후자는 두 개의 형태소 경계에서 모음 탈락이 일어나는 예이다. 이상 논의한 모음의 축약과 탈락에 의한 음절 재구조화는 음운론적인 과정으로 볼 수 있다. 이를 정리하면 다음과 같다.

---

10) 이에 대한 예시와 해결안은 4장 참조.

(4) 음운론적 설명이 가능한 경우

    ㄱ. 제1유형: 모음 축약에 의해 음절 재구조화가 일어나는 경우

        a. 형태소 내부에서: 사이/새, 오이/외

        b. 형태소 경계에서: 보이다/뵈다

    ㄴ. 제2유형: 모음 탈락에 의해 음절 재구조화가 일어나는 경우

        a. 형태소 내부에서: 노을/놀, 가지다/갖다

        b. 형태소 경계에서: 고려하다/고렇다

   다음으로 살펴볼 예들은 공히 음운론적 설명이 불가능하다는 점에서 (4)와 다르다. 먼저 살펴볼 예는, 음절 탈락을 겪지만 음절 재구조화가 발생하지 않는다는 점에서 (4), 그 중에서도 특히 제2유형과 구별된다. '가마니'에서 '니'라는 음절 1개가 탈락하면 '가마'가 되고 '다이아몬드'에서 '몬드'라는 두 개 음절이 탈락하여 '다이아'가 되기도 한다. 모두 단일어 내부에서 발생한 것이다. 탈락을 경험한 '니'나 '몬드'는 자체적으로는 아무런 의미가 없다. 물론 탈락하는 부분이 독자적인 의미를 가지는 경우도 있다. 여기에는 '각도(角度)/각(角)'과 '검정고시(檢定考試)/검정(檢定)'이 있다. 두 가지 모두 합성어의 예인데, 합성어의 일부가 떨어져 나가도 복합어의 의미가 유지되는 경우이다. 이때 탈락을 겪는 '도(度)'나 '고시(考試)'는 모두 의미를 지닌 것들이다. 이상의 논의를 정리하면 다음과 같다.

(5) 음운론적 설명이 불가능한 경우

    ㄱ. 제3유형: 의미가 없는 음절(들)이 탈락하는 경우

        예: 가마니/가마, 다이아몬드/다이아

    ㄴ. 제4유형: 의미가 있는 단위(들)이 탈락하는 경우

        예: 각도(角度)/각(角), 검정고시(檢定考試)/검정(檢定)

(4)~(5) 즉, 제1유형에서 제4유형까지가 형식의 감소에 의한 것이라면, 이제 살펴볼 것은 형식의 증가에 의한 경우이다. 여기에는 '지갑(紙匣)/돈지갑(-紙匣)'과 같은 예가 있다. '지갑'은 '그 안에 돈 따위를 넣기 위해 만든 물건'을 뜻하므로 이미 '돈'을 그 의미에 내포하고 있다. 그럼에도 불구하고 그 앞에 '돈'이라는 말을 얹어 '돈지갑'이라는 말을 쓰고 있다. 그 선후 관계는 '지갑 → 돈지갑'이며 이는 '처가(妻家) → 처갓집'과 같은 맥락에 있다. 이를 제5유형이라고 불러 보자.

한편, 제1유형에서 제5유형까지는 그 선후 관계가 비교적 분명하다. 그러나 그렇지 못한 경우들이 다수 존재하는데 이를 제6유형이라고 하자. 여기에 속하는 것에는 '가상공간(假想空間)/가공간(假空間)' 따위가 있는데, '가상공간'은 합성어 구성('가상 + 공간')인 반면 '가공간'은 파생어 구성('가- + 공간')인지라 그 둘 간에 무엇이 줄거나 늘어서 다른 무엇이 되었다고 말하기 힘들다. 그러나 그 둘은 의미가 같고 형태적 연관성도 분명히 가지고 있다.

그러면 이제 전체를 조감하기 위해 지금껏 논의한 유형들과 그 분류 기준을 모아 제시해 본다.

선후 관계 분명	형식 감소	음운론적 설명 가능	제1유형
			제2유형
		음운론적 설명 불가능11)	제3유형
			제4유형
	형식 증가		제5유형
선후 관계 불분명			제6유형

표1. 유형별 속성 분류

11) 물론 '형식 증가'의 경우나 '선후 관계 불분명'의 경우에도 음운론적 설명이 불가능하기는 마찬가지이다.

우선 선후 관계를 분명히 알 수 있는가 없는가가 제일 큰 기준이다. 전자는 다시 형식의 증가와 감소로 분할된다. 형식 감소의 경우는 음운론적인 설명의 가능성 여부로 세분할 수 있다.

제1유형과 제2유형은 여섯 가지 유형 중에서 관계를 맺는 두 말 사이가 가장 밀접하여 사실상 '본말/준말'의 개념에 가장 적합하다. 제3유형과 제4유형은 앞의 두 유형들과 달리, 관련된 두 말 사이에 음운론적인 설명이 개입될 수 없는 등 두 말 간의 밀접한 정도가 상대적으로 덜하다. 그러나 이들 역시 선후 관계가 분명하고 형식이 감소한다는 차원에서 파악이 가능하다. 이는 '원어/약어'라는 용어로 포착해 줄 수 있다(도원영 2003: 102-104).

문제는 제5유형과 제6유형이다. 먼저 제5유형은 선후 관계가 분명하다는 점에서는 앞의 유형들과 비슷하지만, 형식의 감소가 아닌 증가이므로 큰 차이가 있다. 여기에 '본말/준말'의 개념은 전혀 불가능하고 '원어/약어' 또한 그것이 형식의 감소 차원에서 주로 쓰인 용어라는 점에서 적합하다고 할 수 없다. 제6유형은 선후 관계로 파악할 수 없다는 점에서 애초부터 다른 유형들과 차이가 난다.

이들 두 부류가 '본말/준말'이나 '원어/약어'라는 개념을 거부한다면, 이들 각각을 위해 두 개의 새로운 어휘 관계 개념을 만들어 줄 수도 있고, 아니면 이들을 본 논의에서 제외해 버릴 수도 있다. 그러나 두 가지 방안은 모두 다 극단적이다. 이 시점에서 우리는 제1유형으로부터 제6유형에 이르기까지 이들이 공유하는 본질적인 특성이 무엇인가에 주목할 필요가 있다.

여섯 가지 유형은, 그 어떤 기준으로 세세하게 분류되기 이전에, 공히 의미의 동일성과 형태적 상관성을 가지고 있다는 점을 분명히 깨달아야 한다. 가령, 형식 감소에 의한 '가마니/가마'나 형식 증가에 의한 '지갑/돈지갑'은 짧은 형태가 긴 형태에 모두 남김없이 포함된다. 제6유형인 '가상공간(假想空間)/가공간(假空間)'에서도 후자가 전자에 완전히 포괄됨을 볼 수 있다. 즉, 제1유형으로부터 제6유형까지의 모든 경우에 공통적인 것은 긴 형태가 짧은 형태를 자신의 일부로 삼는다는 점이다. 이를 형식화하여 전자를 '긴말'12)로, 후자를 '짧은말'로 부른다면 여섯 가지 유형 모두는 사실상 '긴말/짧은말'의 관계에 있다.

제1유형에서 제4유형까지는 더 작고 복잡한 특질들을 가지며 그런 이유로 제5, 제6의 유형들과 차별화된다. 반면 나머지 두 유형은 다른 유형들과 묶이기 힘들 정도로 독립적인 성격이 강하다. 그러나 그럼에도 불구하고 여전히 이들이 앞의 네 유형과 한통속을 이룬다고 여겨지는 이유는 그들 역시 '긴말/짧은말'의 어휘 관계라는 점에서는 같기 때문이다. 이에 우리는 제5유형과 제6유형을 '긴말/짧은말'이라고 부르기로 한다. 즉, '긴말/짧은말'은 광의로는 제1유형에서 제6유형까지를 포괄하는 것이지만, 협의로는 제5유형과 제6유형만을 가리키는 것이 된다.13) 이제 이를 [표2]에 통합하여 정리하면 다음과 같다.

---

12) 본고에서 새로 제시하는 용어 '긴말'은 학술용어로서, 이미 사전에 '길게 말을 늘어놓는 행위나 그 말 자체'라는 뜻으로 사용하는 일상어 '긴말'과는 무관하다.

13) 이와 같은 개념 및 용어 사용은 다른 경우에서도 관찰할 수 있다. 예컨대, 통사론에서 '독립절'과 '비독립절'이 있는데 전자는 '문장'으로 후자는 '절'로 불린다. 이때 '절'은 '문장'과 '절'을 아우르는 상위 개념으로도 쓰이고 '문장'에 대비되는 것으로서의 하위 개념으로서도 쓰인다. 이러한 메타언어 외에도 자연언어에서 가령, 영어의 'man'이 '남자'를 뜻하는 동시에 '사람'을 뜻하는 것으로 쓰이는 사례를 볼 수 있다. 전자는 'man'이 가진 협의이고 후자는 그것의 광의이다.

선후 관계 분명	형식 감소	음운론적 설명 가능	제1유형	본말/준말
			제2유형	
		음운론적 설명 불가능	제3유형	원어/약어
			제4유형	
	형식 증가		제5유형	(협의의)
선후 관계 불분명			제6유형	긴말/짧은말

표2. '(광의의) 긴말/짧은말'의 하위 유형

위의 도식은 '긴말/짧은말'이라는 개념 및 용어가 광의와 협의로 모두 쓰일 수 있으며, 협의의 '긴말/짧은말'이 '본말/준말'이나 '원어/약어'와 어떠한 시차특성을 지니는지를 보여준다. 이들 세 가지 유형 모두를 아우르는 광의의 '긴말/짧은말'이 가지는 요건을 정리하면 다음과 같다.

(6) '긴말/짧은말(광의)'이 되기 위한 요건

　　가. 두 어휘는 동의 관계에 있고,

　　나. 음절 수에서 차이를 보이며,

　　다. 한 어휘가 다른 어휘에 형태적으로 완전히 포함되어야 한다.

이제 다시, 이해를 돕기 위해, 조건 (6)을 만족시키는 어휘 쌍들이 [표2]에 의거하여 어떻게 하위분류되는지 그 과정을 쉽게 설명해 보면 다음과 같다.

(7) (6)을 만족하는 두 어휘 간의 관계에 대해

　　가. 음운론적으로 설명할 수 있으면 　⇒ '본말/준말'

　　나. 음운론적으로 설명할 수 없지만, 선후 관계가 분명하며,

> 긴 형에서 짧은 형으로 줄어든 것이면 ⇒ '원어/약어'
>
> 다. 음운론적으로 설명할 수 없지만, 선후 관계가 분명하며,
>
> 짧은 형에서 긴 형으로 늘어난 것이면
>
> ⇒ '긴말/짧은말'
>
> 라. 음운론적으로 설명할 수 없고, 선후 관계도 불분명한 것이면
>
> ⇒ '긴말/짧은말'

다음에서는 이러한 개념과 유형 분류가 구체적인 사전 기술에서 어떻게 유용하게 쓰일 수 있는지를 기존 사전의 검토와 함께 논의하기로 한다.

4. 사전에서의 처리

'본말/준말'류에 속하는 단어들을 음운론적 설명 가능성이나 선후 관계 등을 고려하여 세 가지로 나누어 보았다. 세 가지로 분류하여 처리하는 방식이 어떠한 장점을 가지는지 기존 사전의 처리 방식과 비교하여 살펴보기로 하자. 기존 사전에서 '본말/준말'류는 '본말/준말 관계'나 '동의 관계'로 다루어졌다. 또는 두 단어의 관계 정보를 아예 주지 않는 사전도 있다. 우선 각 사전의 처리 방식을 정리하면 다음과 같다.

			「표준」	「금성」	「우리」	「연세」
선후 관계 분명	형식 감소	음운론적 설명 가능	준본, (동의)	준본, (동의, 관계 정보 없음)	준본, (동의)	준본, 관계 정보 없음
		음운론적 설명 불가능	동의, ~를 줄여 이르는 말	준본	준본(동의, 관계 정보 없음)	준본 (관계 정보 없음)
	형식 증가		준본, 동의	준본, 동의, 관계 정보 없음	준본, 관계 정보 없음	관계 정보 없음
선후 관계 불분명			동의, (준본, 관계 정보 업음)	준본, (동의, 관계 정보 없음)	준본, (동의, 관계 정보 없음)	14)

표3. '본말/준말'류의 사전별 처리 방식

기존 처리의 첫 번째 문제점은 형식이 증가한 경우나, 선후 관계가 불분명한 경우에 대한 고려가 부족하다는 것이다. 이에 해당되는 단어로는 '지갑/돈지갑', '견직물/견물' 등이 있다. 전자는 형식 증가에 속하는 예이고, 후자는 선후 관계 불분명에 속하는 예이다. 기존 사전에서 위 단어는 다음과 같이 '준본 관계'나 '동의 관계'로 처리되거나 관계 정보가 주어지지 않기도 하였다.

	지갑/돈지갑	견직물/견물
「표준」	준본	동의
「금성」	동의	준본
「우리」	정보 없음	준본

표4. '지갑/돈지갑'과 '견직물/견물'의 사전별 처리 방식

14) 동일한 유형의 단어들이 여러 가지 서로 다른 방식으로 처리되었을 경우, 부수적인 처리 방식은 괄호로 묶어 구분하였다. 빈 칸은 해당 예를 찾지 못하였다는 뜻이다.

위 단어들은 긴 형식에서 짧은 형식으로의 변화하였다고 볼 수 없기 때문에 '본말/준말'이나 '원어/약어'와 같이 방향성을 가진 용어는 부담이 된다. 또한 '동의'로 처리하면 형태적 관련성을 나타낼 수 없기 때문에 역시 부족함이 느껴진다. 본고의 처리 방식에 따르면 위 단어들은 '긴말/짧은말'에 속한다. '긴말/짧은말'은 변화 방향이 중립적이며, 두 단어가 형태적으로 관련되어 있다는 것을 보여줄 수 있는 용어이므로, 형식이 증가하거나, 선후 관계가 불분명한 경우에 사용하기에 적합하다. '긴말/짧은말'로 단어의 관계 정보를 정리하면 다음과 같다.

    (8)ㄱ. 지갑: 〈긴〉돈지갑.

       ㄱ′. 돈지갑: 〈짧〉지갑.

       ㄴ. 견직물: 〈짧〉견물, 견직.

       ㄴ′. 견물: 〈긴〉견직물. 〈유〉견직.

두 번째로 지적할 것은 세 개 이상이 단어들이 맺은 관계에 대한 처리가 미흡하다는 것이다. '본말/준말'은 대체로 두 단어의 관계일 때가 많다. 하지만 실제 사전을 살펴보면 셋 이상의 단어들이 관계를 맺고 있는 것이 적지 않게 발견된다.

    (9)ㄱ. 아무려면/아무렴/암

       ㄴ. 나사/나사못 · 나사정

       ㄷ. 갓양태/갓양 · 양태/양

다음은 기존 사전에서 '아무려면/아무렴/암'의 관계 정보만을 모은 것이다.

	아무려면	아무렴	암
「표준」	'아무렴'의 본말.	말할 나위 없이 그렇다는 뜻으로, 상대편의 말에 강한 긍정을 보일 때 하는 말. ≒암02.	=아무렴.
「연세」	설마한들. 평판이 아주 나빠져도.	'말할 것도 없이 그렇다', '물론'의 뜻을 나타냄.	'아무렴'의 준말. 물론.
「우리」	말할 것 없이 그렇다는 뜻. 〈준〉아무렴. 암05.	'아무려면'의 준말.	'아무려면'의 준말.
「금성」	말할 것도 없이 그렇다는 뜻. 「준」 아무렴·암.	'아무려면'의 준말.	'아무려면'의 준말.

표5. '아무려면/아무렴/암'의 사전별 처리 방식

　네 사전의 처리 방식은 제각각이다. 「표준」의 경우 '아무려면/아무렴'은 준본 관계로, '아무렴/암'은 동의 관계로 처리되어 있으나,15) '아무려면/암'의 관계 정보는 명시되어 있지 않다. 「연세」의 경우 '아무렴/암'은 준본 관계로 처리되어 있으나, '아무려면/아무렴', '아무려면/암'의 관계 정보는 확인할 수 없다. 「금성」과 「우리」는 '아무려면/아무렴', '아무려면/암'을 준본 관계로 처리하였으나 '아무렴/암'의 관계 정보는 확인할 수 없다. 세 단어의 관계가 모두 명시된 사전이 없다는 것이다.

　하지만 어떤 단어를 기준으로 하든 다른 두 단어에 대한 관계가 설명되어야 한다. '아무려면/아무렴/암'은 모두 음운론적으로 설명할 수 있는 '본말/준말'에 속하는 단어 쌍이므로 다음과 같이 정리해 볼 수 있다.

---

15) 앞서 지적하였듯이, '동의 관계' 표시로는 형태적 관련성을 나타낼 수 없다.

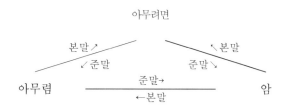

그림1. '아무려면/아무렴/암'의 상관성

위 그림에서 볼 수 있듯이, '아무려면'은 '아무렴'의 본말이면서 동시에 '암'의 본말일 수 있다. 단어를 음절수로 배열하여, '아무려면'이 줄어 '아무렴'이 되고, 다시 '아무렴'이 줄어 '암'이 되는 것으로 처리하는 것이 이상적인 것처럼 느껴질 수도 있다. 하지만 그 순서로 줄어들었다는 확신을 줄 만한 증거는 찾기 어렵다. '본말/준말'류의 관계 정보가 일대일로 주어져야만 하는 필연적인 이유가 없다는 것이다. 위 단어들의 관계 정보는 다음과 같이 줄 수 있다.

(10) 아무려면: 〈준〉아무렴, 암.

아무렴: 〈본〉아무려면. 〈준〉암.

암: 〈본〉아무려면, 아무렴.

'나사/나사못·나사정'은 셋 이상의 단어가 형식 증가로 연결된 예이다. 다음 표에서 볼 수 있듯이 「표준」은 세 단어를 모두 동의 관계로 처리하였고, 「우리」와 「금성」은 '나사'와 '나사못'은 준본 관계로, '나사못'과 '나사정'은 동의 관계로 처리하였다.

	나사(螺絲)	나사못(螺絲−)	나사정(螺絲丁)
「표준」	=나사못.	=나사, 나사정.	=나사못
「우리」	'나사못'의 준말.	〈준〉나사. 〈동〉나사정.	=나사못
「금성」	'나사못'의 준말.	〈준〉나사. 〈동〉나사정.	=나사못

표6. '나사/나사못/나사정'의 사전별 처리 방식

여러 번 지적하였듯이 '동의 관계'는 이 단어들의 형태적 관련성을
나타내 주지 못한다. 또한 '나사'에 이미 '나사정'이나 '나사못'의 의미
가 들어 있기 때문에 본말에서 준말로의 방향성을 전제하고 있는 용
어 '본말/준말'도 사용하기 곤란하다. 게다가 「우리」와 「금성」의 경우
'나사정'과 '나사'의 관계는 설명해 주지 않고 있어, 세 단어의 관계 정
보에 미흡한 점이 발견된다. '나사/나사못 · 나사정' 역시 '긴말/짧은
말'로 처리할 수 있다. '나사/나사정 · 나사못'의 관계를 그림으로 정리
하면 다음과 같다.[16)]

그림2. '나사/나사못 · 나사정'의 상관성

---

16) '갓양태/갓양 · 양태/양'과 같이 네 단어가 복합적인 관계를 맺고 있는 경우도 있다.

세 번째 문제점은 '긴말/짧은말'의 하위 유형에 대한 변별된 처리가 미흡하다는 것이다. 「표준」의 경우 대체로, 음운론적으로 설명이 가능한 '준말/본말'류는 '준본 관계'로 처리하고, 그렇지 않은 경우 '동의 관계'로 처리하였다. 그런데 구 표제어와 단어 표제어에 정보를 주는 방식이 달라, 사전 이용자가 잘못 이해할 수도 있는 부분이 발견된다.

> (11)ㄱ. 단어 표제어
> 임진왜란: 몡 【역사】 ≒왜란②임란01·임진란.
> 임진란: 몡 【역사】 =임진왜란.
> 왜란: 몡 ② 【역사】 =임진왜란.
> 임란01: 몡 【역사】 =임진왜란.
> ㄴ. 구 표제어
> 국제 연합: 【정치】 ≒유엔.
> 국련: 몡 【정치】 '국제 연합'을 줄여 이르는 말.

'임진왜란/임진란·임란·왜란'과 '국제 연합/국련'은 전자는 본말이 단어이고, 후자는 본말이 구라는 차이만 있을 뿐, 나머지 특징은 동일하다. 전자와 후자 모두 선후 관계가 분명하고, 본말에서 준말로의 형식 감소를 보이고 있으며, 두 단어의 관계를 음운론적으로 설명할 수 없다. 그러나 본말이 단어일 때에는 '동의 관계'로 처리된 반면에, 본말이 구일 때에는 준말에 '~를 줄여 이르는 말'이라고 풀이되어 있어 마치 '준본 관계'로 처리된 것처럼 오해될 여지가 있다.

위 표를 보면, 「연세」도 형식이 감소하는가 그렇지 않은가를 기준으로 하위 유형을 분류한 것처럼 보인다. 하지만 표제어의 수가 적어 준본 관계를 맺는 둘 이상의 단어가 동시에 등재되지 않은 경우가 많아, 어떤 처리가 일반적인지 단언할 수 없다. 「우리」나 「금성」의 경우에는 하위 유형 변별 없이 모두 '본말/준말'로 처리하였다. 이렇게 처리할 경우 앞서 여러 번 지적하였듯이 방향성을 가진 용어 '준말'을 사용하는 부담을 감수해야 한다.

마지막으로 언급하고 싶은 것은 각 사전 내의 처리에 일관성이 부족하다는 것이다. 단어 간의 관계 정보는 사전에서 선택적으로 부여할 수 있기 때문에 사전마다 서로 다른 처리 방식을 가지고 있다는 것은 문제가 되지 않는다. 하지만 처리 방식에 일관성이 부족하다면 문제가 된다. [표2]를 보면 동일한 유형 속에 여러 가지 처리 방식이 혼재되어 있어 관계 정보 처리의 일관성이 부족하다는 것을 확인할 수 있다.

5. 맺음말

이상, '본말/준말'에 관한 기존의 논의를 비판적으로 고찰하고 그 대안으로 내세운 '긴말/짧은말'의 개념이 사전 기술에서 어떻게 유용하게 활용될 수 있는지 고찰해 보았다. 본문의 내용을 간략히 정리하고 본고의 논의가 갖는 의의를 언급하기로 한다.

'본말/준말'에 관한 기존의 논의는 형태론적 관점과 사전학적 관점으로 대별된다. 전자에서는 용어나 개념을 정의하거나 그 조어론적 위상을 정립하고자 하였고, 후자에서는 그러한 어휘 관계를 사전 기술에서 어떻게 처리할 것인지를 다루었다. 두 가지 논의 모두에서 노정된 한계 내지 문제점은 선행 연구들이 대개 줄기 전의 말(본말)의 어휘적 지위에 대한 고려가 미흡했다는 점, 대체로 긴 쪽에서 짧은 쪽으로 준 유형에만 관심을 가져 왔다는 점, 일대다 관계에 대해서는 주목하지 못했다는 점, 마지막으로 '본말/준말'류의 다양한 하위 유형을 체계화하지 못했다는 점 등으로 요약할 수 있다.

2장에서 제기한 이러한 문제들을 해결하기 위해 본고에서는 우선 구체적인 사례를 중심으로 '본말/준말'류의 유형을 체계화하며 그러는 가운데 '긴말/짧은말'이라는 개념을 제안하게 되었다. 이것은 광의와 협의로 구분할 수 있는데, 협의로서는 '본말/준말'과 '원어/약어'와 대립되는 개념이며, 광의로서는 이 세 가지 개념을 아우르는 것이다. 세 가지 하위 유형이 가진 공통점, 곧 광의의 '긴말/짧은말'의 개념은 '동의 관계에 있고 음절 수가 다르며 하나가 다른 하나에 형태적으로 완전히 포함되는 두 개의 어휘'이다. 이러한 공통 특성을 가진 것들을 다시 '본말/준말', '원어/약어', '긴말/짧은말'로 구별하게 되는데, 여기에 동원되는 시차특성은 '음운론적인 설명 가능성'과 '선후관계의 유무', '형식 감소 여부'이다.

3장에서 제안한 이러한 용어 및 개념을 토대로 4장에서는 기존의 사전 기술을 종합적으로 검토하면서 2장에서 지적한 문제들을 재확인하고 그 해결 방안을 구체적으로 모색해 보았다.

본고는 형태 관련 동의어의 하위 유형을 '본말/준말', '원어/약어'뿐만 아니라 '긴말/짧은말'이라는 용어를 통해 새롭게 분류해 봄으로써, 기존의 논의를 종합하면서도 어휘 관계를 좀 더 정밀하게 나타내고자 했다는 점에서 그 의의가 있다고 하겠다. 아울러 그간 '본말/준말' 또는 '동의어'로 처리되어 왔던 사전 기술에서도 '긴말/짧은말'의 개념과 하위 유형이 사전 기술에서 매우 유용한 도구가 될 수 있음을 확인하게 되었다.

참고 문헌

국립국어원. 2000a. 「「표준국어대사전」 편찬 지침 Ⅰ」 서울: 국립국어연구원
국립국어원. 2000b. 「「표준국어대사전」 편찬 지침 Ⅱ」 서울: 국립국어연구원
김광해. 1993. 「국어 어휘론 개설」 서울: 집문당.
김석득. 1992. 「우리말 형태론: 말본론」 서울: 탑출판사.
김영석·이상억. 1992. 「현대 형태론」 서울: 학연사.
김진우. 1985. 「언어」 서울: 탑출판사.
김희진. 1995. "약어 사정에 관한 연구." 「새국어교육」 (한국국어교육학회) 51. 203-226.
도원영. 2003. "「민연국어사전」(가칭)의 특징." 「한국사전학」 (한국사전학회) 2. 85-110.
박동근. 2007. "특수한 낱말 만들기 생성과 제약: '뒤섞임말'의 범주와 형태론적 문제를 중심으로." 제26회 한말 연구학회 전국학술대회 발표 논문집.
백영석. 2002. 「신조어 조어법 연구」. 단국대 석사학위논문.
송민규. 2007. "가상공간 신어의 생성." 「한국어학」 (한국어학회) 34. 47-78.
송철의. 1993. "준말에 대한 형태·음운론적 고찰." 「동양학」 (단국대학교 동양학연구소) 23. 25-49.
안명철. 1990. "국어의 융합 현상." 「국어국문학」 (국어국문학회) 103. 121-137.
안상철. 1998. 「형태론」 서울: 민음사.
우민섭. 1974. "약어의 한 고찰." 「중앙대 어문논집」 (중앙대학교 국어국문학과) 9. 69-79.
이석주. 1988. "국어 약어형에 대한 연구." 「한성대학 논문집」 (한성대학교) 12. 123-151.
이승재. 1983. "혼효형 형성에 대한 문법론적 고찰: 전북 서부지역의 '틀부-'어간을 중심으로." 「어학연구」 (서울대학교 어학연구소) 19-1. 35-52.
이재현. 2005. "현대 국어의 축소어형에 관한 연구: 축소어형과 준말의 정의, 축소어형의 조어법을 중심으로." 「한민족문화연구」 (한민족문화학회) 17. 375-401.
이지양. 1993. 「국어의 융합 현상과 융합 형식」. 서울대 박사학위논문.
이희자. 1997. "'준말'과 '준 꼴'과 '줄인 꼴'." 「사전편찬학연구」 7. 19-42.
임지룡. 1992. 「국어의미론」 서울: 탑출판사.
장광군. 2005. "한자어 약어에 대한 고찰." 「선청어문」 (서울대학교 국어교육과) 33. 251-271.
정희창. 2004. 「국어 준말의 연구: 유형과 제약을 중심으로」 성균관대 박사학위논문.
정희창. 2006. "준말의 단어 형성 문제." 「반교어문연구」 (반교어문학회) 21. 107-118.

참고 사전

국립국어원 편. 1999. 「표준국어대사전」 서울: 두산동아.
윤평어문연구소 편. 1991. 「금성판 국어대사전」 서울: 금성출판사.
연세대학교 언어정보개발원 편. 1999. 「연세한국어사전」 서울: 두산동아.
한글학회 편. 1991. 「우리말큰사전」 서울: 어문각.

국어사전에서
최초 출현형의 기준 설정에 대하여

김양진 · 정연주

1. 서론

사전 이용자들은 사전을 통해 표제어에 대한 뜻풀이, 활용형, 용례 등의 기본적인 정보 외에도 표제어와 관련된 부가적인 정보들을 얻을 수 있기를 기대한다. 표제어에 대한 부가적 정보 중 하나는 표제어의 역사에 대한 것이다. 예를 들어 『표준국어대사전』에서는 아래와 같이 【 】안에 어휘의 역사에 대한 정보를 제공하고 있다.

(1) **어리다**³ (형)

① 나이가 적다.

(중략)

【≪어리다(愚)『용가』】

위와 같은 정보를 통해 '어리다'라는 어휘가 『龍飛御天歌』에서 최초로 출현한다는 사실, 당시에는 [愚]의 의미로 쓰였다는 사실을 알 수 있다.

표제어의 역사와 관련된 정보로는 어원을 보여주는 정보, 최초 출현형과 출현 시기에 대한 정보, 그 외에 표제어의 직접적 소급형으로 볼 수는 없지만 형태·의미적으로 관련지을 수 있는 어형에 대한 정보가 있다. 사전 이용자들의 편의와 정확한 정보 전달을 위하여 이 정보들은 서로 분리되어 제시될 필요가 있는데, 그렇게 하기 위해서는 먼저 '최초 출현형'의 기준을 어떻게 설정할 것인지에 대해 고려해야 한다. 최초 출현형을 결정하고 나면, 나머지 정보들은 어원을 보여주는 정보로 포함되거나 기타 관련 어형 정보로 포함될 것이다.

그런데 기존 사전들에서는 어원을 보여주는 정보와 최초 출현형 정보, 기타 관련 어형 정보를 특별히 구분하지 않고 제시하거나, 그 정보들을 구분하여 제시하려고 했을지라도 일관성을 보이지 않는 경우가 있다. 이에 따라 본고에서는 어떤 기준이 최초 출현형을 판정하는 기준으로 타당한지에 대해 생각해 보고, 그 기준을 설정하는 데에 있어 쟁점이 될 수 있는 사안들을 유형별로 파악하여 처리 방안을 제시해 보고자 한다.

국어사전에서의 옛말 등재 및 어원 정보 제시와 그 바람직한 방향에 대한 선행 연구로는 이기문(1992), 홍윤표(1992), 이현희(1996) 등이 있다. 이들 논의에서는 옛말에 대한 다양한 정보를 제공하되 표제어의 최초 출현형과 최초 출현 문헌에 대한 정보도 제시되어야 한다는 점에 대해 언급하고 있지만, 이제까지 최초 출현형의 기준 설정에 대한 본격화된 논의는 없었다는 점에서 본 연구의 의의를 찾을 수 있다.

논의의 전개 방향은 다음과 같다. 먼저 『표준국어대사전』(이하 『표준』)에 제시된 최초 출현형 정보에 대해 문제점이 되는 사항을 중심으로 검토해 보고,1) 최초 출현형의 개념을 어떻게 규정하는 것이 타당한지에 대해 생각해 볼 것이다. 이를 바탕으로 하여 실제 어휘를 대상으로 한 최초 출현형 결정의 예를 보이고, 표제어의 역사와 관련된 다양한 정보들을 제시하는 방안을 마련해 보고자 한다.

2. 『표준국어대사전』의 검토

『표준』에서는 '어원란'에 표제어 자체의 최초 출현형 및 역사적 변천 과정, 어원적인 구성을 제시하는 것을 원칙으로 하고 있다. 이때 역사적으로 변천한 어형을 함께 나열하는 경우에는 '<고형<고형'의 형식을 사용하여 제시하였다. 또한 현대국어의 형태와 이전 시기의 형태가 구성 형태소에 있어서 일부 다른 경우 또는 어간의 재구조화를 겪은 경우에는 '←' 기호로 표시하였다. 같은 시기에 공존하는 상이한 형태들, '쌍형어' 따위는 '/' 기호를 사용하여 함께 제시하였다. 최초 출현형에 대해서는 최대한 어원 분석을 했으며, 최초 문헌은 가장 오래된 선대형에서만 제시하였다.

『표준』의 어원 집필 지침을 참고했을 때, '최초 출현형'을 제시하는 것을 원칙으로 한다고는 하였지만 어떤 형태를 최초 출현형으로 보고 있는 것인지에 대한 뚜렷한 입장은 제시되어 있지 않다. 다만 앞에서 정리한 지침의 내용을 참고할 때, 최초 출현형에 대해서는 최대한 어원 분석을 한다고 했으므로 어원 분석이 되어 있는 형태가 『표준』에

---

1) 본고에서 『표준』을 대상으로 어원 정보를 검토한 이유는 기존 사전 중 어원 정보가 비교적 충실하게 제시되어 있고, 무엇보다 『표준』이 '최초 출현형'에 대해 언급하고 있는 유일한 사전이기 때문이다. 『금성국어대사전』에서도 일러두기에서는 "어떤 단어가 역사의 흐름에 따라 음운 변화를 일으켰을 경우, 그 변천 과정을 차례로 보이되, 그 어형이 나타나는 최초 또는 그에 가까운 시기의 문헌을 밝혔다"고 언급하고 있으나 최초 출현형에 대한 제시 기준을 구체적으로 알기 어려운 측면이 있다.

서의 최초 출현형이라는 것을 짐작할 수 있다. 또한 최초 문헌은 가장 오래된 선대형에서만 제시한다고 했고, 최초 문헌은 최초 출현형이 나타난 문헌인 것으로 볼 수 있으므로 문헌명이 제시된 것을 최초 출현형으로 보고 있는 것으로 짐작할 수 있다.

또한 『표준』의 어원 지침에서는 다음과 같은 언급도 볼 수 있다.

> (2) ㄱ. 기와¹ (명) 【<지와[<-瓦]←지새<디새『석상』←딜+새】에 대한 설명: '지와'는 18세기 문헌인 『물명고』에 나타나는 어형이나, 현대국어의 '기와'와 그 중세국어 어형인 '디새'를 연결시키는 데 반드시 제시되어야 할 어형이므로 변화의 <u>중간단계</u>로서 보이기로 한다.(밑줄은 필자가 표시)
> → 이는 '지와'를 최초 출현형으로 본 것이 아니라 '디새'를 최초 출현형으로 본 것이라는 짐작을 가능케 한다.
> ㄴ. 여물다 (동) 【<여믈다『법화』/염글다『월석』】에 대한 설명: '여믈다'는 현대국어의 '여물다'에, '염글다'는 현대국어의 '영글다'에 각각 대응되는데, 후자는 방언형이어서 어원 정보를 제시할 수 없으므로 표준어인 '여물다'의 <u>최초 출현형</u>으로 쌍형어인 '여믈다『법화』'와 '염글다『월석』'를 둘 다 제시함. (밑줄은 필자가 표시)
> → 쌍형어인 '여믈다'와 '염글다'를 모두 최초 출현형으로 보고 있다.

이와 같은 언급을 토대로 했을 때, 『표준』에서는 형태론적 구성이 다른 어형과 쌍형어까지 모두 통틀어서, 표제어와 역사적으로 관련이 있어 보이는 어형들 중에서 가장 처음으로 나타난 형태를 최초 출현형으로 보고 있음을 짐작할 수 있다.

그런데 이와 같은 방식으로 최초 출현형을 제시할 경우에는 '관련 어형'의 범위를 분명하게 규정할 수 없기 때문에 최초 출현형의 제시에 임의성이 생기게 된다. 이에 따라『표준』에서 표제어의 최초 출현형으로 제시된 어형 중에는, 해당 표제어가 최초로 나타난 형태인 것으로 볼 수 있을 것인지가 애매한 어형들이 있다.

(3) ㄱ. 넘-치다 (동) 【←넘삐다『능엄』←넘-+삐-】
    ㄴ. 겨누다 (동) 【<견후다←견지다『석상』】

(3ㄱ)에서는 '넘치다'의 최초 출현형으로 '넘삐다'가 제시된 것을 볼 수 있다.『표준』편찬용 어원 정보 자료2)에서는, '넘치다'의 내적 구성은 '넘-+-치-'로 보아야 할 것이나 '넘삐다'와 의미상 연관이 있기 때문에 '넘삐다'를 형태소 일부 교체형으로 제시하였다고 밝히고 있다. 그러나 최초 출현형을 결정할 때 의미상의 연관성을 끌어들이게 되면, 어느 정도의 의미적 연관성이 있는 것을 표제어와 관련된 어형으로 볼 것인지가 모호해지게 된다. (3ㄴ)에서 '겨누다'의 최초 출현형으로 '견지다'가 제시된 것도 같은 이유 때문인 것으로 보이는데, '넘치다'와 '넘삐다', '겨누다'와 '견지다'의 관계를 소급 관계로 볼 수 있을지는 의문이다.3)

반대로, (5)는 '관련 어형'들이 최초 출현형으로 제시되지 않은 경우이다.『표준』에서는 쌍형어 관계에 있었던 두 어형 중 하나만 현대국어에 남게 된 경우는 (4)와 같이 표제어와 관련된 어형을 '/'와

함께 밝혀주고 있지만, 현대국어에도 두 어형이 모두 이어져서 나타
나는 경우에는 각각의 어원란에 쌍형어에 대한 어원 정보를 제시하
지 않고 있다.

(4) ㄱ. **거품** (명) 【거품『구간』/더품『월석』】

ㄴ. **덮다** (동) 【덮다『구방』/둪다『월곡』】

ㄷ. **버믈다** (동) 【≪버믈다(黑)『월석』/범글다(黑)『석상』】

(5) ㄱ. **두껍다** (형) 【<둗겁다『석상』←*둗ㄱ-+-얼-】

ㄴ. **두텁다**¹ (형) 【두텁다『석상』←*둗-+-얼-】

표제어와 관련된 어형(그것이 직접적인 관계이든 간접적인 관계이든)이
나타나는 것을 최초 출현형으로 보는 입장이라면, 쌍형어 관계에 있는
표제어의 최초 출현형은 똑같이 제시되어야 할 것이다. 그러나 그렇
지 않다는 점에서 『표준』에 제시된 최초 출현형의 기준이 일관되어
있지 않음을 알 수 있다.

또한 아래와 같이, 동일하게 처리할 수 있는 유형의 표제어에 대해
동일한 처리를 하지 않은 것도 볼 수 있다.

(6) ㄱ. **돌-리다**⁴ (동) 【<돌이다『번박』←돌-+-이-】

cf) 도르다『두시-초』

살-리다 (동) 【<사르다『용가』←살-+-ᄋ-】

ㄴ. **꼬챙이** (명) 【←곶『월석』】

구덩이 (명) 【←군[<굳『석상』]+-엉+-이】

　(6ㄱ)에서는 '돌리다'의 최초 출현형으로 '돌이다'가 제시된 반면에 '살리다'의 최초 출현형으로는 '살이다'나 '살리다'가 아닌 '사ᄅ다'가 제시된 것을 볼 수 있다. 안병희·이광호(1990:133-134)에서는 '-ᄋᆞ/으-'는 중세국어에 특유한 사동접미사이고, '돌-', '살-', '일-' 등과 같이 어간 말음이 'ㄹ'인 용언에서 '-이-'나 '-우-'에 의한 사동사 이외에 '-ᄋᆞ/으-'에 의한 사동사도 나타남을 언급하였다. 이 경우 '-이-'나 '-우-'에 의한 사동사는 추상적인 의미를 갖는 데 비하여 '-ᄋᆞ/으-'에 의한 사동사는 구체적인 의미를 갖는다고 하여 이 둘을 서로 다른 형태소로 구분하였다.4) 동일한 어기로부터 '-ᄋᆞ/으-'가 결합한 어형과 '-이-'가 결합한 어형이 각각 파생되었고, 이 두 어형이 같은 시기에 공존하기도 했던 것을 고려한다면 '도ᄅ다'나 '사ᄅ다'를 '돌리다', '살리다'의 직접적 소급형으로 보기는 어려울 것이다.5)

　또한 (6ㄴ)에서는 '꼬챙이'의 최초 출현형으로는 '곶'을 제시한 반면에 '구덩이'의 최초 출현형으로는 '굳'을 제시하지 않고 단어의 일부 요소로 '굳'이 있다는 것만 밝히고 있는 것을 볼 수 있다. 이와 같이 최초 출현형이 일관성 없이 제시된 것은 최초 출현형에 대한 기준이 뚜렷하게 설정되어 있지 않기 때문인 것으로 생각된다.

　'관련 어형'의 범위가 모호하다는 점을 차치하더라도, '<'로 표시되

---

4) 김성규(1995)에서는 '사ᄅ다'나 '도ᄅ다'에 포함된 사동접미사가 '*-ᇹ/ᇑ-'으로 재구될 가능성이 있다고 하였다.

5) 안병희·이광호(1990:133-134)에서는 중세국어에서 '살이다'는 '어떤 곳에 거주하게 하다'의 의미를, '사ᄅ다'는 '목숨을 살리다'의 의미를 갖는다고 보았다. 즉 현대국어의 '살리다'는 의미 면에서 중세국어 '사ᄅ다'와 연결되고 있는 것이다. 그러나 의미가 동일하다고 해서 형태론적 구성이 다른 어형을 오늘날 어형의 직접적 소급형으로 볼 수는 없다. 중세국어 이후 '사ᄅ다'가 쓰이지 않게 되면서 '살이다'가 '사ᄅ다'의 의미 영역을 포함하는 것으로 의미 변화를 겪었다고 본다면 '살리다'의 형태론적 직계 선대형은 '살이다'이고, '살이다'는 자연스러운 의미 변화 과정을 겪어 오늘날의 의미로 쓰이게 되었다고 말할 수 있을 것이다.

어 직접적 소급형인 것처럼 제시된 어형6)들의 경우에도 표제어의 직접적 소급형으로 보기 어려운 것이 있어서 문제가 된다. 예를 들어 (7)에서 볼 수 있듯이 어원란에 제시된 최초 출현형으로부터 현대국어 표제어로의 음운론적 변화 과정이 명확하지 않은 것이 있는가 하면, (8)과 같이 표제어와는 파생 관계가 다른 어형들이 직접적 소급형인 것처럼 제시된 것도 있다.

> (7) ㄱ. **고들-빼기** (명) 【<고줏바기『동의』】
>   ㄴ. **구지내** (명) =새매. 【<구겨내『역해』】

> (8) ㄱ. **살-리다** (동) 【<사르다『용가』←살-+-으-】
>   ㄴ. **가라앉-히다** (동) 【<ᄀ라안초다『동의』←글-+-아+앉-+-호-】
>   ㄷ. **두렵다**¹ (형) 【<두립다『석상』←두리-+-병-】

  (8ㄱ)은 (6ㄱ)에서 살펴보았던 예로, 표제어에는 '-이-' 계열의 접사가 결합되어 있지만 제시된 최초 출현형에는 '-으/으-'가 결합되어 있다. 또한 (8ㄴ)에서는 접사 '-히-'와 '-호-', (8ㄷ)에서는 접사 '-얼-'과 '-병-'이 불일치를 보이고 있다. 이와 같이 서로 다른 접사가 결합한 형태들을 직접적 소급형 관계로 제시할 수 있을 것인지에 대해서 재고해 볼 필요가 있을 것이다.
  이 외에 (9)와 같이 직접적 소급형으로 볼 수 있는 최초의 형태가 제시되어 있지 않은 경우가 있다는 것도 미흡한 점으로 지적될 수 있다.

---

6) 『표준』 어원 지침에서는 역사적으로 변천한 어형을 나열할 경우에 '<'를 쓴다고 했는데, 이는 대체로 표제어와 형태론적 구성이 동일하여 음운론적인 변화만 있는 경우에 대한 표시로 쓰인 것으로 짐작된다.

    (9) ㄱ. **구멍** (명) 【←구무『석상』】 cf) '구명『언두』' 제시하지 않음.

       ㄴ. **두렵다**¹ (형) 【<두립다『석상』←두리-+-ᇦ-】

          cf) '두렵다『논언』' 제시하지 않음.

    그 밖에 현재 한자어로 인식되지 않는 일부 단어를 제외하고는, 한자어를 제외하고 고유어에만 최초 출현형 정보를 제공한 점도 미흡한 점으로 지적될 수 있다. 다만 한자어를 최초 출현형의 개념 안에 포함하기 위해서는 별도의 논의가 필요하다.[7]

    이상으로 『표준』에 제시된 최초 출현형 정보를 검토해 보았다. 『표준』에서는 표제어의 직접적 소급형이라고 할 수 있는 어형들과 그 외의 관련 어형들을 대상으로 하여 그 중에서 처음으로 나타난 것을 최초 출현형으로 제시하고 있음을 볼 수 있었다. 그러나 어떤 어형을 표제어의 직접적 소급형으로 볼 것인지, 또 '관련 어형'의 범위는 어디까지로 제한할 수 있을 것인지에 대한 기준에 모호한 점이 있었다. 이를 보완하기 위해서는 최초 출현형의 개념을 어떻게 정립할 수 있을 것인지에 대한 고민이 필요하다.

    3장에서는 최초 출현형의 개념 정립에 앞서 '최초형'의 개념에 대해 먼저 살필 것이다. 다양한 개념의 최초형 중에서 문헌에서 확인되는 형태가 있다면 그것이 최초 출현형이 될 것이기 때문이다.

---

7) 한자어의 최초 출현형을 제시하기 위해서는 훈민정음 이전의 문헌인『高麗史』,『三國遺事』,『三國史記』,『均如傳』등의 문헌 및 삼국시대의 이두·구결 자료 등에 나타나는 한자어를 살펴보아야 할 뿐만 아니라 한국의 한자 사용에 대한 언급이 있는 중국의 기록물 등을 살펴보아야 한다. 여기에서는 이에 대해 다루지 않으나, 궁극적으로는 한자어에 대한 여러 사항들도 최초 출현형의 개념에 포함되어야 할 것이다.

3. 최초형의 개념

앞서 일관된 기준으로 표제어의 최초 출현형을 제시하기 위해서는 최초형의 개념 정립이 필요함을 언급하였다. 최초형의 개념은 '무엇을 기준으로 한 최초형인가'에 따라 크게 다섯 가지로 나뉠 수 있을 것으로 보인다. '표기 형태의 동일성'을 기준으로 한 '표기 최초형', '의미의 동일성'을 기준으로 한 '의미 최초형', '형태소의 동일성'을 기준으로 한 '형태 최초형', '어휘의 동일성'을 기준으로 한 '어휘 최초형'과 '재구형'을 대상으로 하는 '계통적 최초형'이 그것이다.

(10) ㄱ. **표기 최초형**: 표기를 기준으로 하여, 오늘날의 표기와 동일한 표기 형태로 나타나는 것 중 최초의 형태.
　　　 예) '흙': '흙' → '흙『구급간3:14』[표기 최초형]

　　 ㄴ. **의미 최초형**: 의미를 기준으로 하여, 동일한 형태소이면서 오늘날 쓰이는 의미와 동일한 의미로 나타나는 것 중 최초의 형태.
　　　 예) '얼굴': '얼굴[形體]' → '얼굴[낯(面)]『삼강동烈3:40』[의미 최초형]

　　 ㄷ. **형태(소) 최초형**: 형태가 확실하게 나타나는 훈민정음 이후의 문헌을 대상으로, 소리나 의미에는 약간의 차이가 있을지라도 역사적으로 표제어와 동일한 형태소로 볼 수 있는 것 중 최초로 나타난 형태.
　　　 예) '짓[行動]': '즛[貌]『월곡上:69』[형태 최초형]

　　 ㄹ. **어휘 최초형**: 훈민정음 이전의 자료까지 통틀어서 해당 어휘의 최초형으로 볼 수 있는 형태. 훈민정음 이전의 차자표기 자료에서 해당 어휘의 소급형이 나타날 때, 문헌의 특성상 음상을 정확히 파악할 수는 없어도 표제어의 소급형임이 어느 정도 증명될 수 있는 것이 나타난다면 그 중 최초의 형태가 어휘 최초형

이 된다.

예) '밤': 향찰표기 '夜音'[어휘 최초형], '길': 차자표기 '道尸'
[어휘 최초형]

ㅁ. **계통적 최초형**: 표기 이전의 시대로 거슬러 올라가서 계통적
연구 혹은 방언 연구를 통해 재구된 최초형.

예) 중세국어 '돓(石)<*tuluh<*tïlagu'[계통적 최초형]: 몽고어
'čilaɣun<*tïla-gūn', 츄바슈어 'ćul', 고대 토이기어 'taš<*tïl2a'
등과의 비교를 통해 재구(이기문(1972:19) 참고).

이 중 (10ㄱ~ㄹ)은 자료에서 실제로 나타난 예를 대상으로 한, 전망
적 연구 방법의 대상으로서의 최초형이기 때문에 '최초 출현형'이라고
말할 수 있는 것이지만, (10ㅁ)은 회고적 연구 방법의 대상으로, 자료
를 통해 확인할 수 있는 것이 아니라 논리적 추론형에 해당되는 것이
므로 '최초 출현형'으로는 포함되지 않는다.

또한 하나의 단어에 대한 최초형은 언제나 위와 같은 다섯 가지가
구별되어 나타나는 것은 아니다. 훈민정음 이후에 처음으로 나타나는
단어이면서 현대국어에 이르기까지 의미 및 형태가 동일하게 이어져
온 단어가 있다면, 어휘 최초형, 형태 최초형, 의미 최초형, 표기 최초
형이 모두 동일한 것이 된다.

한편 (10ㄷ~ㅁ)의 최초형은 단계적인 개념으로 생각할 수 있는 것
이지만, 형태(소) 최초형임을 전제로 하여 상정할 수 있는 표기 최초
형과 의미 최초형은 둘 사이에 단계를 정할 수 있는 것이 아니라 둘 중
어떤 것이든 먼저 나타날 수 있다. 예를 들어, '어리다[愚]'의 경우는 표
기 최초형이 의미 최초형 '어리다[幼]'를 앞서는 경우이고, '즞[行動]'은
의미 최초형이 표기 최초형 '짓[行動]'을 앞서는 경우이다.

이와 같은 다섯 가지의 최초형 개념을 바탕으로, 고유어 '짓'을 대상

으로 하여 최초형을 제시해 보면 아래와 같다.

(11)   *čis   > 兒史『찬기파랑가, 삼국유사』 > 즛 [模樣]
       [계통적 최초형]   [어휘 최초형]   [형태 최초형]
              > 즛 [行動]   > 짓 [行動]
              [의미 최초형]   [표기 최초형]

　　오늘날의 표제어와 동일한 형태인 '짓'으로 나타나면서 동일하게 [行動]의 의미를 드러내는 형태는 '표기 최초형'으로, 오늘날의 표제어와 동일한 형태는 아니지만 자연스러운 음운론적 변화 과정을 상정할 수 있는 '즛'의 형태로 나타나면서 [行動]의 의미를 처음 드러내게 된 형태는 '의미 최초형'으로 볼 수 있다. 그리고 '즛'의 형태로 나타나면서 [行動]이라는 의미와 의미론적 연관성이 있는 [模樣]의 의미로 나타나는 형태는 '형태 최초형'으로, 한글 표기로 나타난 것은 아니지만 동일한 형태소임을 짐작할 수 있는 '兒史'의 형태로 나타난 것은 '어휘 최초형'으로 볼 수 있다. 마지막으로 '*čis'와 같은 재구형은 '계통적 최초형'으로 상정할 수 있다.
　　한자어가 기원인 어휘를 대상으로 해서도 (10)과 같은 최초형을 제시해 볼 수 있다. 단, 차용어에 대해서 계통적인 최초형을 상정할 필요는 없기 때문에 계통적 최초형을 제외한 네 종류의 최초형만을 상정하게 된다. 각각의 최초형에 대한 판정 기준은 고유어에 대해 적용한 것과 동일하며, 문헌에서 한자어에 대한 발음이 최초로 나타나는 형태가 '형태 최초형'이 된다.

(12)   衆生   > 즁싱[짐승, 중생] > 즘숭[짐승]   > 짐숭[짐승]
       [어휘 최초형]   [형태 최초형]   [의미 최초형]   [표기 최초형]

『표준』에는 한자어를 기원으로 하는 표제어 '차례'에 대한 어원 정보가 (13ㄱ)과 같이 제시되어 있다. 동일한 항목에 대해 (10)에 제시된 최초형 개념을 적용하여 어원 정보를 다시 제시하면 (13ㄴ)과 같다. 『표준』의 어원 정보는 '츙뎨'로부터 '츠례'로의 모음 간 ㄷ>ㄹ 변화 현상에 대한 정보를 주지 못하지만, (13ㄴ)과 같이 어원 정보를 제시하면 그러한 음운 변화 과정을 보여줄 수 있다.8)

    (13) ㄱ. **차례**¹(次例) (명)【<츠례『두시-초』<次第】

          (『표준』의 제시 방법)

      ㄴ. **차례**¹ (명)【차례_{표기 최초형}<츠례<츙뎨_{형태 최초형}<次第_{어휘 최초형}】

          (대안적 제시 방법)

  이상적으로는 어원란에서 (11), (12)와 같이 각 기준에서의 최초형을 모두 제시해 줄 수 있으면 좋을 것이다. 그러나 훈민정음 이전의 자료에 나타난 어형에 대해서는 독음의 판별을 확실히 하기 어려우며, 계통적 최초형도 추론적인 최초형이라는 한계가 있다. 그러므로 국어사전에서는 동일 표기 수단에 의한 것, 즉 한글로 된 문헌에 나타난 것을 대상으로 최초 출현형을 제시하는 것이 현실적으로 가능할 것으로

---

8) '츙뎨'는 한자음에 대한 동국정운식 표기이다. 중세국어에서 이미 한자어가 우리말의 한 부분이 되었다는 점을 전제한다면, 훈민정음 창제 이후에 한자어에 대한 우리 발음의 표기 형식을 최초로 보여준, 동국정운식 표기에 의한 한자어 주음 자료들을 한자어의 '형태 최초형'으로 삼을 수 있을 것이다. 물론 동국정운식 표기 이전의 '한자' 자체를 '형태 최초형'의 개념 안에 포함하려 시도해 볼 수 있겠으나 우리말 독음이 알려지지 않은 '한자어'가 우리말 속의 단어인지 아니면 한문 문맥 속의 단어인지를 명확히 파악하기란 용이하지 않으며 또 해당 한자어가 나타내는 독음을 정확히 인지하기 어렵다면 이를 형태론적으로 파악하기 어렵다는 점에서 한자어의 경우는 '동국정운식 표기'가 발견되는 어형까지만 형태 최초형 개념 안에 포함하고자 한다. 이에 대해서는 추후에 좀더 진전된 논의가 계속되길 기대한다.

생각된다.

　동일 표기 수단에 의해 나타난 형태만을 대상으로 하더라도, 의미 최초형의 경우에는 의미 변화가 뚜렷한 일부의 경우를 제외하고는 의미적 연관성을 어느 정도까지 인정할 것인지가 불분명하다는 점에서 객관적인 기준에 의한 최초형을 제시하기 어렵다. 결국 '형태 최초형'이 가장 신뢰할 만한 기준의 최초형으로 제시될 수 있을 것이고, 국어사전에서는 형태론적 기준에서의 최초형을 중심으로 최초 출현형 정보를 제시해 줄 수 있을 것이다.

　앞서 언급했듯이 형태론적 기준에서의 최초형은 오늘날의 어휘와 동일한 형태론적 구성을 가지고 의미적 유연성이 있으며, 자연스러운 음운 변화 과정을 거쳐 오늘날의 어휘 형태가 도출될 수 있는 것 중 최초의 형태를 말한다. 국어사전에서는 이러한 기준을 만족시키는 것을 최초 출현형으로 제시하고, 최초 출현형으로부터 현대국어의 어휘에 이르기까지의 중간 형태로 볼 수 있는 형태들을 제외한 기타 관련형들은 그 어휘의 역사에 대한 참고 정보로 제시할 수 있을 것이다.9)

4. 형태론적 기준에서 최초 출현형을 판정할 때의 쟁점들

　국어사전에서 형태론적 기준에서의 최초형을 최초 출현형 정보로 제시하고자 할 때, 형태론적 동일성을 어느 정도까지 인정할 것인지에 따라서도 최초 출현형이 달라질 수 있을 것이다. 이 장에서는 쌍형어,

---

9) 익명의 심사위원으로부터 국어사전에 제시된 최초 출현형 정보에 대한 개별적인 검토를 넘어 사전 전반에 걸친 최초형 정보의 유형별 분포와 처리 경향이 종합적으로 제시되기를 바란다는 지적이 있었다. 이 장에서 제시한 다섯 가지의 최초형 개념은 국어사전 전반에 걸쳐 최초형이 어떻게 처리되어 있는지를 비교·검토하기 위한 기준이 될 수 있을 것이다. 이에 대한 것은 추후의 논의로 미룬다.

접사 형태가 다른 어형, 어간 재구조화를 겪은 어형, 방언적 차이를 가진 어형을 대상으로 하여 형태론적 동일성을 어느 정도까지 인정하는 것이 타당할지에 대해 생각해 보고자 한다.

4.1 쌍형어

이전 시기의 형태로부터 오늘날의 형태에 이르기까지 자연스러운 음운 변화에 의한 형태 도출 과정을 상정할 수 있는 경우에는 그 형태를 직접적 소급형으로 인정할 수 있을 것이지만, 그렇지 않은 경우에는 형태의 일부가 유사하더라도 다른 형태소인 것으로 보아야 할 것이다. 그러므로 쌍형어 중에서 오늘날 쓰이는 형태로의 자연스러운 음운 변화 과정을 상정하기 어려운 형태는 형태 최초형으로 인정될 수 없다.

예를 들어 중세국어 시기에는 [必]의 의미를 가지고 있는 것으로 '반ᄃ시'와 '반ᄃ기'라는 두 형태가 공존하고 있었다. 훈민정음 이후의 문헌을 살펴보면 '반ᄃ기'가 먼저 나타나서 쓰이다가 이후에 '반ᄃ시'가 쓰이게 되지만, /ㄱ/ > /ㅅ/로의 음운 변화를 상정할 만한 동기를 찾기 어렵기 때문에 '반ᄃ시>반ᄃ기'로 볼 만한 충분한 근거가 없다.10) 그러므로 '반ᄃ기'와 '반ᄃ시'는 쌍형어 관계에 있었던 것인데, '반ᄃ기'의 쓰임은 점차 줄어들고 '반ᄃ시'는 점차 활발히 쓰이게 된 것으로 보는 것이 타당할 것이다. 이렇게 본다면 현대국어 '반드시'의 직접적 소급형은 '반ᄃ기'가 아닌 '반ᄃ시'가 된다.

『표준』에서는 (14)와 같이 표제어 '반드시'의 어원 정보에서 '반ᄃ기'와 '반ᄃ시'를 모두 최초 출현형으로 제시하고 있는데, 본고의 최초 출현형 설정 기준에 따르면 '반ᄃ시'만을 최초 출현형으로 제시하고 '반ᄃ기'는 참고 정보로 제시하게 될 것이다.

(14) **반드시** (부)
　【<반ᄃ시『두시-초』[←반둣+-이]/반ᄃ기『월석』[←반득+-이]】

　『표준』에서는 표제어 '거품'의 경우에도 아래와 같이 '거품'과 '더품'을 최초 출현형으로 함께 제시하고 있다. 그러나 이 경우에도 /ㄷ/ > /ㄱ/로의 음운 변화를 상정할 만한 동기를 찾기 어렵기 때문에, '더품'은 최초 출현형이 아니라 참고 정보로 처리되는 것이 타당할 것이다.

　(15) **거품** (명)【거품『구간』/더품『월석』】

　(14), (15)와 같이 쌍형어 관계에 있는 형태들을 최초 출현형으로 함께 제시하는 것은 사전 이용자들에게 정확한 정보를 제시하기 위하여 개선되어야 할 점으로 보인다. 단어의 역사에 대한 보다 정확한 정보 제시를 위해 최초 출현형과 기타 참고 정보들은 구별되어 제시되어야 할 것이다.

---

10) 이기문(1985)에서는 '번득~번드기, 반득~반ᄃ기, 나죽~나즈기, 남죽~남즈기, 새죽~새즈기' 등의 단어들이 'ᄃ ᄒ다'나 '기웃~기우시', '드믓~*드므시' 등에 의해 각각 '번듯~번드시, 반둣~반드시, 나줏~나즈시, 남줏~남즈시'로 바뀌게 된 것으로 추측하고 있다. 'ᄃ ᄒ다'나 '기웃, 드믓' 등으로부터 일종의 유추와 같은 기제에 의해 새로운 어형이 등장하여 15~16세기에 두 계열의 어형이 갈라지게 된 것으로 본 것이다. 그러나 'ᄃ ᄒ다'나 '기웃, 드믓' 등의 어형은 중세국어에서 나타난 어형이 아니라 이미 고대국어 단계에서 존재했을 가능성이 있는 어형들이고 15세기로부터 16세기로 넘어오는 시기에 이러한 유추적 변화가 유행하였을 특별한 이유를 찾기도 어려울 뿐더러, '-엄직[町] > -음직[町]' 등에서는 이러한 종류의 'ㄱ>ㅅ'의 변화가 나타나지 않는 점 등을 미루어볼 때, 'ㄱ>ㅅ' 변화를 상정하여 'ㄱ' 계열의 어형이 'ㅅ' 계열 어형의 형태론적 직계 선대형인 것으로 보기에는 무리가 있어 보인다. 설혹 15세기에서 16세기로 넘어가는 시기에 'ㄱ>ㅅ'의 변화가 발생하였다 하더라도 그것이 유추와 같은 기제에 의한 것이라면 이는 직접적인 변화형으로 보기 어렵기 때문에 여전히 엄밀한 의미에서의 '최초형' 개념에서는 한 걸음 벗어나 있는 것으로 판단된다.

4.2 접사 형태가 다른 어형

앞서 (8)을 통해, 『표준』에서는 유사한 기능을 하는 접사가 형태만 다르게 나타나는 경우에 접사 형태가 다르더라도 먼저 나타나는 형태를 표제어의 직접적 소급형으로 제시하였음을 관찰한 바 있다. 그러나 동일한 기능을 하는 접사일지라도 현대국어에서 나타나는 어형과 접사의 형태가 다르다면 직접적 소급형으로 인정하지 않는 것이 타당할 것으로 생각된다.

접사 형태가 달리 나타나는 경우에 각각의 어형은 방언적 관계에 있는 것이거나, 역사적으로 생산성이 높은 다른 접사가 동일한 어기에 결합한 결과 나타난 것으로 볼 수 있을 것이다. 전자의 경우, 즉 방언적으로 공존하던 여러 어형 중 어느 하나가 오늘날까지 이어지게 된 것으로 볼 때, 지금은 사라진 어형들이 음운 변화에 의해 현존하는 어형으로 합류된 것으로 볼 근거는 없다. 이들은 각기 독립적으로 존재하다가 방언 간의 세력 변화에 의해 그 중 어느 하나만이 오늘날까지 이어지며 쓰이게 되고, 나머지는 쓰이지 않게 된 것으로 보는 것이 자연스러울 것이다. 또한 후자의 경우는 어기에 어떤 접사가 먼저 결합해서 파생어를 만들었다가 이후에 동일한 어기에 생산성이 높은 다른 접사가 결합하여 새로운 단어를 만들게 된 것이므로, 각각의 파생어는 독자적인 어형으로 보는 것이 타당할 것이다. 이렇게 본다면 단어의 형태론적 구성이 동일할 뿐 아니라 접사의 형태도 동일한 경우에 형태 최초형으로 인정할 수 있을 것이다.

『표준』에는 '남짓'의 최초 출현형이 (16ㄱ)과 같이 '남죽'으로 제시되어 있다. '남죽'이라는 형태가 『표준』의 최초 출현형 조사 대상 문헌에는 단독형으로 나타나지 않기 때문에 '남죽'만을 최초 출현형으로 제시한 것을 볼 수 있지만, 표제어 '남짓이'나 '남짓하다'에는 '남즈시'

와 '남ᄌ기', '남ᄌᄒ다'와 '남죽ᄒ다'가 함께 제시되어 있다.

(16) ㄱ. **남짓** (명의)【<남죽『분문』[←남-+-죽]

ㄴ. **남짓-이** (부)【<남즈시<남ᄌ시『구방』[←남-+-짓+-이]/남ᄌ기
『월석』[←남-+-죽+-이]】

ㄷ. **남짓-하다** (형)【<남죽ᄒ다<남짓ᄒ다『구방』[←남-+-짓+ᄒ-]/
남죽ᄒ다『석상』[←남-+-죽+ᄒ-]】

그러나 '남죽'에는 접미사 '-죽'이, '남짓'에는 접미사 '-짓'이 포함되
어 있고, '남죽'과 '남짓'은 방언적 관계에 있는 것으로 볼 가능성이 있
다. 문헌에서는 '남죽' 형이 먼저 나타나지만 이후에 방언적 관계에 있
는 어형인 '남짓' 형이 세력을 얻게 되면서 오늘날 '남짓'으로 쓰이게
된 과정을 가정하여 고려한다면, '남죽'이 아니라 '남짓'을 '남짓'의 형
태 최초형으로 삼을 수 있을 것이다.

또한 『표준』에는 '두렵다'의 최초 출현형으로 '두립다'가 제시되어
있다. 그러나 접사 '-ᄫ-'의 세력이 약해지고 '-업-'의 세력이 강해지면
서 어간 '두리-'에 '-업-'이 결합한 '두렵다' 형이 '두립다'와는 별개로 새
롭게 나타나게 된 것으로 볼 수 있다. 그러므로 현대국어 '두렵다'는
'두립다'가 아니라 16세기 말부터 문헌에 나타나는 '두렵다'로부터 이
어진 것으로 제시되어야 할 것이다.

그러나 부사파생접미사 '-이', '-히'가 서로 바뀌어 나타나는 경우에
는 직접적 소급형으로 인정할 수 있을 것으로 생각된다. 오늘날에도
/깨끄시/, /깨끄치/와 같이 '-이', '-히'가 혼동되어 쓰이는 경우가 있
기 때문이다. '-이', '-히'의 교체는 발음상의 문제일 뿐 형태론적 구성
요소가 달라지는 것으로 볼 수 없다고 판단되므로, '-이' 결합형이든
'-히' 결합형이든 먼저 나타나는 것을 형태 최초형으로 삼을 수 있을

것이다.

덧붙여, 주로 동물명에서 특별한 의미를 더하지 않으면서 문법 범주의 변화도 야기하지 않는 접사 '-이'가 결합하여 쓰이게 되는 경우가 종종 나타난다. 예를 들면 '곤>고니'와 같은 것인데, 이러한 경우에 접사 '-이' 결합 이전의 형태인 '곤'도 '고니'의 형태 최초형으로 인정할 수 있다고 본다. 주격 조사나 계사 결합형이 그 자체로 하나의 명사로 인식되어 '-이' 결합형이 쓰이게 되었을 가능성을 상정해 볼 수 있기 때문이다. 이와 같은 자연스러운 재분석 과정을 상정한다면, '-이' 결합 이전의 형태와 '-이' 결합 이후의 형태가 형태론적으로 다르다고 보기 어렵게 된다.

4.3 어간 재구조화

역사적으로 어간 말 자음이 치음 계열일 때 어간 재구조화가 일어나는 경우가 있다. 그리고 그 형태가 평준화되어 기본형으로 자리 잡게 되는 경우를 종종 볼 수 있다. 예를 들면 '거슬다>거스르다'나, '뉘웇다>뉘우츠다>뉘우치다'에서의 '뉘웇다>뉘우츠다'와 같은 것이 어간 재구조화의 예이다. 이 경우는 어간을 구성하는 형태소가 달라지는 것이 아니므로 형태론적 동일성을 인정하여 재구조화 이전의 형태를 최초 출현형으로 인정할 수 있을 것으로 생각된다.

그런데 『표준』의 어원란에는 어간 재구조화를 겪기 이전의 형태가 '←'로 표시되어서 제시되어 있다.

> (17) **부치다**⁴ (동) 빈대떡, 저냐, 전병(煎餅) 따위의 음식을 익혀서 만들다. 【←붗다『구촬』】

어간 재구조화 이전의 어형이 '←'로 표시된 것은 표제어와 형태론적 구성이 다른 어형들과 이런 유형이 동일하게 처리되었음을 보여준다. 그러나 어간 재구조화 이전의 어형은 표제어와 형태론적 구성이 다르지 않은 것으로 볼 수 있으므로 형태 최초형으로 제시할 수 있다는 것이 본고의 주장이다.

4.4 방언적 차이

4.2절에서, 방언적 차이 때문에 어간에 결합된 접사의 형태가 다른 것으로 볼 수 있는 경우에는 직접적 소급형으로 관련짓지 않겠다고 한 바 있다. 이는 방언적 관계에 있는 다른 어형들에도 적용될 수 있을 것이다. 표제어 '도끼'에 대한『표준』의 어원 정보는 아래와 같이 제시되어 있다.

(18) 도끼¹ (명) 【<독괴<돗괴<돗귀『월석』/도최『능엄』】

이승재(1983)에서는 '돗귀'와 '도최'를 '*돗괴'라는 동일 어원을 가진 쌍형어로 볼 수 있다고 하였다. '*돗괴'의 '*ㅈ'이 '*ㄱ' 앞에서 중화를 일으키면 '돗귀'가 되고 '*ㄱ'이 약화되어 '*ㄱ>*ㅎ'을 겪으면 격음화를 일으켜 '도최'가 되는 것으로 볼 수 있다는 것이다.11) 그리고 이때 '*

---

11) 이기문(1985)에서는 '돗귀'에 대해서, 성조의 일치를 근거로 '돓[石]ㅅ+귀[耳]'로부터 온 것으로 보고 '도최'는 다시 'ㅅ'계열의 유기음화와 상관이 있는 것으로 추정하고 있다. 그러나 이러한 주장은 '돓[石]ㅅ+귀[耳]'로부터 '도끼[斧]'로 이어지는 의미론적 타당성에 대한 회의뿐만 아니라 본래 속격조사 'ㅅ'으로부터 기원한 음절 말 'ㅅ' 뒤에서 'ㄱ'이 약화되어 'ㅎ'이 도출된다는 가정에 이르면 그 타당성이 자못 의심스럽다. 그런 점에서 보면 이승재(1983)의 견해가 '돗귀~도최'의 변화를 설명하기에 좀더 타당성이 있다고 판단된다.

ㄱ'의 약화 유무는 방언에 따라 달리 되는 것으로 보았다. 이러한 견해에 따라 중세국어에서 방언적 관계로 존재하던 '돗귀'와 '도최' 중에서 중부지역에서는 '돗귀'만이 오늘날까지 이어지며 쓰이게 되고 '도최'는 '돗귀'의 세력 확장과 함께 중부지역에서는 더 이상 쓰이지 않게 된 것으로 본다면, '도끼'의 형태 최초형은 '돗귀'가 될 것이고 '도최'는 '도끼'의 형태 최초형은 아니지만 '도끼'와 역사적으로 관련된 형태가 될 것이다.

또한 방언적 차이를 지닌 쌍형의 어간에 동일한 접미사가 결합하여 두 종류의 어형을 도출해 내는 경우도 있다. 이런 경우의 예로는 중세국어의 '둗겁다'와 '두텁다'를 들 수 있다. 이현희(1987)에서는 어간 '둗겁-'과 '두텁-'이 [[[[둗]V+윽]N+이]V+업]A의 구조를 가지며, [[둗]V+윽]N에 '-이-'가 통합되면서 일어나는 제 2음절 모음의 탈락(syncope)과, 방언에 따라 'ㄱ'의 약화 여부가 달라진 결과로 어떤 방언에서는 '둗겁-'형이, 어떤 방언에서는 '두텁-'형이 나타나는 것으로 보았다. 이 경우에는 '도최'는 사라지고 '돗귀>도끼'만 남게 된 위의 예와는 달리 '둗겁다>두껍다', '두텁다'가 모두 현대국어로 이어져서 쓰이고 있다. 본고의 기준에 따르면 '두껍다'의 형태 최초형은 '둗겁다'가, '두텁다'의 형태 최초형은 '두텁다'가 될 것이다.

한편 『표준』에서는 '깃'의 직접적 소급형을 아래와 같이 '짗'으로 제시하고 있다.

(19) 깃² (명) =깃털. 【<짗『석상』】

'짗'을 '깃'의 직접적 소급형으로 제시한 것은, 초성의 /ㅈ/가 /ㄱ/의 구개음화에 의한 결과인 것으로 해석됨으로써 본래부터 /ㅈ/였던 것을 /ㄱ/로 바꾸어 놓게 되는 '부정 회귀' 현상을 겪게 된 것으로 보았

기 때문일 것이다. 그러나 본래부터 '깃'과 '짗'이 방언적 관계로 존재
했고, 중세국어 시기에는 이 중 '짗'이 자주 나타나다가 이후에는 '깃'
이 세력을 넓히게 되었다고 볼 가능성을 배제할 수는 없다. 이와 같이
'깃'과 '짗'을 방언적 관계에 있는 것으로 볼 가능성이 있다면, (19)에서
와 같이 '짗'을 '깃'의 직접적 소급형인 것으로 단정 지을 수는 없을 것
이다.

그러나 현재로서는 '짗'과 '깃'의 관계를 방언적 관계로 단정 지을 수
도, 직접적 소급형으로 단정 지을 수도 없기 때문에 어형 '짗'을 형태
최초형으로 제시할 것인지 참고 정보로 제시할 것인지를 결정하기는
어렵다. 이런 어형들을 어떻게 처리할 것인지는 문제로 남겨 두기로
한다.

4.5 정리

이제까지 본고의 기준에 따른 '형태 최초형'으로 제시할 수 있는 유
형들과 그렇지 않은 유형들을 나누어 보았다. 각각의 유형을 정리하
여 제시하면 아래와 같다.

유형	예
자연스러운 음운 변화 과정을 상정할 수 있는 어형	**갈라-지다**[1] (동) 갈아디다『월곡』 **까마귀** (명) 가마괴『용가』 **내리다**[1] (동) 느리다『용가』 **던지다** (동) 더디다『용가』 **돌-리다**[4] (동) 돌이다『번박』 **칼** (명) 갏『용가』 **함께** (부) 훈쁴『석상』
의미적 연관성이 있고, 형태론적으로 동일한 어형	**어리다**[3] (형) 어리다(愚)『용가』 **짗**[1] (명) 즛(貌)『월곡』

부사파생접미사 '-이', '-히'가 달리 나타난 어형	**가지런·히** (부) ᄀᆞ즈론이 『가언』 **거룩·히** (부) 거르기 『언두』
어간 재구조화를 겪기 이전의 어형	**부치다**⁴ (동) 붗다 『구활』 **막·다르다** (형) 막다ᄃᆞ다 『신합』
의미 없는 접사 '-이' 결합 이전의 어형	**고니**¹ (명) 곤 『월석』 **꼬치**¹ (명) 곶 『월석』
비자동적 어간 교체를 보이는 어형12)	**나무**¹ (명) 낡 『용가』

표1. 형태 최초형으로 제시할 수 있는 유형

유형	예
자연스러운 음운 변화 과정을 상정할 수 없는 어형	**가시·덤불** (명) *가시덩울 『칠대』 **고들-빼기** (명) *고것바기 『동의』
형태론적 구성이 다른 어형	**겨누다** (동) *견지다 『석상』 **구덩이** (명) *굳 『석상』 **꼬챙이** (명) *곶 『월석』 **넘·치다** (동) *넘삐다 『능엄』
쌍형어 중 오늘날 쓰이는 어형으로의 자연스러운 음운 변화 과정을 상정할 수 없는 어형	**거품** (명) *더품 『월석』 **두껍다** (형) *두텁다 『석상』 **두텁다**¹ (형) *둗겁다 『석상』 **반드시** (부) *반ᄃᆞ기 『월석』
접사 형태가 다르게 나타난 어형 (부사생접미사 '-이', '-히' 제외)	**가라앉·히다** (동) *ᄀᆞ라안ᄎᆞ다 『동의』 **돌-리다**⁴ (동) *도ᄅᆞ다 『두시-초』 **두렵다**¹ (형) *두립다 『석상』 **살-리다** (동) *사ᄅᆞ다 『용가』
방언적 관계에 있는 어형	**도끼**¹ (명) *도최 『능엄』

표2. 형태 최초형으로 제시할 수 없는 유형

---

12) '나모~낡'와 같은 유형은 4.1절에서 다룬 쌍형어와 동일한 부류에 속할 수 있는 것이지만, 어원적 관련이 뚜렷해 보이며 한 쌍에 속한 각 형태가 곡용이나 활용 시 환경을 나누어 선택적으로 나타난다는 점에서 차별성을 갖는다.

5. 최초 출현형의 기준에 따른 어휘 역사 정보 제공 방안

이제까지 국어사전에서 제시할 최초 출현형의 기준을 '형태론적 입장'에 따라 설정하는 것이 타당함을 주장하였고, 이에 따라 구체적인 표제어들을 대상으로 최초 출현형을 어떻게 결정할 것인지를 살펴보았다. 이는 국어사전에서 표제어의 역사에 대한 정보를 제공할 때 어원을 보여주는 정보, 최초 출현형과 출현 시기에 대한 정보, 그 외에 표제어의 직접적 소급형으로 볼 수는 없지만 형태·의미적으로 관련지을 수 있는 어형에 대한 정보를 구별하여 제시하는 것이 사전 이용자들의 편의와 정확한 정보 전달을 위해 필요하다고 보았기 때문이었다.

그러므로 본고에서 제시한 최초 출현형의 기준에 부합하는 형태에는 최초 출현형임을 구별할 수 있는 표시를 부여하고, 나머지 관련 형태들에 대해서는 참고 정보의 지위를 가지는 것임을 보일 수 있는 표시를 부여하는 일이 필요하다. 표제어의 구성 요소 중 일부만 일치하는 어형이 문헌에서 먼저 나타나는 경우에 그 요소에 대한 정보, 방언적 관계에 있는 어형이나 쌍형어에 대한 정보 등은 최초 출현형과는 구별되어 참고 정보로 제시될 것이다. 최초 출현형으로 볼 수 있는 어형과 참고 정보로 볼 수 있는 어형의 구분은 4.5절에서 정리한 것과 같다.

예를 들면 아래와 같은 어휘 역사 정보 표시가 가능할 것이다. 【 】 안에는 최초 출현형과 최초 출현 문헌에 대한 정보, 최초 출현 이후의 음운론적 변화형에 대한 정보만을 제시하고, 【 】바깥에는 참고 정보들을 제시한다. 이 때 '∞'로 참고 정보임을 표시해 준다.

(20) ㄱ. **가시-덤불** (명) 【가시덤블『오륜』】 ∞ 가시덩울『칠대』

　　ㄴ. **거품** (명) 【거품『구급간』】 ∞ 더품『월석』

　　ㄷ. **살-리다** (동) 【살리다『오륜』】 ∞ 사ᄅ다『용가』

　　ㄹ. **도끼**[1] (명) 【독그<돗그<돗귀『월석』】 ∞ 도최『능엄』

　　ㅁ. **꼬챙이** (명) 【곳챵이『동문』】 ∞ 곶『월석』

(21) ㄱ. **차례1** (명) 【ᄎ례<ᄎᆞ뎅『석보』<次第】

　　ㄴ. **도량**[4] (명) 【도량<똘땅『석보』<道場】

(20)은 고유어에 대하여 최초 출현형과 참고 정보를 제시한 예이고, (21)은 한자어가 어원 정보에 포함되어야 할 유형에 대하여 최초 출현형 정보를 제시한 예이다.

(21ㄱ)에 제시된 '차례'에 대하여 현대에 '次例'라는 한자어로 인식하여 사용하는 경우가 있는데, 김영만(2004)에서 지적되었듯이 '차례'의 어원은 '次第'이고, 어원에 대한 인식이 멀어지면서 후대에 잘못 인식되어 쓰인 것이다. 그러므로 국어사전에서는 '次例'라는 한자어를 '차례'의 원어 정보로 제시할 것이 아니라, 뜻풀이에서 '차례'가 겪은 역사적 과정에 대해 설명해 주는 것이 좋을 것이다.

(21ㄴ)의 '도량'에 대해서도 『표준』에는 표제어 옆에 원어 정보로 한자어 '道場'이 제시되어 있는데, 지금의 한자음과 멀어져 있으므로 이는 어원 정보에서 제시해 주는 것이 좋을 것으로 생각된다.

이러한 정보를 제공해 주기 위해서, 한자어에 한해서는 어휘 최초형인 '次第', '道場'을 어원란에서 함께 보여주는 것이 좋을 것으로 생각된다. 이와 동시에 형태 최초형도 따로 제시하고, 형태 최초형에는 출현 문헌을 표시해 줌으로써 최초형의 유형을 구분하여 제시할 수 있겠다.

6. 결론

이제까지 표제어의 역사와 관련된 정보들을 국어사전에서 어떻게 제시해 줄 수 있을 것인지에 대해 생각해 보았다. 『표준』에 제시된 최초 출현형의 범위는 표제어의 직접적 소급형으로 볼 수 없는 어형에까지 걸쳐 있어서 그 범위가 분명하지 않은 점이 있었다. 그래서 최초 출현형의 개념을 다시 세워 보았고, 크게 계통적 최초형, 어휘 최초형, 형태 최초형, 의미 최초형, 표기 최초형의 다섯 가지로 최초형을 상정할 수 있음을 제시하였다. 이는 고유어와 한자어 모두에 적용될 수 있는 개념이라는 점도 살펴보았다.

그리고 국어사전의 어휘 역사 정보 제공을 위해서는 이 중 형태 최초형을 최초 출현형의 기준으로 제시해 줄 수 있음을 언급하였다. 훈민정음 이전 시기에 나타나거나 나타났을 것으로 추정되는 추론적인 최초형을 제외하고 판단 기준이 모호한 의미 최초형을 제외하면, 가장 신뢰할 만한 기준이 될 수 있는 것은 형태 최초형이기 때문이다. 이를 바탕으로 형태론적 동일성을 어느 정도까지 인정할 수 있을지에 대한 문제를 구체적인 사례와 함께 살펴보았고, 이를 통해 선택한 형태 최초형은 기타의 표제어와 관련된 어형 정보와 구별하여 제시해 주는 것이 정확한 정보 전달과 어휘 역사 정보 이용의 편의를 위해 필요함을 주장하였다. 이에 따라 국어사전에서 어휘 역사 정보를 어떻게 제공해 줄 수 있을 것인지에 대해 생각해 보았다.

그러나 방언적 관계에 있는 어형의 판별과 같이, 형태 최초형의 판정을 위해 해결되어야 할 부분들이 남아 있다. 또한 형태론적으로는 동일한 구성을 가지지만 범주가 다르게 나타나는 경우를 형태 최초형의 범위 안에 포함시킬 수 있을 것인지에 대한 문제도 해결되어야 한다. 범주가 다르지만 형태론적으로 동일한 것의 예로는 명사 '신'과 동사 '신-', 현대국어의 '뵙다'와 중세국어의 '뵈ᅀᆞᆸ다' 같은 것이 있다. 이 외에 문법화를 겪는 요소들에 대해서도 문법화 이전의 어휘 형태소를 형태 최초형으로 볼 것인지에 대한 논의가 필요하다. 일단 이들은 형태적으로 동형적이거나 유관하지만 의미 관계가 현저히 먼 경우에 같은 어휘로 다루지 않는 것(예. 중세국어의 '스치다[思]'와 현대국어의 '스치다')의 처리에 준하여, 형태 최초형으로 포함하지 않는 쪽이 좋을 것으로 생각된다. 이에 대해서는 차후의 연구가 필요하다.

참고 문헌

국립국어원. 2000a. 「『표준국어대사전』 편찬 지침 I」. 서울: 국립국어원.

국립국어원. 2000b. 「『표준국어대사전』 편찬 지침 II」. 서울: 국립국어원.

국립국어원. 2000c. 「『표준국어대사전』 편찬용 어원 정보 자료」. 서울: 국립국어원.

김성규. 1995. "'사른다'류의 파생어." 「한일어학논총」(국학자료원) 381-394.

김영만. 2004. "국어사전과 한자어의 어원 -한자어를 고유어라 하는 주장에 대하여." 「한국어학」(한국어학회) 22. 23-67.

안병희·이광호. 1990. 「중세국어문법론」. 서울: 학연사.

이기문. 1972. 「개정판 국어사개설」. 서울: 탑출판사.

이기문. 1985. "國語 語彙史의 한 側面." 「역사언어학」(김방한선생회갑기념논문집편집위원회). 서울: 전예원. 57-66.

이기문. 1992. "國語 辭典의 語源 表示에 대하여." 「새국어생활」(국립국어연구원) 2-4. 2-13.

이승재. 1983. "再構와 方言分化." 「국어학」(국어학회) 12. 213-234.

이현희. 1987. "중세국어 '둗겁-'의 형태론." 「진단학보」(진단학회) 63. 133-150.

이현희. 1996. "韓國語辭典과 古語." 「관악어문연구」(서울대학교 국어국문학과) 21. 41-66.

홍윤표. 1992. "古語의 풀이말." 「새국어생활」(국립국어연구원) 2-1. 101-120.

참고 사전

국립국어원 편. 1999. 「표준국어대사전」. 서울: 두산동아.

운평어문연구소 편. 1991. 「금성판 국어대사전」. 서울: 금성출판사.

2부

사전과 응용 언어학

〈고려대 한국어대사전〉과 사전학

중한 번역기에서의 형태소 분석의 문제와
해결 방안에 대한 소고

박재승

1. 서론

한국어는 교착어로서 형태소 분석 단계에서 어절을 내용어와 기능어 단위로의 분해가 이뤄져야 한다. 반면에 고립어이며 일음절 형태소 언어인 중국어의 경우는 언어 자체가 이미 형태소 단위별로 분해가 되어 있는 상태로 이러한 형태소 분석은 의미가 없다. 오히려 어떻게 최소 단위인 단어로 결합시키는가가 형태소 분석의 주요 임무라고 할 수 있다. 때문에 중국어의 형태소 분석 단계를 '어휘 추출'이라는 술어로 명명할 수도 있을 것으로 사료된다. 기존 어휘 추출 방법으로는 '확률 통계에 근거한 방법'과 '확률 통계에 근거하지 않은 방법'으로 대별되어지는 데, 전자의 경우는 문장을 구성하는 문자들을 대상으로 확률적으로 가장 빈도수가 높은 단어를 결과물로 출력하는 방법이라면, 후자는 시스템에 탑재된 어휘 사전을 기본으로 하여 문장에서 어휘를 추출하는 방법이라고 할 수 있다.

확률 통계에 근거한 방법은 확률 통계에 사용되는 말뭉치의 규모와 말뭉치를 구성하는 원본 텍스트의 보편성과 신뢰도라는 문제에 직면하게 된다. 말뭉치 구축의 대상으로의 원본 텍스트가 일부 영역에 편중되었거나, 말뭉치의 규모가 너무 작을 경우에 출력된 결과에 대한 신뢰도는 큰 타격을 입게 된다. 또한 빈도수가 낮아서 확률 통계 자체가 무의미한 단어들에 대한 처리도 간과할 수는 없는 문제라고 할 수 있다. 물론 확률 통계에 의존하지 않은 방법도 미등재어 처리 문제 등이 발생하게 되지만, 확률 통계에 근거한 방법을 사용했을 때 발생 가능한 문제들에 대한 방지는 가능해진다. 王开铸(1995)는 시스템에 사전을 아예 탑재하지 않고 확률 통계만으로 어휘추출을 해야 한다는 주장을 피력한 바 있지만, 확률 통계는 결과물에 대한 정확도 테스트나 미해결 중의 구조 처리를 위한 마지막 처리 기제로서 사용해야지 결코 모든 문제를 확률 통계에만 근거하여 처리할 수는 없다는 것이 필자의 견해이다.

본고는 확률 통계 수치에 근거하지 않은 어휘 사전 기반의 처리 기제를 근간으로 삼으며, 나아가 중국어 형태소 분석 단계에서 발생 가능한 중의 구조의 유형과 그 처리 기제에 대한 일련의 단상들을 소개하고자 한다.

2. 기존 형태소 분석 기제의 유형과 문제점

'최장 일치법(Maximum Match Method, 最大匹配法)'이란 기계를 통한 자연 언어 처리를 위해 고안된 방법으로 인간 대뇌의 언어 처리 기제를 모방한 방법이다. 인간 언어 사용자도 문장을 보거나 들을 때 무의식적으로 뇌 속에 탑재되어 있는 '머릿속 사전'을 검색하여 문장을 최선의 결과로 분석·이해하게 되는 데, 다만 그 처리 속도가 너무 빨라서 그것을 인지하지 못할 뿐이다. 다시 말해 최장 일치법에 의한 형태소 분석방법은 심리 언어학적인 방법론을 자연 언어 처리에 응용한 것이라고 할 수 있다. 최장 일치법은 문장을 어휘 사전에 등재된 단어로 분석하는 과정에서 최장 길이의 단어를 결과물로 우선 판정하는 방법을 의미한다. 이는 곧 문자열에 사전에 등재가 된 최장 길이의 단어가 검색이 되었을 때 이를 문자열에서 우선 순위를 부여하여 입력 문자열에서 해당 어휘를 분석 대상에서 제외시켜 나가는 방법을 의미한다.

(예1) 中国是民主主义国家。중국은 민주주의 국가이다.

    규칙 : 분석 대상은 s1에, 분석 결과물은 s2에 보관한다.

        s1=0이 되면 검색을 완료하고 결과를 출력한다.

  → s1:中国/是民主主义国家。

    - '中国'등재어 검색 성공, '中'에서 시작하는 별도의 등재어 검색 실패 - s2에 '中国'를 저장한다.

  → s1:是民主主义国家。

    - '是'는 등재어 검색 성공, '是'로 시작는 별도의 등재어 검색 실패 - s2에 '是'를 저장한다.

  → s1:民主主义国家。

    - '民主'가 등재어 검색 성공, '民主主义'도 등재어 검색 성공

    - 최장 일치법에 의해'民主主义'를 s2에 저장한다.

  → s1:国家。

    - '国家'가 등재어 검색 성공 - s2에 '国家'를 저장 한다.

  → s1=0 - 검색 완료, s2에 저장된 결과를 출력한다.

  → s2 : 中国/是/民主主义/国家。

상기 예에서 알 수 있듯이 '民主主义'라는 문자열에서 사전에 등재된 단어는 '民主, 主义, 民主主义'이지만, 최장 일치법에 의한 분석을 통해 최장 길이인 '民主主义'가 그 결과물로 출력되게 된다. 하지만 이 최장 일치법은 어휘 추출에 있어서 아래와 같은 문제점을 내포하고 있다.

1) 최장 길이의 단어가 항상 옳은 결과를 출력할 수는 없다.

(예2) 他从马上跳下来。그는 말 위에서 뛰어 내렸다.[1]
- 최장 일치법에 의한 분석 : 他/从/马上/跳/下来。
- 이상적인 분석 : 他/从/马/上/跳/下来。

최장 일치법에 의해 상기 예문을 분석하게 되면 사전에 등재된 '马上'이라는 단어를 분석 결과로 출력하게 된다.

2) 어휘 사전에 등재되지 않은 미등재어에 대한 처리가 불가능 하다.
시스템에 탑재되는 어휘 사전은 등재어의 상시 업그레이드가 가능하다는 장점도 있기는 하지만 모든 단어를 탑재한다는 것은 거의 불가능하다. 특히 인명이나 지명 등은 그 조어의 규칙성을 정하기도 힘든 문제이다.

---

[1] (트랜스캣2004) 그는 곧에서 뛰어 내렸다.
(엠파스) 그는 곧 뛰는 것부터 내려온다.
기존 번역 시스템은 모두 '최장 일치법'을 사용하였기 때문에 '从马上'을 모두 '从/马上'으로 분석하였다.

3) 단어 최장 길이 제한에 의한 출력 오류이다.

陈小荷(2000)는 처리 속도의 향상을 위해 단어의 최장 길이를 제한해야 한다고 했다. 시스템이나 사용자가 제한한 최장 단어 길이에 의해 문장을 길이가 제한된 단위로 어휘 추출을 진행할 수 있게 되기 때문에 처리 속도 개선에 큰 효과가 있는 것이 사실이다.

예를 들어 '단어의 최장 길이(MaxWordLength, 最大词长)'를 '4'로 고정시켰을 때 최장 일치법은 아래와 같이 진행된다.

(예3) 입력 문자열(최대 단어길이-4) : 时间是金钱。시간은 돈이다.
(1) 时间是金 : 검색 실패
(2) 时间是 : 검색 실패
(3) 时间 : 검색 성공, 결과로 저장
(4) 是金钱。:검색 실패
(5) 是 : 검색 성공, 결과로 저장
(6) 金钱 : 검색 성공, 결과로 저장
(7) 검색 결과 : 时间/是/金钱。
(8) 검색 완료

하지만 경우에 따라서 번역 대상 문장에 형태소 제한 이상의 단어가 출현한 경우에 아래와 같은 결과로 출력될 수도 있다.

(예4) 中国已经成为发展中国家最大的出口国。
중국은 이미 개발도상국 중 최대 수출국이 되었다.
→ 中国已经 : 中国 / 已经
→ 成为发展 : 成为 / 发展
→ 中国家最 : 中国 / 家 / 最

→ 大的出口国 : 大 / 的 / 出口国

→ 결과 : 中国/已经/成为/发展/中国/家/最/大/的/出口国。

상기 예문에서 '发展中国家'는 한 단어이지만, 단어의 최장 길이로 제한된 '4'를 초과하기 때문에 '发展/中国/家'라는 오류 결과를 출력할 수밖에 없었다.

띄어쓰기가 결여된 중국어 문장은 이러한 분석 기제를 사용하지 않게 되면 문장 전체를 분석의 대상으로 하기 때문에 처리에 과부하가 걸리게 될 것이며 처리 속도 역시 현저하게 느려질 수밖에 없지만, 이러한 오류 수정을 위한 또 다른 기제를 채택해야만 하는 점을 고려하게 되면 문자열의 최대 길이를 제한하는 방법은 결코 이상적인 처리 방법이라고 볼 수가 없다. 처리 속도의 저하라는 문제를 감수하더라도, 최장 일치법에 이러한 단어 최장 길이 설정은 제외시키는 것이 오히려 더욱 효과적이라고 사료된다.

4) 교차형 중의 구조(交集型歧义结构)에 대한 판정과 처리가 불가능하다

교차형 중의 구조란 번역 대상 문자열에 'A, B, C'라는 문자기호가 있다고 가정할 때, 'AB'와 'BC'가 사전에 등재되어 어휘 추출 과정에서 'AB/C'와 'A/BC'의 결과를 출력할 수 있는 경우를 가리킨다.

(예5) 他的确切了一块肉。 그는 확실히 고기 한 덩어리를 잘랐어.[2]

---

2) (트랜스캣2004) 그의 적절해지는 부근의 고기(他/的/确切/了一块肉。)

(엠파스) 그 확실하고 적절하여 한 조각의 고기(他/的确/确切/了一块肉。)

트랜스캣2004'의 분석은 본고에서 제시한 분석 예 중 'b'에 해당하며, '엠파스'의 경우는 '的确切'의 분석 가능한 경우의 수를 한 문장 내에서 모두 제시한 것에 해당한다. 두 시스템 모두 중의형식에 대한 처리 기제를 고려하지 않았음을 명확히 보여준다고 할 수 있다.

→a. 他/的确/切/了/一/块/肉。

　　　그는 확실히 고기 한 덩어리를 잘랐어.

→b. 他/的/确切/了/一/块/肉。그의 정확히 고기 한 덩어리

　상기 예문의 경우는 '的确'와 '确切'가 사전에 등재된 단어이기 때문에 '的确切'부분이 예문 a와 b라는 두 가지 결과를 출력하게 되는 '교차형 중의 구조'가 되는 것이다. 기존의 최장 일치법은 이러한 교차형 중의 구조를 형태소 분석 과정에서 검출해낼 수 없다는 문제점이 있다. 때문에 기존의 번역 시스템은 아래와 같은 처리 결과를 출력해낼 수밖에 없었다.

　　(예6) (트랜스캣2004) 그의 적절해지는 부근의 고기

　　　　　　　　(他/的/确切/了一块肉。)

　　　(엠파스) 그 확실하고 적절하여 한 조각의 고기

　　　　　　　　(他/的确/确切/了一块肉。)

　'트랜스캣2004'의 분석은 예문5의 처리 결과 중 'b'에 해당하며, '엠파스'의 경우는 '的确切'의 분석 가능한 경우의 수를 한 문장 내에서 모두 제시한 것에 해당한다. 두 시스템 모두 중의형식에 대한 처리 기제를 고려하지 않았음을 명확히 보여준다고 할 수 있다.

　5) 결합형 중의 구조(组合型歧义结构)를 처리할 수 없다
　　결합형 중의 구조(组合型歧义结构)는 문자열에서 'AB'와 'A/B'의 처리 결과가 모두 가능한 경우를 의미한다. 아래 예문과 같이 문자열에 '个人'과 같은 경우가 이에 해당한다고 할 수 있다.

(예7) 将来

　　→他们将/来我校参观。그들은 우리 학교에 참관하러 올 것이다.

　　→我校将来会有很大的发展。

　　우리 학교는 아주 큰 발전이 있을 것이다. 3)

　상술한 예문은 문자열에 'AB'와 'A/B'로 분석이 가능한 결합형 중의 구조인 '将来'가 문자열에 포함된 경우로 기존의 번역기는 아래와 같은 결과를 출력하였다.

(예8) a. 他们将来我校参观。

　　→ (트랜스캣2004) 그들은 장래 나의 학교는 견학한다.

　　→ (엠파스) 그들의 장래의 우리학교가 참관한다.

b. 我校将来会有很大的发展。

　　→ (트랜스캣2004) 나의 학교는 장래 큰 발전이 있을 줄 안다.

　　→ (엠파스) 우리학교는 장래 매우 큰 발전이 있을 수 있을 것이다.

　기존 번역기는 모두 최장 일치법을 형태소 분석에 사용하였기 때문에 상기 예문을 모두 '将来'로 처리하였다. 본고에서는 상술한 기존의 최장 일치법이 가지고 있는 문제점을 해결하기 위해 '교차형 중의 구조'와 '결합형 중의 구조'에 대한 각각의 판정 방법을 제시하고 처리 기제를 밝히고자 한다.

---

3) (트랜스캣2004) 나의 학교는 장래 큰 발전이 있을 줄 안다.
　(엠파스) 우리학교는 장래 매우 큰 발전이 있을 수 있을 것이다.
　이 예문에 대한 분석은 두 시스템 모두 정확하게 이뤄졌지만, 이를 통해 두 시스템 모두 '결합형 중의 구조'에 대한 처리가 고려되지 않았음을 알 수 있었다.

3. 중의 구조 판정 기제

3.1 교차형 중의 구조에 대한 판정 기제

교차형 중의 구조에 대한 기존의 연구는 교차형 중의 구조가 자동 번역에서 오류 분석을 일으키는 주요 원인이라는 인식과 기계적인 처리 방법에 대한 논의가 주를 이루었다. 물론 기계적인 중의성 처리 기제보다 언어 정보를 기반으로 하는 처리 방법이 더욱 이상적이라는 데에는 공감하고 있지만 그 처리 방법의 복잡성과 규칙 설정의 난해함으로 인해 주로 공식에 의한 기계적 처리 방법에 대한 논의가 주를 이룰 수밖에 없었다.4)

문장에서 이러한 교차형 중의 구조를 판정해 내는 방법 역시 명확한 언급이 결여되어 있다. 张民(1996)이 제시한 교차형 중의 구조 판정방법은 시스템에 탑재한 사전에 교차형 중의 구조를 발생할 수 있는 단어에 일정한 표지를 두는 것이다. 그는 '교차형 중의 구조 표지'를 갖는 단어는 아래와 같은 특징을 갖는다.

(1) AB는 사전에 등재된 단어이다. B로 시작되는 단어가 있으면 AB에 중의가 발생 가능하다는 별도의 표지를 사전에 정보로 제공한다.

(2) B로 시작하는 단어가 있다.(BC)→ 교차형 단어 구조로 판정

---

4) 교차형 중의 구조의 중의성 제거에 관한 연구는 확률에 의한 처리 방법으로 실례에 대한 접근이 아닌 단어 추출 결과에 대한 수치와 공식에 편중되어 있다. 물론 공식에 의한 처리가 일률적이고, 그 처리 속도가 확보가 된다는 장점이 있긴 하지만, 문법적 지식을 기초로 한 규칙에 의한 제한 규칙이 아닌 빈도수에 근거로 한 통계에 의한 방법은 이미 그 태생부터가 오류 출력이라는 한계를 내포할 수밖에 없다고 본다. 일부 학자들은 단어 추출에서 발생하는 교차형 중의 구조의 실례를 언급하기는 했지만, 중의성 제거를 위한 체계적인 제한 규칙의 설정이 아닌 실례 자체에 대한 해석 수준에 머물러 있는 것으로 판단된다.

(3) B로 시작하는 단어가 없다. → AB/C구조로 판정

그가 제시한 교차형 중의 구조 판별법을 위해서는 사전의 등재어를 대상으로 별도의 표지 작업을 해야만 하는 문제점이 있을 뿐 아니라 아래 예문과 같이 최장 일치법을 통해서는 중의 구조로 판정되지 않을 구조가 중의 구조로 판정이 되는 오류가 발생하게 된다.

(예9) 他是中学生。그는 중학생이다. 5)
　　→ 최장 일치법에 의한 분석 : '他/是/中学生。'으로 분석된다.
　　→ 张民의 교차형 중의 구조 판정법에 의한 분석
　　　: '他/是/中学生。'과 '他/是/中学 生。'으로 분석된다.

상기 예문을 만약에 최장 일치법에 의해 분석하게 된다면 '中学生'은 사전에 등재된 단어로 분석이 된다. 하지만 张民의 분석법에선 '中学生'은 교차형 중의가 발생할 수 있는 단어라는 표지가 사전에 별도로 표기가 될 것이며, '学'로 시작하는 '学生'이 사전에 검색되기 때문에 이를 교차형 중의 구조로 판정하게 될 것이다. 张民의 교차형 구조 판정법은 이러한 오류를 발생할 수 있기 때문에 이상적인 교차형 중의 구조 판정법이라고 보기 어렵다.

본고에서는 이러한 문제를 해결하기 위해 교차형 중의 구조 판정법

---

5) (트랜스캣2004) 그는 중학생이다.
(엠파스) 그는 중고등학생이다.
두 시스템 모두 '순행 최장 일치법'에 의해 문장을 분석하기에 본고에서 제시한 '최단일치법'에 의한 오류 분석은 모두 보여주지 않고 있다. 출력 결과가 다른 이유는 '엠파스'에선 중국에서 '中学生'이라는 개념이 한국에선 '중학교+고등학교'라는 개념에 상응한다는 점을 고려했기 때문일 따름이다.

을 기존의 '순행 최장 일치법'과 '역행 최장 일치법'을 혼합한 방법을 제안하고자 한다. 이 방법은 '최장 일치법(最大匹配法)'의 결과와 '역행 최장 일치법(逆行扫描)'의 결과가 다를 경우에 교차형 중의 구조를 포함한 문장으로 판정하며, 그 결과가 다른 부분을 '교차형 중의 구조'로 판정하기로 한다.

(예10) a. 上级解除了他的职务。윗선에서 그의 직무를 해제하였다.6)

   → 최장 일치법에 의한 분석 결과

   : 上级/解除/了/他/的/职务。

   → 역행 최장 일치법에 의한 분석 결과

   : 上级/解/除了/他/的/职务。

   b. 他是中学生。

   → 최장 일치법에 의한 분석 결과 : 他/是/中学生。

   → 역행 최장 일치법에 의한 분석 결과 : 他/是/中学生。

상기 예문에서 a의 경우에 최장 일치법과 역행 최장 일치법이 서로 다른 결과를 출력하였다. 결과가 달라지는 부분은 바로 '解除了' 부분이며, 이를 '교차형 중의 구조'로 최종 판정하게 된다. 예문 b의 경우에 张民의 분석 방법에서는 교차형 중의 구조를 내포한 문장으로 판정되지만, 본고에서 제시한 방법을 통한 처리에서는 교차형 중의 구조를 내포하지 않은 문장으로 판정된다. 이러한 판정 방법은 사전에 별도로 교차형 중의 구조가 발생 가능하다는 정보를 별도로 표기할 필요

---

6) (트랜스캣2004) 상급은 그의 직무를 해제했다.
  (엠파스) 상급 기관이 그의 직무를 해제한다.
  두 시스템 모두 '순행 최장 일치법'을 기준으로 문장을 분석하기에 동일한 결과를 출력하였다.

도 없을 뿐 아니라, 그 정확도에 있어서도 그가 제시한 방법보다 우월하다고 할 수 있다.

3.2 결합형 중의 구조에 대한 판정 기제

교차형 중의 구조는 기계적인 처리를 통해 추출해낼 수 있었던 반면에, 결합형 중의 구조는 중의 구조 판정에 있어서 기계적인 처리가 불가능하다는 단점이 있다. 그 이유는 A/B로 분리하여 사용될 수 있는 구조를 찾아내기 위해서는 각 형태소 단위가 문장에서 성립하는지의 여부를 살펴봐야하는 데, 만약 이러한 방법을 취하게 되면 본고에서 어휘 추출의 기계적인 처리 방법으로 선택한 '최장 일치법'과 상치되는 치명적인 문제점이 발생하게 된다.[7]

(예11) 发展中国家 개발도상국[8]
　　→ 최장 일치법에 의한 분석 결과 : 发展中国家
　　→ 결합형 중의 구조를 검색하기 위한 분석 결과
　　　: 1) 发展/中/国家 2) 发展/中国/家

교차형 중의 구조의 문제는 '문자열을 어디서 나눠야 하나'에 있다면, 결합형 중의 구조의 문제는 '문자열을 나눠야 하는가, 아니면 합해

---

[7] 이는 일종의 '최소길이 일치법'으로서, 결합형 중의 구조를 추출하기 위해서 분리 가능한 경우의 수를 모두 출력하게 된다. 이는 '표의문자'라는 중국어 문자의 특징에 부합되지 않을 뿐 아니라 어휘추출 자체가 의미 없는 작업이 될 수밖에 없을 것이다.

[8] (트랜스캣2004) 발전 도상국
(엠파스) 개발 도상국
두 시스템 모두 어휘 사전에 이 단어가 등재되어 있으며, 사전을 기준으로 한 '최장 일치법'에 의한 분석 결과이다.

야 하는가'에 있다고 할 수 있다. 상기 예문에서 제시된 '发展中国家'라는 표현은 기존의 '최장 일치법'에 의하면 정확한 분석 결과를 출력할 수 있는 데 반해서 결합형 중의 구조를 검색하고 판정하기 위해 분리 가능한 경우의 수를 모두 반영한 결과에서는 경우의 수가 늘어난 것과 더불어 심지어는 정확한 분석 결과조차도 경우의 수에 포함되지 않았다. 이는 곧 결합형 중의 구조의 판정을 상술한 방법으로 처리하게 되면 시스템 전체에 치명적인 오류를 일으킬 수 있다는 것을 의미한다.

어휘 추출 단계에서 지금까지의 연구가 '교차형 중의 구조'에 편중된 이유가 바로 결합형 중의 구조의 경우는 번역 대상 문자열에서 검색을 하는 방법이 문제가 되기 때문이다. 또 교차형 중의 구조의 경우는 대부분이 문장 내부에서 중의성 제거의 표지, 즉 실마리를 찾아낼 수 있는 데 반해, 결합형 중의 구조의 경우는 문장 단위를 초과하는 문맥의 도움을 통해서만이 비로소 해결되는 특징도 가지고 있다. 기존의 연구에서는 몇 개의 실례만을 제시하고, 그에 대한 중의성을 제거하는 방법을 소개하고 있을 뿐이다.

陈小荷(2000)는 결합형 중의 구조가 어휘 추출의 기본 방식인 '최장 일치법'과 상호 모순이 된다는 문제를 인식했지만, 실제 텍스트에서 결합형 중의 구조의 출현 빈도가 교차형 중의 구조에 비해 낮기 때문에 어휘 추출 단계의 중의 구조 연구는 '교차형 중의 구조'에 집중되어야 한다고 하였다.9) 물론 교차형 중의 구조가 결합형 중의 구조에 비해 그 빈도수가 월등히 높다는 것은 인정하지만, 빈도수가 낮다고 해서 연구의 가치가 전혀 없는 것으로 판단하는 것은 비논리적인 발상

---

9) 그의 분석에 의하면 어휘 추출 단계에서의 중의 구조의 출현 빈도는 1/110이라고 했다. 즉 어휘 추출 단계에서 110개의 대상이 되는 문자 중에서 중의 구조는 1번이 출현한다고 하였다. 이 중의 구조 중 86%가 '교차형 중의 구조'라고 했다.

으로 사료된다. 서론에서 앞서 제기한 바와 같이 자동 번역의 정확도
는 바로 이러한 중의 구조의 중의성 해결 정도로 가늠할 수 있는 것이
기에 결합형 중의 구조의 중의성 제거 기제 구축은 반드시 필요한 작
업임에는 의심의 여지가 없다고 하겠다.

　교차형 중의 구조의 판정은 최장 일치법의 순방향, 역방향의 결과가
다를 경우를 기준으로 분석할 수 있는 반면에 결합형 중의 구조는 이
러한 기계적인 처리가 불가능하다는 것을 이미 앞서 언급한 바 있다.
결합형 중의 구조가 기존 학자들로부터 외면당했던 이유도 중의 구조
판정의 어려움 때문으로 사료된다. 본고는 교차형 중의 구조의 판정
은 '결합형 중의 구조 어휘 사전'의 구축을 제안하기로 한다. 예를 들
면 자동 번역 시스템에 탑재한 사전의 등재어 중 결합형 중의가 발생
할 수 있는 가능성이 있는 경우를 선별하고, 이와 관련된 별도의 정보
를 등재어에 부여하는 것이다. 본고에서는 결합형 중의가 발생 가능
한 등재어를 아래와 같이 20개를 분류하였다.[10]

　　　(1) 才能　(2) 都会　(3) 个人　(4) 马上　(5) 人才　(6) 上来

　　　(7) 现在　(8) 可以　(9) 学会　(10) 一块　(11) 一起　(12) 正当

　　　(13) 中共　(14) 中将　(15) 中学　(16) 走向　(17) 一定　(18) 总会

　　　(19) 将来　(20) 中长期[11]

　시스템 사전에 상술한 어휘들에 별도의 표지를 두어 입력 문자에
상술한 어휘가 검색이 되게 되면 각 어휘별로 링크된 처리 기제로 이
동하여 처리될 수 있도록 한다.

---

10) 물론 상기 제시한 20개 이외에도 결합형 중의가 발생할 수 있는 어휘는 더 존재할 것이
고, 이러한 문제는 향후 등재어의 업그레이드를 통해 해결될 수 있는 문제이기 때문에
본고에서는 더 이상 언급하지 않기로 한다.

4. 중의 구조의 처리 기제

4.1 교차형 중의 구조의 처리 기제

俞士汶(2003)은 교차형 중의 구조의 중의성 제거 방법으로 '확률에 의한 방법'의 문제점을 지적하였다. 예를 들어 '这事的确定不下来。'라는 문장에서 교차형 중의 구조는 '的确定'인데, 이 교차형 중의 구조에서 '的'은 단독으로 문장에서 출현하는 빈도가 '的确'에 비해 월등하게 높기 때문에 '的确定'이라는 교차형 중의 구조는 '的/确定'으로 분석이 되게 되는 오류를 결과로 출력하게 된다고 하였다. 그의 견해는 기존 공학도들의 통계에 대한 맹신에 대한 단점을 지적한 것으로 매우 가치 있는 견해로 사료 된다. 통계라는 방법이 물론 자동 번역 연구에서 반드시 필요한 방법론 중의 하나인 것만은 사실이지만, 중의 구조를 단순히 통계라는 방법에 의존해서 중의성을 제거하려고 한다는 것은 상당히 무모하며, 그를 통해 얻어진 결과에 대한 신뢰 역시 낮을 수밖에 없는 것이 현실이다.

본고는 교차형 중의 구조의 중의성 제거를 위해서 '형태 표지 사전의 구축'의 방법을 제시하고자 한다. 여기서 형태 표지란 교차형 중의 구조를 구성하는 성분들 중 허사와 같이 문장 내 위치와 기능이 상대

---

11) 주목할 만한 점은 상기 20개의 결합형 중의 구조의 예들의 말뭉치에서의 '分合'의 양상이 균일하지 않다는 점이다. 다시 말해 상기 어휘들이 문장 내에서의 'AB'와 'A/B'형식의 빈도수가 균일하지 않다는 점이다. 이중 '中共, 可以, 一定'의 경우는 아래와 같은 '合'의 경우가 절대적으로 많이 나타나는 경우이다. '可以'의 경우에 말뭉치 중 무작위로 추출한 1632개의 예문 중에서 'AB'유형이 총 '1628'개가 검출된 반면에 'A/B'유형은 '4'개에 불과했다. '中共, 一定'의 경우도 이와 같이 99%에 달하는 경우가 'AB'유형으로 쓰였다.

孙茂松외2명(1997), 〈利用汉字二元语法关系解决汉语自动分词中的交集型歧义〉, ≪计算机研究中的作用≫

적으로 고정된 성분들을 가리킨다. 이러한 성분들의 제한적인 용법이
나 분포적인 특징을 자동번역 시스템에 정보로 제공함으로써 교차형
중의 구조의 중의성을 제거하는 하나의 기제로 사용하고자 고안된 것
이 바로 '형태 표지 사전'이다.

　본고의 '형태 표지 사전'은 아래와 같은 품사들로 구성된다.

　　(1) 동태 조사 : '了, 着, 过'와 같은 동태 조사 등이 이에 해당된다.
　　　　(예12) 过原始, 地表明了

　　(2) 구조 조사 : '的, 地, 得' 등과 같은 구조 조사 등이 이에 해당된다.
　　　　(예13) 地点将, 得到处

　　(3) 부사 : '将, 正, 的确, 确实'등과 같이 부사 중 단어를 구성할 수 있는
　　　　일음절 부사나, 앞 뒤 성분과 단어를 구성할 수 있는 형태소를 포함
　　　　하고 있는 이음절 부사가 그 대상이 된다.
　　　　(예14) 正体现出, 的确是

　　(4) 전치사, 방위사
　　　　(예15) 就地理, 中学习

　　(5) 방향 보어
　　　　(예16) 提出来, 说下去

　　(6) 수량사
　　　　(예17) 个中国人, 层高楼

본고에서 교차형 중의 구조의 중의성 제거를 위해 구축하고자 하는 '형태 표지 사전'의 형태 표지는 기존의 형태 표지의 개념과는 달리 상대적으로 개방적인 집합이기 때문에 상기 제시된 유형 이외에도 다른 형태 표지가 있을 수 있으며, 이에 대한 보완은 추후 실제 시스템 개발 후에 진행될 문제이기에 여기서는 논하지 않기로 한다. 또한 본고에서는 형태 표지 사전 구축의 형식을 제시하는 것이 목적이므로 '被'자 관련 처리 예만을 제시한다.

[X+被]처리 규칙
被자와 전치하는 문자 기호 간의 관계를 판정하는 기제이다.

▶ 被자와 전치한 문자들과의 단어 구성 여부를 검색한다.
- 검색이 성공했을 경우 : '被'에 후치한 문자 기호와의 단어 성립 여부를 검색한다. 검색에 성공했을 경우에 이를 단어로 판정한다.

(예18) 一/床被子/两人盖。침대 시트 한 장으로 둘이 덮는다.12)
　　　　 - '被'뒤에 쓰인 문자와 단어를 이루지 않는 경우는 [X+被]가 단어로 판정된다.

(예19) 为旱灾刚过的山区群众送去棉衣棉被和救济款。
　　　　 한재가 막 발생한 산간지역의 군중들을 위해 솜옷, 솜이불과 구제성금을 보낸다.13)

---

12) (트랜스캣2004) 1장의 이불의 2사람은 씌운다.
　　(엠파스) 1 침대 시트 2명이 덮는다.
　　두 시스템 모두 '순행 최장 일치법'을 기본으로 문장을 분석하기 때문에 비슷한 결과를 출력하였다.

- 뒤쪽으로 문장 부호가 검색될 경우는 당연히 [X+被]를 단어로 판정한다.

    (예20) 领导给贫困群众送棉被。
        지도층 인사들은 가난한 군중에 솜이불을 보냈다.[14]

- 검색이 안되었을 경우 : [被+X]기제로 넘어간다.

[被+X]처리 규칙
'被'자와 후치하는 문자 기호와의 관계를 판정하는 규칙이다.

  ▶ 1단계 처리 : 입력된 문자열에 전치사 '被'가 검색된 경우에 '被'로 시작되는 단어가 있는지 검색한다.
  - 검색에 실패했을 경우 : 전치사 '被'로 판정한다.

    (예21) 我被他打了一顿。나는 그에게 한바탕 얻어맞았다.[15]

---

13) (트랜스캣2004) 한해의 막 지나간 산악 지대의 대중 위하여 솜옷의 솜이불을 보내서 돈을 구제한다.
  (엠파스) 한재가 막 지난 산악지구 군중을 위해서 솜옷 솜이불과 구제금을 보낸다.
  '被'에 관한 처리는 '순행 최장 일치법'에 의해 두 시스템 모두 정확하게 처리가 되었지만, '트랜스캣2004'의 경우에 접속사 '和'에 대한 처리기제 결여와 '救济款'이 어휘 사전에 등재되어 있지 않아서 어색한 처리 결과를 출력하였다.

14) (트랜스캣2004) 빈곤한 대중에게 솜이불을 보내는 것을 지도한다.
  (엠파스) 지도자는 빈곤한 군중에게 솜이불을 보낸다.
  '被'에 관한 처리는 '순행 최장 일치법'에 의해 두 시스템 모두 정확하게 처리가 되었지만, '트랜스캣2004'의 경우엔 어휘 사전에 '领导'가 동사 정보만이 제공되어 있어서 오류 결과를 출력하고 있다.

'被他'가 사전 등재어가 아니기 때문에 '被'를 전치사로 판정하여 '被/他'로 분석한다.

- 검색에 성공했을 경우 : 2단계 처리 기제로 넘어간다.

(예22) 我被子弟兵这种爱民不扰民的精神所感动了。
　　　나는 청년병의 이러한 백성을 사랑하고 심려를 끼치지 않으려는 정신에 감동받았다.

'被子'가 단어로 검색이 되었기 때문에 2단계 처리 기제로 넘어 간다.

▶ 2단계 처리 : '被'로 시작되는 단어의 두 번째 문자부터 최장 일치법을 통해 단어를 검색한다.

- 검색에 성공했을 경우 : '被'를 전치사로 판정한다.

(예23) 我被子弟兵这种爱民不扰民的精神所感动了。
　　　나는 청년병의 이러한 백성을 사랑하고 심려를 끼치지 않으려는 정신에 감동받았다.

'子弟兵'이 단어로 검색이 되었으므로 이를 단어로, '被'는 '전치사'로 최종 판정한다.

---

15) (트랜스캣2004) 나는 그에게 조금 좋아졌다.
　(엠파스) 나는 그에 의해 1번 맞는다.
　'트랜스캣2004'의 경우는 '打顿'을 '打盹'으로 번역하는 오류를 결과로 출력하였으며, '엠파스'의 경우는 '了'에 대한 분석이 전혀 고려되지 않았다는 문제가 있었다.

- 검색에 실패했을 경우 : '被+X'를 단어로 판정한다.

    (예24) 他看到了<u>被子</u>晒在外面。

        그는 이불이 밖에서 말려지는 것을 보았다.16)

'子晒'와 '子晒在'등이 단어로 검색되지 않았기 때문에 '被子'를 단어로 판정한다.

4.2 결합형 중의 구조의 처리 기제

결합형 중의 구조는 교차형 중의 구조와 달리 어휘별로 처리 기제가 별도로 설정이 되어야 만 한다는 특징을 가지고 있다. 때문에 본고에서는 3.2에서 밝힌 어휘 중 '才能'에 대한 처리 실례를 아래와 같이 제시한다.

   ■ 才能

'才能'의 경우는 명사로서 'AB'형식으로 판단이 되는 경우만을 규칙화하기로 한다.17) 아래 제시된 규칙 이외의 경우는 'A/B'형식으로 판단하기로 한다.

   [A, B, C, 才能, D, E, F]

---

16) (트랜스캣2004) 그는 <u>이불</u>이 밖에서 햇볕에 말리는 것을 보았다.
   (엠파스) 그는 <u>이불</u>이 밖에서 햇볕을 쬐는 것 본다.
   두 시스템 모두 '被'를 정확하게 분석해 내었다. 번역이 다른 이유는 '晒'에 대한 어휘사전의 의미가 다르기 때문이다.

17) 이는 말뭉치의 빈도수를 기준으로 하여 제시된 규칙으로 '才能'은 본고에 제시된 제약 조건을 만족시킬 경우에만 결합 형식으로 사용되었다.

▶ 규칙1 : 'C'가 '的'일 경우

(예25) 这些植物还富有情感和表现音乐<u>的</u>才能 。
이런 식물들은 풍부한 감성과 음악을 표현하는 재능도 가지고 있다.18)

▶ 규칙2
'B, C', 혹은 'A, B, C'가 '科学, 数学, 语言学'과 같은 '학문명'일 경우

(예26) <u>数学</u>才能初露锋芒。
수학적 재능이 처음으로 두각을 드러냈다.19)

▶ 규칙3 : 'C'가 접속사일 경우

(예27) 他又以杰出的智慧<u>和</u>才能...
그는 또 걸출한 지혜와 재능으로... 20)

---

18) (트랜스캣2004) 이것들의 식물의 더욱 부유했던 감정과 태도의 음악의 <u>재능</u>.
　(엠파스) 이런 식물은 또한 감정과 표현의 음악의 <u>재능</u>을 가지고 있다.
　두 시스템 모두 '才能'을 정확하게 분석해냈지만, '트랜스캣2004'의 경우에 '富有'와 '表现'에 대한 품사 표기 오류가 발견되었다.

19) (트랜스캣2004) 수학이 <u>드디어</u> 처음으로 두각을 나타낼 <u>수 있다</u>
　(엠파스) 수학이 <u>비로소</u> 처음으로 두각을 나타낼 <u>수 있다</u>
　두 시스템 모두 '才能'을 '才/能'으로 분석하였다. 이는 본고에서 제시한 전치한 성분의 의미적인 특징을 고려하지 않았기 때문이라고 사료된다.

20) (트랜스캣2004) 그는 <u>또한</u> 걸출한 지혜로.
　(엠파스) 그 또 출중한 지혜와 <u>재능</u>으로.
　'엠파스'의 경우에 정확한 분석 결과를 출력하였지만, '트랜스캣2004'의 경우는 '才能' 자체가 분석에서 배제되었다.

▶ 규칙4 : 'D, E, F'가 '为+NP'일 경우

(예28) 以卓越的实验才能<u>为基础</u> 탁월한 실험재능을 기초로[21]

▶ 규칙5 : 'C'가 양사일 경우

(예29) 他研究了人的各<u>种</u>才能和怎样开发才能

그는 사람의 각종 재능과 어떻게 재능을 개발할 것인가에 대해 연구하
였다.[22]

▶ 규칙6 : 'D'가 '的'일 경우

(예30) 5万美元, 用于奖励在医学科学领域显示出卓越领导才能的加拿大人。

5만 달러는 의학, 과학 분야에서 탁월한 지도 능력을 보여준 캐
나다 사람을 장려하는 데에 쓰였다.[23]

---

21) (트랜스캣2004) 발군의 실험을 기초라고 한다
  (엠파스) 탁월한 실험의 <u>재능</u>을 기초로 한다
  '엠파스'와 달리 '트랜스캣2004'의 경우는 '才能'에 대한 분석 자체가 이뤄지지 않았다. 또
  '트랜스캣2004'는 '以~为' 구문 정보도 결여되어 있어 어색한 번역 결과를 출력하였다.

22) (트랜스캣2004) 그는 사람의 각종의 <u>재능</u>을 연구해서 어떻게와 <u>드디어</u> 개발할 <u>수 있다</u>
  (엠파스) 그는 사람의 각종 <u>재능</u>을 연구하는 것과 어떻게 <u>재능</u>을 개발한다
  '엠파스'는 정확한 분석이 이뤄졌지만, '트랜스캣2004'의 경우는 '양사(种)' 뒤에 쓰인 '才
  能'은 정확하게 분석하였지만, '동사(开发)' 뒤에 쓰인 '才能'에 대한 분석은 오류 결과를
  출력하였다.

23) (트랜스캣2004) 5만달러의학의 과학적인 영역에서 발군의 지도자의 <u>재능</u>을 분명히 가
  리키는 캐나다의 사람을 장려하는 것을 사용한다.
  (엠파스) 5만달러, 쓰여 장려하여 의학 과학 분야에서 탁월한 지도자 <u>재능</u>의 캐나다인
  을 나타낸다.

5. 결론

본고에서는 중한 번역기 구축에 있어서 형태소 분석 시 발생하게 되는 중의 구조의 유형을 '교차형 중의 구조'와 '결합형 중의 구조'로 대별한 후에 이러한 중의 구조를 각각 어떻게 판정하는지의 문제와 판정 후 처리 기제에 대한 제안을 하였다. '교차형 중의 구조'의 경우에 본고에서 제시한 판정 기제를 시스템에 반영하면 되겠지만 문제는 판정 후 각각의 중의 구조 실례에 대한 처리를 어떻게 해야하는지이다. 반면 '결합형 중의 구조'의 경우는 정확한 판정을 위해서는 연구자가 계속해서 실제 언어 자료에 대한 검색을 할 필요가 있다.

중한 번역기는 사용자에게 가독 수준의 번역 결과물을 제시하는 것을 1차적인 목표로 삼고 있다. 사실 어휘 사전과 기본적인 구문 처리 기제만을 탑재한 번역기도 절반 이상의 가독 가능한 결과물의 출력이 가능하다. 문제는 그 이상의 번역률 제고를 위해선 언어 지식을 기반으로 한 세부적이고 구체적인 일련의 기제들이 필요로 된다는 것이다. 이보다 근본적인 문제는 이러한 기제들 간 상호 충돌이 발생되었을 때 기제 간 선후 관계, 다시 말해 기제 간 상호 제약관계를 어떻게 설정하는가라고 할 수 있다. 하지만 이러한 기제 간 충돌 문제는 개발 단계에서 고려되어야 할 문제이고 또 그렇게 해야지만 새로 추가된 규칙의 문제점과 수정이 신속하게 이뤄질 것으로 사료된다. 따라서 지금의 과제는 기존에 축적이 된 언어 연구의 성과들을 기반으로 한 보다 효율적인 세부 처리 기제의 구축과 더불어 상용어를 기준으로 한 1차적인 어휘 사전 구축이 동반 진행되어야만 하는 작업임을 밝힌다.

참고 문헌

陈小荷(2000). 《现代汉语自动分析》. 北京语言文化大学出版社.

张 敏(1998). 《认知语言学与汉语名词短语》. 中国社会科学出版社.

俞士汶(2003). 《计算语言学概论》. 商务印书馆.

孙茂松외2명(1997). 〈利用汉字二元语法关系解决汉语自动分词中的交集型歧义〉.
    《计算机研究中的作用》

李临定(1986). 《现代汉语句型研究》. 商务印书馆.

姚亚平(1996). 《中国计算语言学》. 江西科学技术出版社.

袁毓林(1998). 《语言的认知研究和计算分析》. 北京大学出版社.

郑家恒(1993). 《计算机语言研究与应用》. 北京语言学出版社.

揭春雨외2명(1988). 〈论汉语自动分词方法〉. 《中文信息学报》第三卷 第一期

李国臣외2명(1988). 〈汉语自动分词及歧义组合结构的处理〉《中文信息学报》第2
    卷 第3期.

李向宏(2003). 〈自然语言句法分析研究现状和发展趋势〉. 《微处理机》第2期

웹 백과사전 개편 경험과 전망
- 다음백과 2007 개편을 중심으로 한 필드 스터디

정철

1. 머리말

전자사전과 인터넷 사전의 등장으로 책 형태를 가진 대부분의 사전들은 타격을 받았는데 어학사전에 비해 백과사전은 그 정도가 더 컸다. 어학사전은 언어학적 전문성을 갖추지 않으면 대체하기 어렵지만 인터넷은 그 자체가 하나의 거대한 백과사전이라고 볼 수 있기 때문이다. 예전에는 집에 있는 백과사전을 들춰보아 해결했던 의문을 이제는 그냥 인터넷 검색엔진에서 검색해보고 끝낸다.

게다가 '백과사전적 지식'이라는 말이 존재하는 것과 같이 백과사전은 여러 전문가들이 형식에 구애받지 않고 다양하게 지식을 기여하여 만들 여지가 있었고 그것은 위키백과(wikipedia)라는 형태로 구현이 되었다. 2001년에 설립된 위키백과는 이미 지구상의 가장 큰 지식 아카이브 중 하나가 되었다.

이런 상황에서 온라인 백과사전 서비스를 어떻게 만들 것인가에 대한 현장의 경험을 공유해보고 더 나은 백과사전은 어떤 것일까 함께 고민해보고자 한다. 너무 많은 주제가 짧은 내용에 담기게 되었는데 이야기들이 조금씩 관련을 가지고 있어 그리 되었으니 이해를 부탁드린다.

2. 인터넷 백과사전의 현황

2.1. 해외의 상용 백과사전

전통적인 사전들이 상용으로 존재한다. 이는 비즈니스 모델이 종이 책 → CD-Rom → 인터넷(유료 혹은 광고) 모델로 변화하는 과정 속에서 남아있는 유료 인터넷 백과사전들이다.

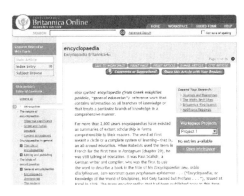

그림 1. 브리태니커 온라인

영어권 백과사전의 대명사인 브리태니커는(Encyclopedia Britannica, 1768~) 브리태니커 온라인을 가지고 있고, 이는 한국어판도 존재한다. 브리태니커는 유료 서비스이다.

그림 2. MSN 엔카르타

　브리태니커와 함께 온라인에서 유명한 영어권 백과사전으로는 MS
가 운영하는 엔카르타(Encarta, 1993~)가 있는데 이는 MS가 윈도우 및
자사 소프트웨어를 팔면서 끼워팔기 하던 것이나 지금은 인터넷으로
제공하면서 광고와 함께 공개하는 모델로 전환하였다.

그림 3. Japan Knowledge

　일본의 대표적 백과사전인 일본대백과전서(日本大百科全書, 小学館,
1984~)는 쇼가쿠칸이 중심이 된 Japan Knowledge 사이트에서 유료
로 서비스 중이다1). 이는 2010년 현재 야후 재팬에서 무료로 서비스
하고 있다.

그림 4. 중국대백과전서

중국어로는 중국대백과전서(中国大百科全书, 1978~)가 대표적인데 이 역시 유료로 서비스하고 있다.

한국어 백과사전으로는 엔싸이버(현 두피디아), 브리태니커 한국어 판, 파스칼 이렇게 3종이 서비스 중으로 유료 서비스는 없다2). 처음

---

1) http://100.yahoo.co.jp/
2) 특수한 백과사전으로 민족문화대백과사전이 서비스중이다.

에는 PC통신 유료 서비스와 인터넷 유료 서비스로 시작하였으나 점차
포털 서비스의 CP(content provider)로 정착하면서 수익을 얻고있다.

이렇듯 유료 백과사전 서비스는 여전히 존재하고 있지만 이들의 독
자적인 비즈니스 모델은 점차 약화되고 있다. 이유는 크게 두 가지인
데 하나는 인터넷의 팽창 그 자체이고 또 하나는 공개 백과사전의 성
장이라 할 수 있다.

2.2. 해외의 공개 백과사전

해외의 공개 백과사전은 대부분 위키위키라는 방식을 채택하고 있
다. 위키위키에 대한 설명은 뒤에서 자세히 하기로 하고 여기서는 공
동 집필에 용이한 저작도구 정도로 적고 넘어가기로 하자.

그림 5. 위키백과 첫화면

가장 방대한 위키방식의 백과사전은 '위키백과'이다. 200여개 이상
의 언어로 축적되는 중이며 지식공유의 가장 성공적인 사례이다. 역
시 뒤에서 자세히 설명하겠다.

그림 6. 후동백과

위키방식의 백과사전으로 위키백과가 아닌 것들이 일부 존재한다. 그 하나의 예로 후동백과(互动百科)을 들 수 있는데 중국어 위키백과가 이미 있음에도 불구하고 후동백과가 중국에 존재하게 된 것은 중국의 정치상황과 관계가 있다. 중국어 위키백과가 중국 본토 이외의 중국인들에 의해 발전되었으므로 중국 체제에 반하는 내용이 많이 담겨있어 중국 당국에 의해 차단되었기 때문이다. 그러한 이유로 중국 내에서는 두 가지 방식의 무료 백과사전이 나타날 수 있었는데 하나가 후동백과이고 또 하나는 바이두 백과이다. 바이두 백과가 더 큰 규모이지만 약간 변칙적인 위키방식이고 후동백과는 전형적인 위키방식으로 구축되었다.

그림 7. 위키하우

위키백과의 성장으로 두 가지 색다른 성격의 백과사전이 발전하게 되었는데 하나는 생활의 노하우를 담는 위키하우(wikiHow)이고 또 하나는 전문 분야 백과사전이라고 할 수 있는 위키아(wikia)이다. 위키하우는 영어권에서 충분히 활성화되었고 현재 6개 국어로 프로젝트가 이루어지는 중이지만 위키백과처럼 활성화되진 못하였다. 네이버의 지식iN과 같은 한국의 Q&A 서비스가 해외에서는 위키하우의 형태로 자리잡고 있는 중이다. 위키아는 위키백과가 너무 백과전서적인 스타일로 서술하는 것에 반해 해당 분야의 마니아들이 작성하는 특수 분야 위키백과이며, 현재 가장 큰 위키아는 스타워즈 위키아이다. 위키아는 위키백과의 설립자인 지미 웨일즈(Jimmy Wales)의 주력 프로젝트이기도 하다.

엔젤하이로(http://angelhalowiki.com)라는 커뮤니티 서비스가 있다. 디시인사이드와 유사한 곳으로 오타쿠 문화가 많이 언급되는 게시판 커뮤니티이다. 여기서 위키방식으로 애니메이션이나 만화 등에 대해 정리하기 시작한 것이 이후 점차 사회적인 분야로 확대되었다. 2007년에 처음 만들어져 벌써 10만 항목이 넘은 상태로 한국어 위키백과에 버금가는 규모라 할 수 있다. 또 내용상 보완되는 측면이 있어

점차 사전으로서의 활용도가 높아지는 중이다. 중앙일보사에서 만든 오픈토리(http://opentory.joins.com)도 위키방식으로 만들어지는 백과사전이다. 주로 중앙일보사에서 생산되는 콘텐츠가 담겨 있으며 자발적인 참여자는 적다. 하지만 중앙일보사에서 생산하는 콘텐츠의 양이 많으므로 충분히 의미있는 레퍼런스 역할을 하고 있다. 중요한 것은 이러한 사전들이 모두 위키 방식을 채택하고 있고 공동작업을 필수 기능으로 보고 있다는 점이다. 내용의 최신성 유지가 중요하기 때문에 그런 방식을 취하는 것으로 보인다.

그림 8. 스타워즈 위키아

이외에도 공개 백과사전을 지향하면서 전문가들의 집합으로 만들어지고 있는 디지털 유니버스나 구글이 새로이 진행하려는 놀(knol) 프로젝트들이 있지만 결과는 실패로 드러났다. 놀은 구글에서 서비스 개선을 포기했으며 디지털 유니버스 역시 유명무실한 상태이다.

한 가지 확실한 것은 정보를 공유하려는 움직임이 인터넷의 대세를 이루고 있어서 앞으로 상업적인 백과사전이 설 자리는 더욱 줄어들 것이라는 점이다.

3. 다음백과 2007 개편의 공과

3.1. 방향결정

포털은 대체로 정보를 직접 구축하지 않고 기 구축된 백과사전 텍스트를 이용해 온라인 서비스를 구현한다. 이는 어쩔 수 없는 일이다. 포털이 직접 백과사전을 서술하는 것은 수익성이 없기 때문이다.

그렇다고 현재처럼 기 출간된 백과사전을 온라인에 포함하는 방식이 계속될 수는 없다. 이미 국내의 기 출간 백과사전은 모두 온라인에서 서비스 중이기 때문이다. 이제 남은 것들이라면 전문용어사전들과 기독교 대백과사전, (북에서 출간된) 조선대백과사전 등 몇몇 특수한 백과사전류 뿐이다. 그렇다면 앞으로는 인터넷 백과사전 서비스의 확대 방향으로 UCC를 포함하는 형태가 되지 않을 수 없을 것이다.

그리고 여러 포털들의 백과사전 서비스를 살펴보면 전체적으로 지식과 검색에 대한 이해가 상당히 약하다. 현재 구글의 검색결과처럼 제목/본문 일부의 쌍이 단순하게 우선순위로 나열되는 방식으로 검색되고 있으며, 그 내부에서의 검색 랭킹에 크게 문제는 없다. 하지만 데이터의 특성에 따라 데이터를 쪼갠 다음 검색결과 배치방식을 바꾸는 것으로도 더욱 만족스러운 결과를 낼 수 있는데 그러한 고민이 부족한 것이다.

따라서 다음 백과는 두 가지 전략을 채택했다. 하나는 UCC의 집적체인 위키백과를 포함하여 기존의 브리태니커 백과사전과 함께 동시에 검색되게 하였다. 즉 전통적인 방식으로 쓰여진 백과사전과 새로운 것에 민감한 백과사전이 동시에 검색되게 하자는 것이다. 이후 다음이 UCC를 지원하면 할수록 위키백과가 더 좋아지게 될 것이고 또 그것은 다음백과 자체의 품질 향상으로 이어지는 선순환 고리를 가지게 될 것이다.

또 다른 하나는 검색 결과를 집약적이면서 다양하게 보여주겠다는 것이다. 이것을 실제로 어떻게 구현했는가는 3.3에서 3.5에 걸쳐 더 자세히 적어보겠다.

3.2. 영어/한국어 위키백과의 도입

위키백과는 새로운 것을 담는다는 점에서 기존 백과사전이 가지지 못한 것들을 보완하는 측면도 있고 영어 위키백과의 경우 이미 영어 브리태니커의 수준을 넘어섰기 때문에 백과사전 전체가 다루는 지식의 범위를 넓히기 위해 다음백과에 포함할 필요가 있었다.

그림 9. 다음백과에서 노출 중인 한국어 위키백과 항목 '드니 디드로'

다음백과에 위키백과를 포함하는 것에는 한국어 위키백과를 활성화시키겠다는 의지도 담겨있다. 위키백과를 활용하기만 하고 그것이 발전할 수 있도록 돕지 않는 것은 장기적으로 바람직하지 못하다. 한국어 위키백과는 영어판처럼 활성화되지 못했는데 인지도가 낮다는 것도 그 한 가지 원인이기에, 다음백과에 한국어 위키백과가 녹아들어 간다면 그 부분은 어느 정도 해결될 것이다.

그림 10. 다음백과에서 노출 중인 영어 위키백과 항목 '달랑베르'

다음에서 위키백과를 적용한 이후 네이버에서도 위키백과의 검색을 시작하여 위키백과 서비스는 엠파스(네이트), 다음, 네이버의 순서대로 시작되었다. 이 중 위키백과가 백과사전 서비스 내에서 융합되어 나오는 것은 2008년 2월 현재 다음 백과사전뿐이다. 이러한 융합이 이루어져 다음은 자연스럽게 위키백과를 지원하는 분위기가 만들어지게 되었다. 다음은 백과사전 집필을 일부 지원하고 있으며 위키미디어재단을 통해 글로벌세계대백과의 저작권을 풀어 한국어 위키백과에 기증하였다. 이후 지속적인 지식공유 프로젝트를 지원하고 있다3).

3.3. 검색결과의 조절

검색결과를 좋게 만드는 것은 그리 간단한 일이 아니다. 특히 웹검색처럼 불특정 다수의 문서에서 최적화된 랭킹을 구현하는 것은 매우 어렵다. 하지만 사전처럼 비교적 균질한 DB에서 좋은 순위를 만들어내는 것은 복잡한 알고리즘을 동원하지 않고도 어느 정도 가능하다. 기존 백과사전 서비스들의 문제점이라면 웹검색의 인터페이스를 사전검색에 그대로 적용했다는 것이다.

웹 문서와는 달리 항목명 / 요약 / 분류 / 목차/ 키워드 / 본문 등으로 요소가 나뉘어 있는 백과사전에서는 어떤 질의가 들어오는가에 따라 얼마든지 랭킹 조절이 가능한데 현재 대부분의 인터넷 백과사전은 이를 간과하고 있다.

다음 백과사전에서는 먼저 검색결과를 우선순위에 맞추어 분리하였다. 표제어 검색결과를 완전일치와 부분일치로 나누었으며 본문 검색결과뿐 아니라 태그 검색결과를 두어 검색결과를 더욱 다층화하였다.

검색결과를 분리하기 위해서는 그 전에 검색데이터를 미리 나누어야 했다. DB의 필드를 잘게 나눌수록 검색결과를 조절하기 쉽기 때문이다. 태그는 키워드이기 때문에 본문보다는 좀더 좋은 결과를 내줄 수 있었다. 그리고 원래 다음에서는 전문용어 대역사전을 서비스하고 있었기 때문에 그 부분을 나누어서 검색하였다.

검색결과, '순서대로 완전일치 결과를 펼쳐서 / 부분일치 결과를 모아서 / 자동번역 검색결과를 펼쳐서 / 태그 검색결과를 모아서 / 본문 검색결과를 모아서' 보여주었다. 중요하다고 생각되는 것을 더 위로

---

3) http://ko.wikipedia.org/wiki/위키백과 :지식공유_프로젝트

올리고 사용자가 무엇을 넣어 검색했는지 확인할 수 있는 형태로 구성한 것이다.

그림 11. 네이버 백과에서 '세포'를 검색했을 때 나오는 결과 화면

〈그림 11〉을 살펴보자. 상단에 분류가 노출된 것을 제외하면 항목명 완전일치 (세포)가 상단에 나온 다음 아래쪽에 부분일치 (세포의 구조 / 세포의 기능 / 바이러스 감염세포와 정상세포의 차이 등)가 나오는 것으로 끝난다.

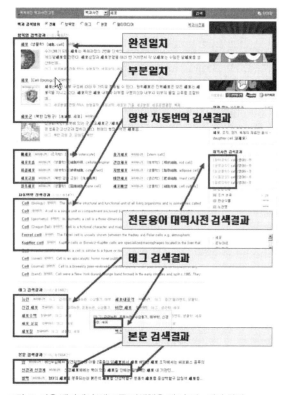

그림 12. 다음 백과에서 '세포'를 검색했을 때 나오는 결과 화면

　반면에 〈그림 12〉를 살펴보면 상단에 완전일치 결과가 풀어져서 배치되어있고 바로 하단에 부분일치 결과가 접혀서 배치되어 있다. 이렇게 구분하여 노출하는 것은 검색결과 상단에 찾고자 하는 것이 묶여서 한눈에 찾는 것이 보이게 하기 위함이었다. 그 아래에 자동번역 검색결과 / 태그 검색결과 / 본문 검색결과 등이 배치되어있다.

　이렇게 바꾸어 검색결과가 얼마나 나아졌는지는 사실 계량화하기가 어렵다. 특정 쿼리를 넣고 그것이 첫 화면에 얼마나 잘 나오는지를 세면 되겠지만 그 쿼리세트를 만드는 것이 쉽지 않기 때문이다. 결국 이 개편의 결과는 주변 사용자들의 반응을 보고 판단할 수밖에 없었는데 대체로 호의적인 반응이 나왔다. 통계적으로도 페이지뷰(page view)가 50% 상승하는 등 지표상의 변화는 있었으나 이것이 위키백과를 포함했기 때문인지 아니면 검색 품질이 높아져서인지를 명확하게 가려낼 수는 없다.

3.4. 영한 자동번역 검색

번역이라는 표현을 쓰기는 민망한 기능이지만 딱히 적당한 대안이 없어 자동번역 검색이라는 표현을 썼다. 이것은 한국어 브리태니커나 한국어 위키백과에 없는 항목들을 영어 위키백과에서 쉽게 검색할 수 있도록 미리 변환표를 만들어 자동으로 검색해주는 기능이다.

예를 들어보자. 스티브 맥퀸이라는 배우가 있는데 이 배우는 국내에 널리 알려진 사람은 아니지만 영미권에서는 대단한 카리스마를 가진 유명배우이다. 스티브 맥퀸에 대한 백과 항목은 한국어 위키백과와 브리태니커에는 없지만 영어 위키백과에는 있다. 다음은 영화/책 서비스 등 다양한 서비스를 하고 있으므로 다음의 영화 데이터베이스에는 스티브 맥퀸에 Steve McQueen이라는 원어명이 포함되어있다. 이 경우 한국어로 검색해도 영어로 변환하여 검색해주는 것이 영한 자동번역 검색이다. 'http://enc.daum.net/스티브맥퀸'이라고 한번 넣어보라.

그림 12. 다음 백과에서 '스티브 맥퀸'을 검색했을 때 나오는 결과 화면

이 방법은 인명과 영화 제목 같은 고유 명사에서 단순하게 활용할 수 있다. 200만 항목이나 되는 영어 위키백과에는 여러 가지 특이한 것들도 많이 있다. 예를 들어 조지 오웰의 에세이 Shooting an Elephant를 살펴보자. 이것은 국내에 '코끼리를 쏘다'라는 제목으로 번역되어 있다. 그런데 코끼리를 쏘다에 Shooting an Elephant가 변환표로 들어있지 않으면 기본적으로는 검색이 되지 않는다. 이런 경우 아래와 같이 자동으로 변환을 해볼 수 있다.

  1) elephant : 코끼리
  2) shoot : 쏘다, 발사하다, 맞추다

그렇다면 shooting an elephant에는 '쏘다 코끼리', '맞추다 코끼리', '발사하다 코끼리' 이렇게 3가지 키워드를 생성하여 넣어둘 수 있다. 이 상태에서 '코끼리를 쏘다'라는 쿼리가 들어오면 이것을 형태소 분석하여 '코끼리 쏘다'를 얻어낼 수 있고 이를 검색하면 shooting an elephant를 찾아줄 수 있는 것이다.

물론 이것은 기본적인 개념일 뿐이고 이것을 상세하게 구현하는 단계에서 여러 가지 부작용이 생기므로 그것들을 줄여나가는 작업들을 해야 한다. 하지만 그것들은 약간의 NLP 테크닉과 센스만 있으면 처리할 수 있는, 결코 복잡하지 않은 수준의 작업이다.

이 정도의 작업으로 사용자는 의도치 않게 영어 위키백과까지 함께 검색할 수 있게 되는 것이며 그 사용자가 비록 영어를 읽지 못한다 하더라도 정보가 어디에 있는지를 알게 되는 것(know-where)만으로도 충분히 만족감을 얻을 수 있다. 이 결과는 부분일치 바로 아래에 넣어도 괜찮을 만큼 결과가 좋다.

3.5. 항목 간의 매핑

브리태니커 백과와 한국어 위키백과를 동시에 서비스하면 자연스럽게 겹치는 항목이 많이 나오게 된다. 대한민국, 세종, 서울 이런 항목들은 양쪽에 있을 수밖에 없을 것이다.

이것들을 매핑하는 것은 일견 단순해 보이지만 매우 번잡한 과정을 필요로 한다. 일정한 규칙이 없기 때문이다. 아래의 예를 보자.

- ▸ 홍무제 vs 주원장
- ▸ 에셔 vs 에스허르
- ▸ 나폴레옹 vs 나폴레옹 1세 vs 나폴레옹 보나파르트

이 예만 봐도 이것이 금방 해결되지 않음을 알 수 있다. 사실 이것은 해당 백과의 편찬원칙이 그러한 것이기 때문에 어쩔 수 없다. 브리

태니커 백과에서 '테일러'를 넣어보면 테일러가 스무 명이나 나온다. 성명을 다 쓰지 않고 성만 쓰는 것을 원칙으로 했기 때문이다. '세종'만 해도 조선의 세종대왕뿐 아니라 청나라의 옹정제까지 검색된다. 이 역시 원칙의 문제라고 할 수 있다. 앞으로는 중의성을 낮추는 방식으로 가는 것이 바람직하다.

그림 13. 다음 백과에서 '홍무제'와 '주원장'이 관련항목으로 연결된 모습

이런 경우는 80%의 자동화와 20%의 수작업으로 해결하는 것이 최선이다. 그래서 먼저 원어필드와 다른 필드들의 여러 가지 조합을 통해 최대한 자동으로 매핑해본 다음 눈으로 전수검사를 했다. 자동으로 일치시킨 3-4만 건을 제외하고 약 1만 건을 일일이 확인하여 매핑하는 과정을 거쳤으나 여전히 종종 잘못된 결과가 발견되곤 한다. 앞으로도 지속적으로 인력을 투입하여 고치는 것 외에는 대안이 없다.

3.6. 태그의 도입

브리태니커 백과사전에는 별도의 검색키워드가 있었다. 이것은 다른 키워드로도 관련항목을 찾아볼 수 있게 하기 위함이었다. 예를 들어 위에서 언급했던 조지 오웰의 '코끼리를 쏘다'라는 에세이는 백과사전의 별도 항목으로 구성되어있지는 않지만 조지 오웰 항목에 일부 정보가 나오므로 '코끼리를 쏘다'는 '조지 오웰'의 검색키워드로 등록이 되어있었던 것이다. 그래서 '코끼리를 쏘다'를 검색하면 '조지 오웰'이 나올 수 있었다.

브리태니커와 위키백과에는 각각 분류가 포함되어있다. 분류는 트리구조로 나뉘어있으며 하나의 항목이 여러 분류를 가질 수 있다. 분류는 매우 전통적인 정보 구분 방식인데 십진분류가 기본이었던 인터넷 이전 시대와 인터넷 초기 시대에는 중요한 접근방식이었지만 검색이 기본이 되는 인터넷 환경에서는 예전에 비해 중요도가 많이 떨어진다.

이러한 검색키워드, 분류명을 비롯하여 본문의 목차, 요약 부분 등은 본문 자체에 비해 압축적이고 중요한 정보를 많이 가지고 있다. 이러한 요소들을 묶어 이번 개편에서는 태그라는 필드에 모두 넣고 이 검색 결과를 본문의 앞에 노출시켰다.

'제헌왕후'라는 키워드로 검색결과를 한번 비교해보자. 비교대상은 엠파스 백과사전으로 했는데 그것은 엠파스 백과사전이 한국학중앙연구원의 민족문화대백과사전을 포털에서 유일하게 서비스 중이기 때문이다. 따라서 동일한 키워드라면 다음백과보다 엠파스 백과에서 결과가 좋아야한다.

그림 14. 다음 백과에서 '제헌왕후'로 검색한 결과

검색해보면 다음백과에서는 윤씨폐비사건 / 연산군 / 갑자사화 / 성종이 태그검색에서 걸리고 이승만 / 폐비 윤씨 / 노국대장공주 / 장금이의 꿈 / 후궁의 정치세력 연결 / 폐 제헌왕후 / 후궁의 정치적 배경등이 본문검색에서 걸렸다. 형태소 과분석으로 이승만이 걸려나온 것을 제외하고는 대체로 괜찮다.

그림 15. 엠파스 백과에서 '제헌왕후'로 검색한 결과

엠파스백과에서는 윤씨폐비사건 / 이승만 / 회릉 이렇게 세가지 결과가 나왔다. 역시 이승만은 잘못 나온 것이고 폐비윤씨사사사건 / 회릉은 민족문화대백과에서 나왔다.

그림 16. 네이버 백과에서 '제헌왕후'로 검색한 결과

네이버 백과에서는 위키백과 검색결과를 제외하고는 본문검색에서 겨우 폐비윤씨사사사건이 나온다.

이 정도의 검색결과 차이는 검색 대상을 얼마나 나누어서 검색결과를 제어하는가에 달려있다.

3.7. 개편 이후의 반성

다음 백과는 개편 후 백과사전류 검색에서 압도적인 성능을 보였고 백과사전 사용량이 많은 사용자들의 지지를 얻었다. 하지만 사용자들이 전반적으로 많이 늘어난다거나 하는 결과를 가져오진 않았다. 왜

일까 고민한 결과를 몇 가지 적어본다. 대부분 정성적인 추정이다.

일단 백과사전 유입 경로가 백과사전 내의 직접 검색보다 여전히 통합검색에서의 노출에 의존적이다. 통합검색은 모든 검색대상을 다 다루고있다는 특성이 있으므로 백과사전 검색결과를 특별히 많이 노출하기도 쉽지 않은 상황이다. 현재의 노출 영역을 염두에 두고 백과사전의 노출을 더 높일 수 있는 방법을 고민해야 하는데 이것은 백과사전 개편보다는 통합검색 개편에 가까운 면이 있으므로 여기서는 더 이상 적지 않는다4).

예측하지 못했던 일이긴 하지만 초교가 나간 2009년과 수정이 이루어진 2010년 사이에 스마트폰이 급격히 보급되었다. 스마트폰에 최적화된 화면으로 백과사전을 재구성해야 하지만 긴 내용을 담고 있는 백과사전의 특성상 간단하지 않은 작업이다. 백과사전 항목은 더 작은 단위로 나뉘고 긴 내용의 경우 작은 단위가 조합되는 형태로 바뀔 필요가 있다.

마지막으로 백과사전 내용의 변경 없이 노출 방식의 변경으로만 가져올 수 있는 변화에는 한계가 있어 보인다. 그러나 백과사전의 내용을 어떻게 바꿔나갈 것인가는 여기서 더 손대 볼 여지가 없다. 이는 이후 위키백과의 문제와 백과사전의 생존 문제를 얘기하면서 더 논의를 진행해보고자 한다.

---

4) 백과사전 검색결과가 블로그나 지식Q&A와 같은 다른 경쟁 콘텐츠에 비해 경쟁력이 있는가를 분석해볼 필요도 있다. 이를 위해서는 키워드 표본을 추출하여 해당 표본에 대한 클릭률을 살펴봐야 한다. 추후 해당 분석이 진행되면 자리를 마련하여 공유할 수 있도록 하겠다.

4. 위키백과 : 콘텐츠 생산의 혁명

4.1. 위키백과의 현황

온라인 백과사전을 구성하면서 앞으로 백과사전이 나아갈 바를 고민한다면 위키백과를 피할 수 없는 일이므로 여기서 가볍게라도 한번 언급해보려 한다.

위키백과는 지미 웨일스에 의해 2001년 1월에 시작된 위키위키 방식의 무료 & 공개 백과사전이다. 2010년 11월 현재 영어 위키백과가 350만 항목을 이루고 있고 한국어 위키백과는 15만 항목을 넘은 상태이다5). 인쇄되었던 백과사전들은 브리태니커 급의 대백과사전이 10만 항목 수준이었으니 위키백과의 규모라는 것은 압도적인 수준에 올라와 있다고 할 수 있다. 10만 건 이상의 항목을 가진 언어가 30여 개에 이르고 이 안에는 볼라퓌크어와 같은 인공어도 존재한다6). 상위 언어는 영어/독일어/프랑스어/이탈리아어/폴란드어/일본어 순서이고 한국어는 20위권이다.

유사한 방식의 지식공유 프로젝트가 위키백과 이외에도 위키 뉴스, 위키 대학, 위키 자료집 등 다양한 형태로 확장되고 있다. 많은 경우 위키미디어재단의 주도로 이루어지고 있으며 2.2에서 언급한 위키아도 역시 이런 프로젝트 중 하나이다.

이렇게 급속하게 프로젝트가 확장될 수 있었던 것은 위키백과가 가지고 있는 공공성 때문이다. 위키백과는 누구나 기여할 수 있고 누구의 소유물도 아니다. GFDL이라는 공공 라이센스를 따르는 식으로 저

---

5) 2008년 2월에는 영어가 220만, 한국어가 5만 항목이었다.
6) 볼라퓌크어 항목들은 기계적으로 만들어진 것이 많긴 하다.

작권을 공유하고 있다. 하지만 공공성만으로는 광범위한 지지를 얻을수 없으므로 어떤 시스템이 그러한 성장을 가능케 하였는가를 확인할필요가 있다.

4.2. 위키백과의 전제와 오남용 제어장치

위키위키라는 시스템은 워드 커닝엄(Ward Cunningham)에 의해 1994년에 등장했다. 기존의 게시판 시스템을 넘어서는 웹문서를 지향하면서고안된 것인데 이것이 활성화되기까지는 꽤 오랜 시간이 걸렸다.

위키위키의 철학은 '사람은 기본적으로 선하다'라는 것이다. 오남용을 막기 위해 시스템을 폐쇄적으로 만들어나가는 것 보다는 오남용을최소화할 수 있는 시스템을 개발하고 그것을 개방하는 것이 낫다는생각을 가지고 있다. 일반적인 게시판 형식의 인터넷 환경에서도 각종 '악플'이 난무하여 어지러운데 누구나 내용을 전면적으로 수정할수 있도록 시스템을 개방하기 위해서는 특별한 오남용 제어장치가 필요하다.

그림 17. 한국어 위키백과의 '최근 바뀜' 화면

이것은 위키위키의 특징적인 세 가지 장치를 통해 구현되었다. 그 첫 번째는 최근 바뀜(recent changes)이다. 문서가 변경되면 변경된 시간 순서대로 목록을 볼 수 있다. 즉 최근에 무엇이 이슈인지, 누가 무엇을 고치는지 상호 감시가 가능하며 뭔가가 잘못 고쳐졌을 때 그것을 바로잡을 수 있게끔 알려주는 역할을 하고 있다.

그림 17. 한국어 위키백과 '구로사와 아키라' 항목의 변경 비교 화면

그리고 두 번째 장치는 변경사항을 비교할 수 있는 기능(diff)이다. 이는 원래 유닉스 시스템에 있던 기능으로 어떤 글자와 어떤 단어가 추가 삭제되었는지를 한눈에 볼 수 있게 비교해준다. 이 기능을 이용하면 누가 어떤 부분을 고쳤는지 쉽게 살펴볼 수 있으므로 역시 상호 감시에 효과적이다.

그림 18. 한국어 위키백과 '조지 오웰' 항목의 문서 변경 내력 화면

마지막으로 세 번째 장치는 과거기록을 남기고 그것으로 복원할 수 있는 기능(history)이다. 다른 사람이 쓴 것이 뭔가 이상하거나, 누가 글을 모두 지우고 도망갔다거나 하면 그것을 복원할 수 있어야 한다. 위키위키는 해당 글의 역사를 모두 기록해 놓고 있으며 어떤 시점이든 그쪽으로 돌아가서 그것을 저장할 수 있다.

이 세 가지 장치를 통해 위키위키는 악성사용자의 문서 훼손(vandalism)과 부주의한 사용자의 문서 손상을 방지할 수 있는 시스템을 구축해 두었다. 이것에 사용자들의 자발적인 참여가 결합되자 위키백과와 같은 혁신적인 시스템이 폭발적으로 성장할 수 있었던 것이다.

4.3. 콘텐츠 생산문화

시스템이 훌륭하다고 콘텐츠가 자발적으로 생겨나는 것은 아니다. 현재 웹상에 있는 다양한 콘텐츠의 상당수는 단순한 게시판 시스템으로 구현된 것이 대부분이다. 가장 집약적으로 지식이 구축된 곳 중 하나인 카페도 시스템만 본다면 그저 게시판의 집합에 지나지 않는다. 위키백과가 현재정도의 규모로 성장할 수 있었던 것은 몇 가지 원칙과 문화가 존재했기 때문이다.

그림 19. 한국어 위키백과 '스타크래프트' 항목의 토론 화면

가장 중요한 것으로 토론문화를 꼽을 수 있다. 전반적인 것을 다루는 '사랑방'에서의 토론(영어위키백과에서는 village pump)은 현재의 이슈들과 위키백과 내에서의 정책을 다룬다. 그리고 개별 항목의 토론 페이지에서는 해당 항목에 대한 논의사항을 다루고 있다. 이 두 가지의 크고 작은 토론을 통해 위키백과의 내용은 성장해나가는데 이런 토론을 통해 합의를 만들어가고 그 합의된 내용들이 위키백과 전면에 반영된다. 따라서 위키백과에서 어떻게 내용이 발전하는가는 얼핏 보면 파악하기 쉽지 않다. 항목별 토론 페이지는 페이지 상단에 있는 '토론' 탭을 누르면 볼 수 있다.

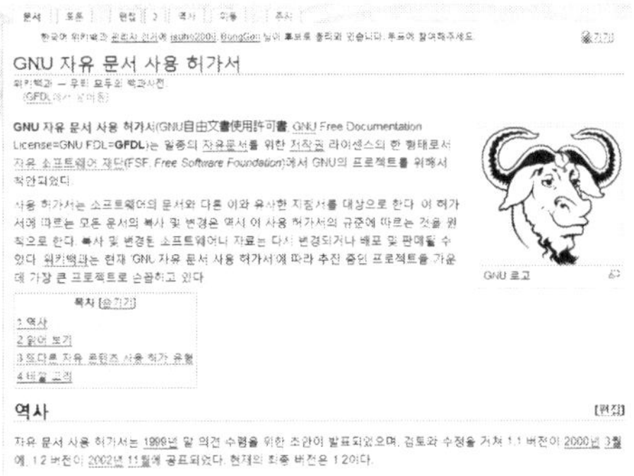

GNU 자유 문서 사용 허가서

위키백과 — 우리 모두의 백과사전.

GNU 자유 문서 사용 허가서(GNU自由文書使用許可書, GNU Free Documentation License=GNU FDL=GFDL)는 일종의 자유문서를 위한 저작권 라이센스의 한 형태로서 자유 소프트웨어 재단(FSF, Free Software Foundation)에서 GNU의 프로젝트를 위해서 착안되었다.

사용 허가서는 소프트웨어의 문서와 다른 이와 유사한 지침서를 대상으로 한다. 이 허가서에 따르는 모든 문서의 복사 및 변경은 역시 이 사용 허가서의 규준에 따르는 것을 원칙으로 한다. 복사 및 변경된 소프트웨어나 자료는 다시 변경되거나 배포 및 판매될 수 있다. 위키백과는 현재 'GNU 자유 문서 사용 허가서'에 따라 추진 중인 프로젝트들 가운데 가장 큰 프로젝트로 손꼽히고 있다.

GNU 로고

목차 [숨기기]

1 역사
2 읽어 보기
3 또다른 자유 콘텐츠 사용 허가 유형
4 바깥 고리

역사 [편집]

자유 문서 사용 허가서는 1999년 말 의견 수렴을 위한 초안이 발표되었으며, 검토와 수정을 거쳐 1.1 버전이 2000년 3월에, 1.2 버전이 2002년 11월에 공표되었다. 현재의 최종 버전은 1.2이다.

그림 20. 한국어 위키백과 'GFDL' 항목

그 다음으로 저작권 정책이다. 이것은 위키백과의 철학인 '정보의 공유'를 원칙적으로 정의한 것이다. 위키백과는 독자적으로 규정한 GFDL(GNU Free Document License)을 따르고 있는데 이는 기본적으로 CC-SA와 크게 다르지 않다[7]. 이러한 저작권 정책은 위키백과를 무제한적으로 활용하기 위한 법적인 근거를 이룬다. 이러한 토대가 존재하기에 사용자들은 자신의 기여가 여러 사람에게 활용될 것이라는 믿음을 자연스럽게 가지게 되며 안심하고 내용을 좋게 만드는 것에 집중할 수 있다. 다음이나 구글 같은 포털에서 이러한 운동을 할 수도 있다. 하지만 민간기업에서 기업의 영리활동을 위해 언제든지 정책을 바꿀 수도 있다면 불안해서 기여에 집중할 수가 없을 것이다. 위키 백과는 이런 문제를 재단의 독립성과 GFDL을 이용해 근본적으로 해결한 것이다.

---

7) 최근 전 세계적으로 크리에이티브 커먼스(Creative Commons, CC)라는 저작권 공유운동이 벌어지고 있는데 이 저작권 중 '동일조건 변경허락'(CC-SA, Share Alike)을 따르는 콘텐츠는 위키백과에 올릴 수 있다. 이는 CC의 6가지 종류 중 하나로 누구나 콘텐츠를 가져가서 어떻게 이용해도 좋다는 가장 강력한 형태의 저작권 공유 라이선스다. 영리적으로도 활용이 가능하다. 이 라이선스 덕에 다음 백과사전에서도 위키백과를 활용할 수 있었다.

마지막으로 객관성 지향적인 정책이다. 위키백과는 확인가능성 (verifiability), 독자 연구 금지(no original research), 중립적 시각(neutral point of view) 확보라는 세 가지 기준을 가지고 있다. 확인가능성은 출처를 밝히고 근거를 확인해볼 수 있어야 한다는 것이다. 독자 연구 금지는 백과사전에 새로운 연구성과를 담기보다는 기존의 검증된 내용을 정리하여 올리는 것이 중요하다는 것이다. 위키백과는 사실 확인의 공간이지 새로운 학술발표의 장은 아니기 때문이다. 중립적 시각은 상반된 두 가지 이상의 관점이 있을 때 한 가지로 결론내리기 보다는 해당 관점들에 대한 공평한 언급을 하는 것이 더 좋다는 의미이다. 이 세 가지 정책을 통해 위키백과는 내용이 어떠해야 하는가에 대한 기준을 세우고 그 기준을 넘어서지 않도록 조절하고 있다.

어쩌면 어떤 이들은 위키백과가 누구나 와서 글을 쓸 수 있으니까 그 내부는 난장판 아닌가 하는 우려를 가질 수 있다. 사실 누구나 처음에 위키백과의 개념을 듣는다면 그렇게 여기는 것이 보통일 것이다. 하지만 위키백과는 기술적/문화적 시스템이고 그 시스템이 효과적으로 작동했기에 여기까지 올 수 있었다. 실제로 위키백과의 내부 정책은 역사적으로 그 어떤 백과사전 편집팀의 내부지침 못지 않은 탄탄한 원칙에 의해 움직이고 있다[8].

---

8) 위키백과는 이해관계가 없는 독립된 개인들이 작성하기 때문에 강력하다. 학문적으로 교류나 관계가 적은 개인들이 토론을 통해 내용을 편집해 나가므로 서로의 인간관계가 노출되어 상호 비판이 쉽지 않은 학계에 비해 종종 훨씬 엄격한 비판의 잣대를 들이대거나 출전을 요구하는 경우도 많다. 초기에 학계에서 위키백과의 엄밀함을 비판하곤 했지만 2010년 현재 그런 비판이 거의 보이지 않는 것은 위키백과에서 꾸준히 해당 글의 근거를 보완해 나갔기 때문이다.

4.4. 한국의 위키백과

한국은 인터넷 망의 속도나 보급량으로 보아 세계 최고 수준의 인프라를 가지고 있고 더 이상 인터넷이 없으면 생활이 안될 지경에 이른 나라이다. 그리고 한국어 사용자 수 역시 8천 만에 육박하여 세계 15위권이다. 그런데 한국어 위키백과는 20위권에 머무르고 있다. 그 이유가 무엇일까9).

가장 먼저 들 수 있는 것은 한국에는 포털을 통해 무료로 접근할 수 있는 백과사전이 두산 엔싸이버/한국어 브리태니커/동서 파스칼/민족문화 대백과 등 4종이나 존재했기 때문이다. 대체재가 있기 때문에 굳이 새로 만들어야 할 필요성을 잘 느끼지 못했다. 반면 일본어나 중국어는 한동안 위키백과를 제외하곤 그렇게 접근할 수 있는 상용 백과사전이 없었다.

또 다른 이유는 한국의 인터넷 문화는 이미지 위주라는 점이다. 사실 미국은 지금도 지역별로 인터넷 속도가 천차만별이다. 해외에서는 페이지 로딩 속도를 떨어뜨리기 때문에 이미지의 사용은 꽤 자제되어왔고 속도의 장벽이 사라진 지금도 그런 문화는 어느 정도 남아 있다. 반면에 한국의 웹사이트는 처음부터 이미지 지향적이었으며 게시판 역시 위지위그(WYSIWYG; what you see is what you get)를 지향해왔다. 즉 이미지 위주(GUI; graphic user interface)의 사이트를 선호해왔다는 것이며 위키백과처럼 GUI가 아닌 텍스트 위주의 화면을 주는 사이트에는 기본적으로 거부감을 가져왔다. 한국에서 리눅스에 비해 윈도우가 '과도하게' 선호되고 있는 것도 비슷한 맥락에서 바라볼 수 있다.

---

9) 위키백과에 대해 이해하기 쉬운 글로 한겨레 21 672호(2007년 8월)의 위키백과 특집이 있다.

블로그 문화의 폭발도 하나의 이유가 될 수 있다. 누구나 하나쯤 블로그를 만드는 현상이 벌어지면서 뭔가를 정리하고자 하는 사람도 위키백과에 정리하기보다는 자기 블로그에 적어놓고 말아버리는 일이 많아진 것이다. 블로그의 주요 기능 중 하나가 스크랩이니 개인의 지식창고화되고 있고 공공의 지식창고로서 위키백과나 기타 다른 아카이브에 참여하는 일은 부담스러운 일로 느껴지게 되었다10). 이 문제는 2009년 이후 트위터나 페이스북과 같은 SNS(social network services)의 확산에 의해 또 다른 양상으로 바뀌었다. 블로그 사용자가 SNS쪽으로 이동하여 블로그의 성장세가 정체된 것이다.

보다 근본적인 문제는 토론/기부문화가 우리 사회에 아직 뿌리내리지 못했다는 점일 것이다. 우리는 아직도 학교에서 토론하는 법을 제대로 가르치지 않는다. 위키백과의 집필방식은 합의를 도출해내는 방식이다. 토론을 하지 못하면 그 어떤 합의도 끌어낼 수 없으니 위키백과가 활성화되지 못하는 것은 어쩌면 당연한 일이다. 기부문화도 마찬가지이다. 김밥집 할머니가 전 재산을 기부했다는 뉴스는 나와도 대기업 총수가 기부하느라 업무에 지장을 받고있다는 얘기는 들을 수

---

10) 블로그의 '창궐'은 위키백과는 물론이고 인터넷 다른 매체 전반에 영향을 미치고 있다. 웹진과 같은 고전적인 형태뿐 아니라 까페로 대표되는 커뮤니티마저 위축되는 상태이다. 어차피 누구나 글을 쓰고자 하는 욕구는 있지만 그것을 자신의 블로그에 죄다 풀어버리면 다른 곳에서는 쓸 이유가 없어지는 것이다. 그리고 블로그는 나를 위주로 하는 매체이므로 내가 쓴 것에 대해 누가 뭐라고 해도 겨우 덧글에 남기는 수준일 뿐 매우 자유롭다.

하지만 위키백과에 내가 작성한 글은 어느 누가 와서 고칠 것인지 알 수 없다. 당장 내가 쓴 글을 중학생이 와서 고칠 수 있는 것이다. (실제로 겪은 일이다.) 자신의 학문에 대해 자신이 있고 자신의 글에 대한 긍지가 높은 사람일수록 위키백과에 자신의 글을 남길 때 더 큰 결심과 용기가 필요하다. 나도 틀릴 수 있고, 나의 개인성이 사라지고, 누군가가 나의 것에 다른 것을 더할 수 있는 것이 바로 위키백과이다. 일인미디어를 지향하는 블로그와는 정반대라고 할 수 있다.

블로그 문화가 공동체 문화(동아리, 클럽, 까페, 구락부, 산악회…)나 저작권 공유 등에 어떤 영향을 끼칠 것인가는 앞으로도 지속적으로 고민되어야 할 문제이다.

없는 것이 현실이다. 위키백과에 집필한다는 것은 그 자체가 재미있는 일이기도 하지만 그 전에 내 지식과 노력을 누군가에게 도움이 되는 형태로 쓰고 싶다는 인식이 없이는 할 수 없는 것이다11).

5. (인터넷) 백과사전의 미래

5.1. 백과사전 개념의 붕괴

이미 몇몇 대사전과 특색 있는 어학사전에서는 어학사전과 백과사전의 경계가 허물어져 있었다. 표준국어대사전(1999), 롱맨 컬처 영영사전(Longman Dictionary of English Language and Culture, 1992), 코지엔(広辞苑, 1955) 등의 사전들이 자국의 일국어사전이지만 백과사전이면서 전문용어사전의 역할까지 일부 수행하는 형태를 띠고 있었다. 어차피 의사소통을 위한 기본 어휘들은 별로 바뀌지 않는다. 급격한 변화를 겪는 것은 명사이고 특히 고유명사이고 그것을 따라가다 보면 필연적으로 어학사전과 백과사전의 경계는 허물어진다. 사실 백과사전과 검색서비스의 경계도 무너진 상태이다. 사람들이 백과사전을 찾지 않는 것은 군이 백과사전을 찾지 않아도 검색엔진이 내놓는 결과가 백과사전의 역할을 충분히 해내고 있기 때문이다.

---

11) 개인적 체험을 적어보자면 한국어 위키백과의 '르네상스' 항목을 수정하기 위해 어느 휴일을 잡아 10시간 정도를 노력했지만 목표의 40% 정도를 채우는 것이 고작이었다. 지식을 쓰는 것이나 남의 지식을 정리하는 것이나 똑같이 막대한 지식 노동을 요구한다. 이것은 기부문화가 자리잡지 않으면 해 나갈 수 없다. 그나마 지금 한국어 위키백과에서 집필하고 운영하는 인력 중 상당수가 초등~고등학생이다. 기성세대에 비해 시간적 여유가 있는 세대라고 말할 수도 있지만 솔직히 기성세대로서는 부끄러운 일이라 아니할 수 없다.

Beetle *BrE* ∥ **Bug** *AmE infml* a small car made by Volkswagen which has a high, rounded top. It was first produced in the 1930s and has been popular ever since because of its unusual shape. In 1998 a Beetle with a completely new design went on sale.

그림 21. 롱맨 컬처 영영사전에 포함된 폭스바겐 비틀의 설명.
어학사전에 들어갈 만한 내용은 아니다.

이미 포털서비스에서는 사용자들이 어떤 단어를 어떤 사전에서 찾아야 하는지를 전혀 인식하지 못하고 있다는 것은 로그를 보면 알 수 있다. 백과사전 서비스에서 어학사전의 어휘를 검색하는 사례가 무수히 많다. 사실 '감자'를 검색한다면 대부분의 사람들이 원하는 결과는 백과사전에 있지만 감자의 사투리나 감자의 은유적인 표현은 어학사전에 있다. 그런데 일반 사용자는 그것을 구분하여 검색하고 싶어하지 않는다. 검색하면 한 화면에서 그 내용들이 정리되어 나오기를 원하는 것이다. 그것이 현재 인터넷 사용자의 요구이다.

백과사전에 넣을 것인가 전문용어사전에 넣을 것인가의 문제도 간단치 않다. 전문용어로 쓰이다가도 사회적인 이슈가 되거나 하면 금세 일상어가 될 수 있기 때문이다. 요즘은 언론에 전문용어가 난무하기 때문에 그렇게 변해가는 비율이 꽤 높다. 이런 경우에도 사용자에게 어떤 어휘는 백과사전에서, 어떤 어휘는 전문용어사전에서 찾으라고 주문하는 것은 거의 불가능에 가깝다. 하나의 입력창에서 검색하면 모든 것이 나오게 하는 것이 수요에 부응하는 유일한 대안이다.

백과사전의 철학적 의미는 분명히 존재한다. 그것은 한 사회의 지식을 정규화하고 기록하는 것이다. 브리태니커 영문판의 어떤 판본들이 역사적으로 중요한 것은 그러한 의미를 인정받았기 때문이다. 백과사전에 들어간다는 것은 그 지식이 사회적 공신력을 인정받는다는 의미를 가지고 있었다. 지면이 한정되어있었기 때문에 그 의미는 더욱 각별했고 백과사전에 무엇이 포함될 것인가는 논쟁적이었다.

하지만 웹은 출판과 수정이 분리되지 않는 매체이고 용량이라는 물리적 장벽이 없어진 매체이다. 따라서 문제가 있으면 언제든지 고칠 수 있으며 무엇을 넣어야 하고 무엇을 넣지 않을 것인가에 대한 논쟁을 할 필요가 없다. 무엇이나 넣어버리면 되기 때문이다. 그 대신 물리적 한계가 있던 책 형태의 백과사전에 비해 당연히 명징한 맛도 떨어지고 정보의 압축도도 높지 않을 것이나 새로운 매체가 가진 장점을 생각해본다면 이것은 그리 큰 흠이 되지 않는다. 그렇다면 옛 백과사전이 가지는 미덕을 어떻게 살려볼 것인가를 고민하면서 새로운 흐름을 따라가는 것이 옳다. 이제 온라인 사전은 말 그대로 모든 것을 담는 사전이 될 것이며 일국어사전/대백과사전/전문용어사전의 개념을 모두 흡수할 것이다. (이 국어사전은 조금 상황이 다르다.)

5.2. 백과사전 업계의 재편

인터넷 시대로 접어들면서 종이와 책의 미래가 어떻게 될 것인가에 대해 여러 가지 논의들이 있었다. 컴퓨터 활용도가 높아지면서 종이 수요가 줄어들 것이라는 예측은 프린터의 발달로 완전히 뒤집어졌다. 책은 그 내용에 따라 운명이 달라졌는데 소설이나 경영서 등의 서술형 단행본들은 살아남았으나 사전으로 대표되는 참고용 공구서는 책으로서의 의미를 조금씩 잃어가고 있다. 어학사전은 어학 학습시장이 있어 전자사전 형태로라도 살아남을 수 있었는데 백과사전처럼 큰 규모에 비해 실용적 필요성이 적은 공구서는 인터넷 사전 형태 이외에는 자생하지 못한 것이 현실이다. 2010년 현재 책으로 출간되는 백과사전은 어린이 학습백과류 뿐이다.

인터넷 시대가 되면서 대중음악 업계와 함께 산업구조가 가장 급격하게 붕괴된 백과사전 업계는 재생산 구조를 아직 제대로 마련하지 못한 상황이다. 대중음악의 경우 음반에서 다시 공연 쪽으로 사업모델을 변경하면서 생존을 모색 중인데 백과사전은 그 어느 곳에서도 출구가 보이지 않는다. 현재 백과사전의 생존 기반은 모회사의 사회기여, 도서관 B2B 납품, 포털 백과사전의 콘텐츠 사용료 정도이며 이것으로는 현실적으로 백과사전의 개정판을 만들 수 없다.

하지만 백과사전이란 사회적으로 필요한 인프라이므로 없어질 수는 없다. 위키백과가 생긴 것도 공공재로서의 사전이 필요하다는 사회적 수요가 있었기 때문에 가능했다. 하지만 사회의 공인된 지식창고인 백과사전이 하나만 있어서는 안되고 두 개 이상의 관점으로 서술되는 것은 반드시 필요한 일이다. 또 불특정 다수의 선의에 의존하는 위키백과가 생겨난 것은 참신한 현상이지만 그것뿐 아니라 전통적 관점으로 전문가들이 집필하는 백과사전의 형태 또한 존재할 이유가 분명하다. 이런 상황에서 어떻게 백과사전 생산비용을 충당할 것인가는 더 이상 간과할 수 없는 중요한 문제이다.

일단 상업적 시장이 없어진 백과사전이 스스로 회생할 수 있을 것이라 생각하긴 어려우니 이럴 때 국가가 나서주는 것이 좋다. 기업의 사회기여를 기대할 수도 있겠지만 그것은 말 그대로 있으면 좋되, 의존할 수는 없는 것이다. 학술진흥재단과 같은 단체에서 분야별 전문용어사전이나 백과사전을 집필하는 프로젝트를 진행한다면 인문학뿐만 아니라 학계 전체에 활력을 주는 방안으로 효과적일 수 있다.

학술진흥재단과 함께 이 문제에 대해 고민해볼 수 있는 곳으로 도
서관협회나 사서협회를 들고싶다12). 공공도서관에는 대부분 참고자
료코너가 있다. 여기에는 백과사전과 전문용어사전, 각종 어학사전들
이 빼곡하게 꽂혀있지만 사전이라는 특성상 대출불가이면서 또 종이
사전이라는 특성상 검색이 쉽지가 않다. 이런저런 이유로 이 참고자
료코너에 있는 책들은 다년간 그저 꽂혀있을 뿐이다. 그렇다면 관점
을 바꾸어 새로운 참고자료부터 책이 아닌 데이터로 납본받을 수도
있을 것이다. 그렇게 납본받아 도서관 홈페이지에서 검색할 수 있는
형태로 서비스를 제공하면 된다13). 그렇게 되면 업계도 인쇄비용을
아껴 더 많은 비용을 콘텐츠 생산에 사용할 수 있게 된다. 사전을 고
민하면서 종이사전에 관점을 두어서는 아무것도 더 진행할 수 없다.
일반 단행본이 아닌 참고자료는 검색이 없이는 무의미하므로 기존과
다르게 유통/검색될 수 있어야 한다는, 관점의 전환이 절실하다. 이미
충분히 늦은 상태다.

5.3. 스마트폰으로의 쏠림 현상

스마트폰의 보급으로 이미 전자사전의 매출까지 급격히 줄고있다.
스마트폰은 핸드폰이므로 항상 사용자의 손이나 주머니에 있을 수 밖
에 없다. 따라서 스마트폰에 적합한 사전이 나오지 않으면 스마트폰
에서의 일반문서 검색결과에 밀려서 백과사전이 갈 곳은 더욱 줄어들

---

12) 이 두 단체에서 의사결정이 가능한지는 모르겠다. 대학도서관이나 여타 사립도서관들
과도 함께 얘기해야 할 것이다.

13) 이미 구글이 국민의 알 권리라는 명분으로 도서관 장서를 전자화한 전례도 있으므로
기 출간된 서적 역시 도서관에서 직접 스캔하여 서비스를 제공할 수도 있을 것이다.

고 만다.

이미 위키백과의 포맷을 변경하여 스마트폰에 적합한 형태로 바꿔 보여주는 어플리케이션이나 모바일 웹페이지는 다수 나와있는 상태 이다. 하지만 2010년 11월 현재 국내의 기존 백과사전 중에서 스마트 폰에 적합한 형태로 가공되어 서비스 중인 것은 소수의 유료 어플리 케이션밖에 없으며 웹서비스로 제공되는 것은 아직 없다.

스마트폰의 종류를 고려한다면 일일이 어플리케이션을 만드는 것 은 무리이고 모바일 웹페이지의 형태로 정리될 것이다. 이미 한국어 위키백과가 무료로 제공 중이므로 여기서 유료 서비스가 가격경쟁을 가지기는 무척 어렵다. 그렇다면 PC 웹에서와 마찬가지로 무료 제공 에 광고 노출 정도의 형태로 정리될 가능성이 높다.

이러한 물리적 환경의 변화를 예상해보면 어플리케이션 대신 모바 일 웹 위주의 무료 백과사전 서비스가 주된 흐름이 될 것임을 예상할 수 있다.

5.4. 전문용어사전의 강화

전문용어사전에 대한 수요는 꾸준히 있어왔다. 법률용어사전과 경 제용어사전의 경우 변화가 심하면서도 수요가 많아 매년 여러 종류의 개정판이 출간되고 있고 몇몇 학계는 자신들의 연구 분야를 집대성하 는 의미로 전문용어사전을 출간하곤 해왔다. 그런 추세를 반영하듯 백과사전 전체가 탑재된 전자사전은 국내에 한 종도 없지만 의학용어 사전이나 법률용어사전이 포함된 전자사전은 몇 종이 있다.

그림 22. 매년 개정판이 나오는 경제용어사전

그림 23. 의학사전이 포함된 전자사전, 메딕플러스

하지만 몇몇 분야를 제외하곤 전문용어사전의 출간 현황은 그리 활발하지 못한데 그것은 역시 상업성의 부재가 가장 큰 원인일 것이지만 사실 학계도 자성할 필요가 있다. 분야의 사전이 없다는 것은 자기 분야에 대한 토대를 다지는 것에 힘을 다하지 않았다고 해석될 수 있는 것이다.

사전을 만든다는 것은 개념의 공식화인데, 근래의 학술용어들에는 외국어를 그대로 사용한 것들이 너무나 많다. 용어를 들여올 때 개념에 대해 고민하고 그것을 어떻게 번역할 것인가를 토론했다면 그 과정에서 자연스럽게 사전이라는 것은 생겨났을 것이다. 국가가 프로젝트를 발주한다 하더라도 그것의 집필 주체는 학계여야 하는 만큼 학계는 하루빨리 용어를 표준화하고 번역해야 한다. 그런 면에서 대한물리학회가 주도한 물리학 용어 표준화/번역 사업은 괄목할만한 성과를 얻었다고 생각한다.

그림 24. 학술적이지만 인기있는 분야의 전문용어사전들

사실 백과사전에 비해 전문용어사전은 나름 전망이 밝은 편이다. 백과사전은 안 팔려도 '그리스, 로마 신화사전'이라거나 '20세기 미술사전'은 팔린다. 그리고 위키백과가 급성장하고 있지만 역시 일반적인 개념에 대한 설명이 많지 전문용어를 집대성하거나 제대로 정리하는 면에서는 부족함이 있다. 일반적인 개념은 비전공자라도 곁다리로 써 볼 수 있겠지만 전문용어를 다루기 위해선 전문적인 식견이 더욱 요구되기 때문이다. 따라서 분야의 특수성이 있으므로 전문가들의 영역이 확보된다. 국내에 출간된 백과사전은 4-5종 이상인데 동일 분야의 전문용어사전이 여러 종 출간되어 경쟁하는 경우는 그리 많지 않다. 예를 들어 교육학 사전이 여러 종 출간된다면 행복한 고민을 할 수 있겠지만 그런 일은 여간해선 벌어지지 않는다.

사실 백과사전은 분야별 전문용어사전이 쌓이면 자연스럽게 만들어지는 것이라고도 볼 수 있다. 모든[百] 분야[科]를 다루는 사전이 백과사전이기 때문이다. 전문용어사전은 아직 미개척 분야가 많은데 앞으로 분야별 전문화가 더욱 세분화 된다면 전문용어사전에 대한 수요가 어느 정도는 확보될 것이라는 기대를 할 수 있다. 그 수요가 충분하지 못한 경우라 할지라도 균형발전을 고려한다면 국가가 지원할 가치가 있는 분야이기도 하다.

5.5. 멀티미디어의 강화

책이 주지 못한 것을 컴퓨터가 줄 수 있는 가장 큰 차별점 중 하나로 멀티미디어가 지적된 것은 꽤 오래된 일이다. 그 동안은 용량이나 영상압축기술의 미비로 충분히 활용되지 못했지만 인터넷망이 좋아지고 PC의 성능이 좋아지면서 멀티미디어의 장점을 누리기 좋은 환경이 되었다. 따라서 포털 서비스에서는 UCC 동영상과 같은 멀티미디어를 대거 지원하게 되었고 백과사전에서도 그러한 수요가 생겼다.

그림 25. 이해를 돕기위해 지도를 동원하거나 독특하게 편집한 역사책들

또 지식의 대중화가 진행되면서 만화나 지도로 이해하는 지식이 각광받고 있으며 사극이나 다큐멘터리 등의 에듀테인먼트가 널리 받아

들여지는 시대가 되었다. 역사신문, 마법 천자문, 먼나라 이웃나라 등
의 베스트셀러들이 그런 현상을 잘 말해주고 있다.

하지만 백과사전은 단순 멀티미디어로 채울 수가 없다. 사진은 물
론이거니와 단면도, 세밀화, 일러스트 등을 이용해서 글이 채워주지
못하는 부분을 설명해야 하는데 이것은 일반 이용자에게 기대하기에
는 무리가 있다. 즉 UCC로 채울 수 없으면서도 인터넷에서 어느정도
수요를 가지고 있는 분야인 것이다. 앞으로 이 분야를 지속적으로 채
운다면 이후 유초등학생의 교육시장에서 상품으로서의 가치를 어느
정도는 가질 것이다.

그림 26. 어린이용 주제별 백과사전을 지향하고 있는 윤석어린이백과

관련하여 주요 저작권 소유자인 방송국은 열심히 자신의 프로그램
을 디지털화하고 있고 일러스트와 도표를 강조한 어린이 백과사전 등
도 출간되고는 있지만, 이 분야는 워낙 콘텐츠 생산, 가공비용이 크기
때문에 앞으로의 전망이 그리 크다고는 볼 수 없다.

아이패드의 등장과 함께 멀티미디어 분야의 경쟁은 더 심해지는 추
세이다. 좀 더 인터액티브한 사용자 경험을 만들어낼 수 있게 되었기
때문이다. 어린이를 대상으로 한 콘텐츠들은 2010년 현재 대부분 패

드시장을 노리고 있으며 이것은 에듀테인먼트 시장에서 확실한 대세로 정착한 상태다. 따라서 어린이 백과사전이나 도감과 같은 콘텐츠라면 패드 위에서 동적으로 움직일 수 있는 형태로 구현될 필요가 있다. 역시 가공작업이 만만치 않지만 생존을 위해 피할 수 없는 선택으로 자리잡은 상태다.

5.6. 저작권 자유 운동

디지털화가 진행되면서 이전에 비해 확연히 달라진 것 중 하나로 복제가 쉬워졌다는 것을 들 수 있다. 따라서 종이책 상태의 정보라면 그 정보를 이동시키는 것이 쉽지 않았지만 웹 문서나 파일 형태를 띠고 있으면 금방 복사/붙이기나 파일복사 등으로 다량의 문서를 복제할 수 있다.

이렇게 정보 유동성이 높아지면서 인터넷에서는 정보 공유 운동이 생겨나게 되었다. 정보의 가치는 나눌수록 배가된다는 발상에서 출발한 것이지만 원저작자의 권익을 훼손하는 경우도 많으므로 양날의 칼이라고 할 수 있다. 이런 정보 공유 운동은 다각적으로 이루어지고 있는데 이 중 몇 가지의 예를 들어보겠다.

그림 27. 크리에이티브 커먼스 로고

가장 활발한 것은 저작권 공개 표시인 CCL(Creative Commons License) 운동이다. 저작권자가 콘텐츠의 저작권을 6가지 중의 하나로 명시하여 사용자가 저작권을 침해하지 않는 선에서 저작물을 활용할 수 있는 법률적 토대를 만든 것이다. 이 운동은 국제적인 형태로 퍼지고 있으며 국내에서는 윤종수 판사가 해당 운동을 주도하고 있어 주목을 받고 있다.

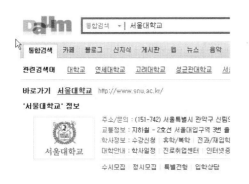

그림 28. 공정이용의 범위로 들어가야 한다고 얘기되는 로고의 예

공정이용(Fair Use)은 인용의 범위를 넓게 인정하자는 개념이다. 예를 들어 음반 표지, 책 표지, 회사의 로고, 대학의 로고 등을 누군가가 활용하고 싶은데 사실 그것을 활용하려면 현행 저작권법상에서는 일일이 사용허락을 거쳐야 한다. 그런데 해당 활용하는 사람들이 삼성전자의 로고를 일부러 훼손하기 위해 쓴다거나 마이클 잭슨의 음반 커버를 상업적 목적으로 이용한다거나 하는 일은 별로 없다. 그것들은 그 자체로 저작권의 출처가 너무나 분명하여 그것을 이용해 불법적인 행위를 할 경우 문제가 발생하기 매우 쉽기 때문이다. 따라서 인용의 범위를 법적으로 폭넓게 인정하여 사용자들이 편한 마음으로 인용할 수 있도록 법적으로 인정하는 것이 공정이용이다.

이는 미국법에서는 일반 조항으로 명문화되어 있고 다른 나라의 저작권법에도 유사한 형태로 언급되는 경우가 있지만 애매한 경우도 많다. 대한민국 저작권법에서는 제28조가 유사한 역할을 하고 있지만 공정이용에 대한 사회적 합의가 형성되어 있다고는 볼 수 없다.

그림 29. 아오조라 문고

공개 콘텐츠 창고도 많이 생겨나고 있다. 위키백과, 위키미디어 공용, 아오조라 문고, 구텐베르크 프로젝트 등이 모두 그러하다. 이런 공개 콘텐츠 창고가 생기면 활용하기가 좋아지기 때문에 이용자가 늘어날 수밖에 없다.

퍼블릭 도메인은 저작권이 소멸된 저작물을 통칭한다. 저작자가 저작권을 포기하거나, 저작권 소멸시효가 지났거나, 기타 법령에 의해 저작권이 소멸된 경우 저작물은 퍼블릭 도메인에 속한다. 대한민국에서는 저작자 사망 후 50년이 지나면 해당 저작물은 퍼블릭 도메인에 들어간다.

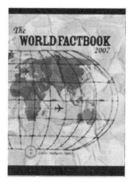

그림 30. CIA 월드 팩트북

국가의 정보가 퍼블릭 도메인에 속하게 되는 중요한 사례로 미국의 연방정부 저작물을 들 수 있는데 미국 저작권법 105조에서는 연방정부 공무원이 직무상 작성한 저작물은 퍼블릭 도메인에 속한다고 규정한다. 따라서 CIA 월드 팩트북과 같은 정확한 고급정보가 매년 갱신되어 공개된다.

이런 다각적인 저작권 자유운동이 활성화되면 해당 정보는 공유되기 쉬운 형태가 된다. 그리고 콘텐츠들은 위키백과나 다른 오픈된 형태로 정리되어 퍼져 나간다. 백과사전은 기본적으로 창작이 아니라 사실을 정리, 서술하는 것이므로 저작권 자유운동은 백과사전이 발전할 수 있도록 돕는 훌륭한 밑거름이 된다.

6. 맺음말

사실 만용을 부려 인터넷 백과사전의 미래를 간단하게 그려 보았지만 일개 포털 서비스 기획자가 그런 것을 알 리가 없다. 나이키가 자신들의 경쟁자로 닌텐도를 지목한 유명한 일화와 마찬가지로 백과사전의 경쟁자는 전자사전이나 포털 백과사전 서비스가 아니라 인터넷 그 자체였으며 이미 상황은 종료단계에 있다고 보는 것이 맞을 것이다. 나는 그 상황에서 앞으로 어떻게 백과사전이 포지셔닝해야 존재의 의미를 가질 것인가를 고민해본 것 뿐이다.

과연 인터넷은 지식생산의 선순환 구조를 가져왔는가라는 의문에 대해 많은 이들은 회의적인 시각을 가지고 있다. 여러 종류의 백과사전이 만들어질 수 있었던 예전의 물적 토대가 완전히 붕괴되었던 것도 그 우려를 뒷받침해 준다. 물론 지금이 예전에 비해 얼마나 좋아졌는가를 챙겨서 대차 대조표를 만들어보는 것은 중요한 일이다. 그러나 그것과 관계없이 환경은 변하고 있다. 인터넷 덕에 백과사전뿐 아니라 여러 문화 콘텐츠 생산의 주체들도 많이 바뀌었고 저작권의 형태도 달라지고 있다. 앞으로 어떤 형태로 지식이 생산되고 유통될 것인지 명확하게 예견하는 사람은 아무도 없다. 어쩌면 지식 그 자체보다 지식을 찾아가는 지도를 얼마나 머릿속에 담고 있는가가 더 중요해질 수도 있다.

이 상황에서 예전의 백과사전 집필주체였던 학계가 어떻게 움직일 것인가를 고민하지 않으면 안 된다. 학생이나 학자들이 논문을 쓰면서 기존 학계에 의존하지 않는 위키백과를 지속적으로 참조하는 상황이 벌어지고 있다14). 학계와 직접적인 관련이 없는 불특정 다수의 지식이 출현한다는 것은 분명 기존 학계에는 어떤 형태로든 자극을 줄 것이다. 학계가 이 자극을 어떻게 받아들여야 백과사전 혹은 다른 새로운 지식 아카이브를 내놓을 수 있을까를 이젠 고민해야 한다. 나는 학계의 학자들 중에서 위키백과에서 활용하는 일반인들보다 치열하게 토론했다고 자신할 수 있는 사람은 결코 많지 않다고 생각한다.

---

14) 차마 인용할 생각이 들까 싶은 네이버 지식iN을 인용한 논문마저 출현했다

끊임없는 토론과 고민만이 위키백과에 준하거나 그 이상의 수준을
가진 백과사전을 만들어낼 수 있다. 지금이 바로 고민이 필요한 그
시점이다15).

---

15) 너무 많은 내용을, 너무도 짧은 내용에, 출처도 제대로 밝히지 못한 채 다소 산만하게
   전개하여 양해를 구하고 싶다. 논문이 아니라 기획발표의 정리문이라는 핑계를 대어
   본다.

참고 문헌

〈웹사이트〉

[1] 브리태니커 영어판 www.britannica.com

[2] 엔카르타 encarta.msn.com

[3] Japan Knowledge www.japanknowledge.com

[4] 중국대백과전서 www.cndbk.com.cn

[5] 두산 엔싸이버 www.encyber.com

[6] 브리태니커 한국어판 www.britannica.co.kr

[7] 위키백과 wikipedia.org

[8] 후동백과 www.hoodong.com

[9] 위키하우 www.wikihow.com

[10] 우키피디아 starwars.wikia.com

[11] 어스 포털 www.eoearth.org

[12] 다음 백과사전 enc.daum.net

[13] 네이버 백과사전 100.naver.com

[14] 엠파스 백과사전 100.empas.com

[15] 한겨레 21 위키백과 특집
    h21.hani.co.kr/section-021003000/2007/08/021003000200708090672022.html

[16] 한국어 위키백과 ko.wikipedia.org

[17] CC Korea www.creativecommons.or.kr

[18] 위키미디어 공용 commons.wikimedia.org

[19] 구텐베르크 프로젝트 www.gutenberg.org

어휘 교육을 위한 전자사전의 활용 방안

이현희·박미영

1. 들어가며

이 연구는 전자사전의 다양한 검색 기준을 활용하여 통합적이고 체계적인 어휘 교육의 항목(item)을 개발하는 것을 목적으로 한다. 전자사전은 종이사전에 비해 자료검색이나 접근이 용이하고, 특히 컴퓨터에 익숙한 학습자들에게 친근한 매체를 통해 교수학습할 수 있는 방안을 제시한다는 점에서 효과적인 교육 매체라 할 것이다.

현재 문법 교육 내의 어휘 교육은 한국어 어휘 전반에 걸친 이론적 접근으로 이루어져 있다. 실제로 학습자의 의사소통 능력 향상을 위한 기초 학습 대상으로 '어휘'가 중요하다는 것에 대해서는 충분한 공감대가 형성되어 있는데 비해 국어과 교육 과정 내에서 어휘 교육을 위한 교과 구성은 그다지 적극적이지 못한 것으로 보인다. 그러나 어휘 교육의 내용에 학습자의 요구, 즉 언어생활에서의 정확한 어휘 사용이나 다른 교과의 도구어로서의 학습이 고려되어야 한다는 점에서 어휘 교육을 위한 다양한 교수학습 방안이 모색되어야 함은 물론이다. 더 나아가 어휘 학습이 단지 많은 어휘를 습득하는 수준에서 그치는 것이 아니라 학습자의 어휘망이 확장됨과 동시에 학습자의 사고 체계를 확장할 수 있도록 설계하는 것까지도 고려되어야 할 것으로 보인다.

물론 현재 국어과 교육과정에서 어휘 교육의 비중이 그리 높지 않다는 문제도 있다. 국어과 교육과정에서 어휘 교육은 '듣기·말하기·읽기·쓰기' 영역들에서 일부 선택적으로 제시되었으며, '문법' 영역 내에서도 어휘 항목의 교육 내용이 차지하는 비율이 높지 않고 국어 지식적 측면이 강하여 학습자의 어휘 사용 능력과 사고력 확장을 위한 내용이라고 하기는 어렵다.

최근 이러한 어휘 교육에 대한 반성으로 학습자의 인지적 능력의 향상을 꾀할 수 있는 어휘 교육 방안이 모색되고 있다. 특히 국어 어휘의 집대성이라 할 수 있는 사전 역시 어휘 교육의 자료로 논의되고 있다. 이러한 맥락에서 본 연구는 사전, 그 중에서도 인터넷을 통해 제공되는 『표준국어대사전』(국립국어원 홈페이지)을 기반으로 하여 다양한 사전적 정보와 어휘 정보를 연계한 어휘 교수학습 방안을 모색하고자 한다.

어휘 교육과 사전의 연계는 학교 교육 현장에서의 활용을 목표로 하지만, 궁극적으로는 중등 교육과정의 학습자들이 자신의 어휘를 스스로 확장시켜 나갈 수 있는 어휘 지식의 습득 방안으로까지 연계할 수 있을 것이다. 특히 전자사전을 이용한 학습은 국어 어휘의 총체적인 모습을 입체적으로 인지할 수 있게 하고 다양한 방식으로 활용이 가능하며 교실이나 종이 사전이 가지는 물리적 한계를 극복할 수 있는 방안을 제공할 것이다.

2. 어휘 교육과 사전의 연계

학교 문법에서 이루어지고 있는 어휘 교육은 국어 교과의 중요한 기능이다. 많은 연구들에서 논의된 바와 같이 국어 교과에서 이루어지는 어휘 교육은 타 교과를 학습하기 위해 선행되어야 하는 도구 교과로서의 의의를 갖는다. 이것은 국어 교과에서 어휘 교육이 제대로 이루어지면, 타 교과를 학습하는 데에 도움이 된다는 것을 의미한다. 그러나 우리의 국어과 교육과정에서 이러한 어휘 교육의 중요성이 간과되고 있는 듯하다. 어휘를 교수학습하는 이유는 어휘 자체에 대한 지식을 축적하기 위한 목적도 있지만 사용을 위한 정보를 체계화시키는 데에 더 큰 교수학습 목표를 두어야 한다.

손영애(1992)에서는 어휘 지식을 형태, 의미, 화용의 세 영역과 관련지었는데, 어휘력은 개개의 단어들에 대한 형태, 의미, 화용에 관련되는 지식의 총체로 규정되어야 한다고 주장하였다. 다음에 제시된 〈표1〉에서 손영애(1992)의 어휘 영역은 선형적으로 분리되었지만, 각각의 요소들은 통합적인 부분이 많이 존재하고 있다. 어휘의 철자 형태와 발음 정보는 의미 차이나 어감의 차이에 관여하는 요소가 있다. 단어 구조는 통사적 자질과 관련할 수 있으며, 단어의 화용 지식으로 분류된 통사적 자질은 국어의 문법 구조에서는 통사 지식으로 구분하여 제시하는 것이 더 양적인 면에서나 질적인 면에서나 유리할 것으로 보인다.

단어의 형태 지식	철자 형태, 발음, 단어 구조, 단어 단위
단어의 의미 지식	사전적 의미, 의미 관계에 따른 지식, 의미 차이, 어감의 차이
단어의 화용 지식	통사적 자질에 관한 지식, 단어 사용 가능한 문맥, 의미 추론

표1. 어휘 지식의 세 영역(손영애 1992:11-13)

이와 관련하여 김소영(2005:178)에서 제시한 어휘 지식은 다음의
〈표2〉와 같이 정리될 수 있다.

상위범주	하위범주	내용요소
지적요소	형태적 지식	단일어, 파생어, 복합어의 형태적 특성과 의미 한자어 접미사의 의미 조사의 의미
	의미 관계적 지식	유의어, 반의어 등을 통한 의미의 확장 다의어를 통한 의미 확장 (은유 표현 포함)
	어휘 사용적 지식	구문상 어휘의 제약이나 특성 이해 어휘와 표현 어휘의 통합적 사용
정의적요소		어휘와 관련한 가치 및 태도

표2. 어휘 지식 구성 요소(김소영 2005:178)

김소영(2005)는 손영애(1992)에서 제시한 단어의 화용 지식을 변형
하여 어휘 사용적 지식으로 확대하였다. 그러나 역시 각 지식 영역과
내용 요소의 연결이 세분화되지 못하였으며, 내용 요소로 선정된 항목
들의 독립적인 타당성을 해결하지 못하였다. 또한 어휘 지식에서 다
루어야 할 내용 요소의 부족, 하위 범주(형태적, 의미 관계적, 어휘 사용
적)의 일관성 결여 등이 여전히 어휘 교육이 체계화되지 못하고 있음
을 보여준다.

이영숙(1997:192)은 기존의 어휘 교육은 언어 사용 기능의 신장을
목표로 하는 어휘 지도가 아닌, 단순히 지문 독해를 위한 어휘 지도에
만 그쳤다고 반성하였다. 어휘 교육은 언어 사용 기능의 신장이라는
범주에서 단어의 형태나 의미에 관한 지식뿐만 아니라, 통사, 화용 등
단어에 관한 여러 종류의 지식이 어휘력에 포함되어야 한다고 주장하

였다.

이러한 견해들은 국어과 교육과정에서 제시하고 있는 교수·학습 내용 요소들을 살펴봄으로써 어휘 지식과 사용 능력 간의 교수·학습 체계가 부족함을 분명하게 확인할 수 있다. 일반적으로 국어과 어휘 교육은 '말하기·듣기·읽기·쓰기'의 모든 국어 교육의 영역들에서 이루어지는 내용 해석을 수행하기 위해 이루어져야 한다. 그러나 다른 영역과의 연계는 선택적일 뿐이며, 실제 국어과 교육과정에서 어휘 교육의 대상으로 제시되고 있는 지식이나 활용은 문법 영역에서 찾을 수 있다.

중·고등학교 국어과 교육과정의 문법 영역 학습 활동에서 제시되어 있는 어휘 교육 대상으로서의 언어 자료의 수준과 범위는 다음의 〈표3〉과 같다.

7학년	- 음성 언어와 문자 언어가 사용된 다양한 매체 언어 자료 - 속담, 명언, 관용어 등이 들어 있는 언어 자료 - 품사가 다른 단어가 들어 있는 언어 자료 - 사동·피동 표현에 의해 의미 해석 양상이 달라지는 언어 자료 - 여러 가지 지시어가 사용된 언어 자료
8학년	- 남한과 북한의 언어 차이를 보여 주는 언어 자료 - 전문어, 유행어, 은어 등이 들어 있는 언어 자료 - 국어 단어 형성법을 설명하는 언어 자료 - 여러 가지 의미로 해석할 수 있는 문장이 들어 있는 언어 자료 - 상황 맥락에 따라 의미 해석이 달라지는 언어 자료
9학년	- 언어의 특성을 설명하는 언어 자료 - 국어의 음운 체계를 설명하는 언어 자료 - 문장의 짜임새를 보여 주는 언어 자료 - 통일성과 응집성을 설명하는 언어 자료 - 한국어의 언어 문화적 특성과 가치를 이해할 수 있는 언어 자료

10학년	- 국어의 역사를 보여 주는 언어 자료 - 국어의 음운 규칙을 설명할 수 있는 언어 자료 - 국어의 로마자 표기법과 외래어 표기법을 적용한 언어 자료 - 한글의 특징과 창제 원리를 이해할 수 있는 언어 자료

표3. 2007년 국어과 교육과정 '문법' 영역

　문법 과목이 존재하기는 하지만 어휘 교육은 다른 교과의 도구적 기능이 특징적이므로 국어과 내에서 다루어지는 것이 필수적이다. 그러나 국어과 내 문법 영역에서 다루어야 할 어휘 지식이 전체적으로 제시된 것 같지만 이들 사이에는 학습자 수준에 따른 정도성과 체계를 일괄되게 기술하기는 힘들다. 예를 들면, 7학년에서 학습하게 되는 속담, 명언, 관용어 등이 포함되는 언어 자료를 가지고 어휘를 학습한다고 할 때, 우리는 8학년에서 학습하게 될 상황 맥락에 따른 언어 자료와 관련지을 수도 있다. 또한 7학년의 학습 내용이 사동·피동 표현 역시 8학년의 국어 단어 형성법과 9학년의 학습 내용인 문장의 짜임새를 보여 주는 언어 자료와 함께 학습하는 것이 더 용이하다.

　이처럼 그동안의 어휘 교육은 어휘 자체의 의미를 분석하고 제시하는 데에 치중되었다. 그것은 어휘 교육론 또는 어휘 교육이었다기보다는 어휘론에 가깝다. 물론 그러한 어휘 연구 분야를 토대로 현재의 어휘 교육이 나아갈 방향을 조망할 수 있게 되었다. 그러나 김광해(1995:343-344)에서 제시하고 있듯이 어휘 지식 자체만을 교육하기보다는 어휘를 사용할 줄 아는 어휘력을 신장할 수 있는 어휘 교육 방법을 모색해야 한다. 즉, 어휘의 의미론적 정보에서 나아가 학습자의 어휘력 신장의 교수·학습을 위하여 교수자나 학습자가 사용할 수 있는 기본적 자료의 문제를 생각해 보아야 한다(김광해 1995:332).

　신명선(2005)에서는 사전의 중요성이 어휘 교육과정에서 지속적으로 반영되었음에도 불구하고 현재 교육과정에서는 초기에 비해 그 활용이 다소 쇠퇴했다고 보았다. 이는 사전이 이해를 어휘의 뜻풀이를 이해하는 수준에만 머물러 있고, 표현을 위한 목적으로 사용하는 데에는 한계를 가지고 있기 때문이라고 지적하였다. 그러나 사전의 이용 목적을 의미 풀이에 국한하기만 한 현재의 교육과정이 문제라고 본다. 사전은 어휘의 의미 해석만을 위해 이용하는 것이 아니라 어휘의 모든 정보를 기술하는 학습 도구로 이용할 수 있으며 그러한 이용 방안을 활용하는 것이 최종 목표가 되어야 한다.

즉, 여기에서 우리는 사전에 포함되어 있는 정보들을 어휘 교육에 활용할 것을 고려해 보아야 한다. 학교 현장에서 교수자와 학습자의 직접적인 교수학습 과정으로 사전의 활용 환경이 미비했다면, 학습자 스스로의 어휘 학습을 위해 다시 사전에 대해 강조할 필요가 있다. 앞서 제시하였던 사동·피동 표현이라는 교육 내용은 사전에서 해당 어휘의 사동이나 피동이라는 형태·통사적 정보가 모두 기술되었기 때문에 문법 정보가 아닌 어휘 정보로도 교육이 가능한 지식이다. 또한 속담이나 관용어에서 쓰이는 대상 어휘는 사전에서 다의로도 기술되고 있으므로 사전에서 제시하고 있는 의미·화용 정보로 어휘 교육을 실행할 수 있다.

또한 이충우(2006:218)도 어휘 교육에서 차지하는 사전의 중요성을 따져 보았을 때, 어휘 학습을 위하여 어휘에 대한 정보를 제공하는 사전 이용은 어휘 교육에서 필수적이라고 지적하였다. 사전 연구가 제대로 이루어져야만 하고, 학습자가 적절하게 이용할 수 있는 사전으로 어휘를 학습하는 것이 매우 실효적으로 이루어져야 한다며 사전에 주목하였다.

하치근(2008)에서 제시한 관계 개념의 형성, 연상 실습, 의미 집단의 형성, 연상군의 조직은 사전 정보를 이용한 어휘 교육의 방안들을 보여주고 있다1). 특히 연상 실습의 어휘 교육 방법은 본 연구에서 우리가 제시할 어휘 상호 간 친숙성을 짚어 볼 수 있는 것이 의미적인 관계뿐만 아니라 형태적인 관계로까지 포괄될 수 있다. 학습자들은 의미는 알고 있고, 문법을 학습하였음에도 형태나 활용과 같은 문법적인 정보의 응용이 약하다. 교육 과정에서 학습이 지연되었다면 사전 정보를 적극적으로 활용해야 한다. 특히 사전 정보를 이용한 어휘 교육은 어휘 학습의 경제성2)을 최대한 반영할 수 있음을 주목해야 한다.

---

1) 하치근(2008:21-39) 어휘 교육의 방법론
① 관계 개념의 형성 : 발음과 의미가 파악된 새 낱말은 이것만으로 학생들의 것이 될 수 없으며 많은 응용과 반복적 연습이 뒤따르지 않는 한 기억과 창조, 그리고 자동적인 반응은 기대할 수 없다.
② 연상 실습 : 낱말과 낱말 사이의 유연적 관계를 형성하여 어휘 상호 간에 친숙성을 더하고, 초연합적인 융합을 가능하게 하는 효율적인 방법이며 언어의 객관적인 구조를 충실하게 익혀 언어를 창조적으로 발전시킬 수 있는 과정이다.
③ 의미 집단의 형성 : 의미 집단의 형성은 품사 분류, 동음어, 동의어, 상대어, 파생어근 간에 형성될 수 있으나 반드시 개념적, 형태적으로 직접 상관되는 것끼리로만 형성되는 것은 아니다. 어휘력의 신장은 문자 학습을 통한 형식면의 지도에서 벗어나 관념 이론에 입각한 연상 과정을 통하여 유추 능력을 계발할 때 바람직한 언어 교육에 접근할 수 있다.

의미 집단 형성의 필요성
1. 의미론적 제사상(諸事象)의 설명, 곧 유추와 연상 작용의 해석에 필요 요건이 된다.
2. 언어활동 시 적절한 어휘 선택을 할 수 있고 표현의 원활화를 기할 수 있다.
3. 어휘 지도의 효율적인 지도법을 정립할 수 있다.
4. 기본 어휘 선정을 위한 기초 작업의 단계가 된다.

④ 연상군의 조직 : 모든 어휘는 연상의 교착에 의하여 다른 낱말과 연결되며 관련지워지고 있다. 의미 집단의 분류는 의미의 속성별 분류이며 이들 속성을 상대적, 유사적, 분립적 어근으로 나누어 문장 생성을 위한 어휘의 목록으로 사용함에 의의가 있다. 의미와 형태의 어느 한 면만을 의미 집단을 형성하여 연상군을 조직하는 것보다 형태와 의미의 양면을 종합한 분류가 더욱 생산적이다. 왜냐하면 어휘는 방사적 분포와 연쇄적 분포가 교차되는 상황에서 타 어휘에로의 전이가 용이하여 이 영역이 개인의 언어 능력 범주가 된다.
2) 어휘 학습의 경제성에 대해서는 하치근(2008:19-20)에서 설명되었다.

따라서 본고는 어휘 교육에 필요한 어휘의 다양한 정보를 사전을 통해서 얻을 수 있는 과정과 어휘 교육 방법으로서 사전의 필요성을 부각하고 사전을 이용하는 어휘 교육 방안을 제안하고자 한다. 본 연구는 어휘 교육과 사전 편찬·활용의 연계를 모색하는 방안으로 제시될 것이다.

3. 전자사전의 특징과 전망

본고에서는 국내 국어사전들 중에 최근 교수자와 학습자 모두 쉽게 접할 수 있는 전자사전을 활용한 어휘 교육 방안을 설계하기로 한다. 이에 본장에서는 교수자와 학습자들이 많이 활용하고 있는 전자사전의 최근 모습을 간략하게 살피며 어휘 교육을 위해 이용할 수 있는 특징들과 앞으로 개발될 전자사전들이 지향해야 할 항목들을 점검해 보기로 하겠다.

3.1 전자사전의 모습

본고에서 언급하는 전자사전이라는 것은 종이 사전에 대응하는 개념으로 컴퓨터 같은 매체를 이용한 사전들을 아우르겠다. 전자사전에는 흔히 알고 있는 휴대용 전자사전뿐만 아니라 웹 환경을 기반으로 하는 웹사전(또는 인터넷 사전)과 시디롬(CD-ROM) 형태로 제공되는 사전들이 포함된다. 휴대용 전자사전은 기존의 종이 사전을 파일로 자료화하여 입력한 것으로 기존의 종이 사전과 형식이 유사하므로 본고에서는 언급하지 않겠다.

최근 학습자들이 용이하게 접근할 수 있는 전자사전은 주로 웹사전 또는 인터넷 사전이다. 네이버(NAVER), 다음(DAUM), 야후(YAHOO) 등 인터넷 포털 서비스를 통해 제공되는 사전의 형태를 말한다. 『연세 한국어사전』이 제공하는 정보를 보여주는 브리태니커 온라인 서비스3)와 국립국어원 홈페이지에서 제공하는 있는 표준국어대사전 검색 시스템도 있다. 특히 네이버나 다음 등의 포털서비스는 국립국어원의 『표준국어대사전』(이하 『표준』)이 제공하는 정보를 이용하고 있어서 종이 사전으로서의 『표준』을 구입하거나 국립국어원 홈페이지를 접속하지 않아도 쉽게 활용할 수 있는 장점이 있다. 그러나 이러한 웹기반의 사전들은 인터넷 연결이 용이해야 하므로 특정한 학습 환경을 요구하는 부담감이 있다.

시디롬 형태의 전자사전은 주로 브리태니커, 두산백과사전, 표준국어대사전이 시디롬으로 제작되어 사용되고 있다. 시디롬 전자사전도 컴퓨터를 이용할 수 있는 환경이 갖추어져야 한다. 그러나 최근 학습자들이 학교 내외에서 컴퓨터를 활용할 수 있는 상황이 충족된다고 여겨지므로 이어서 웹기반 전자사전과 시디롬 전자사전이 공통적으로 접할 수 있는 국어 전자사전인 『표준』을 어휘 교육 활용을 위한 구성 내용의 측면에서 살펴보겠다.

3.2 『표준』전자사전의 특징과 효용

네이버나 다음, 국립국어원 홈페이지에서 제공하는 웹기반 『표준』 전자사전과 시디롬으로 제공하는 『표준』전자사전은 『표준』종이 사전에 있는 50만 개에 이르는 방대한 분량의 표제어를 그대로 검색할 수 있다. 『표준』표제어별로 제시하고 있는 구성 내용들은 모두 다음

---

3) http://preview.britannica.co.kr/

과 같이 정리될 수 있다.

표제어	원어 정보	발음 정보	활용 정보	품사 표시
문형 정보	문법 정보	뜻풀이	순화어	한글 맞춤법 정보
관용구/속담	용례	관련 어휘	어원 정보	기타
조사 문헌	사전에 쓰인 기호 및 약어			

표4.『표준』사전의 구성 내용

　특히 시디롬『표준』전자사전은 표제어 검색, 속담 검색, 관용구 검색, 원어 검색, 발음 검색, 뜻풀이 검색, 상세 검색과 같이 다양한 검색 방식을 제공한 것이 특징적이다. 이것은 4장에서 제시할 어휘 교육 방안에 활용할 수 있는 중요한 검색 기능이다. 또한 관련 단어를 별도의 간이 검색기로 바로 확인할 수 있는 기능도 있어 학습자가 이용하는 데에 편리하다.

　그러나 시디롬『표준』전자사전에서는 속담과 관용구를 따로 검색하도록 하였기 때문에 주표제어와 함께 검색하여 학습할 수 없다는 단점이 있다. 다음의 〈그림1〉은 시디롬『표준』전자사전으로 어휘 '얼굴'을 표제어에서 검색하였을 때의 화면이다. 〈그림2〉와 〈그림3〉은 어휘 '얼굴'이 포함된 관용구와 속담을 검색할 때의 검색 창으로 이동한 모습이다.

　웹기반 전자사전에서는『표준』의 표제어와 해당하는 관용구와 속담을 한 화면에서 확인할 수 있지만 시디롬『표준』전자사전에서는 그렇지 못한 점이 아쉽다. 표제어의 다의 의미 속에서 관용구와 속담에서 기술될 수 있는 의미들과 연계하여 학습할 수 있는 어휘 정보들이 존재하기 때문에 표제어에서 관용구와 속담으로의 확장 어휘 교육을 구성할 필요가 있다.

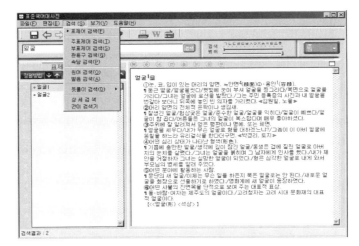

그림1. 표제어로서의 어휘 '얼굴'

그림2. 어휘 '얼굴'이 포함된 관용구

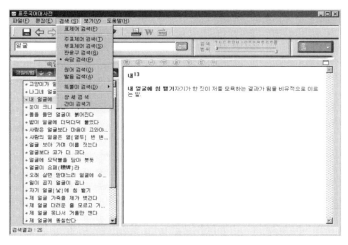

그림3. 어휘 '얼굴'이 포함된 속담

　또한『표준』전자사전으로 동의어, 본말–준말, 비슷한말–반대말, 높임말–낮춤말, 참고 어휘, 순화어 등의 다양한 정보를 활용한 어휘 교육이 가능하다. 주로 유의 관계나 반의 관계를 찾는 학습 활동이 포함되어 있는 문법 영역에서 사전 이용을 제시하고 있는데, 이는 학습자가 해당 어휘의 확장된 어휘망을 구축하는 방식으로 학습이 가능하다.

　『표준』전자사전에서 제공되는 품사나 문형, 문법 정보에서는 형태 어휘론적 학습이 가능하다. 표제어의 내부 구조를 보여주어 어휘를 원자의 개념으로 인식하는 과정은 한 형태가 다양한 표제어에 나타나면서 의미나 기능이 달라지는 모습을 직접 찾으면서 학습할 수 있도록 해줄 수 있다. 신승용(2006)에서『표준』사전에 수록된 표제어는 국어의 어휘 체계를 참고할 수 있는 하나의 지표일 수는 있지만 국어의 어휘 체계일 수는 없다고 하였다. 그러나 우리의 어휘 교육은 사전을 이용하여 표제어 간에도 어휘 체계를 세울 수 있는 교육 방안이 되어야 한다.

『표준』사전의 중요한 정보 중에 하나는 발음 정보를 어떻게 교육할 것인가와 관련지을 수 있다. 김선철(2007)에서도 언급하였듯이 발음 교육의 현실이 사전 정보를 그대로 따를 수 없는 상황임을 주지하고 이에 대한 실제 발음 변이형을 제공하는 것이 필요할 것이다. 웹기반과 시디롬『표준』전자사전에서는 발음 정보를 발음 기호로만 제공하고 있다. 국립국어원 홈페이지를 이용한『표준』전자사전에서는 발음도 들어볼 수 있다. 현재 학교 국어과 교육 과정에서 이러한 발음 정보는 표준 발음법에서 다 제시할 수 없는 음운 지식 내용과 관련지어 교육할 수 있을 것이다. 따라서 앞으로는 발음 데이터베이스의 활용이 용이한 전자사전을 이용하여 다양한 현실 발음과 발음의 변이 형태를 제공하는 어휘 교육이 이루어져야 한다.

김광해(1995)에서 언급하였듯이 사전의 가장 중요한 편찬 원칙은 용례주의일 것이다. 특히 최근 사전들은 코퍼스를 기반으로 한 언어 자료 처리를 부각하고 있으므로 우리는 전자사전으로 더 많은 용례를 제공하고 코퍼스를 직접 검토해 보면서 다양한 문맥 속에 사용된 어휘의 다의 의미를 학습하거나 쓰기 교육에 활용할 수 있다.

4. 전자사전 정보를 이용한 어휘 교육의 실제

이 장에서는 전자사전의 여러 검색 방법을 활용하여 실제 언어 자료로 활용할 수 있는 방안을 모색해 본다. 대상으로는 현재 일반에 공개되어 있는『표준』을 이용하였다. 앞서 밝힌 것처럼 국어과 교육과정에서 언어 자료로서 사전의 역할은 그 필요성에 대한 공감대가 충분히 형성되어 있다. 그러나 그 실질적인 활용에 대한 방안의 제시가 미흡한 것으로 보인다. 여기서는 다양한 검색 기능이 있는 『표준』을 이용한 어휘 학습 방안을 제시하고자 한다. 일반적인 분류에 따라 형태, 통사, 의미, 담화화용의 네 가지로 나누어 어휘의 교수·학습 방안을 제시할 것이지만 궁극적으로는 이 네 가지 층위가 모두 복합적으로 이루어져야 하나의 어휘에 대한 온전한 교수·학습이 이루어졌다고 할 것이다.

4.1. 형태 정보를 이용한 어휘 교수·학습

어휘는 더 이상 나눌 수 없는 단일 형태소로 이루어진 것부터 여러 개의 형태 혹은 형태소가 결합하여 이루어진 것까지 다양한 방식으로 구성된다. 사전은 이러한 정보를 명시적으로 제공해 줄 수 있으며 새로운 단어의 형성 방식을 학습자가 직접 찾아낼 수 있는 언어 자료로 활용될 수 있다. 여기서는 특정 어휘를 검색을 통한 파생어, 합성어 교수·학습 방안과 다른 교과와의 연계 방안, 앞으로 구축되어야 할 전자사전에 필요한 내용 등을 제시하고자 한다.4)

◆ 어휘 검색을 통한 단어 확장 양식의 파악

- ◆ 어휘의 내적 구조 확장 방식의 이해: 파생어, 합성어
- ◆ 어휘의 기능 확장 방식의 이해: 기초어휘, 전문어, 신어, 비속어 등

---

4) 단어의 형성 방식이나 단어의 범주, 즉 품사에 대한 학습은 7학년, 8학년 등에서 이루어진다. 문제는 이러한 학습이 연계·통합되어 있지 않아 학습자들이 단편적인 지식을 습득하는 데에 그치고 있다는 것이다. 특히 지식으로서 언어를 접하게 될 경우 국어학적인 전문어나 개념어들에 익숙하지 못한 학습자가 거부감을 가질 수 있어 효과적인 학습 방안의 제시가 절실하다.

실제로 우리가 사용하는 어휘들 중 대부분은 언어의 경제성이라는 점에서 다른 어휘와 결합하여 새로운 어휘를 형성한다. 전자사전의 검색 기능을 이용하여 특정 어휘를 매개로 한 파생어, 합성어로의 확장 양상이나 신어, 전문어 등으로 언어 사용 영역의 전이 등을 파악해 볼 수 있다. 이러한 연관 관계를 학습자가 직접 구성해 보는 과정을 통해 어휘들 간의 결합 관계나 계열 관계를 파악할 수 있을 것이다.5) 아래 〈그림4〉는 '하늘'을 포함한 표제어를 모두 검색한 것으로 총 169건의 표제어가 나타난다.

그림4. '하늘' 포함된 표제어 상세검색

---

5) 이는 임지룡(1999:288-293)에서 설명하고 있는 '망만들기 과제(network building task)'와 유사하다. 어린이들이 낱말들의 상호 관련성을 인지하는 것은 의미적으로 관련이 있는 무리끼리 통합적·체계적으로 습득하는 과정을 통해 이루어진다는 것이다. 물론 어린이들을 대상으로 한 새로운 어휘를 습득하는 장면이라는 점에서 이미 일정 수준 이상의 어휘부를 구축한 학습자들의 어휘 습득 양상과 어떤 공통점과 차이점이 있는지는 구체적인 실험을 통해 입증되어야 할 것이다. 그럼에도 불구하고 어휘 낱낱에 대한 학습이 아니라 어휘를 조직하고 체계화하여 이해하고 학습한다는 점에서는 유사하다.

이러한 검색을 통해 학습자는 '하늘'이라는 '고유어/단일어'가 파생어, 합성어 등의 다양한 단어 형성의 재료로 쓰일 수 있으며 나아가서는 어휘의 의미 영역이 확장되는 모습을 확인할 수 있다.

> (1) ㄱ. 하늘¹, 밤-하늘, 조각-하늘, 마른하늘(마르-ㄴ+하늘)
> ㄴ. 하늘², 하늘거리다, 하늘대다하늘+-대-+-다, 하늘하늘하다
> ㄷ. 꽃하늘지기, 버드나무하늘소, 왕하늘가재, 하늘다람쥐,
> 하늘밥도둑
> ㄹ. 하늘색, 연하늘색, 진하늘색,

(1)은 위의 169건의 예 중 일부를 추출하여 정리한 것이다. '하늘'이라는 형태는 (1ㄱ)의 '하늘¹(天)'과 (1ㄴ)의 '하늘²'로 쓰이는 다의어이며 전자가 '명사(용언의 관형사형)-명사'의 구조로 합성어를 이룬다면 후자는 '-거리다, -대다, -하다' 등의 형용사와 결합하여 파생어를 이루는 장면을 볼 수 있다. 학습자가 '하늘¹'을 이용한 합성어를 만들어 보거나 '하늘2'의 자리에 다른 어근들을 넣어 파생어를 만들어 보면서 다양한 어휘들의 구조를 생각해 볼 수 있다.

(1ㄷ)은 식물, 곤충, 동물의 이름에 해당하는 전문어인데 고유어라는 특징이 있다. 이런 어휘들은 어휘 자체에 대한 국어학적 접근보다는 학습에 흥미를 주는 자료로 사용될 수 있을 것이다. 과학 교과에서 개별적인 동식물에 대해 자세히 다루지 않더라도 학습자가 어휘에 해당하는 동식물을 직접 인터넷이나 백과사전을 통해 찾아보고 그 과정에서 다른 동식물에까지 자연스럽게 관심을 확장시킬 수 있을 것이다.[6]

(1ㄹ)은 '하늘색'에 대해 새롭게 만들어진 어휘로 '연하늘색, 진하늘색'[7)은 현재 사용하고 있으나 『표준』에 등재되어 있지 않다. 색채에 대한 인식은 학습자마다 주관적일 수 있기 때문에 '연하늘색'과 '진하

늘색'에 해당하는 색을 동시에 제시하지 않는 한 둘을 변별해서 인식하기는 쉽지 않을 것이다. 학습자는 국어과를 통해 접한 '연하늘색'과 '진하늘색'과 같은 색채에 대한 다양한 표현의 차이를 미술 시간의 'HSV 색공간'의 명도, 채도 차이를 통해 인지할 수 있게 된다.

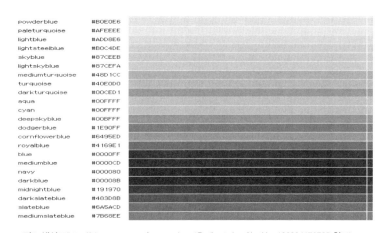

그림5. 색상표(http://blog.naver.com/hwangmingu?Redirect=Log&logNo=130034176765 참조)

이 외에도 사전의 다양한 부가 정보를 통해 어휘망을 확장시키는 방식으로 어휘 학습이 가능할 것이다. 신체 부위와 관련된 기본 동사

---

6) 이미 어휘 교육과 다른 교과와의 통합 학습에 대해서는 논의가 적지 않다. 이영숙 (1997)은 어휘 지도는 국어과에서만 하는 것이 아니고 사회과나 수학과, 그리고 예체능 교과 등 교과 전 영역에 걸쳐 이루어지고 있다고 밝히고 있다. 성숙자(2002) 역시 고등학교 교과 어휘연구를 통해, 국어과 교과를 제외한 다른 교과에서 제시된 단어들 중에 사전에 올라있지 않은 어휘가 많이 있음을 지적한 바 있다. 그러나 사전을 만드는 과정에서 기술의 충실함이나 표제어나 용례 등 정보의 풍부함도 중요하지만 교수학습 장면에서 사전의 활용 역시 중요하다고 하겠다. 아울러 사전을 이용한 학습 방식은 교과 간 통합 학습의 실마리를 제공할 수 있을 것이다.

7) 예전부터 사용했던 색채어라기보다는 서양의 색 개념이 들어오면서 번역어가 고정되어 사용된 것으로 보인다. '연하늘색/lightskyblue, 진하늘색/deepskyblue'로 볼 수 있겠다.

들을 찾아 어휘망을 조직해 보거나 반의 관계에 있는 두 가지 기본
동사를 중심으로 그 동사를 포함하고 있는 동사들의 어휘망을 조직
해 보는 것도 어휘들 간의 관계를 조망하는 데에 도움을 줄 수 있을
것이다.[8]

　이상의 학습이 좀 더 효율적으로 이루어지기 위해서는 현재 제공되
고 있는 검색 기능 외에 전자사전이 좀 더 많은 검색 기능을 제공해야
한다. 『표준』의 경우 원어 정보에 대한 검색이 가능한데 이 기능을 통
해서는 한자어나 외래어에 대한 검색만 가능하다. 원어 정보에서 고
유어에 해당하는 부분은 '-'으로 표시가 되어 있기 때문이다. 아울러
표제어의 구조에 대한 분석이나 구성 요소 낱낱에 대한 문법적 지위
가 제공되고 있지 않아 학습자가 원하는 정보를 충분히 얻기에는 다
소 한계가 있다. 결국 이는 표제어의 원어 정보에 대한 형태 분석의
필요성과 맞닿아 있다고 하겠다. 표제어의 원어 정보에 형태 정보가
제공된다면 표제어의 내부 구조를 보면서 어휘를 구조적으로 이해할
수 있으며 한 형태가 표제어에 따라 의미나 기능이 달라지는 모습을
직접 찾으면서 학습할 수도 있다.

4.2 문장 구조를 이용한 어휘 교수·학습

　어휘는 사전 안에서 화석으로 존재하는 낱낱의 것이라 할 수 없다.
문장이나 담화, 텍스트 안에서 일정한 구조 안에 놓일 때에 비로소 본
연의 가치를 발현한다 할 것이다. 이런 관점에서 어휘들이 배열되는

---

[8] 어휘망에 대한 연구는 국어학에서 충분히 그 논의가 이루어졌다고 하겠다. 어휘의미론
　의 영역에서 낱말밭, 어휘장, 의미장 등의 연구를 기반으로 전산언어학적인 관점에서 워
　드넷이나 온톨로지 등의 연구가 활발하게 진행되고 있다. 이들을 이용한 어휘 교육 역시
　국어 교육이나 한국어 교육의 다양한 방향에서 꾸준히 연구되고 있다. (이현희, 2008 참조)

구조를 정확하게 이해하는 것이 어휘 학습의 시작이 될 것이다. 여기서는 어휘가 구문 구조에 영향을 미치는 예들을 제시하고 이를 사전 검색을 통해 교수학습할 수 있는 내용을 제안한다.

> ◆ 뜻풀이 검색을 통한 어휘와 문장 구조의 관계 파악
>
>   ◆ 문장의 구조 변형에 따른 통사적 의미 변형의 개념 이해
>   : 능동-피동, 주동-사동
>   ◆ 서술어를 중심으로 한 논항의 배열과 공기 관계 이해
>   : 동사의 문형정보

아래는 '사동사'라는 어휘가 뜻풀이에 포함된 것을 『표준』에서 검색한 결과이다. 총 423건이 검색되었다.

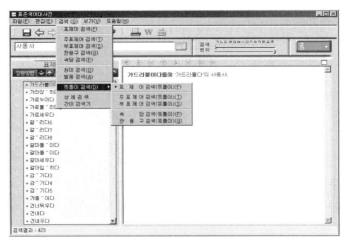

그림6. 뜻풀이 검색한 표제어 '사동사'

아래의 〈그림7〉에서 표제어 '더럽히다'는 '더럽다①'의 사동사임을 알 수 있다. 아울러 '图[…을]'을 볼 수 있는데 이는 '더럽다'의 품사가 '图'으로 제시되어 있는 것과 함께 설명할 수 있다. 피사동접미사의 결합을 통해 어휘의 파생이 발생하고 이것이 서술어와 연결된 논항구조의 변형에까지 영향을 미치는 예이다.

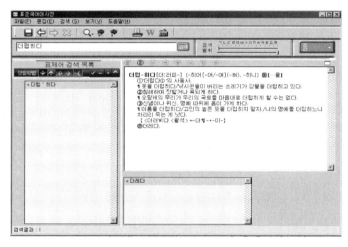

그림7. 표제어 검색한 사동사 '더럽히다'

능동-피동, 주동-사동의 차이에 대해서는 아래와 같은 예를 들어 설명할 수 있다. 예문은 『표준』 '먹다', '먹히다', '먹이다'의 표제어에 제시된 것을 간단하게 보인 것이다.

(2) ㄱ. 능동: 호랑이가 토끼를 (잡아) 먹는다.

　ㄴ. 피동: 토끼가 호랑이에게 (잡아) 먹힌다.

　ㄷ. 주동: 소가 여물을 먹다.

　ㄹ. 사동: (영수가) 소에게 여물을 먹이다.

(3) ㄱ. The tiger eats the rabbit.

ㄴ. The rabbit is eaten by the tiger.

ㄷ. The cow eats the meal.

ㄹ. John makes the cow to eat the chaff.

국어의 '능동-피동'과 '주동-사동'이 '-이-, -히-, -리-, -기-'와 같이 동일한 접미사를 이용해 파생 관계를 이루고 있고 문장의 변형 과정을 거친다는 공통점을 가지는데 비해 행위의 주체가 주어인지 동작주인지에 따라 차이점을 가지고 있다는 것 등을 함께 설명할 수 있다. 아울러 (3)처럼 영어과에서 학습하는 내용과도 연계가 가능하다. 영어의 사역형이나 수동태와 비교하여 교수·학습할 수 있을 것이다.[9]

마찬가지로 전자사전 역시 보완해야 할 점이 있다. 현재 『표준』에는 '-에게, -을, -로부터' 등 문법적 논항관계만을 보여주는 정보만 제시되어 있으나 실제로 서술어마다 각각의 자리에 들어갈 수 있는 의미 부류가 다양하게 나타나기 때문에 이러한 정보를 충분히 제공하여야 한다. 이는 서술어의 문형 정보가 심화, 확장되어야 할 필요성이기도 하다.

4.3. 의미 정보를 이용한 어휘 교수·학습

어휘는 어휘 개별적으로 존재하기보다는 다른 어휘들과 관련을 맺으며 차별성을 드러낸다. 예를 들어 '총각'과 '처녀'는 서로 반의 관계

---

[9] 실제로 학습자들은 영어의 문장이 구조를 가지고 있고 그 구조의 배열이 '주어-서술어-목적어'의 순서로 이루어진다는 것에 대해서는 충분히 인지하고 있다. 그러나 한국어의 문장이 구조를 가지고 있고 그 배열이 '주어-목적어-서술어'라는 것에 대해 인지하고 있는가에 대해서는 의문이다.

에 있지만 성별([남성][-남성] 혹은 [남성][여성])' 자질을 제외한 나머지 자질은 모두 동일하다. 또 '장미, 개나리, 무궁화'는 '꽃'에 '꽃, 나무, 풀'은 '식물'에 '식물, 동물'은 '생물'에 속하며 서로 상하위 관계를 이루고 있다. 이러한 내용은 전통적으로 어휘 의미론의 영역에서 다루어지던 내용이다. 문제는 이들 관계를 포착하는 작업은 학습자들이 이해하고 외우는 과정으로 이루어질 것이 아니라, 연상하고 직접 관계 맺기를 해 보는 과정으로 이루어져야 한다는 것이다.

> ◆ 관용구 검색을 통한 어휘의 은유적 의미 확장 양상의 파악
>
> ◆ 은유를 통한 기초 어휘의 의미 확장 방식의 이해
> ◆ 어휘들 간의 공기 관계 파악

여기서는 신체 부위를 나타내는 어휘들이 '은유'라는 의미 확장 기제를 통해 관용구를 형성하는 모습을 사전 검색을 통해 알아보기로 한다. 그 전에 언어의 형식과 그에 담긴 의미와의 관계를 간명하게 보여주는 설명이 있어 소개한다.

(4) ... 우리는 사실상 추상어를 구체어로, 구체어를 추상어로 자유롭게 바꾸거나 확대하여 사용하며, 한 가지 단어를 다른 단어로 대치하여 사용한다는 것을 알 수 있다. 그러므로 언어형식과 의미는 결코 1:1로 대응되는 것이 아니며, 단어나 구, 그리고 문장까지도 문자적 의미로만 사용하는 것이 아님이 증명되었다. 가령 하나의 빈 병이 있다면 물을 넣을 수도 있고, 술을 넣을 수도 있으며, 곡식을 넣을 수도 있고 심지어 모래를 넣을 수도 있고, 꽃을 꽂을 수도 있으며, 더 나아가 도둑이 들어 왔을 때 무기로도 사용할 수 있다. 그러나 병의 크기보다 더 큰 고체는 넣을

수 없고, 불이나 끓는 물을 부으면 터지듯이 의미 확장의 한계와 제약은 분명히 있을 것이다. (박영순, 2000:145)

결국 학습자들은 간장이 들어있는 '간장병', 우유가 들어있는 '우유병'으로서의 전형적인 어휘의 모습 외에 다양한 어휘의 모습을 학습해야 하고, 더 나아가 그 병의 용도와 한계에 대한 제약까지도 이해할 수 있어야 할 것이다. 이런 관점에서 은유를 통한 어휘 의미의 확장이나 이를 통한 관용구의 형성 등은 단순하게 어휘의 지식적인 학습 차원이 아닌 '어휘학습을 통한 인지적 능력의 향상'의 실질적 방안으로 이용될 수 있을 것이다.

아래는 관용구 검색에서 '발'을 검색한 것으로 총 126건이 검색되었다. 그 외 '가슴'은 46건, '머리'는 65건, '손'은 153건, '눈'은 187건 등이 제시되어 있다.10)

---

10) '손, 머리, 가슴' 등을 포함한 연어 목록은 아래와 같다. (김하수 외, 2007). 지면 관계상 서술어와 공기하는 목록만 제시한다.

  ▸ 손: 손을 가져가다, 꺼내다, 끌다, 끊다, 내리다, 넣다, 놓다, 닦다, 담그다, 들다, 따다, 빌리다, 쉬다, 씻다, 움직이다, 잡다, 흔들다 // 손이 가다, 거칠다, 끼다, 늙다, 달리다, 더럽다, 떨리다, 마르다, 미치다, 맞다, 묶이다, 닳다, 붓다, 빠르다, 아프다, 올라가다, 자라다, 작다 차갑다 // 손으로 가리다, 닦다, 들다, 만지다, 빨다, 자르다, 집다, 치다 ...

  ▸ 머리: 머리가 길다, 깨지다, 나쁘다, 달리다, 돌다, 돌아가다, 들리다, 똑똑하다, 맑아지다, 무겁다, 벗겨지다, 복잡하다, 비다, 빠지다, 뽑히다, 세다, 아프다, 어지럽다, 영리하다, 작다, 좋다, 죽다, 짧다, 커지다, 크다, 하얗다, 희다 // 머리를 가로젓다, 가르다, 감다, 굴리다, 긁다, 기르다, 깎다, 끄덕이다, 끊다, 내밀다, 다치다, 들다, 때리다, 만지다, 말리다, 맞다, 매만지다, 묶다, 밀다, 받다, 부딪히다, 빗다 ...

  ▸ 가슴: 가슴이 가볍다, 나오다, 내려앉다, 넓다, 닫히다, 답답하다, 두근거리다, 따뜻하다, 떨리다, 뛰다, 뜨끔하다, 막히다, 메어지다, 무겁다, 뭉클하다, 벅차다, 부풀다, 부풀어 오르다, 불룩하다, 비다, 뿌듯하다, 서늘하다, 설레다, 아리다, 아프다, 저리다, 저미다, 찡하다, 차갑다, 쿵쾅거리다, 크다, 후련하다 // 가슴에 끌어안다, 남기다, 남다, 두다, 맺히다, 묻다, 손을 얹다, 안다 차오르다// 가슴을 치다, 치고 울다, 치고 통곡하다, 누르다, 쓸어내리다, 열다, 울리다, 졸이다, 죄다, 쥐어뜯다, 진정하다, 치다, 펴다 ...

그림8. 어휘 '발'을 포함한 관용구

'발'은 기본적으로는 신체 부위를 나타내는 명사이다. 그런데 '발'이 특정한 동사와 공기하게 되면 그 기능이나 위치 등을 매개로 새로운 의미를 형성하게 된다. 이는 '손'이 1차적으로는 신체 기관을 나타내 지만 '손이 크다(규모, 씀씀이), 손이 필요하다(노력, 노동력), 손이 미치다(능력, 권력), 손을 끊다(교제관계)' 등의 다의를 형성하는 과정과 동일하다. 학습자들은 관용구 검색을 통해 관련 표제어들을 한 눈에 보면서 물리적 실체인 신체 부위 명사들이 심리적 실체로 변화하는 과정을 도식화할 수 있다. 아래는 '발'과 관련한 관용구를 조사 결합 환경에 따라 분류한 것으로 관용구 형성과 논항구조를 연결하여 학습 할 수 있겠다.

(5) ㄱ. 발을 걸다, 닦다, 담그다, 들다, 맞추다, 묻다, 씻다, 옮기다,
　　　움직이다, 치다, 뻗다, 펴다, 끊다, 벗다, 빼다

　ㄴ. 발이 가다, 달리다, 빠르다, 아프다, 작다, 차갑다, 크다, 맞다,
　　　묶이다

　ㄷ. 발에 걸리다, 맞다

　ㄹ. 발로 뛰다, 지르다, 차다11)

　　(5)에 정리한 관용구들을 의미 기능에 따라 분류해 볼 수 있다. 이 때 사회문화적 맥락에 대한 이해나 스키마에 의한 해석, 상상력에 의 한 해석 등의 능력이 학습자에게 요구된다. 이는 언어의 체계나 구조 를 이해하는 언어 능력 외에 언어의 사용 장면에서 필요한 다양한 언 어 능력이 함께 요구되는 것으로 이해할 수 있다. 이러한 관점에서 박 영순(2000:181)은 은유의 해석 과정을 〈그림9〉와 같이 제시한 바 있 다. 아울러 '언어 능력'이라는 개념의 분화, 발달 과정에 대해서는 Celce-Murcia(1995:701-703)의 논의를 참조할 수 있다.12)

---

11) 김하수 외(2007:122-123)참조

12) Celce-Murcia(1995:701-703)은 Chomsky(1959, 1965)를 시작으로 Chomsky(1967, 197 2), Canale & Swain(1980), Canale(1983), Celce-Murcia(1995)로 이어지며 설명되고 있 는 '언어능력 Linguistic Competence'의 분화 과정을 보여주고 있다. 이를 통해 'Lingui stic Competence'는 언어를 '체계 system'로 이해하는 것 뿐 아니라 'Strategic/Procedu ral Competence', 'Socio-cultural Competence', 'Formulaic Competence(language as lexi cal chunks and routines)', 'Paralinguistic Competence', 'Discourse Competence'까지 종합 적으로 포함하고 있음을 설명하고 있다.

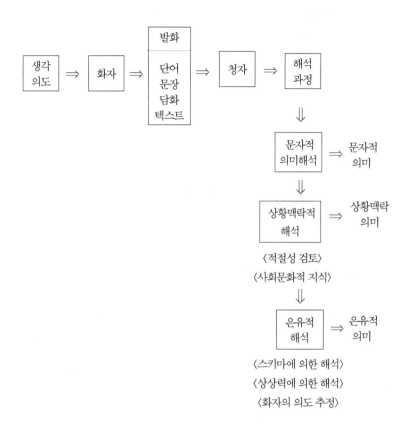

그림9. 은유의 해석 과정(박영순, 2000:181)

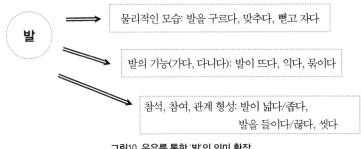

그림10. 은유를 통한 '발'의 의미 확장

◆ 표제어 검색 및 비교를 통한 개념어의 정확한 이해와 사용

 ◆ 각 교과의 개념 내용과 관련한 어휘를 정확히 이해하고 사용

 학습자가 어떤 개념을 안다는 것은 그 개념을 형상화한 어떤 어휘의 의미를 안다는 것과 크게 다르지 않다. 그 의미가 국어학적 의미이거나 백과사전적 의미이거나 특정 맥락 속에서 발현되는 의미이거나 상관없이 특정 개념을 상징하는 어휘를 이해하고 사용할 수 있다는 것을 의미한다.13) 실제로 쓰기 교육에서 학습자는 고급 수준의 어휘를 사용하고자 하지만 문맥에 맞는 적절한 어휘를 선택하여 사용하는 것에는 어려움을 느끼는 듯 하다. 여기서는 표면적으로는 유사하지만 사용 영역이나 공기관계에 차이를 보이는 두 표제어를 비교해 보기로 한다.14)

---

13) 주세형(2005:381)에서는 모어 화자의 경우 개별 단어의 사전적 의미를 학습하는 것보다는 언중이 의미를 자유롭게 확장해 나가는 양상을 파악할 수 있는 능력의 중요성을 강조하였다. 일견 타당한 주장이며 학습자가 자신의 심리어휘부에 있는 기존 어휘들에 근거하여 새로운 어휘들을 확장해 나가는 과정을 중심으로 어휘학습이 이루어져야 한다는 것은 틀림없다. 그럼에도 불구하고 '사전적 의미'의 중요성 역시 간과하지 말아야 할 것이다. 이는 표현어휘의 적확한 사용이라는 측면에서 고급학습자일수록 이해어휘뿐 아니라 표현어휘의 사용에 있어 사전적 의미, 즉 어휘의 정확한 용법 혹은 공기 관계 등을 올바로 쓸 수 있는 능력 역시 필요하기 때문이다.

(6) 내재(內在) [내: -] 명

① 어떤 사물이나 범위의 안에 들어 있음. ¶옛 사람들은 신이나 영의 {내재를} 믿었다.

②『철』형이상학 또는 종교 철학에서, 신(神)이 세계의 본질로서 세계 안에 존재함을 이르는 말.

③『철』스콜라 철학에서 정신 작용에 있어서 원인과 결과가 모두 그 작용의 안에 있음을 이르는 말.

④『철』칸트의 인식론에서, 경험의 한계 안에 있음을 이르는 말.

⑪ 외재02(外在).　　參 초월02(超越).

(7) 내포02(內包) [내: -] 명

① 어떤 성질이나 뜻 따위를 속에 품음.

②『논』개념이 적용되는 범위에 속하는 여러 사물이 공통으로 지니는 필연적 성질의 전체. 형식 논리학상으로는 내포와 외연은 반대 방향으로 증가 혹은 감소한다.

參 외연01(外延).

(8) ㄱ. 내재되다, 내재하다, 내재적

ㄴ. 내포되다, 내포하다

ㄷ. 내재론, 내재비판, 내재성, 내재율, 내재인, 내재적 비판/원리/진리, 내재철학, 만유 내재신론

ㄹ. 내포문, 내포화합물

---

14) 이 두 표제어의 차이는 영어 사전의 기술을 통해서도 찾아볼 수 있다.

▸ 내재: (어떤 현상이나 성질 등이 일정한 사물이나 범위 안에) 들어 있다. immanence. ~하다 be immanent [inherent]

▸ 내포: (사물이나 글 따위가 어떠한 속성이나 뜻을) 속에 지니다. connotation. ~하다 connote; involve.

위 (6)과 (7)은 '내재'와 '내포'에 대한 『표준』의 기술 내용이다. 두 표제어를 문맥에서 이해하는 것은 비교적 어렵지 않지만 정확한 용법으로 사용하는 것은 그리 쉬운 일이 아니다. 사전을 통해 의미를 변별하고 공기할 수 있는 어휘들을 익히는 것이 정확한 사용에 도움을 줄 수 있다. 위의 두 표제어는 예문 정보가 충분히 제공되어 있지 않은 것이 아쉬운데, 사전에 제시된 예문 정보를 통해 학습자는 해당 표제어의 정확한 용법을 이해할 수 있게 된다. 보충적으로 (8)처럼 두 어휘를 포함한 표제어들을 살펴보면 그 차이를 더욱 분명히 알 수 있다. (8ㄱ)과 (8ㄴ)은 각 표제어의 부표제어로 해당 표제어 항목에서 함께 볼 수 있다. 부표제어 항목의 검색을 통해 원래 표제어인 '내재'나 '내포'에 제시되지 않은 다양한 용례를 볼 수 있다는 장점이 있다. (8ㄷ)과 (8ㄹ)은 해당 표제어를 포함하는 어휘를 검색한 결과로 두 표제어가 각기 다른 영역에 사용되고 있음을 볼 수 있다.

이상의 어휘 학습 방안은 전문어 영역에 해당하는 모든 교과의 기초 학습에서 사용될 수 있을 것이다. 어려운 개념의 어휘를 직접 설명하기보다는 관련되는 예문 정보나 사용 환경을 보여준다면 학습자들이 개념어를 이해하거나 사용하는 데에 도움을 줄 수 있을 것이다. 아울러 적절한 문맥에서 정확한 공기관계를 이루어 쓸 수 있는 능력의 향상이라는 측면에서는 쓰기 교육에도 활용될 수 있을 것이다. 학습자들이 쓰기 학습의 과정에서 자주 오류를 범하는 어휘들을 추출하여 관련 있는 것끼리 묶어 사전적 의미와 정확한 용례 등을 제시함으로써 어휘들 간에 존재하는 미세한 개념의 차이나 분포, 환경의 차이 등을 확인시킬 수 있겠다.

지금까지 논의한 내용들을 좀더 효과적으로 제시하기 위해 전자사전의 검색 기능이 보강될 필요가 있다. 현재 『표준』은 관용구 검색이 표제어와 떨어져서 독립적으로 존재하기 때문에 학습자는 표제어의 다의와 연결되는 관용 표현을 찾기 위해 검색의 번거로움을 감수해야 한다. 그러므로 관용구 검색만을 따로 할 수 있는 기능에 더하여 해당 표제어에도 관련된 관용구들의 정보를 함께 제공할 필요가 있다. 다음으로 어휘의 난이도 등급에 대한 정보가 함께 제공되어야 한다. 전체 표제어를 대상으로 한 난이도 등급을 제공하는 것은 쉽지 않은 작업이다. 그러나 등급별 어휘에 대한 다양한 목록화 작업이 이루어지고 있으므로 불가능한 작업은 아닐 것이다. 아울러 전문어 영역과 각 교과의 개념어들을 연결하는 작업도 필요할 것이다. 『표준』에 제시되고 있는 전문어는 총 53개 항목으로 정치, 경제, 공업, 지리, 화학, 민속 등 전 영역에 걸쳐 있다. 그런데 『표준』은 일반인을 대상으로 한 범용사전이기 때문에 '전문어' 영역이 학습의 자료로 사용되기에는 한계가 있다. 여기에서 학습자용 전문 사전의 필요성을 찾을 수 있다. 또한 이후의 전자사전은 범용사전과 학습자용 사전, 백과사전 등과의 연동을 통해 학습자가 원하는 정보의 한 차원만을 검색하는 것이 아니라 다양한 차원의 검색이 가능하도록 구성되어야 할 것이다.

4.4. 담화·화용 정보를 이용한 어휘 교수·학습

어휘는 사전 안에서는 중립적일 수 있으나 실제 담화 상황에서는 화자와 청자의 관계에 따라 혹은 상황 맥락이나 장면에 따라 다양하게 변화한다. 공식적인 자리에서는 손아랫사람에게도 존대를 한다거나 맥락에 따라 같은 뜻의 어휘라도 쓸 수 있는 것과 없는 것이 있다. 학습자가 하나의 어휘를 온전히 이해한다는 것은 어휘의 담화·화용적 양상까지 이해하고 올바르게 사용할 수 있는 것을 의미한다.

◆ 부가 정보(본, 준, 비, 반, 높, 낮, 참, 부)를 통한 다양한 표현

    ◆ 어휘에 대한 총체적 교수·학습: 어휘의 지식적 측면과 도구적 측면
    ◆ 풍부한 어휘 생활의 영위

여기서는 앞서 형태, 문장, 의미 차원에서 학습한 내용을 통합 적용하는 방안을 마련하고자 한다. 언어의 각 차원이 별개의 것이 아니라 하나의 어휘 안에서 통합적으로 작용해야 함을 고려한 것이다. 아래는 표제어 검색과 참고어 정보 검색을 통해 추출한 색채 관련 접두사 '새-, 샛-, 시-, 싯-'의 예를 정리한 것이다.

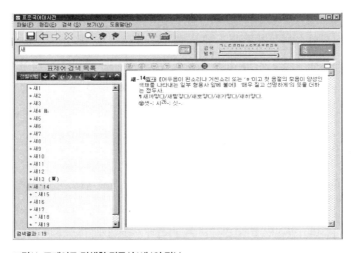

그림11. 표제어로 검색한 접두사 '새-'의 정보

(9) ㄱ. 새-14「접사」((어두음이 된소리나 거센소리 또는 'ㅎ'이고 첫 음
     절의 모음이 양성인 색채를 나타내는 일부 형용사 앞에 붙어))
     '매우 짙고 선명하게'의 뜻을 더하는 접두사. ¶새까맣다/새빨갛
     다/새뽀얗다/새카맣다/새하얗다. ㉝ 샛-; 시26-; 싯-

   ㄴ. 시-26「접사」((어두음이 된소리나 거센소리 또는 'ㅎ'이고 첫 음
     절의 모음이 음성인 색채를 나타내는 일부 형용사 앞에 붙어))
     '매우 짙고 선명하게'의 뜻을 더하는 접두사. ¶시꺼멓다/시뻘겋
     다/시뿌옇다/시커멓다/시퍼렇다/시허옇다. ㉝새-14; 샛-; 싯-

   ㄷ. 샛-「접사」((어두음이 울림소리이고 첫 음절의 모음이 'ㅏ, ㅗ'인
     색채를 나타내는 일부 형용사 앞에 붙어))'매우 짙고 선명하게'의
     뜻을 더하는 접두사. ¶샛노랗다/샛말갛다 ㉝ 새-14; 시-26; 싯-

   ㄹ. 싯-「접사」((어두음이 울림소리이고 첫 음절의 모음이 'ㅓ, ㅜ'인
     색채를 나타내는 형용사 앞에 붙어))'매우 짙고 선명하게'의 뜻
     을 더하는 접두사. ¶싯누렇다/싯멀겋다. ㉝ 새-14; 샛-; 시-21

(10) ㄱ. 새까맣다, 새까매지다, 새맑다, 새붉다, 새빨갛다, 새빨개지다,
     새뽀얗다, 새뽀얘지다, 새카맣다, 새카매지다, 새파랗다, 새하
     얗다, 새하얘지다

   ㄴ. 시꺼멓다, 시꺼매지다, 시붉다, 시뻘겋다, 시뿌옇다, 시뿌예지
     다, 시서느렇다, 시서늘하다, 시커멓다, 시커메지다, 시퍼렇다,
     시퍼레지다, 시푸르다, 시허옇다, 시허예지다 (17건)

   ㄷ. 샛까맣다(잘못), 샛노랗다, 샛노래지다, 샛말갛다, 샛빨갛다(잘
     못), 샛파랗다(잘못) (6건)

   ㄹ. 싯누래지다(잘못), 싯누렇다, 싯누레지다, 싯멀겋다, 싯멀게지
     다 (5건)

(9)는 색채형용사를 강조해 주는 접두사의 계열 관계를 보인 것이
다. 한국어 모어 화자라면 실제 사용에서 오류를 발생시키지 않을 수
있다. 그러나 그 문법적 환경이나 분포를 고려하여 사용한다고 하기
는 어렵다. 접두사 '새-'에 대해 사전을 통해 교수·학습한다면 〈그림
11〉의 아랫부분에 제시된 것처럼 참고어가 있음을 확인할 수 있고
'㈜'을 클릭하면 관련된 참고어 '샛-, 시-, 싯-'의 정보를 함께 볼 수 있
다. 이를 정리한 것이 (9)이다. 이들은 분포나 의미에서 계열관계를
이루고 있으므로 이들의 문법적인 특징에 대해서는 공통점과 차이점
을 표로 정리하여 학습하거나 같은 색깔을 접두사에 따라 변화시키는
표를 완성해 보는 등의 학습이 가능하다.

표제어	후행 요소의 정보		품사	의미 영역	표제어의 의미	용례
	어두음	첫 음절의 모음				
새-	된소리, 거센소리, ㅎ	양성	형용사	색채	매우 짙고 선명하게	새빨갛다…
시-	된소리, 거센소리, ㅎ	음성				시뻘겋다…
샛-	울림소리	ㅏ, ㅗ (양성)				샛노랗다…
싯-	울림소리	ㅓ, ㅜ(음성)				싯누렇다…

표5. 사전 기술을 이용한 표제어 정보의 제시

위의 〈표5〉을 채우는 것은 사전에 제시된 정보만으로 충분하다. 문
제는 학습자가 〈표5〉의 내용을 얼마나 이해하느냐 하는 것이다. 우선
표제어 '새-'의 경우 '-'가 다른 언어 요소가 와야 하는 자리라는 것과
함께 후행 요소를 취하는 것은 '접두사'라는 것을 알고 있어야 한다.
다음으로 '어두음, 된소리, 거센소리, 울림소리, 양성모음, 음성모음'
등 자음과 모음 체계에 대한 이해가 필요하다. 또 품사에 대한 이해나

접두사의 의미가 표제어의 의미에 더해지는 것까지 이해해야 한다. 즉 학습자는 위의 〈표5〉을 통해 음운, 형태, 의미에 걸친 다양한 문법 요소에 대한 지식을 학습하거나 혹은 선행 학습한 내용을 재확인할 수 있다.

특히 해당 접두사와 같은 형태의 표제어 목록인 (10)을 통해 단어 형성에 예외적인 모습이 존재하는 것까지 볼 수 있다. 밑줄 친 표제어 들은 접두사 '새-' 계열과 관련된 표제어라고 확정하기가 어렵다. 후행 하는 요소가 색채에 관련한 것이 아니기 때문이다. 학습자는 동일한 형태라고 하여도 다른 형태소일 가능성을 생각해 볼 수 있다. 현재 웹 검색을 통해 '샛분홍, 샛보라'처럼 적절하지 않은 예가 쓰이고 있다. 학습자들은 자신들이 사용하는 어휘이지만 국어 문법에는 맞지 않는 예라는 것까지 확인할 수 있다.

다음으로 읽기 학습과의 연계가 가능하다. 『표준』에는 문학 작품에 서 추출한 용례를 제시하고 있는데 작가와 해당 작품까지 밝히고 있 다. 아래는 '파랗다'와 '노랗다'에 관련한 예를 검색한 예문이다. (11) 과 같은 사전의 예문을 통해 '새-' 계열이 '파랗다'와 '노랗다'와 결합했 을 때와 결합하지 않았을 때의 차이나 효과, 작가가 의도한 표현적 효 과 등에 대해 생각해 볼 수 있다.

(11) ㄱ. 담배를 태우며 잡담을 나누고 있던 두 명의 헌병을 새파란 장 교 한 사람이 매섭게 몰아붙이고 있었다.≪이문열, 영웅시대≫
ㄴ. 그가 동경으로 올 여비나마 마련할 수 있었던 것도 시퍼런 칼을 방바닥에 꽂아 놓고 시작한 친아버지와의 담판 덕분이라는 말이 있었다.≪이문열, 영웅시대≫
ㄷ. 기웅이 출타하여 아직 돌아오지 않은 끼니때, 겨울이면 샛노란 놋주발에, 여름이면 흰 사기 밥그릇에 기웅의 밥을 꼭 떠 놓았

다.≪최명희, 혼불≫
ㄹ. 구석방에서 나온 얼굴이 싯누런 사내는 어서 가라는 듯이 손짓
해 보인다.≪박경리, 토지≫

이러한 예문 검색을 통해 학습자는 대상 어휘가 텍스트의 전체에 어떤 방식으로 수용되어 있는지를 생각해 볼 수 있다. (11ㄷ)의 예처럼 '놋주발'부터 '노란 놋주발', '샛노란 놋주발' 등으로 표현의 강도가 확장되어 가는 양상을 생각해 보거나 (11ㄴ)처럼 '칼'이라는 물체가 가지는 '어두움, 우울함, 죽음, 부정적 느낌'과 '파랗다, 새파랗다'에 대응하여 '퍼렇다, 시퍼렇다'라는 어휘가 가지는 부정적인 느낌 등을 연결시켜 볼 수 있겠다. 그 외에도 문학 작품에서 날씨와 관련한 표현을 찾아(덥다-무덥다-후텁지근하다, 춥다-서늘하다-) 어떤 차이가 나타나는지를 생각해 볼 수 있다. 실제로 이러한 어휘들을 문학 작품을 처음부터 끝까지 읽으면서 찾아내기는 쉽지 않다. 사전에 제시된 예문 정보를 활용한다면 학습자가 원하는 어휘 목록을 추출하거나 출처를 확인하는 작업을 손쉽게 할 수 있다.

역시 전자사전의 정보도 보강될 필요가 있다. 현재 『표준』에 제공되고 있는 용례는 대체로 현대문학, 특히 소설과 관련된 것인데, 이미 다양한 장르의 원시코퍼스가 구축되어 있으므로 이를 전자사전과 연결시킬 수 있다면 학습자는 해당 어휘에 대한 다양한 용례를 확인할 수 있을 것이다. 특히 언어 사용의 정확성이라는 측면에서 문어를 대상으로 한 표현에 더해 구어 표현에 대한 용례도 더 보충되어야 한다. 본말-준말, 높임말-낮춤말, 원어-약어 등의 정보가 사전에 잘 정리되어 있을 필요가 있다.

5. 마치며

　지금까지 『표준』 사전의 다양한 검색 기능을 이용한 어휘 학습 방안을 생각해보았다. 어휘의 교수학습은 단지 문법 영역 내의 어휘 교육처럼 어휘의 지식에 관한 것이 아니라 다양한 교과의 학습이나 학습자의 인지적 능력 신장에 중점을 두어야 할 것이다. 본고에서 제안한 여러 검색 기능을 이용한 학습 방안은 어휘의 다양한 측면을 동시에 학습한다는 점에서 국어사용 능력의 신장 뿐 아니라 인지 능력 신장에까지 도움을 줄 수 있을 것으로 기대된다. 그럼에도 불구하고 본고에서 미처 다루지 못한 문제들이 적지 않다. 첫째, 전자사전의 상용화 문제이다. 흔히 학습자들이 사용하는 사전은 휴대용 전자사전의 형태로 본고에서 제안하고 있는 여러 과제들을 수행하기에는 무리가 있다. 결국 물리적인 인프라의 구축이 선행된 후에야 비로소 사전을 이용한 본격적인 어휘 학습이 가능할 것이다. 둘째, 본고에서 제시한 여러 방안들이 어느 학년에 어떤 단원에서 다뤄야 할 것인지에 대해 체계적인 연구가 필요하다. 어휘마다 난이도나 중점적으로 다뤄지는 학습 내용에 차이가 있기 때문에 이들을 효과적으로 배열할 수 있는 방안 역시 연구되어야 한다. 마지막으로 본고에서 제안한 방안이 학습자에게 어떤 도움을 얼마큼 줄 수 있는지 실제 현장에서 교수학습을 통해 검증할 필요가 있다. 이러한 문제에 대해서는 후고를 기약한다.

참고 문헌

구명철. 2002. "디지털사전 구현을 위한 방향 설정 및 모델링." 「Foreign languages education」(한국외국어교육학회) 9-2. 343-361.

김광해. 1995. 「어휘연구의 실제와 응용」 서울: 집문당.

김광해. 2008. 「어휘 현상과 교육」 서울: 박이정.

김선철. 2007. "발음교육의 내용에 대한 일고찰." 「문법교육」(한국문법교육학회) 7. 27-49.

김소영. 2005. "고등학교 국어과 어휘 지도 방안." 「우리말연구」(우리말학회) 17. 171-191.

김하수 외 8명. 2007. 「한국어교육을 위한 한국어 연어목록」 서울: 커뮤니케이션북스.

박영순. 2000. 「한국어 은유 연구」 서울: 고려대학교 출판부.

성숙자. 2002. 「고등학교 교과 어휘연구」 부산: 세종출판사.

신명선. 2005. "어휘 교육 변천사." 「국어교육론2:국어 문법·기능 교육론」 서울: 한국문화사

신승용. 2006. "『문법』 교과서 '어휘' 대단원의 비판적 검토." 「어문학」(한국어문학회) 93. 37-55.

이영숙. 1997. "어휘력과 어휘 지도-어휘력의 개념을 중심으로-." 「선청어문」(서울대학교 국어교육과) 25. 189-208.

이충우. 2006. 「좋은 국어 어휘 교육 어떻게 할 것인가?」 서울: 교학사.

이현희. 2008a. "한국어의 단어와 어휘." 「한국어와 한국어교육」(박영순 외 20명) 서울: 한국문화사.

이현희. 2008b. "한국어 동사의 어휘학습 자료 구성방안 연구-Wordnet 구성을 이용한 한국어 이동동사 어휘망을 기반으로." 「문법교육」(한국문법교육학회) 8. 191-218.

임지룡. 1997. 「인지의미론」 서울: 탑출판사.

주세형. 2000. "사용자 중심의 국어 사전." 「한국어 의미학」(한국어의미학회) 7. 175-214.

주세형. 2005. "국어과 어휘 교육의 발전 방향." 「독서연구」(한국독서학회) 14. 373-399.

최호철·이정식. 1998. "자연 언어 처리를 위한 전자사전 구축 방안." 「어문논집」(안암어문학회) 37. 411-438.

하치근. 2008.「우리말 어휘 학습의 이론과 실제」부산: 세종출판사.

참고 사전

국립국어원. 2001. 시디롬「표준국어대사전」v1.0, 두산동아.

〈고려대 한국어대사전〉과 사전학

어휘 의미의 특성을 반영한 의미 기술
- 사건 명사의 다의를 중심으로

차준경

1. 머리말

국어사전은 일반 사용자들에게는 올바른 언어생활을 하는 데 필수적인 자원이며 어휘데이터베이스나 어휘 의미망을 구축하는데도 널리 활용된다.1) 특히, 단어 의미 중의성 해소 등 자연언어 처리 연구에 있어서 사전은 매우 중요한 역할을 한다. 국어사전이 일반 사용자뿐만 아니라 다양한 응용 연구에 활용되려면 자동적인 변환이 가능하도록 사전이 설계되어야 하며, 사전의 뜻풀이가 체계적으로 기술되어야 한다.

국어사전의 의미 기술이 일관적이고 체계적이려면 뜻풀이의 형식과 더불어 의미 분할이나 통합과 같은 뜻풀이 내용에 있어서도 일관

---

1) 《표준국어대사전》의 경우, 일반 사용자에게는 인터넷 검색을 제공하여 언어생활의 편의성을 증진하고 사전의 뜻풀이에 기반하여 어휘 의미망 등을 구축하는 연구가 활발히 진행되고 있다[고석주 외(2008), 윤애선(2007), 옥철영(2007) 등].

성과 체계성을 유지해야 한다. 이 논문에서는 실체성과 비실체성이 복합된 사건 명사의 다의성을 제시하고 의미 부류별 어휘 의미의 특성에 기반한 체계적인 뜻풀이 기술이 필요함을 강조하고자 한다.

국어사전을 이용하는 일반 사용자나 연구자들은 흔히 사전의 뜻풀이 기술이 사전마다 다르고 일관적이지 못하다고 비판한다. 이것은 사전과 사전편찬자만의 문제가 아닌 어휘 의미의 특성에 기인한 것이다. 즉, 어휘 의미는 고정된 것이 아니라 유동적이며 문맥에 따라 비유적인 의미까지 생성되므로 그 변화 양상을 포착하고 기술하는데 어려움이 따르기 때문이다. 이와 같은 사전 편찬의 현실에도 불구하고 국어사전의 활용도를 높이기 위해서는 사전의 뜻풀이 기술에 있어서 일관성과 체계성을 유지해야 할 것이다.

이러한 의미 기술은 뜻풀이 형식을 일정하게 유지할 뿐만 아니라 뜻풀이 내용에 있어서도 일정한 체계성을 갖추어야 할 것이다. 의미 부류별 어휘 의미 특성을 반영하여 사전의 뜻풀이를 기술한다면 뜻풀이의 형식과 내용에 있어서 일정한 체계성을 부여할 수 있을 것이다.

이 논문에서는 사건 명사 중 비실체성과 실체성이 복합된 경우(예: 사회, 대표, 감독 등)를 제시하고 이러한 부류에서 나타나는 어휘 의미 특성에 의한 체계적인 다의어 기술이 필요함을 강조하고자 한다. 먼저, 2장에서는 사전의 의미 기술과 실제 어휘 의미의 차이점을 기술하고 선행 연구에서 제기한 문제점을 검토할 것이다. 3장에서는 2장에서 제기한 문제점이 어휘 의미의 유동성에 기인한 것이며 이것은 사전 의미 기술의 한계점으로 작용한다는 것을 밝힌다. 4장에서는 사건 명사의 다의성을 제시하고 이를 통해서 체계적인 의미 기술이 가능함을 보일 것이다.

2. 문제 제기

국어사전에는 전체 표제어의 약 10~14%만이 둘 이상의 뜻풀이로 기술되어 있으며[2] 나머지 86%~90%는 단일한 뜻풀이로 기술되어 있다. 국어사전의 약 5만 4천여 개에서 5만 6천여 개의 표제어가 둘 이상의 뜻풀이로 기술되었지만 이들이 국어에서 다의적인 용법으로 쓰이는 어휘의 수라고 단정할 수 없다.

국어사전에 둘 이상의 뜻풀이로 기술된 표제어에 대해서는 다의(多義)적인 용법으로 쓰였다고 볼 수 있으나 단일한 뜻풀이로 기술된 표제어에 대해서는 단의(單義)적인 용법으로 쓰인다고만 볼 수 없다. 예를 들어, ≪표준≫에서 표제어 '딸'은 두 개의 뜻풀이로 기술되었고 '아들'은 하나의 뜻풀이로 기술되었다[3]. 그러나 사전의 뜻풀이 항목만으로 '딸'은 다의어로, '아들'은 단의어라고 단정할 수는 없다. 이러한 의미 구분은 고정된 것이 아니며 문맥에 따라 다의적으로 해석될 수 있기 때문이다. 실제 사용 맥락에서 "대한의 아들, 딸"과 같은 용법이 발견되므로, '아들'도 '딸'과 같이 "어떤 조직이나 사회, 국가에 속한 남자들을 비유적으로 이르는 말"로 풀이할 수 있기 때문이다. 즉, '딸'의 의미에 비추어 '아들'의 의미도 충분히 예측할 수 있으며 실제 문맥에서 사용례가 발견된다면 '아들'을 다의로 풀이하는데 충분한 근거가

---

2) ≪고려대 한국어 대사전≫의 경우 둘 이상의 의미 내항으로 풀이된 표제어는 모두 54,869 항목으로 전체 표제어(386,889개)의 약 14%를 차지한다. 이 중 뜻풀이가 2개 실린 표제어는 41,886개, 3개 실린 표제어는 7,738개, 4개 실린 표제어는 3,058개이다(도원영·차준경 2009). ≪표준국어대사전≫에서는 56,429개의 표제어가 둘 이상의 풀이항으로 기술되었으며 이는 전체 표제어의 약 10%를 차지한다, 단일 풀이항 표제어는 452,649개로 전체 표제어 중 약 90%를 차지한다(이운영 2002).

3) 딸[1] 몡 ① 여자로 태어난 자식. 늑소애(小艾)·여식[01](女息).
　　　　② 어떤 조직이나 사회, 국가에 속한 여자들을 비유적으로 이르는 말. ¶대한의 딸.
아들 몡 남자로 태어난 자식.

될 수 있을 것이다.

또한 사전에 하나의 뜻풀이로 기술된 어휘 항목이라도 둘 이상의 의미가 복합된 경우가 있다. 국어사전에서는 '또는'이라는 상위 술어를 사용하여 의미상 밀접하게 관련되어 선택적 의미를 나타낼 때 사용한다.

> (1) ㄱ. 담임(擔任)명 ≪표준≫4)
>
>   어떤 학급이나 학년 따위를 책임지고 맡아봄. 또는 그런 사람.
>
> ㄴ. 사회1(司會)명 ≪표준≫
>
>   ① 회의나 예식 따위를 진행함.
>
>   ② =사회자.
>
> (2) ㄱ. 담임은 나를 데리고 근처의 중국집으로 갔다.
>
> ㄴ. 김 교사는 올해로 교단 경력 10년에 여섯 번째 고3 담임을 하고 있다.
>
> ㄷ. 현수는 친구의 결혼식에서 사회를 봤다.
>
> ㄹ. 졸업식의 사회를 소개하겠습니다.

'담임'은 "어떤 학급이나 학년을 책임지고 맡아봄"이라는 행위의 의미와 더불어 "그러한 일을 하는 사람"으로 풀이된다. 즉, "어떤 행위와 그 행위를 하는 사람"이라는 의미가 하나의 의미 내항에 풀이된 것이다. (2ㄱ)의 '담임'은 주어자리에 위치하여 행위자로 해석되고 (2ㄴ)

---

4) 이 논문에서 참조한 사전은 다음과 같다.
- 한글 학회 편(1992) ≪우리말 큰사전≫ → ≪우리말≫
- 연세대 언어정보개발원 편(1998) ≪연세한국어사전≫ → ≪연세≫
- 국립 국어원 편(1999/2008) ≪표준국어대사전≫ → ≪표준≫
- 고려대 민족문화연구원 편(2009) ≪고려대 한국어 대사전≫ → ≪고려대≫

의 '담임'은 '학급이나 학년을 맡아 봄'이라는 서술성의 의미로 해석된다. 이러한 의미는 상호 배척적(antagonistic)이어서 행위자이면서 동시에 서술성의 의미로 해석되지 않는다.

한편, 같은 의미 관계를 보이는 '사회'는 두 개의 풀이항으로 제시되었다. 즉, '사회'는 (2ㄷ)에서는 "회의나 예식을 진행함"이라는 서술성으로 해석되지만, (2ㄹ)에서는 "회의나 예식에서 진행을 맡은 사람"으로 해석된다. 즉, 표제어 '사회'는 "행위와 그 행위를 하는 사람"이라는 두 의미를 두 개의 뜻풀이로 분리하여 제시하였으나 '담임'은 하나의 뜻풀이로 통합하여 제시하였다. 그렇다고 하여 '사회'는 다의어이고 '담임'은 단의어라고 단정할 수 없을 것이다.

명사 '담임'과 같이 다의적으로 사용되는 표제어에 대해 국어사전에서는 하나의 뜻풀이로 통합하여 제시하였기 때문에 사전 표제어의 뜻풀이 수만으로는 해당 표제어가 단의어 또는 다의어로 쓰이는지를 판별할 수 없게 되었다. 하나의 뜻풀이로 기술된 어휘 항목에 대해서도 여러 의미가 포함되기 때문이다.

이러한 사전의 의미 기술은 국어사전을 기반으로 한 응용 연구에서 문제가 제기된다. 하나의 뜻풀이에 서로 다른 의미 부류에 속하는 두 의미를 기술한 경우, 국어사전을 기반으로 하여 온톨로지나 어휘 의미망을 구축하는 연구에서 문제점으로 대두되었다[5].

국어사전을 활용하여 어휘데이터베이스나 전자사전을 구축할 때, 사전마다 동일한 어휘 항목에서 뜻풀이가 다르고, 특히 다의어의 의미 기술에 차이가 있기 때문에 여러 연구자들이 이러한 문제점을 제기하였다.

---

5) 김동성(2006)은 국어사전의 정의문에서 명사의 상하위어를 추출하여 영어 명사와 정렬한 결과, 국어사전에서 상위 술어 '또는'으로 풀이된 경우, 두 개의 상위어가 한 단어의 상위어로 추출되는 문제가 발생한다고 보고하였다.

차재은·강범모(2002)에서는 기존 사전을 비교하여 동일한 어휘 항목에서도 사전마다 뜻풀이의 차이가 있음을 지적하였다. 예를 들어, 동사 '맞다'에 대하여 ≪연세≫의 '맞다²'는 9개의 의미로 나누어 기술하고 있으나 ≪표준≫에서의 '맞다³'은 3개의 의미로 나누어 기술한다는 점을 들고 있다. 동일한 어휘 항목에 대해서 사전마다 다른 뜻풀이를 제공하는 것은, 첫째, 사전 편찬의 과정에서 다의 설정에 대한 체계적인 기준이 없었으며 둘째, 사전편찬자의 직관에 따라 각기 다르게 기술하기 때문으로 보고 있다. 이에 대해 결합관계 및 계열관계를 이용하고, 의미적 기준에 의해서 다의를 구분하는 방법을 제시하였다.

박동호(2003)에서도 다의어의 의미 구분(분할)에 필요한 것은 객관적이고 체계적이며 이론적 일관성을 가진 구체적인 원칙을 수립하는 것이라고 보았다. 사전에 따라 표제어의 의미가 다르게 분할되고 동일한 어휘 의미도 사전에 따라 다르게 기술되는 것은, 어휘 의미론 이론들이 다의어 구분을 위해 구체적으로 적용할 수 있는 원칙을 갖추지 못했기 때문으로 보고 있다. 이러한 문제를 해결하기 위해서는 한국어 명사의 의미부류 체계를 구축하고 이를 바탕으로 다의어의 의미를 분할할 것을 제안하였다.

선행 연구에서 공통적으로 지적하는 문제는, 사전의 뜻풀이 기술에서 다의어의 의미를 분할하고 통합하는 기준을 제시하지 못했다는 점이다. 국어사전의 집필 지침이나 일러두기에서는 뜻풀이 형식에 대한 지침만 제공할 뿐이며 의미를 분할하고 통합하는 기준을 제시하지는 못하고 있다6). 예문 (1)의 '담임'과 '사회'의 경우도 행위와 행위자의 의미 관계에 있으면서 통사적 분포와 의미 부류가 동일함에도 불구하고 뜻풀이 항목에서 차이가 있다. 이러한 의미 기술에 대한 근거는 그

---

6) 유현경·남길임(2009: 222)에서도 각 사전이 일러두기에 뜻풀이의 원칙을 제시하고 있지만 대부분 원론적이고 추상적인 측면이 강하다고 지적하였다.

리 명확하지 않다. 이러한 다의어의 의미 기술의 문제는 개별 표제어의 의미뿐만 아니라 의미 부류별 어휘 의미의 특성을 반영해야 할 것이다.

3. 어휘 의미의 본질

국어사전에 둘 이상의 뜻풀이로 기술된 표제어는 전체 표제어의 약 10~14%에 해당하지만 이 숫자는 실제 다의적인 용법으로 쓰이는 단어의 수는 아니다. 거의 모든 단어는 문맥에서 다의적으로 쓰일 수 있다[7]. 어휘 의미는 고정된 것이 아니라 화자와 청자가 의사소통하면서 새로운 의미를 창조하기 때문이다. 이러한 의미의 유동성(flexibility)은 어휘 의미의 본질이라 할 것이다.

이러한 어휘 의미의 특성에 따라 국어사전에 단일한 뜻풀이로 기술된 표제어도 문맥에 따라 여러 의미로 해석될 수 있다. 비록 하나의 단어가 문맥에 따라 여러 의미[多義]로 해석될 수 있어도, 단일한 문맥에서는 오직 하나의 의미로 실현된다. 문맥 속에서 해당 단어의 구체 의미가 파악되기 때문이다. 그러나 문맥이 제거되고 사전에 단어와 그 뜻풀이만 제시되면, 해당 단어가 문맥에서 어떤 의미로 실현되는가에 대해서는 정확히 알 수 없다. 사전편찬자는 그 의미를 추상화하여 기술할 수밖에 없기 때문이다[8]. 결국 사전에 실린 뜻풀이는 해당 표

---

[7] "우리가 사용하고 있는 언어는 본질적으로 다의성에 기반을 두고 있다. 다의성이 없는 것으로 생각되는 단어도 적절한 조건만 부여한다면 다른 의미로 해석되도록 만들 수 있으며 모든 표현은 원칙적으로 다의적인 것이라고 생각할 수 있다."(김광해 1992: 132).

[8] 사용 맥락이 제거된 뜻풀이의 문제점을 해소하기 위해서 Cobuild Dictionary(1987)에서는 Full-sentence definitions를 적용하여 뜻풀이에서 최소한의 문맥을 제시하고자 하였다(Atkins and Rundell 2008: 441).

제어의 모든 의미가 아니라 문맥 의미 중 대표적인 것만을 추상화하여 제시할 뿐이다.

국어사전에서 의미내항에 번호를 붙여서 제시하는 뜻풀이 방식9)은 마치 해당 표제어의 모든 의미를 제시해 놓은 것처럼 보인다. 사전에 나열된 여러 의미 중 하나가 선택되어 문맥에서 실현되는 것처럼 보인다. 실현 가능한 의미의 목록이 존재하고 그 중에서 하나를 선택하는 과정으로 생각하기 쉽다. 그러나 문제는 사전에 기술된 의미는 해당 단어가 문맥에서 실현되는 모든 의미가 아니라는 점이다. 그 중 대표적인 것, 출현 빈도수가 높은 것 등이 실릴 뿐이다10).

또한 사전의 의미 기술은 문맥에서 새로운 의미로 해석될 수 있는 어휘 의미의 창조성을 반영하지 못한다. 과거의 의미만을 기술할 뿐이다. 화자와 청자와의 의사소통 상황에서 새로운 의미가 창조되지만 이러한 의미는 사전에 반영되지 못한다. 새로운 용법이 널리 쓰이게 되어도 어느 정도 시간이 흐른 다음에야 사전에 실리게 된다.

즉, 어휘 의미의 경계는 뚜렷이 구별되지 않으며, 사전에서 제시된 어휘 의미가 해당 표제어의 모든 의미의 총화는 아니다. 실제로 어휘 의미를 명확히 구별하여 사전에 기술하는 작업은 매우 어려운 일이다. 해당 표제어가 문맥에 따라 다양한 의미로 해석될 수 있으므로 그

---

9) 사전 편찬의 전통에서 번호를 붙여서 의미를 나열하는 방식은 Johnson's Dictionary (1755)로 거슬러 올라간다. 어휘의 역사적 변천과정에 따라 의미의 발생 순서 등을 나열하였다[Atkins and Rundell(2008: 271)]. 다의어의 의미 배열 방식은 기본 의미에서 확장 의미의 순으로 배열하는 것이 일반적이며 코퍼스의 출현 빈도에 의거하여 의미를 배열하기도 한다.

10) 이러한 논의는 김광해(1992)에서도 찾아볼 수 있다. "사전에 기록되어 있는 의미가 그 단어의 의미로 확정적인 것은 아니다. 첫째, 사전편찬자가 하나의 단어에 대한 모든 용례까지 빠짐없이 다 수록했다고 볼 수 없으며, 둘째, 널리 알려진 문인이 사용한 의미라고 해서 그것이 바로 그 단어의 대표적인 의미거나 대중적인 의미의 사용이라는 보장도 없다. 셋째, 사전에 그 단어가 사용되었던 年代가 명시되어 있다 하더라도 그것이 정확한 기준이 될 수 없다"(김광해 1992: 136).

모든 의미를 사전에 일일이 나열하는 것은 불가능하기 때문이다. 그
렇다고 하여 문맥에서 실현 가능한 의미를 하나의 뜻풀이로 추상하여
제시하는 것은 더욱 어려운 일이다.

비록 어휘 의미는 유동적이나 현실적으로 어휘 의미를 사전에 기술
할 때에는 일정한 선에서 의미를 고정시켜야 한다. 사전편찬자는 의
미를 선언적으로 규정하는 것이 아니라 용례를 통해서 의미를 기술해
야 하기 때문이다(홍종선·최호철 외 2009: 275). 이러한 사전 편찬의 현
실은 어휘 의미와 사전의 의미 기술의 불일치 현상을 야기하며 계속
적인 사전 개정 작업으로 이어진다.

이러한 사전 의미 기술의 한계점을 보완하려면 어휘 의미 특성을
반영해야 할 것이다. 어휘 의미가 문맥에서 유동적이지만 무한히 변
하는 것은 아니다. 어휘 의미에는 비유적인 의미까지 포함하여 예측이
불가능한 의미 즉, 맥락적 다의(contextual polysemy)가 있는 반면에
어휘 의미 간에 일정한 의미 관계를 형성하는 규칙적 다의[11](regular
polysemy)가 있다. 이러한 어휘 의미의 특성을 이용하여 사전의 뜻풀
이의 문제점을 해소하는 방안을 고찰하고자 한다.

---

[11] Apresjan(1974)에서 제시한 규칙적 다의(regular polysemy)는 어떤 단어들이 둘 이상의 의
　　미를 가지고 있고 이러한 둘 이상의 의미에서 일정한 관련성을 유지하는 것을 말한다.
　　이를 통해 다의어의 여러 의미들은 자의적이지 않으며 일정한 논리적인 관계를 맺고 있
　　음을 알 수 있다.

4. 사건 명사의 다의와 사전

4.1. 사건 명사의 다의

어휘 의미는 고정된 것이 아니라 유동적이며 문맥에 따라 새로운 의미가 창조될 수 있다. 그러나 어휘 의미 중에는 일정한 의미 관계를 유지하며 다의를 형성하는 경우가 있다. 이러한 어휘 의미의 규칙적인 양상을 포착한다면 사전의 체계적인 의미 기술에 도움을 줄 것이다.

이 논문에서는 어휘의 의미 부류별 특성을 바탕으로 사전의 의미 기술에 일관성을 부여하고자 한다. 국어의 명사를 의미적인 기준에 따라 〈실체〉, 〈사건〉, 〈상태〉, 〈추상〉으로 나누고12) 이 중 〈사건〉 유형에 속하는 명사가 〈실체〉의 의미로 해석이 되는 경우를 주로 고찰할 것이다.

국어의 사건 명사 중에서는 서술성의 의미뿐만 아니라 사람이나 사물, 방법, 장소 등으로 해석되는 경우가 있다. 이때는 서술성이 아닌 구체물 등을 지시하기 때문에 통사적인 분포와 의미 부류의 차이 등으로 구별된다.

(3) ㄱ. 작가들은 대부분 작품의 순수성을 지키기 위하여 직접 <u>감독</u>을 시작한다.

ㄴ. 김 <u>감독</u>은 마을 인부들을 향해 소리를 질러댔다.

ㄷ. 마침내 화기애애한 분위기 속에서 <u>식사가</u> 시작되었다.

---

12) Lyons(1977)의 존재론적 개념 분류(Ontology)에 따라 국어의 명사를 〈실체〉, 〈사건〉, 〈상태〉, 〈추상〉으로 분류하였다. 여기서 〈사건〉은 상태와 구분되는 행위, 과정, 사건 등을 포함한다.

ㄹ. 1층으로 내려간 그는 아침 식사를 만들었다.

(3ㄱ)의 '감독'은 '시작하다', '끝내다' 등의 상적 동사와 결합하여 서술성으로 해석이 되며 (3ㄴ)의 '감독'은 주어자리에 위치하여 의지를 갖고 행동하는 행위주로 해석된다. 명사 '감독'은 행위와 행위자의 의미로 해석되는 다의(多義)로 볼 수 있다. (3ㄷ)의 '식사'도 '시작하다'라는 상적인 동사와 결합하여 "끼니로 음식을 먹음"이라는 서술성으로 해석되고, (3ㄹ)에서는 '만들다', '먹다' 등의 동사와 결합하여 "끼니로 먹는 음식"이라는 구체물로 해석된다. 즉, 명사 '식사'는 문맥에 따라 행위와 행위의 대상인 음식으로 해석된 것이다13). 이를 다음과 같이 표상할 수 있다.

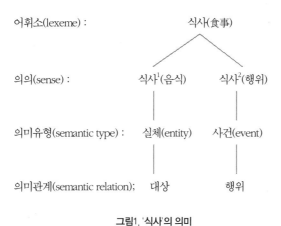

그림1. '식사'의 의미

---

13) 서술성 명사와 비서술성 명사의 구별은 서정수(1996), 강범모(2001), 이병규(2001) 등을 따라 '하다'와의 결합 가능성, 시간어와의 결합 유무, 상적인 동사와의 결합 유무 등으로 판별할 수 있다.

즉, 하나의 어휘소(lexeme)에 서로 다른 의미 유형이 복합되었으며, 두 의미는 서로 밀접히 연관되어 있다. 어휘소 '식사(食事)'는 "끼니로 음식을 먹음"과 "끼니로 먹는 음식"의 의미로 해석이 되는 다의어이다. 이들은 〈사건〉과 〈실체〉라는 서로 다른 의미 유형이 복합된 것이며 행위와 대상이라는 의미 관계를 맺고 있다.

이러한 행위자, 대상, 도구, 방법 등은 사건 명사의 의미 구조의 참여자(논항)로 밀접히 연관된 개념이다. 이들의 의미 관계는 서술성 명사와 동일한 의미로 실현되는 동사 구문에서 확인할 수 있다. 서술성 명사 '감독'과 동사 '감독하다'는 술어 논항 구조에서 감독(X, Y)로 표상되며 같은 의미가 동사와 명사 범주로 각각 실현된 것이다. 이를 구문구조로 보이면 다음과 같다[14].

(4) ㄱ. 감독(X, Y)
  ⅰ) X-가 Y-를 감독하다
  ⅱ) X-의 Y 감독
ㄴ. 요리(X, Y)
  ⅰ) X-가 Y-를 요리하다.
  ⅱ) X-의 Y 요리

이러한 구문 구조에서 '감독'의 실체성 의미는 '감독하다'의 구문 구조에서 행위자(X)에 해당한다고 볼 수 있다. 그러므로 어휘소 '감독'에서 풀이되는 두 의미는 행위와 행위자의 관계에 해당한다. (4ㄴ)에서도 '요리하다'의 구문구조에서 보면 '요리'의 구체성 의미는 바로 '요리하다'의 대상(Y)이 된다. 즉, 표제어 '요리'의 두 의미는 행위와 대상의

---

14) 홍재성(1999)의 표상 방식을 따른 것이다.

의미 관계로 볼 수 있다. 이와 같은 방식으로 '하다'와 결합하는 서술
성 명사에서 다음과 같은 의미 관계를 찾을 수 있다.

(5)[15] ㄱ. 행위와 행위자: 감독, 경비, 교환, 담당, 담임, 대표, 보조, 사
　　　　　　회, 숙직, 심판, 안내, 연출, 일직, 주례, 주재
　　　ㄴ. 행위와 대상: 빨래, 소유, 은폐, 저축, 부조, 보상, 사례, 대출,
　　　　　　담보, 간식, 요리, 식사
　　　ㄷ. 행위와 결과물: 모조, 모방, 복제, 설계, 수집, 수확, 조각, 조립
　　　　　　조형, 창작
　　　ㄹ. 행위와 도구: 면도, 주사, 전화, 칠(漆)
　　　ㅁ. 행위와 방법: 위장, 비전
　　　ㅂ. 행위와 시간: 마감, 파장
　　　ㅅ. 행위와 장소: 모임, 좌담, 회담, 회식

　(5ㄱ)의 '감독, 경비, 교환, 담당' 등은 "행위자가 어떠한 일을 하다"
라는 의미를 내포한다. 행위의 의미는 'X-가 Y-를 (감독하다, 경비하
다, 교환하다, 담당하다)'의 구조에서 실현된다. 실체의 의미는 이 구
문에서 X에 해당하는 행위자를 '감독, 경비, 교환, 담당' 등으로 지시
할 때 실현되어 두 의미 사이에 행위와 행위자의 관계가 성립한다.
　(5ㄴ)의 '빨래, 소유, 은폐, 저축' 등은 'X-가 Y-를 (빨래하다, 소유하
다, 은폐하다, 저축하다)'와 같은 구문 구조에서 행위의 의미가 실현된
다. 이 구문에서 행위의 대상인 Y를 '빨래, 소유, 은폐, 저축' 등이 지

---

15) 위의 의미 관계는 차준경(2004)에서 사건 명사의 의미 전이 현상으로 다룬 바 있다. 국
립국어연구원(2003)의 '현대 국어 사용 빈도 조사'에서 '-하다'와 결합할 수 있는 빈도 10
이상의 명사 약 1000여 종을 대상으로 사전의 뜻풀이와 말뭉치를 참조하여 분석하였다.
그 중 약 100여 개의 사건 명사가 비실체성과 실체성의 의미를 넘나드는 것으로 관찰되
었다.

시할 때, 구체물의 의미가 실현된다. 그러므로 어휘소 '빨래, 소유, 은폐, 저축' 등에서 두 의미간의 관계는 행위와 대상으로 볼 수 있다.

(5ㄷ)의 '장식, 조각, 조립, 복제' 등은 'X-가 Y-를 (Z-로) {장식하다, 조각하다, 조립하다, 복제하다}'의 구조에서 행위의 의미가 실현되고, '장식, 조각, 조립, 복제' 등이 행위의 결과(Z)로 나타난 결과물(장식물, 조각품 등)을 지시할 때 구체물의 의미가 실현된다. 이런 의미관계를 행위와 결과의 관계로 보았다.

한편, (5ㄹ)의 '면도, 주사, 전화' 등은 'X-가 Y-를/에게 (Z-로) {면도하다, 주사하다, 전화하다}' 등의 구조에서 실현되면 행위로 해석되고, 도구(Z)를 '면도, 주사, 전화'가 지시할 때에는 구체물(면도기, 주사기, 전화기)로 해석되어, 행위와 도구의 관계로 볼 수 있다.

(5ㅁ)의 '위장, 비전16)' 등은 'X-가 Y-에/에게 (Z-로) {비전하다, 위장하다}'의 구조에서 행위의 의미가 실현되고, 이 구조에서 방법이나 수단(Z)에 해당하는 것을 '위장, 비전' 등이 지시할 때는 실체성의 의미로 해석이 된다. 이러한 관계를 행위와 방법의 관계로 보았다.

(5ㅂ)의 '마감, 파장'17)은 'X-가 Y-를 (Z-에) 마감하다', 'X-가 (Z-에) 파장하다'의 구조에서 술어의 의미로 해석되지만 Z에 해당하는 시간을 지시할 때에 비술어적으로 해석된다. '마감, 파장' 등에서

---

16) •위장⁷(僞裝) 몡 ≪표준≫
　① 본래의 정체나 모습이 드러나지 않도록 거짓으로 꾸밈. 또는 그런 수단이나 방법.
　② 〖군사〗 적의 눈에 뜨이지 않게 병력, 장비, 시설 따위를 꾸미는 일.
　•비전⁸(祕傳)[비: -] 몡 ≪표준≫
　비밀히 전하여 내려옴. 또는 그런 방법.
17) •마감¹ 몡 ≪표준≫
　① 하던 일을 마물러서 끝냄. 또는 그런 때.
　② 정해진 기한의 끝. ¶마감 시간에 맞추다/원서 마감이 내일이다./
　•파장⁵(罷場)[파: -] 몡 ≪표준≫
　① 과장(科場), 백일장, 시장(市場) 따위가 끝남. 또는 그런 때.
　② 여러 사람이 모여 벌이던 판이 거의 끝남. 또는 그 무렵.

보이는 다의는 행위와 시간의 관계로 볼 수 있다.

(5ㅅ)의 '좌담', '회담', '회식' 등은 'X-가 Y-를 Z-에서 (좌담하다, 회담하다, 회식하다)'의 구조에서 장소(Z)를 지시할 때는 언어 행위의 의미로 해석되지 않는다. '좌담', '회담'은 언어 행위와 그 내용의 의미로 쓰일 수 있다. 그러나 '회담', '좌담'이 "회담장", "좌담회"의 의미로도 쓰일 수 있으므로 행위가 일어나는 장소의 해석도 가능하다.[18]

이와 같이 행위를 나타내는 명사가 행위자로 해석되기도 하고, 어떠한 행위를 한 뒤의 결과물을 지시하기도 한다. 또한 행위의 대상물이나 도구, 방법, 장소 등을 지시한다. 이러한 사건 명사의 다의는 사건 명사의 의미와 밀접히 연관을 맺는다. 명사의 사건 구조에 참여하는 행위자, 대상, 결과물, 도구, 방법, 장소 등이 문맥에 따라 강조되어 실현되는 것으로 볼 수 있다. 사건 명사에서 실현되는 실체성과 비실체성은 구별되는 개념이지만 사건 구조의 일부분으로 환유적으로 밀접히 연관된 개념이기도 하다.

사건 명사는 행위나 사건, 과정 등을 지시하며, 이러한 의미에서 화자의 일반적인 세상 지식과 사건 명사의 의미에 의해 환유적으로 행위자, 생산물, 결과, 방법, 도구, 시간 등의 의미로 확장된 것이다. 이러한 다의는 모든 사건 명사에서 일어나는 것이 아니다. 그러므로 사전에서는 이러한 의미 관계를 포착하여 명시적으로 기술해야 할 것이다.

---

[18] 언어 행위와 그 내용에 해당하는 "건의, 계획, 맹세, 명령, 부탁, 선전, 약속, 공고, 광고, 기고, 기록, 발표, 보고, 공언, 꾸지람, 답변, 대답, 대화, 동의, 발언" 등은 언어 행위로 해석되는 경우와 보문명사로 기능하여 그 내용(명제)을 지시하는 경우로 분류할 수 있다. 이러한 명사들은 〈사건〉과 〈추상(명제)〉가 복합된 유형으로 볼 수 있다. (차준경 2009 참조).

4.2. 사건 명사의 의미 기술

4.2.1. 의미 분할과 통합의 문제

사건 명사가 행위나 과정만이 아닌 구체물 등으로 해석되는 경우 이를 국어사전에서는 어떻게 기술하였는지 살펴보자.

> (6) ㄱ. 감독[01] 監督 (이) ≪우리말≫
>
> ① 보살피어 단속하고 지도함. 〈한〉독찰.
>
> ② 보살피어 단속하고 지도하는 사람.
>
> ㄴ. 감독[02] 監督 「명」 ≪금성≫
>
> ① 보살펴 단속하는 것. 또는, 그렇게 하는 사람.
>
> ㄷ. 감독[02] 監督 「명」 ≪표준≫
>
> ① 일이나 사람 따위가 잘못되지 아니하도록 살피어 단속함. 또는 그렇게 하는 사람.
>
> (7) ㄱ. 식사[06] 食事 (이) ≪우리말≫
>
> ① 끼니로 먹는 음식. &~가 준비되었습니다.
>
> ② 끼니를 먹음. &~가 끝나다.
>
> ㄴ. 식사[03] 食事 「명」 ≪표준≫
>
> 끼니로 음식을 먹음. 또는 그 음식.
>
> ㄷ. 식사[01] 食事 「명」 ≪연세≫
>
> 사람이 끼니로 음식을 먹는 일.

예문(3)에서 '감독'과 '식사'는 각각 행위와 행위자, 행위와 대상으로 해석됨을 살펴보았다. 기존 사전의 의미 기술을 찾아보면 ≪우리말≫에서는 각각의 의미를 분할하여 기술하였으며, ≪금성≫, ≪표준≫에서는 '또는'을 사용하여 하나의 뜻풀이로 통합하여 기술하거나 ≪연세≫에서는 행위의 의미만을 기술하였다. 동일한 의미 관계임에도 불구하고 사전마다 의미를 분할하거나 통합하는 방식이 각기 다르다19).

문제는 2장에서도 제시했듯이, 동일한 사전임에도 불구하고 같은 의미관계를 표제어마다 달리 기술한다는 점이다. ≪표준≫에서는 '감독'과 '담임' 등의 행위와 행위자의 의미를 하나의 뜻풀이로 통합하여 제시하였으며, '사회'나 '대표' 등에서는 행위와 행위자의 의미를 각각 분할하여 두 개의 뜻풀이로 제시하였다. 행위와 행위자의 의미 관계를 맺고 있는 다의어임에도 표제어에 따라 기술 방법을 달리한 것이다. 이들은 행위와 행위자라는 밀접히 연관된 의미를 갖고 있으나 〈사건〉과 〈실체〉라는 구별되는 의미 부류로 실현된다. 그러므로 이러한 의미 관계에 있는 어휘소에 대해서는 사전에서 일관적인 기술이 필요할 것이다.

또, 하나의 뜻풀이로 의미를 통합하여 기술하는 것의 문제는 의미 관계의 포착이다. 서술성 명사에서 행위와 행위자의 의미 관계를 나타내는 부류를 살펴보자.

(8) 감독 감독자   경비 경비원   교환 교환원
       감독하다   경비하다   교환하다

---

19) 기간(旣刊) 사전을 비교한 결과, ≪우리말≫을 제외하고는 ≪금성≫, ≪표준≫, ≪고려대≫ 등에서는 의미 유형이 복합된 사건 명사를 대부분 하나의 뜻풀이로 통합하여 제시하였다. ≪우리말≫의 경우는 본고의 주장대로 의미를 분할하여 기술하였으나 의미 분할의 근거가 명시적이지 않다.

'감독'은 '감독자, 감독하다', '경비'는 '경비원, 경비하다', '교환'은 '교환원, 교환하다', '담당'은 '담당자, 담당하다' 등과 유의 관계를 맺고 있다. 하나의 뜻풀이로 통합하여 의미를 기술한다면, 어떤 의미와 유의 관계를 맺고 있는지 정확히 표상하기 어려울 것이다.

명사 '요리, 식사, 간식' 등은 어떠한 행위와 그 행위의 대상인 음식을 지시하지만 하나의 뜻풀이로 통합하여 제시하면, 마치 구체 명사에 용언화 접사 '하-'가 결합하여 동사를 파생하는 것으로 잘못 판단할 수가 있다[20]. '요리, 식사, 간식' 등은 상적인 동사와 결합이 가능하므로 서술성 명사에 해당하며 서술성 의미에 용언화 접사 '하-'가 결합하여 '요리하다, 식사하다. 간식하다'가 파생되는 것으로 보아야 한다. 이들 명사의 정확한 형태 의미 관계를 포착하기 위해서라도 사전의 뜻풀이 기술은 분할 가능한 의미를 정확히 기술해야 한다.

4.2.2. 체계적인 의미 기술의 가능성

먼저, 4.1.에서 사건 명사의 의미 전이가 매우 체계적으로 이루어지고 있음을 보았다. 이러한 의미 특성을 이용하여 의미를 기술하면 체계적인 기술이 가능할 것이다. 행위와 결과물의 의미 관계에 있으면서 일종의 유의어군을 이루는 '모조, 복제, 모방' 등을 살펴보자.

---

20) '밥하다', '나무하다' 등 구체명사에 '하다'가 결합하는 경우는 의미가 특수화된 것으로 본다. '나무'와 '밥'에는 서술성이 없으며 구체성만 있기 때문이다. 그러나 '빨래, 노래' 등은 '시작하다, 끝나다'와 같이 상적인 동사와 결합이 가능하기 때문에 실체성과 비실체성이 복합되어 있다. '하다'와 결합할 수 있는 명사에는 의미가 특수화되는 실체성 명사, 실체성과 비실체성이 복합된 명사, 비실체성 명사 등으로 분류할 수 있다.

(9) ㄱ. 모조⁰³ 糢造「명」《표준》

　　　① (주로 다른 명사 앞에 쓰여) 이미 있는 것을 그대로 따라하거
　　　　나 본떠서 만듦. 또는 그런 것.

　　　② =모조품.

　　ㄴ. 복제⁰³(複製)「명」《표준》

　　　① 본디의 것과 똑같은 것을 만듦. 또는 그렇게 만든 것.

　　ㄴ'. 복제⁰³(複製)「명」(추가한 내용)

　　　① 본디의 것과 똑같은 것을 만듦.

　　　② 본디의 것과 똑같이 만든 것. 〈유〉 복제품

　　ㄷ. 모방⁰⁴(糢倣/摸倣/摹倣)「명」《표준》

　　　① 다른 것을 본뜨거나 본받음.

　　ㄷ'. 모방(糢倣/摸倣/摹倣)「명」(추가한 내용)

　　　① 다른 것을 그대로 본떠서 만들거나 옮겨 놓음.

　　　② 다른 것을 본떠서 만든 물건. 〈유〉 모방품.

　행위와 결과물의 관계에서 보면, '모조'와 '복제'는 문맥에 따라 "본떠서 만듦"이라는 서술성으로 해석되거나 "모조품", "복제품"이라는 행위의 산물로 해석된다. '모조'와 '복제'에서 생성되는 다의는 '모방'에서도 행위와 그 결과물인 "모방품"의 의미로 실현될 수 있을 것이다.²¹⁾ 비록 사전에서는 '모방'의 뜻풀이에 모방 행위의 결과물인 "모방품"의 의미는 기술되지 않았으나 '모방'과 유의어군을 이루는 명사

---

21) 이러한 의미 기술은 실제로 용례를 바탕으로 그 용법을 확인한 뒤에 사전의 의미로 기술되어야 한다. '모방'의 유의어로 제시된 '모본, 본뜨기, 이미테이션' 등을 참고하면 '모방'에서 "모방품"의 의미가 사용되지 않는다고 볼 수 없다(《표준》에서는 '모방품'이 표제어로 등재되지 않았다). 이것은 유의 관계에 의한 뜻풀이 정교화 방안의 일종으로 볼 수 있다. 유의어군을 검토하면 사전 전체의 체계성, 각 단어의 뜻풀이의 정확성, 사전의 실용성을 높이는데 기여할 것이다(김광해 1995: 280).

들의 의미 관계에 따라 "모방품"의 의미로 쓰일 수 있을 것이다. 이러
한 용법이 실제 말뭉치에 나타나면 이를 사전의 뜻풀이에 추가해야
할 것이다.[22]

　지금까지 의미 유형이 복합된 사건 명사에 대한 사전의 의미 기술
을 살펴보았다. 사건 명사의 다의에는 일정한 의미 관계가 있으며 이
러한 의미 관계를 반영하여 뜻풀이를 기술하면 첫째, 다의어의 의미
분할과 통합의 일관성을 부여할 수 있으며, 둘째, 같은 의미 관계에 있
는 어휘들이 유의어군을 이루므로 이들 간의 체계적인 의미 기술이
가능할 것이다.[23]

5. 맺음말

　사전의 의미 기술에서 단의와 다의의 구별, 의미 분할 등은 모든 사
전이 동일한 것이 아니라 사전마다, 사전 편찬자마다 각기 다르다. 또,
사전의 크기에 따라서 대사전과 중사전, 소사전의 뜻풀이가 다를 수밖
에 없다. 대규모 언어 자원(코퍼스)을 기반으로 구축한 대사전도 표제
어의 정교한 뜻풀이를 제시하려고 노력하지만 실생활에서 사용되는
의미를 모두 수록하지는 못한다.

　이러한 사전 의미 기술의 현실은 어휘 의미 특성에 기인한다. 어휘
의미는 고정된 것이 아니라 유동적이며 문맥에서 비유적인 의미까지

---

22) 같은 방법으로, 비록 국어사전의 표제어 '조형'에 "조형물"의 의미는 기술되지 않았으
나 행위와 그 결과물의 의미 관계인 "조각-조각품, 조립-조립품, 창작-창작물" 등에 따라
'조형'은 "조형물"의 의미로 쓰일 수 있다. 이를 사전의 의미 기술에 추가해야 할 것이다.

23) 본고에서는 사건 명사로 의미 부류를 한정하여 제시하였으나 궁극적으로 규칙적인 다
의성을 띠는 어휘에 대해서는 일관된 방식으로 의미 기술이 가능할 것으로 보인다. 규
칙적 다의성을 띠는 명사류에 대해서는 차준경(2009)를 참조.

생성되기 때문이다. 그러나 어휘 의미 중에는 일정한 의미 관계를 보이는 유형이 있으며 이러한 유형에 대해서는 일관적이고 체계적인 기술이 가능할 것이다.

기존 사전에서는 일정한 의미 관계에 있는 어휘조차도 의미의 분할과 통합이 일정하지 않았다. 본고에서는 사건 명사의 다의 현상을 들어 사전 의미 기술의 문제점을 제기하였다. 사건 명사의 다의 현상은 매우 생산적이고 체계적임에도 각각의 사전에서는 표제어에 따라 '또는'을 사용하여 하나의 뜻풀이로 통합하거나 두 개의 뜻풀이로 의미를 나누어 기술하였다. 서술성과 실체성이 복합되어 있는 경우, 의미의 구별이 명확하다면 이를 분리하여 기술하는 것이 의미 관계를 보다 명시적으로 제시할 수 있을 것이다.

국어사전이 일반 사용자를 위한 언어 자원뿐만 아니라 여러 분야에서 널리 활용되려면 일관적이고 체계적인 의미 기술이 필요하다. 그러나 어휘 의미의 다의성 및 유동성은 사전의 뜻풀이 기술의 한계점으로 작용한다. 어휘 의미 중에는 규칙적인 다의를 띠는 부류가 있으며 이를 사전의 뜻풀이 기술에 적극 활용해야 할 것이다.

참고 문헌

강범모. 2001. 「술어 명사의 의미 구조」, 『언어학』 31.

고석주. 2007. 「어휘의미망과 사전의 뜻풀이」, 『한국어 의미학』 24, 1-22.

고석주, 김진해, 이 동혁, 한 정한. 2008. 『한국어 어휘망 구축을 위한 기초 연구』, 보고사.

국립 국어연구원. 2003. 『현대 국어 사용 빈도 조사』, 국립 국어연구원.

김광해. 1992. 『고유어와 한자어의 대응 현상』, 서울: 탑출판사.

김광해. 1993. 『국어 어휘론 개설』, 서울: 집문당.

김민수. 1981. 『국어 의미론』 서울: 일조각.

김동성. 2008. 「유로워드넷 방식에 기반한 한국어와 영어의 명사 상하위어 정렬」, 『언어와 정보』 12-1, 27-65.

김종택. 1993. 『국어어휘론』 서울: 탑출판사.

김진해. 2006. 「코퍼스 언어학적 관점에서 본 의미의 본질」, 『한국어 의미학』 21, 75-104.

김창섭. 2001. 「'X하다'와 'X를 하다'의 관계에 대하여」, 『어학연구』 37-1, 63-85.

남기심. 2001. 『현대 국어 통사론』, 서울: 태학사.

남길임. 2005. 「말뭉치 기반 사전 편찬의 동향과 지향 방향－최근 30년간의 사전편찬 방법론을 중심으로－」, 『한말연구』 16, 75-98.

도원영·차준경. 2009. 「〈고려대 한국어대사전〉의 종합적 고찰」, 『민족문화연구』 51.

박동호. 2003. 「다의 분할의 원칙 -세종 체언 전자사전의 경우-」, 『한국어 사전학』 1, 134-184.

박만규. 2002. 「다의어의 의미 분할과 의미 분류」, 『한글』 257.

배도용. 2002. 『우리말 의미 확장 연구』, 한국문화사.

서정수. 1996. 『국어문법(수정증보판)』, 한양대 출판원.

서태길·김혜령. 2009. 「〈고려대 한국어대사전〉의 문법 및 뜻풀이 정보」, 『민족문화연구』 51.

송길룡·민경모·서상규. 2003. 「≪표준국어대사전≫의 표제어 구성」, 『한국사전학』 2, 9-43.

옥철영. 2007. 「국어 어휘 의미망 구축의 개념과 사전 편찬」, 『새국어생활』 17-3. 27-50.

유현경·남길임. 2009. 『한국어 사전 편찬학 개론』, 도서출판 역락.

윤애선. 2007. 「국내외 어휘 의미망의 구축과 활용」, 『새국어생활』 17-3, 5-26.

이기동. 1992. 「다의의 구분과 순서의 문제」, 『새국어생활』 2-1, 55-71.

이병근. 1992. 「사전 정의의 유형과 원칙」, 『새국어생활』 2-1, 2-21.

이병근. 2000. 『한국어 사전의 역사와 방향』, 태학사.

이상섭. 1997. 「사전의 뜻풀이에 대한 소견: 연세 한국어사전과 기존 국어사전들과의 비교를 겸하여」, 『사전편찬학연구』 8, 7-32.

이성헌. 2007. 「세종 전자 사전의 어휘 의미 부류 체계」, 『새국어생활』 17-3, 51-68.

이운영. 2002. 『표준국어대사전 연구 분석』, 국립 국어원.

이원직 외. 2005. 『국어 연구와 의미 정보』, 도서출판 월인.

이익환. 1992. 「국어사전 뜻풀이와 용례」, 『새국어생활』 2-1, 30-54.

이찬규. 2008. 「인지화용적 관점에서의 의미의 본질과 유형」, 『語文論集』(중앙어문학회) 38, 95-121.

임지룡. 1992. 『국어의미론』, 서울: 탑출판사.

임지룡. 2006. 「인지언어학적 관점에서 본 의미의 본질」, 『한국어 의미학』 21, 1-29,

임지룡. 2008. 「한국어 의미 연구의 방향」, 『한글』 282, 195-234.

임지룡. 2009. 「다의어의 판정과 의미 확장의 분류 기준」, 『한국어 의미학』 28, 193-226.

차재은·강범모. 2002. 「다의 설정의 방법에 대해서」, 『한국어학』 15. 259-284.

차준경. 2004. 「사건 명사의 의미 전이」, 『한국어 의미학』 15, 249-272.

차준경. 2009. 『국어 명사의 다의 현상 연구』, 서울: 제이앤씨.

천시권·김종택. 1971. 『국어 의미론』, 형설출판사.

최경봉. 2005. 「의미 분류 체계의 사전적 수용」, 이원직 외. 『국어 연구와 의미 정보』 129-152, 도서출판 월인.

최호철. 2005. 「국어의 다의 분석과 사전 기술」, 이원직 외. 『국어 연구와 의미 정보』 153-184, 도서출판 월인.

최호철. 2006. 「전통 및 구조 언어학에서 본 의미의 본질」, 『한국어 의미학』 21, 31-49.

홍재성. 1987. 「한국어 사전에서의 다의어 처리와 동형어 처리의 선택」, 『동방학지』 54, 947-971.

홍재성. 1999. 「기능동사 구문 연구의 한 시각 : 어휘적 접근」, 『인문논총』 41, 135-173, 서울대 인문학 연구소.

홍종선. 1998. 「명사의 사전적 처리」, 『새국어생활』 8-1.

홍종선·최호철 외. 2009. 『국어사전학 개론』, 서울: 제이앤씨.

Apresjan, Jurij D. 1974. "Regular Polysemy", *Linguistics* 142, 5-32.

Atkins, B.T. Sue and Michael Rundell. 2008. *The Oxford Guide to Practical Lexicography*, Oxford: Oxford University Press.

Clarke, David D. (eds). 2003. Polysemy. *Flexible Patterns of Meaning in Mind and Language*. Berlin: Mouton de. Gruyter.

Cruse, D. Allen. 1986. *Lexical Semantics*, Cambridge: Cambridge University Press.

Cruse, D. Allen. 2000. *Meaning of Language*, Cambridge: Cambridge University Press.

Fontenelle, Thierry(eds.). 2008. *Practical Lexicography A Reader,* Oxford: Oxford University Press.

Hanks, Patrick. 2008. "Linguistic Norms and Pragmatic Exploitations, or Why Lexicographers need Prototype Theory, and Vice Versa". 1994. Hanks, Patrick(eds). Lexicology, Critical Concepts in Linguistics, Vol. 5. Routledge.

Hanks Patrick, 2000. "Do Word Meanings Exist?", Computers and the Humanities, 34, 205-215.

Kilgarriff, Adam. 1997. "I Don't Believe in Word Senses", Computers and the Humanities, 31(2), 91-113.

Nikiforidou, Kiki. 1999. "Nominalization, Metonymy and Lexicographic Practice", De Stadler, L. and C. Eyrich(eds.) Issues in Cognitive Linguistics, Berlin/New York: Mouton de Gruyter.

Pustejovsky, James. 1995. Generative Lexicon, Cambridge, MA: The MIT Press.

Teubert, Wolfgang and Ramesh Krishnamurthy(eds.), 2007. "General Introduction", Corpus Linguistics Critical Concepts in Linguistics, Vol.1, Routledge.

참고 사전

고려대 민족문화연구원 편. 2009. 『고려대 한국어 대사전』, 고려대 민족문화연구원.
국립 국어연구원 편. 1999. 『표준 국어 대사전』. 두산동아.
연세대 언어정보개발원 편. 1998. 『연세 한국어 사전』, 두산동아.
운평 어문연구소 편. 1996. 『금성판 국어 대사전』. 금성출판사.
한글 학회 편. 1992. 『우리말 큰사전』. 어문각.

3부

사 전 편 찬 과 문 제 제 기

〈고려대 한국어대사전〉과 사전학

국어사전 속의 동자동형이의(同字同形異意) 한자어(漢字語)의 처리에 대하여[1]

김양진

1.

현대의 국어사전들에는 동음이의어, 즉 동형어(同形語)여서 개별적인 표제어로 처리되어야 하는 동자동형이의(同字同形異意) 한자어(漢字語)들이 다의어(多義語)로 인식되어 한 단어로 묶여 제시되는 경우가 상당히 많다. 이러한 문제는 한자 문화권에 속하는 한중일 삼국의 어휘들이 상호 침투하는 과정에서 다양한 형식으로 나타난다. 그 가운데는 한국계 한자어[2]가 중국계 한자어나 일본계 한자어와 뒤섞이게 되면서 다의어로 처리되는 일도 종종 나타난다.

---

1) 이 논문은 본래 〈고려대 한국어대사전〉(2009) 편찬 과정에서 문제 제기의 형식으로 작성된 글이다. 이후에 논의를 확장하여 2011년 「어문연구」149호에 실었기 때문에 상당 부분 중복된 내용이 있음을 밝힌다.

2) 최근에 출간된 〈고려대 한국어대사전〉(2009)에서는 이두식 한자어(吏讀式漢字語)를 포함한 한국계 한자어에 ㉿과 같은 표시를 함으로써 중국계 한자어, 일본계 한자어와 구별되는 한국 고유 한자어를 구별하여 보이고자 한 바 있다.

한중일 삼국의 언어는 지리적 인접성에 따른 문명의 전파나 지배-피지배의 정치적 과정에 따라 오랜 기간 동안 서로 차용(借用)에 의해 뒤섞여 왔다. 특히 동양 삼국이 모두 한자 문화권에서 한자(漢字)를 중심으로 문명을 형성해왔기 때문에 이러한 동자동형이의의 한자어의 발생은 부득이한 측면이 있다.

현행의 국어사전에는 이와 같이 상이한 기원(起源)을 가지고 있어서 동자동형의 이의어(異義語)로 처리되어야 할 한자어들이, '같은 한자'로 구성되어 있고 의미가 유사하다는 이유로 다의어(多義語)로 처리된 것이 많다. 본 연구에서는, 기존 국어사전에 등재된 한국계 한자어와 중국계 한자어, 일본계 한자어 중에서, 동일한 한자로 구성되지만 서로 기원이 다르기 때문에 동자동형이의 한자어로 별도 처리되어야 함에도 한 표제어 안에서 다의어로 처리된 경우를 『표준국어대사전』(1999)의 예를 중심으로 소개하고 이들을 동자동형의 이의어로 구별하여 별도 표제어로 처리해야 함을 주장하고자 한다.

2.

다의(多義)로 구성된 이두식 한자어이면서 동자동형이의어로 인식되어야 할 단어의 대표적인 예로 '작자(作者)'를 들 수 있다.[3] 대부분의 국어사전에서 '작자(作者)'의 경우, '小作人'의 뜻과 '지은이', '製作者', '購買者'의 뜻이 다의어로 처리되어 있다. 『표준국어대사전』

---

[3] 이두식 한자어로서의 '作者'가 일반 한자어 '作者'에 합류된 사실은 이미 김양진(2011)에서 소개한 것을 다시 가져온 것이다. 김양진(2011)은 국어사전 속의 이두식 한자어를 전반적으로 다룬 것인데 본고에서는 그중 'Ⅱ. 다의어와 이의어' 부분의 내용을 대부분 답습하였다.

(1999, 이하『표준』)의 뜻풀이를 중심으로 설명해 보자.

    (1) 작자01(作者)[-짜]「명사」
      ① =지은이. ② =제작자. ③ =소작인
      ④ 물건을 살 사람. ⑤ 나 아닌 다른 사람을 낮잡아 이르는 말.

  위의 뜻 가운데 '(1)③'은 '다른 사람에게서 농사를 부쳐 먹는 사람'이라는 뜻으로서 한국계 한자어 혹은 이두식 한자어에 해당한다.
  『한어대사전』(1994/2001, 이하『한어』)에서는 (2)에서 '作者'의 기본 의미를 셋으로 싣고 '장인(匠人), 일꾼'이라는 뜻의 '作者'를 동자동형이의어로 나누어 (3)처럼 구별하여 보이고 있다.

    (2) 【作者】① 創始之人。『禮記·樂記』:"作者之謂聖,述者之謂明。"
           ② 稱在藝業上有卓越成就的人。五代 貫休『讀劉得仁賈島集』
             詩之一:"二公俱作者,其奈亦迂儒。"
           ③ 指從事文章撰述或藝術創作的人。三國魏 吳質『答東阿王
             書』:"還治諷采所著,觀省英瑋,實賦頌之宗,作者之師也。"…

    (3) 【作者】 指工匠、役夫。『韓非子·解老』:"作者數搖徙則亡其功。"…

  『표준』(1)①은 '저작자(著作者)'의 뜻으로 『한어』(2)③에 해당한다.『표준』(1)②는 (2)②와 (3)을 통합한 뜻풀이인데『표준』에 '제작자(製作者)'의 뜻이 "물건이나 예술 작품을 만드는 사람"으로 되어 있어 이를 확인할 수 있다.
  따라서『표준』의 (1)①과 (1)②의 두 뜻은 한자어의 일반적인 뜻으로서 중국에서의 용법을 우리 쪽에서 그대로 가져다 쓴 예라고 보아도 무방할 것이다. "물건 만드는 사람"과 "글이나 예술 작품을 만드는 사람"이 분리되어 있는 중국 측의 용법을 존중하여 우리 국어사전에서도 (1)②를 분리하여 "물건을 만드는 사람"과 "예술 작품을 만드는 사람"으로 구별할 것인지 지금까지처럼 통합할 것인지의 문제는 사전 편찬자들의 판단에 달라질 수 있는 문제이다. 전자는 '제작자(製作者)'의 의미이고 후자는 '창작자(創作者)'의 의미이다. 『한어대사전』(2001)에서 확인된 중국 측의 용례들이 모두 동양 삼국에서 널리 읽히는 중국 고전으로부터 확인된 용법들임을 고려한다면 이 두 뜻은 동자동형 이의어로 나뉠 만한 것이다.

　　『표준』(1)③의 뜻은 『한어』(2)의 세 가지 뜻이나 『한어』(3)의 뜻과는 확연히 다른 용법으로 사용된 것이다. 중국 측 고전에서 확인되지 않는 이러한 뜻의 용례는 우리 전통적인 문헌에서는 쉽게 발견된다. ≪조선왕조실록≫에서 그 사용례를 가져오면 다음과 같다.

　　(4) ① 10월부터 2월까지 경작하는 자로 하여금 스스로 충주(忠州)·김천(金遷)에 수납하게 하면, 그 일이 의당 행하여질 것입니다.(自十月至二月, 使其作者自輸於忠州金遷, 則其事宜若可行。)〈太宗 5卷 3年(1403) 癸未 6月 6日(壬子) 1번째 기사〉

　　② 지금부터는 경작하는 자로 하여금 해마다 그 경작하는 것으로써 예비했다가 공안(貢案)의 숫자에 의하여 거두도록 하시옵소서. (自今令作者, 每年以其所耕預備, 依貢案數收納。)〈世宗 34卷, 8年(1426) 丙午 11月 5日(甲午) 6번째 기사〉

　　③ 2품 수령·감사 이상은 그 성, 무슨 직, 누구의 종 아무개라고 쓰고, 3품 이하는 모두 성명과 종의 이름을 쓰고, 양민은 성명을 갖추어 쓰고, 공노비·사노비는 이름만 쓰고, 본주인이 먼 곳에 있을 때에는 경작자가 그 노복이 아니면 따로 주인 아무개로 하면

서, <u>경작자</u> 아무개라고 기록한다.(則二品守監司以上, 書其姓某職
某奴某, 三品以下悉書姓名及奴名, 良民具姓名, 公私賤只書其名,
而本主在於遠地時, <u>作者</u>非其奴僕, 則別以主某時作某懸錄。)〈純祖
23卷, 20年(1820) 庚辰 3月 27日(癸未) 2번째 기사〉

　(4)에서 '경작', '경작하는'으로 번역된 맡줄친 부분의 '作'의 용법은
'농사짓기'에 한정된 것들이다. 따라서 이때의 '작자(作者)'는 '농사 짓
는 이' 즉 '농부(農夫)'의 뜻이다. 국어에서 '作'이 '(농사 따위를) 짓다'
의 의미로 쓰이는 것은 '小作'이나 '凶作', '豊作'과 같은 전통적 단어들
로부터 손쉽게 확인된다. 일제 시대에 조선총독부에서 출간한 『朝鮮
語辭典』(1920)에서는 '作者'에 대해 '소작인(小作人)'이라는 뜻의 '作人'
과 유의어임을 밝히고 이 단어의 이두(吏讀)가 '處干'임을 밝힌 바 있
다.4) 이 단어의 기본 의미는 단순한 '농부(農夫)' 혹은 '농군(農軍)'이라
기보다는 '소작인(小作人)'에 가깝다고 보아야 할 것이다.
　(1) ④의 '구매자(돈 내는 사람)'라는 뜻은 조선총독부의 『朝鮮語辭
典』(1920)에 '買手'의 뜻으로 처음 나타난다. 이 뜻은 문세영 편 『조
선어사전』에서도 "물건을 사는 사람"으로 기록되었고 『큰사전』
(1957)에 "물건을 살 사람"으로 기록된 이후 그 용법과 의미가 현재에
이르고 있다. '작자(作者)'가 (1)④의 뜻으로 쓰인 경우는 아직 그 어
원이나 최초의 출처가 명확히 확인된 것은 아니지만 "돈이 급해서 팔
려고 해도 마땅한 작자가 나서지 않아서 집을 팔지 못하고 있다"라든
지 "물건을 사겠다는 작자만 있다면 언제든지 팔 용의가 있습니다"와
같은 용례에서 한국적 쓰임이 확인된다.
　(1)⑤도 중국이나 일본 측 용법에서는 확인되지 않는 한국 고유

---

4) 김양진(2011)에서는 전통적으로 '곳간'으로 읽힌 '處干'을 *'바라한'으로 읽을 수 있음을
　지적한 바 있다. 자세한 논의는 김양진(2011)을 참조할 것.

의 의미이다. 상대방을 낮추어 가리키는 (1)⑤의 뜻은 '지은이'나 '제작자', '예술가' 중의 어떤 의미로부터도 쉽게 연결하기 어렵다. 하지만 '작자(作者)'에 대한 한국 고유의 의미로 쓰이는 (1)③의 '소작인(小作人)'의 뜻이나 (1)④의 '물건을 살 사람'이라는 뜻에서 의미 상의 확장 혹은 전이를 거쳐 (1)⑤의 뜻이 이루어진 것으로 이해해 볼 수 있다.5)

현행의 국어사전 중 『표준』의 '작자(作者)'를 기준으로 하여 이상의 논의를 종합할 때 (1)은 한자어 의미의 기원에 따라 다음과 같이 나누어 기술될 수 있을 것이다.

> (6) 작자¹(作者)
>> ① 글 쓰는 이. =저작자(著作者)
>> ② 예술 작품 만드는 이. =창작자(創作者).
>> ③ 물건 만드는 이. =제작자(製作者).

> (7) 작자²(作者)
>> ① 농사 짓는 이. =소작인(小作人).
>> ② 물건을 살 이. =구매자(購買者).
>> ③ 나 아닌 다른 사람을 낮잡아 이르는 말.

(6)에서 (6)②와 (6)③의 뜻을 동자동형이의어로 나눌 것인지의 여부에 대한 판단은 사전 편찬자의 입장이나 관점에 따라 달라질 수 있을 듯하나 대체로 (6)의 ①, ②, ③이 하나의 표제어 안에서 다의어로

---

5) (1)⑤가 (1)③에서 파생된 것인지 (1)④에서 파생된 것인지의 문제는 현재로서는 명확하지 않으며 좀더 천착해 볼 필요가 있으나, 김양진(2011)에서는 (1)③의 '소작인(小作人)'의 뜻에서 용법이 확장된 것으로 보았다.

묶이는 문제는 동의할 수 있을 듯하다. (7)의 경우도 (7)의 ①과 ②를 별개의 한자어로 보아야 할 것인지 단순한 다의어로 보아야 할 것인지의 문제를 좀더 천착할 필요가 있으나 일단 이 두 가지 뜻이 모두 한국에서 기원한 고유한 한자어 의미라는 점에서 현재로서는 하나의 표제어 안에서 처리하는 것이 바람직할 듯하다

하지만 어찌되었든 비록 같은 한자로 동일하게 구성되어 있는 한자어이지만 (6)과 (7)은 동자동형이의어로 분리되어야 할 단어들이다. 이와 같이 국어사전에서 우리만 한자어의 동자동형이의어 분리 문제가 온전하게 처리되기 위해서는 먼저 한자어의 기원에 대한 논의가 철저하게 밝혀져야 할 것이다.

이를 위해서는 근대 이후 국어에 유입된 일본계 한자어와 우리들의 전통적 한자어인 이두식 한자어들에 대한 연구가 좀더 철저하게 이루어져 있어야 한다. 아래에서 한자의 일반적인 의미로부터 추출 가능한 일반적인 한자어와 이두식 한자어들이 동자동형이의어임에도 사전에 따라 하나의 다의어로 묶여 있는 단어의 일부 사례를 든다.

(8) 추고(追考)

① 미루어 생각함.

② 벼슬아치의 죄과(罪過)를 추문(推問)하여 고찰함.

(9) 추쇄(推刷)

① 빚을 모두 받아들이던 일.

② 도망한 노비나 부역, 병역 따위를 기피한 사람을 붙잡아 본래의 주인이나 본래의 고장으로 돌려보내던 일.

③ 떠돌아다니는 백성을 붙잡아 본고장으로 돌려보내던 일.

(8~9)의 ①은 모두 단순 한자어로서 중국의 전통적 문헌에서 쓰던 한자어의 용법의 우리말에 그대로 유입된 것이고 (8)의 ②와 (9)의 ②③은 모두 한국식 한자어, 그 중에서도 이두식 한자어의 예이다. 따라서 마땅히 다음과 같이 동자동형이의어로 구별될 만한 단어임에도『표준』에서 모두 다의어로 처리한 것들이다.

(10)

한자	이의어	뜻풀이
追考	추고01	미루어 생각함.
	추고02	벼슬아치의 죄과(罪過)를 추문(推問)하여 고찰함.
推刷	추쇄01	빚을 모두 받아들이던 일.
	추쇄02	① 도망한 노비나 부역, 병역 따위를 기피한 사람을 붙잡아 본래의 주인이나 본래의 고장으로 돌려보내던 일.
		② 떠돌아다니는 백성을 붙잡아 본고장으로 돌려보내던 일.

물론 (8~9)의 예들과 달리『표준』(1999)에서도 동일한 한자, 동일한 단어 구성으로 이루어진 한자어에 대해서 다음과 같이 기원에 따라 표제어를 나누어 동자동형이의어로 처리한 예가 있다.

(11) 보인¹(保人) : 보증하는 사람. =보증인.
(12) 보인²(保人) : 조선 시대에, 군(軍)에 직접 복무하지 아니하던 병역
　　　 의무자.

(11~12)는 같은 한자로 구성되어 있지만 기원과 의미가 다른 '保人'을 동자동형이의어로 나누어 표제어를 설정한 것이다. (11)은 단순 한자어이고 (12)는 이두식 한자어 혹은 한국 한자어에 해당한다.

하지만 『표준』에서의 이러한 구별은 우연한 일로 보인다. (8), (9)에서도 보였듯이 동일한 한자, 동일한 단어 구성을 보이는 경우에 이러한 구별을 하지 않은 경우가 더 많기 때문이다. 아래 '도척(刀尺)'의 경우가 그러한 예이다.

　　(13) 도척(刀尺)
　　　　① 포목을 마르고 잰다는 뜻으로, 의복의 재봉을 이르는 말.
　　　　② 사람을 임명하고 해임시키는 일을 비유적으로 이르는 말.
　　　　③ 『역사』 예전에, 지방 관청에서 음식 만드는 일을 맡아보던 하인.
　　　　　〈유의〉 칼자.

　　(13)③은 고유어 '칼자'를 한자로 쓴 이두식 한자어의 예이고 (13)①은 '도(刀)'와 '척(尺)'의 일반적인 의미에 따라서 만들어진 단어이다. ②는 ①로부터 의미가 확장된 것이므로 (13)의 '도척(刀尺)'은 엄밀히는 (14), (15)와 같이 두 단어로 표제어가 나뉘어야 한다.

　　(14) 도척(刀尺)
　　　　① 포목을 마르고 잰다는 뜻으로, 의복의 재봉을 이르는 말.
　　　　② 사람을 임명하고 해임시키는 일을 비유적으로 이르는 말.

　　(15) 도척(刀尺)
　　　　『역사』 예전에, 지방 관청에서 음식 만드는 일을 맡아보던 하인.
　　　　〈유의〉 칼자.

한국 전통의 이두식 한자어에 대한 연구를 통해 다음과 같은 단어도 동자동형이의어로 구별해 볼 수 있다.

(16) 업무(業武)
　　① 병법을 닦는 데 마음과 힘을 기울임.
　　② 무반(武班)의 서자(庶子).

'업무(業武)'는 (16)에서와 같이 다의어로 처리된 단어이지만 '무반
(武班)의 서자(庶子)'의 의미일 때의 '업무(業武)'는 이두식 한자어임에
유의하여야 한다. 이 말은 아마도 고유어 '업둥이'를 한자로 표기하던
'업(業)'이 '무반(武班)'의 '무(武)'와 어울려 만들어진 말로 판단된다.
'업유(業儒)'라는 단어에서도 이러한 방식의 조어법이 확인된다.

(17) 업유(業儒) : 유학을 닦는 서자(庶子).

『표준』에서 '업유'의 뜻풀이로 제시한 '유학을 닦는 서자(庶子)'는 곧
'문반(文班)의 서자(庶子)'를 나타내는 말로, (16)에서 '업무②'에 제시
된 '무반(武班)의 서자(庶子)'와 대비된다. 이는 '업무(業武)', '업유(業儒)'
에서의 '業'이 '직업'이나 '부여된 과업'의 의미가 아니라 '庶子'를 가리
키는 이두식 한자어로서의 '업(業)'이었음을 말해 준다. 이두식 한자어
로서 '업(業)'은 "키워준 어머니의 배를 빌어 태어난 아이가 아니라 집
앞에 버려진 아이를 업어다 키운 아이"라는 뜻의 '업둥이'를 가리키는
말이다.6) 이를 바탕으로 (16)은 (18), (19)와 같이 표제어가 나뉘어

---

6) 물론 '업둥이'의 '업1(業)'말고 "한 집안의 살림을 보호하거나 보살펴 준다고 하는 짐승이
　나 사람"을 가리키는 '업'을 한자로 쓴 '업2(業)'은 별도의 단어로 처리되어야 할 것이다.
　흔히 영험한 '뱀'이나 '두꺼비' 따위를 가리키는 '업2'은 『표준』에서는 고유어로 처리되어
　있다. 하지만 이를 한자로 적은 '業'을 포함한 '업왕(業王)'과 그 유의어 '업양(業樣)', '업위
　(業位)', '업위양(業位樣)', '업위왕(業位王)' 등에서 이 단어의 이두식 용법이 확인된다.
　'업왕', '업양(業樣)', '업위(業位)' 등은 모두 "집안에서 재수를 맡아 도와준다는 신"이라는
　뜻으로 모두 '업'에서 온 이두식 한자어들이다.

집필되어야 한다.

(18) 업무¹(業武) : 병법을 닦는 데 마음과 힘을 기울임.

(19) 업무²(業武) : 무반(武班)의 서자(庶子). 〈참고〉업유.

(18)의 '업무'는 '업무하다'와 같은 파생어를 상정할 수 있는 서술성 명사인데 비해서 (19)의 '업무²'에는 그러한 서술성이 없다.

3.

『표준』에서는 '물주(物主)'에 대해 다음과 같이 풀이하고 있다.

(20) 물주(物主)

① 공사판이나 장사판에서 밑천을 대는 사람.

② 노름판에서, 선을 잡고 아기패를 상대로 이기고 짐을 겨루는 사람.

이 뜻풀이에서 보듯이, 이 단어는 일반적으로 '밑천을 대는 사람', 즉 '자금주'나 '자금의 결정권자'라는 뜻으로 사용되는 말이다. 하지만 이 단어에 대한 우리 전통 한자어의 용법은 한자 뜻 그대로 '물건 주인 '이라는 뜻으로 쓰이던 것이다. '물주(物主)'에 대한 우리 전통적인 용 법을 ≪조선왕조실록≫에서 가져오면 다음과 같다.

(21) ① 반드시 임첨년(任添年)이 돌아오기를 기다려서, 갖추 묻고 사실
   을 검열하여 물건 주인을 밝게 안 연후에야, 이를 핵문(劾問)할
   수 있는 것입니다.(必待任添年回還, 問備閱實, 明知物主, 然後乃
   可劾問也。)〈태종 18권, 9년(1409) 기축 8월 25일(갑자) 2번째 기사〉

② 만약 물건 주인이 듣지를 않으면 난전(亂廛)이라 부르면서 결박하여 형조와 한성부에 잡아넣습니다. (物主如或不聽, 輒稱亂廛, 結縛歐納於秋曹、京兆。)〈정조 32권, 15년(1791) 신해 1월 25일(경자) 1번째 기사〉

『표준』과 같이 국어의 역사적 단어를 포함하는 종합국어대사전이라면 (21)에서와 같은 '물주(物主)'에 대한 전통적 용법의 의미가 마땅히 포함되어야 할 것이다. 또 이 단어가 표제어로 포함된다면 (20)과 (21)은 마땅히 다음과 같이 동자동형이의 한자어로 구별되어야 한다. (20)의 의미와 관련하여 이 단어에 대해 일본어 대사전[7]에서는 '物主'에 대하여 다음과 같이 처리하고 있음에 주목할 필요가 있다.

(22) ぶつ-しゅ【物主】物の所有主。もちぬし。

(23) もの-ぬし【物主・武主】①物の持ち主。また、多くの財産を持っている人。物持ち。②戦陣での部隊の長。

(22)은 (21)과 용법이 같은 단어이고 (23)은 (20)과 의미상 서로 관련되어 있을 만한 뜻인데, 일본어 사전에서는 이 두 단어에 대하여 독법을 달리해서 별개의 단어로 처리하고 있다는 점에 주목할 필요가 있다. (20)의 뜻은 아마도 근대 이후, 일본의 영향 하에서 (23)과 같은 뜻에 이끌려 만들어진 새로운 의미로 이해된다. 이상의 논의를 고려하여 (20)와 (21)의 내용을 정리한다면 다음과 같다.

(24) 물주[1](物主) 〈일반 한자어〉 물건 임자.

---

7) 사전의 뜻풀이는 YAHOO.COM에서 제공하는 〈日本国語大辞典〉의 예를 취했다.

(25) 물주²(物主) 〈일본식 한자어〉 자금주. 자금의 제공자나 결정권자.

물론 (21)에 근거하여 새로 집필된 (24)는 한자의 일반적인 의미로부터 도출된 한중일 공통의 의미를 지닌 단어가 우리말에 자리 잡은 중국식 한자어이다. (25)를 일본식 한자어로 보든 일본식 한자어의 의미에 촉발되어 한국에서 새롭게 만들어진 고유 한자어로 보든, 어쨌든 '물건 임자' 혹은 '소유주'의 의미를 갖는 '물주¹(物主)'과 '자금주' 혹은 '자금의 제공자나 결정권자'의 뜻을 갖는 '물주²(物主)'는 동자동형이의 한자어로 처리되어야 할 것이다.

경우에 따라서는 중국에서 기원한 중국식 한자어라도 동자동형이의 한자어로 처리되어야 할 것들이 있다. 대표적인 예로 '가차(假借)'를 들 수 있다. 이 단어는 『표준』에서 (26)과 같이 뜻풀이 하고 있다.

(26) 가차(假借)
 ① 임시로 빌림.
 ② 사정을 보아줌.
 ③ 한자 육서의 하나. …

(26)의 뜻을 정리해 보면, '假借'는 크게 '임시로 빌림'과 '사정을 보아줌'의 두 가지 뜻으로 사용되는데 둘 간의 의미 관계를 이해하기 어렵다.

본고에서는 '임시로 빌림'의 뜻일 때는 '假借'를 구성하는 각 한자의 의미가 '假[빌 가], 借[빌 채]'이지만 '사정을 보아줌'의 뜻일 때는 '假借'를 구성하는 각 한자의 의미가 '假[용서할 가], 借[용서할 채]'라는 점에서, '假借'는 '假借1[임시로 빌림]'과 '假借2[사정을 보아줌(또는 용서함)]'으로 동자동형이의 한자어[즉 동형어]로 처리되어야 한다고 본다. '假

借1[임시로 빌림]'과 '容恕[사정을 보아줌]'가 별개의 단어인 것과 마찬가지로 '假借1'과 '假借2'는 별개의 단어이며 이들의 한자와 발음이 같은 것은 우연적 일치의 예로 보아야 한다.

4.

이상에서 국어사전 속의 한자어들을 중심으로 한국 한자어 특히 이두식 한자어들을 중국계 한자어나 일본계 한자어와 구별해야 할 필요성을 강조해 보았다. 서로 다른 기원(起源)을 갖는 한자어들은 동일한 한자를 사용하여 동일한 형태로 나타나더라도 동자동형이의 한자어로 구별하는 것이 타당할 것이다. 나아가 이러한 동자동형이의 한자어를 명확히 하기 위해 이두식 한자어는 물론 중국계 한자어의 연원이나 일본 한자어의 연원 등에 대한 철저한 고구(考究)가 전제되어 있어야 할 것이다.

본 논문의 문제제기는 궁극적으로 우리말의 어원(語源) 연구가 고유어 단어들에 집중되어 있는 현재의 연구 경향에서 벗어나서 한국 한자어에 연원(淵源)에 대한 좀더 진지한 관심이 필요하다는 관점에서 작성되었다. 하지만 필자의 역량은 이러한 예들의 대강을 소개하고 문제제기하는 데 그쳤을 뿐, 그 면면한 흐름을 설명하고 설득하기에는 태부족임을 스스로 인정하지 않을 수 없다. 이 연구에서 문제로 제기된 사안들이 구체적인 증거들을 통해 하나하나 확인되고 설명되기를 기대한다.

참고 문헌

고려대학교 민족문화연구원. 2009. 「고려대한국어대사전」 서울: 고려대학교 민족문
화연구원.

국립국어원. 1999. 「표준국어대사전」 서울: 두산동아.

金亮鎭. 2010. "韓國語 속의 漢字語 三國志." 「語文生活」(사단법인 한국어문회) 152.
6-7.

金亮鎭. 2011. "國語辭典 속의 吏讀式 漢字語 研究" 「語文研究」(한국어문교육연구회)
149. 63-85.

羅竹風·한어대사전편집위원회·한어대사전편찬처. 1994. 「漢語大詞典」 上海 : 漢
語詞典出版社.

羅竹風·한어대사전편집위원회·한어대사전편찬처. 2001. 「漢語大詞典」 上海: 漢語
大詞典出版社.

문세영. 1938. 「朝鮮語辭典」 京城: 朝鮮語辭典刊行會.

박영섭. 1986. 「國語 漢字語의 起源的 系譜 研究 : 現用 漢字語를 중심으로」. 성균관
대 박사학위논문.

沈在箕. 1976. "漢字語의 傳來와 그 起源的 系譜." 「金亨奎博士 頌壽紀念論叢」(김형
규박사 송수기념논총간행위원회) 서울: 일조각. 353-370.

심재기. 1989. "좋은 우리말 사전을 만들기 위한 예비적 고찰." 「애산학보」(애산학회)
7. 1-25.

조선총독부. 1920. 「朝鮮語辭典」 京城 : 朝鮮總督府.

홍종선 외 6명. 2009. 「국어 사전학 개론」 서울: 제이앤씨.

〈고려대 한국어대사전〉과 사전학

사전 뜻풀이 방식에 대한 검토
– 상위언어식 뜻풀이를 중심으로

도원영

1. 머리말

사전의 기본 구조는 기술의 대상인 표제어에 대해 일정한 미시 항목들을 메타언어로 제시하는 데 있다.[1] 표제항을 구성하는 미시 항목 중에서 특히 뜻풀이 항목은 사전의 메타언어적 기능의 핵심이라고 할 수 있다. 따라서 어떠한 성격과 규모와 유형의 사전이라 하더라도 사전 뜻풀이에 관해서는 체계적이고 정밀한 원칙과 지침이 필요하다. 이미 국내외 사전학 연구에서 뜻풀이에 관한 논의가 지속적으로 있어 왔으나 주로 어의론적(semasiological) 관점에서 어떻게 하면 종차와 유개념어로 적절히 분석해서 제시할 것이냐에 집중된 것이 사실이다. 하지만 언어사전이라 하더라도 수만에서 수십만에 이르는 어휘를 분

---

1) 사전에 기술된 언어를 기준으로 메타언어가 표제어의 언어와 동일한 경우 일언어 사전이 되고 서로 다른 경우 이언어 사전이 되고 여럿으로 병렬되는 경우 다언어 사전이 된다. 이 논문에서는 주로 일언어 사전인 국어사전에 한정해서 논의할 것이다.

석적 정의로 뜻풀이를 하기란 쉬운 일이 아니다.2) 실제로 조사나 어미, 접사와 같은 문법 형태소 표제어를 포함, 종차와 유개념어로 풀이하기 어려운 수많은 어휘 형태소 표제어가 존재한다. 이를 대신하는 뜻풀이에 상위언어적 뜻풀이와 참조어식 뜻풀이가 있다.3)

이에 본고는 상위언어적 뜻풀이에 관한 그간 논의에 대해 살피면서 어떤 한계가 있는지 정리하고 뜻풀이 문장의 분석을 통해 상위언어적 뜻풀이의 구조와 범위에 관한 문제를 살피는 데 목적을 둔다.4) 주요 국어사전의 집필 지침과 일러두기를 살피고5) 사전에 적용된 사례를 검토해 볼 것이다. 이를 통해 상위언어적 뜻풀이 방식에 관한 이론과 실제에서 부족한 부분이 무엇인지, 그리고 향후 어떤 논의가 이루어져야 하는지에 대해 언급하는 데 초점을 두려고 한다.

2. 상위언어식 뜻풀이 방식의 검토와 문제 제기

표제어의 뜻풀이에서 '~을 이르는 말', '~을 나타내는 말', '~을 가리키는 말'로 표현되는 방식을 상위언어적 뜻풀이(meta-linguistic definition)

---

2) 그간의 의미 이론과 의미 기술 방식으로는 사전에 수록된 전체 어휘의 뜻풀이를 아우르지 못한다. 향후 사전의 다양한 의미 기술 방식이 의미론의 연구 주제로 촉발되어야 한다고 본다.

3) 상위언어적 뜻풀이는 종차와 유개념어의 구조로 풀이하기 어려울 때 주로 쓰인다. 문법 형태소처럼 형태적, 통사적 기능을 기술해야 하거나 다양한 문체적 특징을 드러내야 하는 경우에 '~을 이르는 말, ~을 나타내는 말' 등의 메타술어를 사용하는 방식을 뜻한다. 참조어식 뜻풀이는 구절 단위가 아니라 동의어나 유의어와 같은 단어 단위를 제시하는 방식이다.

4) 특히 〈고려대 한국어대사전〉 편찬 과정에서 충분히 고려하지 못한 점에 대한 반성에서 이 논의가 시작된 것임을 알리는 바이다.

5) 참조한 사전은 〈연세한국어사전〉(1998), 〈표준국어대사전〉(2011), 그리고 〈고려대 한국어대사전〉(2009) 등이다. 각각 〈연세〉, 〈표준〉, 〈고려대〉로 줄여 이를 것이다.

라고 일컫는다. 상위언어적 뜻풀이는 학문적 논의와는 별개로 사전 편찬의 역사에서 분석적 뜻풀이만큼이나 오래도록 유지되어 온 기술 방식이다. 하지만 기존 사전의 일러두기나 집필 지침에서 이에 대한 명확한 구조와 범위 등에 대해 충분히 설명되지 못했다. 유현경·남길임(2009)에서도 각 사전의 일러두기에 제시된 뜻풀이 원칙이 추상적이며 원론적임을 지적하고 있다. 사전학의 선행 연구에서도 상위언어적 뜻풀이에 대한 논의가 그리 활발하지 못했음을 알 수 있다. 대개 언어적 의미를 얼마나 명시적으로 제시하느냐, 종차와 유개념어를 어떻게 구분하여 제시할 것인가, 나아가 다의를 어떻게 구분하여 기술할 것인가 등에 대한 연구에 집중되었다.6) 그러다 보니 상위언어적 뜻풀이는 상대적으로 관심을 받지 못했다. 김현권(1998:80)에서는 상위언어적 정의는 사전에서 될 수 있으면 피하고 환언적 정의로 전환할 것을 권하고 있다. 이러한 지적은 한 언어의 어휘 전체에 대해 명시적, 분석적 뜻풀이로 감당할 수 없다는 사실을 간과하고 있다.

사전학 일반론을 살펴보면 상위언어적 뜻풀이를 정의 방식의 하나로 소략하게 다루고 있다. Svensén(2009)에서는 상위언어적 뜻풀이가 문법 형태소 표제어의 뜻풀이에 쓰인다는 점을 간략하게 기술하고 있을 뿐 '종차+유개념어' 방식과 유의어 대체 방식에 대해 집중적으로 다루고 있다.7) 유현경·남길임(2009)에서는 표제어 유형에 따른 뜻풀이 형식을 다루면서 문법 형태소뿐만 아니라 관형사, 부사, 감탄사 등 해당 품사의 형태로 뜻풀이하지 못하는 표제어에 상위언어적 뜻풀이를 사용한다는 점을 밝히고 있다. 홍종선 외(2009)에서는 뜻풀이 패턴

---

6) 아울러 뜻풀이의 내용에 관한 논의가 한 축을 이루었다. 즉, 표제어의 언어적 의미와 함께 맥락의 의미, 화용상의 의미를 얼마나 포함하느냐 나아가 백과사전적 내용을 얼마나 포함하느냐에 대한 것이 이에 해당한다.

7) 거의 예외적인 기술 방식으로 간주하고 있다. 하지만 예외적인 존재로 보기에는 관련 범주나 계량적 수치가 무시할 수 없는 수준이다.

의 하나로 상위언어적인 뜻풀이를 제시하면서 문법 요소, 높임말, 낮춤말, 완곡어, 방언, 강조어, 속어, 준말 등 특정한 부류의 어휘에 적용하는 것이 일반적이라고 하였다. 통사 정보나 화용 정보가 부가되는 표제어에 상위언어적 뜻풀이가 적절함을 언급하였다.

사전 편찬의 입장이건 사전에 관한 연구의 관점이건 기존 사전에서 상위언어적 뜻풀이 항목을 보면 여러 가지 질문이 자연스럽게 생긴다. 다음 예를 살펴보자.

> (1) 다03[다:][I]「부사」
> 「1」남거나 빠진 것이 없이 모두. ¶올 사람은 다 왔다./줄 것은 다 주고, 받을 것은 다 받아 오너라./남들이 다 가는 고향을 나는 왜 못 가나. ≪박경리, 토지≫
> 「2」행동이나 상태의 정도가 한도(限度)에 이르렀음을 나타내는 말. ¶신이 다 닳았다./사람이 다 죽게 되었다./시간이 다 되었으니 돈을 내놓아야지요.≪염상섭, 윤전기≫
> 「3」일이 뜻밖의 지경(地境)에 미침을 나타내는 말. 가벼운 놀람, 감탄, 비꼼 따위의 뜻을 나타낸다. ¶원, 별사람 다 보겠군./네가 선물을 다 사 오다니, 이게 웬일이냐?/그런 일이 다 있었어?/우리 형편에 자가용이 다 무어냐./듣자 듣자 하니 별소리를 다 하네.
> 「4」실현할 수 없게 된 앞일을 이미 이루어진 것처럼 반어적으로 나타내는 말. ¶숙제를 하자면 잠은 다 잤다./비가 오니 소풍은 다 갔다./몸이 이렇게 아프니 오늘 장사는 다 했다.   〈표준〉

위의 예에서 부사 '다'는 첫 번째 의미를 제외하고는 모두 '~을 나타내는 말'이라는 상위언어적 뜻풀이를 하고 있다. 「2」에서는 '행동이나 상태의 정도가 한도에 이르렀음'이 '다03'의 의미이다. 이를 부사

형으로 풀이하지 못하기 때문에 '~을 나타내는 말'이라는 상위언어를
사용한 것이다. 특히 위의 「3」은 두 개의 문장이 '~을 나타내는 말'과
'~의 뜻을 나타낸다'로 풀이되었는데, 이 두 문장의 지위는 같은 것인
가? 다른 것인가? 위의 「4」에서 '다03'의 개념적 의미는 어디에서 어
디까지인가? 「2」나 「3」처럼 개념적 의미가 엄밀하게 구분되는가? 그
렇지 않다. 이 경우는 상위언어적 뜻풀이 전체가 개념 의미를 나타내
고 있다.

  (2) 논^트로포(〈이〉non troppo) 『음악』
     악보에서, 다른 말과 함께 쓰여 '지나치지 않게', '알맞게'를 나타내
     는 말.   〈표준〉

  위의 예에서 보면 음악 전문어인 표제어에 대해 '악보에서'라는 전
문적인 사용역을 제시하면서 '다른 말과 함께 쓰'인다는 통사적 정보
를 준 뒤 해당 표제어의 의미 '지나치지 않게', '알맞게'를 제시하고 있
다.8) 이러한 통사적, 화용적 정보는 상위언어적 풀이 속에 포함되는
요소인가? 아닌가? 다양한 층위의 정보가 들어가는 무수한 예를 찾을
수 있다. 모두 〈고려대〉에서 뽑은 예이다.

  (3) 가량¹ [假量] 몡 ① 수량을 나타내는 명사나 명사구 뒤에서 의존적
     용법으로 쓰여, 수량을 대강 어림쳐서 나타내는 말.
     같다¹ 혱 동일 명사가 반복되는 구성에 '같은'의 꼴로 쓰여, 지칭하
     는 대상이 일반적으로 표준으로 삼을 만하거나 기대하는 바를 충
     족시키는 것임을 나타내는 말.

8) 〈표준〉의 경우 형태적 제약이나 통사적 결합 정보는 모두 쌍괄호 속에 제시하는 게 원
   칙이나 이 경우는 달리 처리되어 있다.

그려² [조] 하게체나 하오체, 합쇼체의 종결 어미 뒤에 붙어, 듣는 사
람에게 그 말의 뜻을 강조하면서 공감을 요청하는 뜻을 나타내는
보조사.

거래¹ [去來] [명] ② 예전에, 아랫사람이 웃어른이나 벼슬아치에게 가
서 말로 통지함을 이르던 말.

객체 [客體] [명] ③ 객지에 있는 몸이라는 뜻으로, 편지글에서 글 쓰
는 이가 안부를 물을 때 상대방을 높여 이르는 말.

당신² [當身] [대] 인칭 ⑤ '그 자신'이라는 뜻으로, 이야기되고 있는 윗
사람을 아주 높여 가리키는 말.

소승⁴ [小僧] [대] 인칭 승려가 남에게 자기를 낮추어 가리키는 말.

〈고려대〉

(3)의 모든 예에서 '~을 이르는 말', '~을 나타내는 말', '~을 가리키
는 말'로 표현된, 상위언어적 뜻풀이 형식을 취하고 있다. 문장을 종결
하는 표현은 통일되어 있으나 포함하고 있는 정보는 광범위한 언어적
특성을 담고 있다. 이런 특성을 분리하여 정리하면 아래와 같다.

(4)ㄱ. 형태 정보: 받침 없는 체언 뒤에 붙어, ~의 꼴로 쓰여,

ㄴ. 통사 정보: 관형사 뒤에서, '이다' 구성에 쓰여

ㄷ. 선택 제한: 기관을 나타내는 명사와 함께 쓰여

ㄹ. 시간: 예전에, 이전에

ㅁ. 공간: 궁궐에서, 경기 지방 걸집패의 말로

ㅂ. 전문 영역: 바둑에서, 한방에서, 힌두교에서

ㅅ. 축자적 의미: ~라는 뜻으로

ㅇ. 화계: 하게체나 하오체, 합쇼체의 종결 어미 뒤에 붙어

ㅈ. 발신자/수신자: 남에게, 혼잣말로

ㅊ. 정도: 조금/매우/아주

ㅋ. 문체: 겸손하게/높여/낮추어/비꼬아/욕하여/강조하여

위를 살펴보면 형태적 결합 정보, 통사적 결합 정보, 선택 제한 정보, 시공간, 축자적 의미, 발신자/수신자 정보, 정도성, 문체 등등의 정보가 대개 이러한 순서로 부가되어 있음을 알 수 있다.[9] 상위언어적 뜻풀이 방식을 사전학적 입장에서 규정하고 그 범위를 정리하는 데 필요한 질문 사항을 정리하면 다음과 같다.

첫째, 상위언어적 뜻풀이는 분석적 뜻풀이처럼 일정한 종결의 틀인가?

둘째, 상위언어적 뜻풀이는 '~을 이르는 말', '~을 나타내는 말'로 끝나는 첫 번째 뜻풀이 문장으로 한정할 수 있는가?

셋째, 형태·통사적 정보와 의미·화용 정보를 아우를 수 있는 것인가?

넷째, 이들은 일정한 순서와 위계가 존재하는가?

위의 질문에 답하기 위해 그간의 연구 결과를 검토하고 해답을 찾아보도록 하자. 첫 번째 질문은 상위언어적 뜻풀이가 종차와 유개념어로 구성된 분석적 뜻풀이처럼 일정한 형식을 가진 틀로 한정할 수 있는가에 대한 것이다. 이에 대해 명쾌하게 설명하고 있는 논의는 없으나 〈표준국어대사전〉의 집필 지침에 해결의 여지를 찾을 수 있다.

---

[9] 사전에서는 일반적으로 형태 정보, 통사 정보, 선택 제한 등의 의미 정보, 시공간 등의 각종 화용 정보의 순서로 배열된다.

(5) 〈표준국어대사전〉의 집필 지침

1. 정의항은 기본적으로 '종차＋유개념'의 형식을 따른다. 이때 명사는 명사(형) 으로, 동사나 형용사는 각각 동사와 형용사로, 부사와 관형사는 각각 그에 맞는 용언의 활용형으로 뜻풀이한다.

자배기01 #5「명」 <u>둥글넓적하고 아가리가 넓게 벌어진</u> <u>질그릇.</u>

       ↳종차   ↳유개념

2. 표제어에 대한 정보가 더 필요한 경우 부가 뜻풀이를 정의항 다음에 제시한다. 이때 '짧은 정의＋설명' 형식으로 뜻풀이하고 '설명' 부분은 반드시 종결어미 '-다'로 끝나는 형식으로 한다.

 1) 기본적인 정의항에는 포함되지 않으나, 그 표제어의 특성·구조·용도·예시 따위를 나타낼 때

  ▶ 간01 #5「명」「1」 음식물에 짠맛을 내는 물질. 소금, 간장, 된장 따위를 통틀어 이른다.

 2) 문법 정보 "(( ))"에 넣기 어려운 문법 정보를 제시할 때

  ▶ 거01 #5「1」「명」「의」 '것01'을 구어적으로 이르는 말. 서술격 조사 '이다'와의 결합형은 '거'로, 주격 조사 '이'와의 결합형은 '게'로 나타난다. …

3. 상위 언어적(meta-linguistic) 뜻풀이 : "'…'의 뜻을 나타낸다", "… 임을 나타낸다", "… 이라는 뜻을 나타낸다", "'…'을 가리킨다", "'…'을 이른다." 따위의 형식을 사용한다. '…의 뜻을 나타내는 말'과 같은 형식도 사용한다.

  - 명사나 동사 어간이 제한된 조사나 어미와 쓰이는 경우

  - 의존 명사

  - 문법 형태

  - 부사, 관형사, 대명사 등

▸ 가지다 #5「Ⅰ」「동」&「1」【…을】「1」 … 「8」(('가지고' 꼴로 쓰여)) 앞에 오는 말이 대상이 됨을 강조하여 나타낸다. ¶한 가지 일을 {가지고} 너무 오래 끌지 마라./ …

▸ 간10 #5「명」「의」 … 「3」(('- 고 - 고 간에', '- 거나 - 거나 간에', '- 든지 - 든지 간에' 구성으로 쓰여)) 앞에 나열된 말 가운데 어느 쪽인지를 가리지 않는다는 뜻을 나타내는 말. ¶공부를 하든지 운동을 하든지 {간에} 열심히만 해라.

▸ 세01 #5「관」 ((일부 단위를 나타내는 말 앞에 쓰여)) 그 수량이 셋임을 나타내는 말. ¶책 {세} 권 ….

〈표준〉에서는 뜻풀이 문장이 '정의항 +부가 설명'으로 구성되며 정의항은 첫 번째 뜻풀이 문장을 가리키며 그 풀이 방식은 분석적 뜻풀이를 원칙으로 하고 있다. 단, 위의 3에 제시된 것과 같이 의존 명사나 문법 형태, 부사 등의 경우에는 분석적 뜻풀이를 하지 못하기 때문에 상위언어적 뜻풀이 형식도 사용한다고 하였다. 일반적인 어휘 형태소 표제어가 분석적 정의를 취하는 데 반해 이들 부류가 그리하지 못하는 한계를 보충하기 위해 상위언어적 뜻풀이를 인정하고 있다. 이런 맥락에서 '~을 이르는 말', '~을 나타내는 말', '~을 가리키는 말'의 형식으로 종결되는 뜻풀이 문장을 뜻풀이 방식의 한 유형으로 보았다고 할 것이다. 여기에서 우리는 분석식 뜻풀이와 동등한 지위로 상위언어적 뜻풀이를 인정할 수 있다.

두 번째 질문은 여기서 다시 풀어가야 할 것이다. '~을 이르는 말' 류의 뜻풀이 문장만이 상위언어적 뜻풀이 방식인가 아니면 부연 설명에 나오는 '~을 이른다', '~을 나타낸다'도 상위언어적 뜻풀이인가에 대해 생각해 보자. 〈표준〉에서는 '~을 나타낸다' 등도 상위언어적 뜻풀이로 보았다. 〈표준〉의 경우 (5)의 '가지다'에서처럼 표제어의 첫 번째 문장에도 '~을 나타낸다'가 나타난다. 뿐만 아니라 두 번째 이하 부연 설명의 문장에도 나타나기 때문에 '~을 나타내는 말'과 '~을 나타낸다' 등을 동일하게 보고 있다고 해석할 수 있다. 일면, 부연 설명을 하는 그 어떤 문장도 사전 뜻풀이의 메타적 기능을 수행하는 것이므로 광의의 상위언어적 풀이에 속한다고 할 수 있다. 하지만 사전 뜻풀이 방식을 정련하여 체계화하려면 그 범위와 형식을 한정하는 것이 필요하다고 본다. 〈고려대〉의 일러두기에서는 상위언어적 뜻풀이를 첫 번째 문장을 기준으로 간주하고 있음을 알 수 있다. 표제어와 같은 어휘 범주로 뜻풀이를 하는 것이 첫 번째 문장의 풀이 원칙인데, 이것이 불가능한 경우에 상위언어를 이용하여 풀이하였다고 밝히고 있기 때문이다.

(6) 〈고려대 한국어대사전〉의 일러두기

1) 모든 표제어는 직접 뜻풀이하는 것을 원칙으로 하였다.

2) 뜻풀이는 어휘의 개념적 의미를 먼저 제시하고 필요한 때에는 부가 설명을 그 뒤에 제시하였다. 부가 설명은 종결 어미 '-다'를 사용하여 서술형으로 제시하였다.

3) 뜻풀이의 첫 번째 문장은 표제어와 같은 어휘 범주로 끝나도록 하였으며, 한 단어로 뜻풀이하지 않고 구 이상의 단위로 뜻풀이하였다.

4) 표제어와 같은 어휘 범주로 뜻풀이하기 어려운 경우에는 상위 언어를 이용하여 뜻풀이하였다.

개골개골 〔±개골±개골〕 閏 개구리가 잇따라 우는 소리를 나타내는 말. ……

졸고 〔拙稿〕 명 ❶자기가 쓴 원고(原稿)를 겸손하게 이르는 말. ……

과⁹ 죄 ①자음으로 끝나는 체언의 뒤에 붙어, 둘 이상의 대상을 대
등한 자격으로 이어 주는 접속 조사. ……

　이에 본고는 첫 번째 풀이 문장에 나타나는 '~을 이르는/나타내는/
가리키는 말'의 형식만을 상위언어적 뜻풀이로 한정하는 것을 제안한
다. 부연 설명에는 어떤 문장 형식이 나타나도 광의의 상위언어적 풀
이라고 할 수 잇다.
　세 번째 질문에 대해 생각해 보자. 상위언어적 뜻풀이에는 (3)에 정
리된 형태·통사적 정보와 의미·화용 정보가 포함되는 것인가에 대한
것이다. 뜻풀이에 나타나는 형태, 통사적 정보와 의미 화용적 정보에
관심을 기울인 논의로는 이종희(2004)가 대표적이다. 이종희(2004)에
서는 사전의 뜻풀이에 나타나는 형태 통사적 문법 정보와 의미 화용
적 정보를 구분하여 각각 문법 설명 괄호와 의미 설명 괄호를 사용하
자는 제안을 하고 있다. 이는 사전 뜻풀이의 명확성과 체계성, 그리고
경제성을 위해 상위언어적 뜻풀이를 최대한 줄이는 방안의 하나로 제
안하고 있다.10) 특히 뜻풀이 구획 앞에 뜻풀이 전 구획을 두어 형태,
통사, 화용 정보를 제시해야 한다고 주장하였다. 시스템 상에서 이러
한 처리 방식을 가져야 한다는 점에서는 전적으로 동의하는 바이다.
하지만 정의항에서 모든 표제어의 의미 또는 의미 기능을 형태·통사
적 정보나 의미·화용적 정보와 엄밀히 구별하여 풀이하는 것은 무척
어렵다. 특히 문법 형태소의 경우는 불가능하다고 볼 수 있다.
　기본적으로 표제어의 언어 정보는 음운, 형태, 통사, 의미, 화용, 관

---

10) 〈연세한국어사전〉과 같은 소사전에서는 지면을 절약하기 위해 뜻풀이를 최대한 간소
하게 하는 방안이 필요하다. 하지만 전자사전이나 대사전처럼 지면에 대한 제약이 크지
않다면 다양한 층위의 정보가 뜻풀이 문장 안에 자연스럽게 융합되어 나타나는 것도 뜻
풀이를 좀더 쉽게 이해하게 하는 방편이 된다.

런어 층위에서 하나의 모듈로 구분되어 구조화해야 한다. 각 층위의 정보는 독립적으로 입력, 저장, 출력되어야 한다는 뜻이다. 다만 표제어의 지위에 따라 출력의 방식에서는 달리 조합될 수 있어야 할 것이다. 시스템상에서는 각각의 독립된 구조로 존재하나 출력 방식에서는 다른 모듈과 통합하여 체계적이고 일관되게 제시될 수 있는 유연성과 활용성이 확보되어야 한다는 것을 강조하고자 한다. 그렇다면 상위언어적 뜻풀이 방식에 관여할 수 있는 다양한 층위의 언어 정보에 대해 좀더 포괄적인 태도를 견지할 수 있다. 상위언어적 뜻풀이를 취할 수밖에 없는 일련의 표제어를 전제로 하여 뜻풀이에 개입하는 형태·통사 정보와 의미·화용 정보의 유형과 특징을 밝히고 순서 등을 정리하는 작업 및 연구가 뒤따라야 한다. 이는 네 번째 질문의 답이 될 만하다.

위에서 제기한 문제들에 대한 검토 결과를 정리하면 다음과 같다.

첫째, 상위언어적 뜻풀이는 분석적 뜻풀이처럼 일정한 뜻풀이 문장의 틀로 인정할 만한가? 분석적 뜻풀이가 불가능한 표제어에 대해 가장 적절한 뜻풀이 방식으로 인정할 수 있다.

둘째, 상위언어적 뜻풀이는 '~을 이르는 말', '~을 나타내는 말' 등으로 끝나는 첫 번째 뜻풀이 문장으로 한정할 수 있는가? 그렇다. 첫 번째 뜻풀이 문장에 나타나는 '~을 이르는/나타내는/가리키는 말'로 한정하는 것이 뜻풀이 방식을 정련화하는 데 용이하다.

셋째, 상위언어적 뜻풀이는 형태·통사적 정보와 의미·화용 정보를 아우를 수 있는가? 시스템상에서는 각 층위의 정보가 개별 모듈로 구성되지만 특정 표제어의 뜻풀이에서는 포함되어 나타날 수 있다. 다만 이들의 유형과 범위, 순서 등은 체계적이고 일관되게 정리되어야 한다.

넷째, 이들은 일정한 순서와 위계가 존재하는가? 이는 사전의 미시 구조와 연계하여 일정한 항목으로 존재한다. 상위언어적 풀이에 포함되는 정보 중에 형태 결합과 활용의 제약 등에 관한 정보가 통사상의 결합 정보보다 선행한다. 통사 정보 뒤에 선택 제약 정보나 축자적 의미 등이 배열되며 기타 화용 정보가 배열된다.

3. 맺음말

기본적으로 사전의 뜻풀이는 동의적 환언이어야 한다. 실제로 뜻풀이 항목에서 분석적 뜻풀이로 표현된 경우가 가장 많다. 그러나 그렇게 기술하기 어려운 경우에 대해 사전학적 방법론이 제시되지 않는다면 사전편찬자는 계속해서 고민하게 될 것이다. 위에서 논의한 핵심은 상위언어적 뜻풀이에 대한 것이었으나 표제어의 뜻풀이 방식에 대한 전반적인 논의가 충분하지 않은 데에서 문제 제기가 출발한 것이라고 할 수 있다. 향후 연구는 사전 뜻풀이 방식에 대한 체계적인 이론을 정립하는 데로 나아가야 할 것이다. 후고를 기약한다.

참고 문헌

국립국어원. 2000. 「《표준국어대사전》 편찬 지침 Ⅰ,Ⅱ」 국립국어원.
김현권. 1993. "언어사전 정의의 구성과 유형." 「언어학」 (한국언어학회)11. 73~93.
도원영. 2010. "〈고려대 한국어대사전〉의 뜻풀이 정보." 「한국사전학」 (한국사전학회)
    16. 106-136.
리기원. 2005. 「조선말사전편찬론연구」 평양: 사회과학출판사.
이종희. 2004. "사전의 뜻풀이에서 괄호를 사용하는 방법에 대하여." 「한국사전학」
    (한국사전학회) 3. 73-103.
유현경·남길임. 2008. 「한국어 사전 편찬학 개론—사전 편찬의 이론과 실제—」 서울:
    도서출판 역락.
홍종선·최호철·한정한·최경봉·김양진·도원영·이상혁. 2009. 「국어사전학 개론」 서울:
    제이앤씨 출판사.

Jackson, H. 2002. Lexicography. London and NewYork: Routledge.
Svensén, B. 1993. Practical Lexicography. Oxford:Oxford University Press.
Svensén, B. 2009. A Handbook of Lexicography. Cambridge: Cambridge University
    Press.

참고 사전

고려대 민족문화연구원 편. 2009. 〈고려대 한국어대사전〉. 서울: 고려대 민족문화연
    구원.
국립국어원 편. 2011. 〈표준국어대사전〉. www.korean.go.kr.
연세대 언어정보개발원 편. 1998. 〈연세대 한국어사전〉. 서울: 두산동아.

역사 전문어의 세부 유형과 처리 방안

김혜령

1. 서론

국어사전에는 다양한 종류의 어휘가 수록된다. 일상생활을 하는 데에 널리 사용되는 어휘가 일차적으로 수록되며, 그 외에 일반 언중들에게 널리 쓰이지 않으나 특수한 분야에서 사용되는 어휘를 전문어로보아 싣는다. 이러한 전문어는 중고교 및 대학 교양 교육 과정에서 사용되며, 일상생활을 하는 데에 분명히 필요한 어휘들이다.[1]

〈고려대 한국어대사전〉(이하 〈고려대〉)의 경우 총 62개 분야의 전문어를 수록하고 있다. 이 가운데 다수를 차지하는 전문어 분야로 역사 전문어를 들 수 있다. 현재 〈고려대〉에 실린 역사 전문어는 약

---

[1] 사전 표제어의 선정에 대하여서는 연구자들마다 대체로 유사한 입장을 보이고 있다. 사전의 표제어로는 일상생활에 널리 쓰이는 어휘 외에 교육에 필요한 어휘 등도 포함해야 한다고 보고 있는데 전문어가 포함된다. 도원영(2000) 〈고려대〉의 표제어 선정 기준 중 하나로 백과사전적 어휘를 들고 있는데, 여기에 전문어가 해당한다. 김양진(2006)에서 '현대적 필요에 의해 필요한 단어'가 사전에 포함될 필요가 있다고 하였는데, 이것이 전문어에 해당한다.

17,000개로, 『역사』 표지를 붙여 전문어임을 나타내었다. 이처럼 많은 어휘가 『역사』 전문어로 처리되어 있다. 이 가운데에는 『역사』 전문어로 함께 묶여 있기는 하나 동질성을 갖고 있는지 분명치 않은 유형들이 함께 있어 이들이 모두 『역사』 전문어로서 동일하게 처리될 수 있는지 의구심을 낳는다. 본고에서는 〈고려대〉의 『역사』 분야 전문어의 처리에 대해 살펴보고, 이들의 처리 방법에 대하여 고찰해 보고자 한다.

2. 기존 사전의 처리 및 문제 제기

아래의 (1~4)는 〈고려대〉에서 『역사』 분야 전문어로 처리하고 있는 어휘의 예이다.

> (1) ㄱ. 분서갱유(焚書坑儒) 몡 『역사』 중국의 진시황(秦始皇)이 학자들의 정치적 비판을 막기 위하여 의약, 점복, 농업에 관한 것을 제외한 민간의 모든 서적을 불태우고, 이듬해 유생(儒生)들을 생매장한 일. 〈유의〉 갱유분서⑴(坑儒焚書)
>
> ㄴ. 강화도 조약(江華島條約) 『역사』 조선 시대, 1876(고종 13)년에 운요호 사건을 계기로 조선과 일본 사이에 체결된 수호 조약. 군사력을 동원한 일본의 강압에 따라 체결된 불평등 조약이었으며, 이 조약에 따라 당시 조선은 부산 외에 인천, 원산의 두 항구를 개항하게 되었다. 〈약어〉 강화 조약2⑴(江華條約) 〈유의〉 병자수호조규⑴(丙子修好條規), 병자수호조약⑴(丙子修好條約), 병자조약⑴(丙子條約), 한일 수호 조규⑴(韓日修好條規), 한일 수호 조약⑴(韓日修好條約)

(2) ㄱ. 옹주(翁主) 명『역사』① 조선 시대, 임금의 후궁(後宮)에게서
난 딸을 이르던 말. ¶활옷은 조선 시대에 공주나 ~가 입던 예복
의 한 가지이다. 〈참고〉공주1⑵(公主) **2** 고려 시대, 내명부
(內命婦) 궁녀직(宮女職)의 하나로, '궁주&EID=042086;(宮主)'
를 고친 이름. ③ 조선 중기 이전, 세자빈(世子嬪) 이외의 왕의
며느리.

ㄴ. 영의정(領議政) 명『역사』조선 시대, 의정부의 으뜸 벼슬. 정일
품(正一品)의 품계로 서정(庶政)을 총괄하는 최고의 지위이다.

(3) ㄱ. 갖바치 [±갖-바치] 명『역사』예전에, 가죽신을 만드는 일을 직
업으로 하는 사람을 이르던 말. ¶그는 가죽 다루는 솜씨가 비상
하여 인근 고을까지 소문난 갖바치였다.

ㄴ. 앗보치 명『역사』예전에, 딸린 종들을 이르던 말.

  이들을 검토해 보면, 크게 두 가지의 유형이 섞여 처리되어 있음을
알 수 있다. 첫 번째는 역사학 분야에서 쓰이는 전문어이며, 두 번째
는 역사학 분야에서 특수하게 쓰였던 어휘는 아니나 예전에 쓰였던
어휘들로 현재에는 일상적으로 쓰이지 않는 것들이다. 전자에 해당하
는 유형의 어휘는 관직명, 궁중어, 역사적 사건에 관한 것으로 이전 사
회의 특성을 역사적으로 고찰하는 데에 유용한 어휘들이다. 이 유형
은 다시 크게 둘로 나눌 수 있다. 먼저 (1)의 '분서갱유, 강화도 조약'
과 같은 예를 들 수 있는데, 역사적 사건, 인물 등을 후대에 연구하기
위하여 가치 판단, 시각 등을 포함하여 명명한 용어, 방법론, 이름 등
이 포함된다. 그 외에 현대의 역사학의 연구에 반드시 필요하지만 역
사학 분야에만 적용되는 전문어는 아니며, 후대에 달리 이름 붙여진
것이 아니라 당시에도 분명히 쓰였던 어휘들이 있다. 다시 말해 이 용

어를 사용하여 역사 기술이 이루어지고 있으나 역사학 분야에서 특정적으로 사용되는 것은 아니고, 당시 사회상을 기술하는 데에 필요한 용어인 것이다. 관직명, 궁중어 등이 이에 포함된다. (2)의 '옹주, 영의정'과 같은 예이다. 이들은 역사학 전문어라기보다는 각 학문 분야사의 집필에 필요한 어휘에 해당한다. 즉 '옹주, 영의정' 등은 역사학보다는 정치사 등의 영역에서 반드시 필요한 전문어가 되는 것이다. (1, 2)와 같은 이 용어들의 특징은 현대 학문 분야에서 분명히 사용된다는 점이다.

반면 두 번째 유형은 (1~2)에서 제시한 '옹주, 분서갱유'와 달리 분명히 현재는 쓰이지 않으며, 예전에만 쓰였다고 판단되는 어휘들이다. 이 어휘들은 예전에 쓰일 당시에도 특정한 분야, 집단에서 쓰인 것이 아니라 일상어로 널리 쓰인 것이다. (3)과 같은 어휘들이 이에 포함되는데 (1, 2)의 유형과는 달리 전문어가 아니라 일상어에 해당한다.

이들은 모두 현재 일상적으로 쓰이지 않는다는 공통점을 지니고 있다. 이 어휘들은 모두 당시의 시대상을 살핀 역사 자료, 연구 논문, 시대 소설, 사극 등에서만 제한적으로 나타난다. 이 점을 고려하면 '옹주' 유형이나 '갖바치' 유형이 모두 현재 쓰이는 어휘가 아니라 역사적으로 쓰였던 어휘라는 의미에서 『역사』 전문어로 처리할 수 있으며, 〈고려대〉의 경우 이러한 입장에서 두 유형을 모두 『역사』 전문어로 처리하였다.

그런데 기존의 사전 가운데 〈표준국어대사전〉(이하 〈표준〉), 〈금성국어대사전〉, 〈우리말큰사전〉 등은 〈고려대〉와는 다른 처리를 보이고 있다. 이들은 역사학 분야에서 사용되는 어휘는 『역사』 표지를 붙여 전문어로 처리하였다. 그 외 (1)의 '옹주, 분서갱유'와 달리 역사학 분야에서 특수하게 쓰이지는 않으나 예전에 쓰였던 (2)의 '갖바치' 등의 어휘는 전문어로 처리하지 않았으며, 이 어휘가 현재에는 쓰이지 않는다는 것을 표시하기 위해 뜻풀이의 처음에 “예전에”를 덧붙였다.
〈표준〉의 처리를 예시로 살펴보면 아래와 같다. (3ㄱ)의 ‘옹주’는 『역
사』 전문어로 처리하였다. 그러나 (3ㄴ)의 ‘갖바치’는 전문어로 처리
하지 않고 “예전에”를 앞에 두어 뜻풀이하였다.

> (3) ㄱ. 옹주01(翁主) 몡『역사』①고려 시대에, 내명부나 외명부에게
>   내리던 봉작. 충선왕 때 궁주(宮主)를 고친 것이다. ②조선 시대
>   에, 임금의 후궁에게서 난 딸을 이르던 말. ③조선 중기 이전에,
>   세자빈이 아닌 임금의 며느리를 이르던 말.
>   ㄴ. 갖바치 몡 예전에, 가죽신을 만드는 일을 직업으로 하던 사람.

위에서 제시한 두 종류의 어휘들은 분명히 공통점을 가지고 있다.
이들이 모두 역사적 성격을 가진다는 점을 무시할 수는 없다. 동시에
‘옹주’와 ‘갖바치’가 분명히 다른 성격을 가지고 있으며, 다른 유형이라
는 점 역시 고려해야 한다.
‘옹주’가 포함되는 전자는 현재에 쓰임이 있되, 특수한 학문 분야에
서만 사용되는 어휘이다. 이들은 현대에 일상적으로 쓰이지 않으며,
실상 예전에도 일상적으로 널리 쓰였다고 보기 어렵다. 이러한 어휘
들은 당시에도 특수한 분야에만 쓰인 어휘라고 보는 편이 타당하다.
‘옹주’와 같은 어휘는 현대에는 그를 지시하는 대상이 없으며, 우리의
선조들이 일상적으로 썼다고 보기는 어렵다. 또한 ‘분서갱유’는 특정
한 역사적 사건을 나타내며, 이 어휘 자체가 역사학적인 평가, 시각을
담고 있다.
반면 후자의 경우 역사학 분야에서 특정적으로 쓰이는 것이 아니며,
사용된 시기가 예전일 뿐 그것은 실제로 일상어에 가깝다. ‘앗보치’나
‘갖바치’와 같은 어휘들은 대체로 시간이 흐르며 지시 대상이 사라졌

거나, 혹은 새로운 어휘가 그 역할을 대체하게 되면서 쓰임이 사라진 것이다. 결국 이들은 학문 분야에서 사용되는 것이 아니라 역사성을 가지고 있는 어휘에 해당하며, 이를 전문어로 처리하는 것에는 문제가 있다.

'옹주'와 '갖바치'가 갖는 이러한 차이에 대하여 김양진(2006)에서는 이를 역사학 용어와 역사적 단어로 구분하면서, 사전에서 이들을 분리하여 처리할 필요가 있음을 지적하였다. '옹주, 분서갱유'는 역사학 분야의 용어인 반면, '갖바치, 앗보치'는 역사학 분야의 용어가 아니므로, 엄밀히 말해 이들을 모두 『역사』 분야 전문어로 처리하는 데에는 문제가 있는 셈이다. 본고의 논의도 김양진(2006)의 논의와 입장을 같이 하며, 사전에 등재된 역사학 분야의 용어와 역사적 어휘를 구분해서 처리할 필요가 있다고 본다. 기본적으로 전문어는 현대에 사용되는 현대어이고, '옹주, 분서갱유'는 현대 역사 분야의 연구에 사용되므로 현대어에 해당한다. 그러나 '갖바치, 앗보치'는 현대에 사용된다고 볼 수 없기 때문에 현대어라고 할 수 없으며, 전문어라고 보는 데에도 문제가 있다.

3. 처리 방안

'옹주, 분서갱유'나 '축국, 갖바치' 등은 모두 현대에는 일상적으로 쓰이지 않는다는 공통점을 갖는다. 이들은 모두 역사적 특성을 갖고 있는 어휘들이다. 그런데 앞에서 논의한 바와 같이 하나는 현대의 특수한 전문 분야에서 쓰이나 다른 하나는 그렇지 않다. 결국 '옹주, 분서갱유'와 같은 어휘는 전문 분야에서 사용되므로 사전에서 요구하는 전문어의 성격에 합치되나, '갖바치, 앗보치'와 같은 어휘는 그렇지 않다. 이들은 역사 전문 분야에서 특징적으로 사용되는 어휘가 아니기 때문이다.

이렇게 본다면 '옹주, 분서갱유' 등과 같은 용어는 분명히 전문 분야에서 사용되는 전문어이므로, 전문어로서 표지를 붙여 처리하는 것이 타당하다. 다만 앞에서도 지적한 바와 같이 '옹주'류의 어휘와 '분서갱유'류의 어휘가 갖는 성격이 좀 다르다는 점이 문제가 될 수 있다. '분서갱유'와 같은 어휘는 분명히 역사학 분야에서 쓰이므로 『역사』라는 전문어 표지를 붙여 나타내는 데에 문제가 없는데, '옹주, 영의정'과 같은 어휘는 정치사 등과 같이 각 분야사에 포함되어 어떤 분야의 전문어로 표시할 것인지 처리에 곤란을 겪을 수 있다.

더 큰 문제는 전문어가 아닌, '갓바치, 앗보치'가 포함되는 (3)과 같은 유형이다. '갓바치, 앗보치' 등은 이것이 현대 전문 분야에서 유의미하게 사용되는 용어라고 할 수 없으므로 전문어로 처리할 수 없을 것이다. 따라서 역사학 분야 전문 용어와 동일하게 처리할 수 없다. 그렇다면 일상어로서 '구두장이' 등과 함께 비전문어로 처리해야 하는데, 이렇게 한다면 이 어휘들이 가진 특성을 분명히 보여 줄 수 없다. 현대에 쓰이는 일상어와 분명히 성격이 다르므로 달리 표시해 줄 필요가 있을 것이다.

이들의 처리 방법으로 몇 가지를 고려해 볼 수 있는데, 첫째, 〈표준〉 등의 처리와 같이 뜻풀이에서 그것이 예전에 쓰이던 말임을 보여 주는 방식이다. 이러한 처리 방식을 선택할 경우, 먼저 해당 어휘의 성격을 더 직접적으로 드러내 보여 줄 수 없게 된다. 〈고려대〉에서 이러한 역사적 어휘를 『역사』 전문어로 처리한 것은 이들이 가진 역사적 성격을 더 직접적으로 드러내 보이기 위해서일 것인데, 이 장점을 포기하게 되는 것이다. 또 유사한 특성을 가진 어휘들을 한데 묶어 줄 수 없다는 문제가 생긴다. 특히 요즈음에는 종이사전보다 웹 서비스,

어플리케이션 등 전자 정보 형태로 사전이 활용되는 경우가 많다. 이 경우 유사한 성질을 가진 어휘들을 함께 검색할 수 있어야 한다. 검색 기능을 고려한다면 뜻풀이에만 이러한 정보가 포함되는 것은 비효율적일 수 있다.

둘째, 고어로 처리하는 방법이다. 〈고려대〉는 현대 한국어 사전으로서, 현대에 유의미하게 사용되는 어휘들을 선별하여 실었다. 따라서 현대에 완전히 쓰이지 않는 어휘는 싣지 않았다. 그러나 기존의 사전에는 이미 고어, 옛말로 처리한 어휘들이 존재한다. 사전에서 고어는 현대에서 완전히 쓰이지 않게 된 형태들을 일컫는다. 실제로 〈표준〉 등에서 고어, 옛말로 처리된 유형들을 보면 소실된 자모가 쓰이는 형태가 다수 포함된다. 아래 (5)는 〈표준〉에서 옛말로 처리한 예이다.

(4) 가각ㅎ다 [형] 『옛말』 '급하다'의 옛말.

이들은 현대에는 완전히 쓰이지 않으며 역사적 문헌이나 사료에서만 발견된다. 이들은 본고에서 논의하는 역사적 어휘와는 성격이 다른 것이다. 역사적 어휘는 그것이 현대에 잘 쓰이지는 않으나 제한된 맥락에서라면 충분히 사용 가능하다. 물론 '갖바치, 앗보치' 등이 예전에 쓰이던 말이라는 점에서 (4)와 공통점을 갖는 옛말이나 고어로 처리할 수도 있을 것이다. 그러나 실제로는 이 역사적 어휘가 일반 언어 생활에서 쓰이지는 않으나 현재에도 분명히 사용되는 말이라는 점에서 (4)의 '가각ㅎ다'와 완전히 동등한 지위의 어휘로 처리하기에는 무리가 있다.

셋째, 방언과 같은 층위에서 처리하는 방법이다. 대다수의 사전이 방언의 경우 뜻풀이에서 그것이 방언임을 나타냄과 동시에 표제어부에서 방언을 나타내는 표지를 붙이고 있다. 이는 그 어휘가 사용되는

지역에 관한 정보를 주는 것으로, 이것이 표준어와 구별되는 성격을 지니고 있음을 나타낸다. 이를 고려하여, 동일한 방법으로 역사적 성격을 지닌 어휘에 대해 그것이 지닌 사용상의 시기 정보를 줄 수 있다. 즉, 방언을 나타내는 표지를 사용하되, 그것을 역사로 표시하여 해당 어휘가 역사적 성격을 지니고 있음을 드러낼 수 있는 것이다. 〈고려대〉에서는 그 표제어가 방언인 경우 ≪방언≫ 표지를 붙여 나타내는데, 역사적 성격을 지닌 어휘의 경우 ≪옛말≫을 붙여 나타내는 것이다. ≪방언≫이 표준어에 대비해 지역적 정보를 준 것이라면, ≪옛말≫의 표지는 그 어휘가 표준어에 대비해 역사성을 가지고 있다는 정보를 줄 수 있을 것이다.

(5) 갖바치 ≪옛말≫ 명 예전에, 가죽신을 만드는 일을 직업으로 하는 사람을 이르던 말.

이렇게 처리한다면 '갖바치, 앗보치' 등이 예전에 사용되는 말이라는 점을 표시할 수 있게 된다. 또한 (4)의 '가각ᄒ다'와 같이 현재에는 완전히 쓰이지 않게 된 고어형 역시, 이것이 예전에 쓰였던 말이라는 의미로 동일하게 ≪옛말≫로 표시할 수 있다. 단 '갖바치'와 같은 경우 직접 뜻풀이를 해 주어 이것이 현재에도 제한적으로나마 쓰일 가능성이 있음을 보여 주는 반면, '가각ᄒ다'와 같은 예는 현대어 가운데 대체 가능한 말을 제시하는 간접 뜻풀이로 이것이 현재에는 쓰일 수 없다는 차이를 보일 수 있다.

이렇게 처리할 경우 전문 분야의 표시가 가능하다는 장점도 있다. 김양진(2006)에서 역사 전문어로 처리된 많은 어휘가 실상 다른 많은 분야의 전문어로 처리될 수 있음을 지적한 바가 있다. 위에서 논의한 바와 같이 '갖바치' 등의 어휘에 ≪옛말≫ 표지를 줄 경우, 이는 전문 분야를 나타내는 것이 아니므로 여기에 전문 분야를 따로 줄 수 있게 된다.

이제 (2)에 해당하는 유형의 어휘의 처리도 가능하다. 예전에 사용되던 어휘에 전문어와 다른 층위로 ≪옛말≫의 정보를 주기로 했으므로, 예전에 쓰이던 '옹주, 영의정' 등의 어휘에도 마찬가지로 ≪옛말≫ 정보를 줄 수 있다. 그리고 이것이 현재에 사용되는 전문 분야에 관한 정보를 전문어 층위에서 줄 수 있는데, 즉『정치』등의 표지를 붙여 처리하는 것이다. '옹주'로 예시를 보이면 아래와 같다.

> (7) 옹주(翁主) ≪옛말≫ 똉『정치』① 조선 시대, 임금의 후궁(後宮)에 게서 난 딸을 이르던 말. ¶활옷은 조선 시대에 공주나 옹주가 입던 예복의 한 가지이다.

4. 결론

역사학 전문 용어와 역사적 어휘는 분명히 다른 성격을 지닌 어휘이다. 현재 〈고려대〉에서는 이들을 모두『역사』전문어로 처리하고 있다. 그러나 역사적 어휘는 전문어로 볼 수 없으므로 이들을 함께 처리하는 것에는 문제가 있다. 이를 고려하여 역사학 전문 용어는『역사』로 처리하고, 역사적 어휘의 경우에는 전문어가 아니라 현대어와 대비되는 성격을 지닌다는 점을 반영하여 ≪옛말≫ 표지를 붙여 처리할 수 있을 것이다. 이렇게 처리할 경우 역사적 어휘에 모두 동일한 표지를 붙여 그 공통점을 보여 줄 수 있다. 또한 역사적 어휘를 나타내는 ≪옛말≫은 전문어 표지가 아니므로, 실제로 다양한 분야의 어휘들을 각각의 전문 분야로 처리할 수 있다는 장점이 있다.

참고 문헌

김양진. 2006. "국어 중사전의 전문어 표제어 선정에 대하여."「한국사전학」(한국사
    전학) 7. 191-215.
남길임. 2008. "「표준국어대사전」의 전문어 표제항에 대한 사전학적 분석 -식물 영역
    전문어를 중심으로-."「언어과학연구」47. 75-97.
도원영. 2000. "「민연 국어 사전」(가칭)의 표제어 선정과 그 실제에 대하여."「한국어
    학」(한국어학회) 12-1. 35-65.
장유진 · 홍희정. 2005. "국어사전의 전문 용어에 관한 연구."「한글」(한글학회) 270.
    197-232.

참고 사전

고려대 민족문화연구원. 2009. 〈고려대 한국어 대사전〉 서울: 고려대학교 민족문화
    연구원.
국립국어원. 2011. 〈표준국어대사전〉 www.korean.go.kr
김민수. 1995. 〈금성판 국어대사전〉 서울: 금성출판사.
한글학회. 1992. 〈우리말 큰사전〉 서울: 어문각.

〈고려대 한국어대사전〉과 사전학

결합 정보 상세화의 필요성과 방향
– 문법 형태소를 중심으로

정경재

1. 머리말

　1990년대 이후로 국어대사전들이 연이어 편찬되면서, 사전에 수록되는 표제어의 수가 방대해졌을 뿐 아니라 사전의 표제어에 담기는 정보도 방대해지고 있다. 그러나 사전 표제어의 문법 정보가 소루하다는 지적은 1990년대와 2000년대에 걸쳐 지속적으로 제기되고 있다(성광수1992, 남기심1993, 백낙천2003, 고석주2004 등). 최근 간행된 사전들에서 문형 정보나 의미역 정보를 꼼꼼히 제시하는 등, 문법 정보의 유형이 많이 추가되었으나 표제어가 사용되는 언어적인 환경 및 결합 제약에 대한 정보는 아직 보완할 점이 많아 보인다. 국어사전이 백과사전적인 성격에서 진정한 언어 사전으로 거듭나기 위해서는 개별 표제어에 대한 언어학적 연구 성과가 적극적으로 반영되어야 한다. 특히 표제어가 주로 결합하는 어휘 정보나, 해당 단어가 놓이는 언어적인 환경 등을 정확하고 자세하게 기술하는 것이 앞으로 국어사전이 보완해 나가야 할 주요 과제가 될 것이다.

본고는 이러한 문제의식을 바탕으로, 다양한 유형의 문법 정보 중 표제어가 지니는 결합 제약을 상세화할 필요성과 방향에 대해 논하려 한다. 그간 국어사전에서 표제어의 결합 정보는 주로 조사, 어미, 접사와 같은 의존적인 문법 형태소에 집중되었으며, 어휘형태소의 경우에도 의존명사나 보조용언같이 의존적인 형태소에 집중되어 제시되었다. 필자는 자립적인 어휘형태소도 그것이 놓이는 언어적인 환경이 구체적으로 명시되어야 하며 현간 국어사전에서 가장 부족한 것도 이 부분이라고 보나, 본고에서는 의존적인 성격을 지닌 문법 형태소에 한정하여 논의를 진행하도록 하겠다. 문법 형태소의 결합 정보 기술에도 아직 보완해야 할 점이 많이 남아 있기 때문이다.

본고는 2장에서 지금까지 간행된 국어사전에서 문법 형태소에 제시한 결합 정보의 유형 및 현황을 살피고 기존의 정보에서 보완해야 할 점을 제안할 것이다. 3장에서는 현간 국어사전들에서 결합 정보로 제시하지 않았으나 앞으로 추가적으로 보강되어야 하는 정보의 유형을 제시하고자 한다.

2. 기간 국어사전의 결합 정보 유형과 상세화 방향

국어사전에서 어떤 언어 단위가 놓이는 환경의 제약에 대한 기술은 주로 조사, 어미, 접사와 같은 문법 형태소에 필요한 것으로 여겨져 왔다. 때문에 많은 사전들에서 문법 형태소가 결합하는 언어적인 환경을 문법 정보로 기술하고 있다.

기간 사전에서 제공하는 문법 형태소의 결합 정보 유형은 (1)과 같다.

(1) ㄱ. 음운론적·형태음운론적 환경: 이형태의 결합 분포

ㄴ. 형태론적 환경 : 이형태의 결합 분포, 어간·어기의 형태론적 특성

ㄷ. 통사론적 환경: 어간·어기의 품사

ㄹ. 의미론적 환경: 어간·어기의 의미 특성

(1)에서 정리한 유형의 결합 정보는 많은 국어대사전의 문법 형태소 표제어에 성실하게 기술되고 있다. 그러나 해당 정보는 몇 가지 측면에서 더 상세화될 필요가 있다.

첫 번째로, (1)의 결합 정보가 표제어의 개별의미별로 정밀하게 구분되어 있지 않다. 문법 형태소의 이형태가 놓이는 음운론적·형태음운론적·형태론적 결합 정보가 매 개별의미마다 동일할 경우, 이를 반복하는 것은 불필요한 일일 수 있다. 그러나 그 정보가 개별의미마다 조금씩 차이가 있다면 잉여적으로 반복되는 부분이 있더라도 개별의미마다 제시하는 것이 좋을 것이다.

기간 사전들에서도 그러한 노력을 하였음을 확인할 수 있다. 다음은 〈고려대 한국어대사전〉(이하 〈고려대〉)의 예로, (2ㄱ)은 음운론적 환경, (2ㄴ)은 형태론적 환경, (2ㄷ)은 통사론적 환경, (2ㄹ)은 의미론적 환경을 개별의미별로 구분하여 다르게 기술한 예이다.1)

---

1) 본고에서는 〈고려대〉의 예를 중심으로 논의를 진행한다. 이는 이 논문이 〈고려대〉의 결합 정보 제공 양상에 대해 반성적인 시각에서 문제를 제기하는 것이기 때문이다. 또한 현간 사전의 문제로 지적되는 부분은 대부분의 사전이 유사한 문제를 지니고 있기 때문에 이를 반복하여 제시하지 않고, 기간 사전이 보여주는 공통적인 문제점을 〈고려대〉의 예를 통해 보이고자 하는 것이다. 따라서 특별한 명시 없이 제시하는 기간 사전의 예는 모두 〈고려대〉의 예임을 밝혀 둔다. 그러나 본고에서 제기하는 문제에 대해 〈고려대〉보다 더 나은 처리를 한 사전이 있다면 그 사전의 사례도 추가적으로 언급할 것이다.

(2) ㄱ. -ㅁ¹ 졉「미」①모음으로 끝나는 일부 동사의 어간에 붙어, '그렇게 하는 일'의 뜻을 더하여 명사를 만드는 말. ¶뀀 / 뜀 / 바꿈 / 사귐 / 새김 / 싸움. ②모음이나 'ㄹ'로 끝나는 일부 동사의 어간에 붙어, '그 동작이나 행위와 관련된 추상적 상태'의 뜻을 더하여 명사를 만드는 말. ¶꿈 / 긺 / 잠 / 앎 / 삶 / 춤. (하략)

ㄴ. -겠- 끝「선어말」①용언이나 '이다'의 어간 또는 선어말 어미 '-으시-', '-었-'의 뒤에 붙어, 미래의 일이나 추측한 바를 나타내는 말. ¶지금쯤 지혜는 부산에 도착했겠네. / 잠시 후에 홍 선생님 말씀이 있겠습니다. / 내일은 곳에 따라 흐리고 비가 오겠습니다. ②용언이나 '이다'의 어간 뒤에 붙어, 어떤 일에 대하여 화자의 의지를 나타내는 말. ¶나는 이곳에 남겠어. / 다음번엔 반드시 일등을 하고야 말겠다. / 모두가 반대하더라도 난 꼭 그녀와 결혼하겠어. ③용언이나 '이다'의 어간 또는 선어말 어미 '-으시-', '-었-'의 뒤에 붙어, 어떤 일에 대한 가능성이나 능력을 나타내는 말. ¶그런 건 나도 하겠다. / 이걸 모두 먹을 수 있겠어? (하략)

ㄷ. 만¹⁰ 죠 ①체언의 뒤에 붙어, 다른 것은 제외하고 어느 특정한 것으로 한정함의 뜻을 나타내는 보조사. ¶나는 너 하나만 믿는다. / 공부만 하면 건강을 해친다. / 사람이 밥만 먹고 살 수는 없다. / 너 혼자만 살겠다고 동생을 버리고 도망갔느냐? ②부사나 연결 어미 '-어', '-게', '-지', '-고' 따위의 뒤에 붙어, 앞말의 내용을 강조하는 뜻을 나타내는 보조사. ¶잠깐만 기다리십시오. / 계속 먹지만 말고 내 얘기도 좀 들어 봐. / 우리의 미풍양속이 점점 사라져만 간다. / 아이들이 잠들자 사방이 고요하기만 했다. (하략)

ㄹ. -짜리 졉「미」①옷을 나타내는 일부 명사 뒤에 붙어, '그 옷을

입은 사람'의 뜻과 홀하게 이르는 뜻을 더하는 말. ¶장옷짜리 / 창의짜리. ②돈을 세는 단위 명사에 붙어, 그만한 값을 가진 물건의 뜻을 더하는 말. ¶서 푼짜리 / 백 원짜리. ③물건을 세는 단위 명사에 붙어, 그만한 수나 양으로 된 물건의 뜻을 더하는 말. ¶한 벌짜리 / 열 개짜리.

그러나 개별의미별로 결합 정보를 정밀하게 기술하는 것은 아직 보완할 점이 많다.2) (2ㄴ)의 '-겠-'은 개별의미별로 결합 정보를 다르게 기술하고 있으나 정확성이 부족하다. 임동훈(1998)에서는 선어말 어미 '-겠-'이 [의지]와 [가능성]의 의미일 때는 동사 어간에 붙고, [예정]의 의미일 때는 동사와 형용사의 어간에 붙으며, [추정]의 의미일 때는 동사, 형용사의 어간이나 '-었-' 뒤에 붙는다고 언급한 바 있다. 이러한 연구를 참고한다면, (2ㄴ)의 예에서 ②번 의미의 결합 환경으로 제시되어 있는 '용언'을 '동사'로 수정하고3) ③번 의미의 결합 환경으로 제시되어 있는 '-었-'을 지워야 옳은 기술이 될 것이다.4)

---

2) 문법 형태소의 결합 정보를 정밀하게 기술하는 것은 한 연구자의 직관만으로는 이루어질 수 없다. 이를 보완하기 위해서는 말뭉치의 도움이 필요하다. 본고에서는 21세기 세종계획의 일환으로 구축된, 약 500만 어절의 현대국어 문어 형태 분석 말뭉치를 이용하였다.

3) 임동훈(1998)의 논의를 따르면 ③번 의미의 결합 환경으로 제시되어 있는 '용언'도 '동사'로 수정되어야 할 것이다. 그러나 본고에서는 '이걸 모두 먹을 수 있겠어?', '이제 뭘 좀 먹을 수 있겠다'와 같이 '~을 수 있다' 구문의 형용사 '있'에 붙는 '-겠-'도 [가능성]의 의미를 지니고 있다고 본다. 따라서 '-겠-'이 [가능성]의 의미일 때 동사 어간만이 아닌 용언 어간에 결합할 수 있는 것으로 파악하였다.

4) (2ㄴ)의 예에서 ①번에 속해 있는 [예정]과 [추정] 의미를 구분하여 두 개의 개별의미로 나눌 수도 있을 것이다. 이때 두 의미는 결합 환경에도 차이를 두어 기술해야 한다. 또한 예문에서는 결합 환경을 두루 보여 줄 수 있는 예들이 제시되어야 한다. 그러나 본고는 문법 형태소의 '결합 정보'에 대해 논하는 것이 목적이므로 '뜻풀이'나 '예문'의 문제에 대해서는 다루지 않는다.

이와 같이 개별의미별로 결합 환경이 다른 문법 형태소는 많이 있는데, 앞으로 간행되거나 개간될 국어사전들에서는 이러한 정보가 세밀하게 반영되도록 노력해야 할 것이다. 본고에서는 이러한 예를 몇 개 제시하는 것으로, 국어사전이 나아가야 할 방향에 한 걸음을 보태고자 한다. (3)은 개별의미별 결합 환경에 차이가 있는데 이것이 반영되지 못하고 모두 동일한 결합 정보로 제시된 〈고려대〉의 예이다.

(3) ㄱ. -다가³ 〖끝〗「연」 ①용언이나 '이다'의 어간 또는 선어말 어미 '-으시-', '-었-', '-겠-'의 뒤에 붙어, 어떤 동작이 그치고 다른 행위로 넘어감을 나타내는 말. ¶그녀는 어이없다는 듯 웃다가 갑자기 화를 버럭 냈다. / 덕수는 죽은 큰애의 장난감을 만지작거리다가 눈물을 쏟았다. / 선영이는 수업 시간 내내 졸다가 쉬는 시간이 되자 벌떡 일어났다. ②용언이나 '이다'의 어간 또는 선어말 어미 '-으시-', '-었-', '-겠-'의 뒤에 붙어, 어떤 동작이 계속 진행되어 가는 도중에 다른 행위가 벌어짐을 나타내는 말. ¶학교에 가다가 친구를 만났다. / 그는 벌초를 하다가 손가락을 베었다. / 그녀는 전화를 하려고 수화기를 들었다가 우연히 그의 통화를 엿듣게 되었다. ③용언이나 '이다'의 어간 또는 선어말 어미 '-으시-', '-었-', '-겠-'의 뒤에 붙어, 주로 '-다가 -다가'의 구성으로 쓰여, 어떤 행위가 반복적으로 계속됨을 나타내는 말. ¶그녀는 울다가 웃다가 정신을 가누지 못했다. / 우진이는 졸다가 졸다가 안 되겠기에 세수를 하고 왔다.

ㄴ. -니까 〖끝〗「연」 ①모음이나 'ㄹ'로 끝나는 용언, '이다'의 어간 또는 선어말 어미 '-으시-'의 뒤에 붙어, 앞 절이 뒤 절에 대한 원인이나 이유가 됨을 나타내는 말. ¶날씨가 선선하니까 일할 맛이 난다. / 내일은 새벽에 출근해야 되니까 일찍 자야겠다. / 상관

이 명령하니까 나는 그저 그 명령을 따랐을 뿐이야. / 당신은 학생들을 가르치는 선생이니까 더더욱 품행을 바르게 해야지요. ②<u>모음이나 'ㄹ'로 끝나는 용언, '이다'의 어간 또는 선어말 어미 '-으시-'의 뒤</u>에 붙어, 앞 절의 행위가 진행된 결과 뒤 절의 사실이 그러하거나 곧 뒤 절의 행동이 일어남을 나타내는 말. ¶밖에 놀러 나가 보니까 아이들이 아무도 없었다. / 내가 도착하니까 방안은 아수라장이 되어 있었다.

ㄷ. 경-²⁰ (=硬) 〔접〕「두」①<u>일부 명사 앞에 붙어</u>, '딱딱한'의 뜻을 더하는 말. ¶경구개 / 경뇌막 / 경사암 / 경석고 / 경성분 / 경단백질 / 경망간광. ②<u>일부 명사 앞에 붙어</u>, '어려운' 또는 '격식적인'의 뜻을 더하는 말. ¶경교육 / 경문학 / 경헌법.⁵⁾

(3ㄱ)의 '-다가'는 ①번과 ③번 의미로 쓰일 때는 '-었-', '-겠-'과 결합할 수 있으나⁶⁾ ②번 의미로 쓰일 때는 '-었-', '-겠-'과 결합할 수 없다. 개별의미에 따라 형태론적 결합 정보에 차이가 있는데 이것이 반영되지 않은 예이다. ②번 의미의 결합 정보에서 '-었-'과 '-겠-'을 지워야 할 것이다. (3ㄱ)에서 ②번 의미의 예문에는 '그녀는 전화를 하려고 수화기를 <u>들었다가</u> 우연히 그의 통화를 엿듣게 되었다.'와 같이 선어말 어미 '-었-'과 결합한 '-다가'의 예가 제시되어 있다. 〈고려대〉에는

---

5) ①번 의미의 예로 '경성분(硬成分)', '경자성(硬磁性)' 등을 포함하기 위해서는 "'딱딱한' 또는 '강한'의 뜻을 더하는 말"로 뜻풀이가 보완되어야 할 것이다.

6) 백낙천(2003)에서는 '-다가'는 시상 선어말 어미로 '-었-'만이 통합 가능하다고 하였으나 '-겠-'도 작용역이 좁은 주어지향 양태로 쓰인 경우에는 '-다가'와 결합할 수 있다.
   i) 그녀의 마음은 <u>알겠다가도</u> 모르겠다.
   ii) 화가 나서 <u>못 참겠다가도</u> 그 아이의 얼굴만 보면 웃음이 난다.
   iii) 그녀의 마음을 <u>알겠다가 모르겠다가</u> 한다.
  이러한 예를 고려한 것인지 〈표준국어대사전〉(이하 〈표준〉)에서도 '-다가'가 '-겠-'과 결합 가능하다고 기술하고 있다. 그러나 두 사전 모두 대응하는 예문은 들고 있지 않다.

다른 사전들에서 기술한 '-다가'의 [원인·근거] 의미가 빠져 있다. 해당 의미를 추가하고 문제가 되는 예문은 [원인·근거] 의미에 해당하는 예문으로 제시해야 할 것이다.7)

'-다가'를 포함하여 많은 연결 어미들이 선어말 어미 '-었-', '-겠-'과의 결합에서 제약을 보이는데, 선어말 어미 결합 가능 여부에 대한 정보는 지금까지 간행된 사전들에서 면밀하게 반영되지 않은 대표적인 부분이다. 특히 많은 연결 어미들이 '-겠-'과의 결합에서 제약을 보인다. 남길임(1988)에서는 연결 어미와 '-겠-'의 결합 양상을 토대로 종속 접속 어미의 유형을 분류하였으며 이은경(1996)에서는 연결 어미를 통해 나타나는 선행절과 후행절의 독립성·의존성을 판단하는 기준 중 하나로 '-었-'과 '-겠-'의 결합 여부를 들었다. 국어사전에서 어미들이 보이는 선어말 어미 결합 제약을 정밀하게 기술한다면, 해당 제약이 내포하는 국어학적 의미를 밝히는 데 도움이 될 것이다.

(3ㄴ)의 '-니까'는 [이유·원인]의 의미인 ①번 의미로 쓰일 때는 동사와 형용사 모두에 결합할 수 있으나 [계기(繼起)]의 의미인 ②번 의미로 쓰일 때는 동사와만 결합할 수 있다. 개별의미에 따라 통사론적 결합 정보에 차이가 있는데 이것이 반영되지 않은 예이다. ②번 의미의 결합 정보에서 '용언이나 '이다'의 어간'을 '동사의 어간'으로 수정해야 할 것이다.

(3ㄷ)의 '경(硬)-'은 ①번 의미일 때는 '구상 명사'와 결합하며 ②번 의미로 쓰일 때는 '추상 명사'와만 결합한다. 개별의미에 따라 의미론적 결합 정보에 차이가 있는데 이것이 반영되지 않은 예이다. '일부 구

상 명사 앞에 붙어', '일부 추상 명사 앞에 붙어'와 같이 수정해야 할 것
이다.

기간 국어사전에서 제시한 결합 정보의 두 번째 한계는, (1)의 결합
정보로 제시되는 언어적 환경이 다소 큰 범주로 제시되어 표제어별
결합 정보가 정밀하게 드러나지 않는다는 점이다. (1ㄱ)의 음운론적
환경은 '모음으로 끝나는−자음으로 끝나는', '모음이나 'ㄹ'로 끝나는
−'ㄹ'을 제외한 자음으로 끝나는', '양성모음−음성모음' 등에 한정되
며, (1ㄷ)의 통사론적 환경은 '명사, 동사, 형용사' 등 품사 정보로만
제시되어 있다. 문법 형태소의 결합 환경이 특정 품사 전체에 해당되
지 않는 경우 (1ㄹ)의 의미론적 정보가 제시되는 경우도 있으나 많은
경우 '일부 명사', '일부 동사'와 같은 표현으로만 결합 제약을 명시하
고 있다.

결합 정보로 제시되는 언어적 환경이 큰 범주로만 제시되어 정밀성
이 부족하다는 것은 보조 동사 '있다'에 대한 사전 기술이 잘 보여 준
다. 본동사에 의해 이루어진 사건의 결과 상태를 나타내는, '-어 있-'
구성의 '있다'가 '끝 있는 자동사'와만 결합한다는 것은 이미 잘 알려진
사실이다. 그러나 기간 국어사전들에서는 '동사' 뒤에 결합한다는 결
합 정보만을 제시하고 있다. 〈표준〉과 〈고려대〉에서는 옛말을 제외
하고 문법 정보에 '자동사'나 '타동사'를 결합 정보로 제시한 예가 하나
도 없었다.

김양진·정경재(2008)에서는 '-어/-아' 계열 어미는 '양성모음−음성
모음'이나 '끝 음절의 모음이 'ㅏ, ㅗ'인−끝 음절의 모음이 'ㅏ, ㅗ'가
아닌'과 같은 '여집합식 설명 방법'으로는 해당 어미가 결합하는 음운
론적 환경을 정확하게 보여주지 못한다고 보았다. 대신 (4)와 같이 '결
합환경제시식 설명 방법'을 사용하여 구체적인 결합 환경을 보여주는
것이 '-어/-아' 계열 어미의 결합 환경을 더 정밀하게 보여 주는 것이라

주장한 바 있다. 이는 음운론적 결합 정보를 상세화한 하나의 예라고 할 수 있다.

> (4) ㄱ. -아라¹ 끝「종」①끝음절의 모음이 'ㅏ', 'ㅗ'인 동사의 어간 뒤에 <u>붙어</u>, 상대에게 어떤 행동을 할 것을 명령하는 뜻을 나타내는 말. 해라체로, 주로 구어체에 쓰인다. ¶꿋꿋하게 열심히 살아라. / 신문에서 관련 기사를 좀 찾아라 ②<u>끝음절의 모음이 'ㅏ', 'ㅗ' 인 동사의 어간 뒤에 붙어</u>, 어떤 일이 이루어지기를 소망하는 뜻 을 나타내는 말. 해라체로, 주로 구어체에 쓰인다. ¶새해 복 많 이 받아라.
>
> ㄴ. -어라² 끝「종」①끝음절의 모음이 'ㅓ', 'ㅕ', 'ㅜ', 'ㅡ', 'ㅣ', 'ㅐ', 'ㅔ', 'ㅖ', 'ㅞ', 'ㅚ', 'ㅟ', 'ㅢ'인 동사의 어간 뒤에 붙어, 상대에게 어떤 행동을 할 것을 명령하는 뜻을 나타내는 말. 해라체로, 주 로 구어체에 쓰인다. ¶식기 전에 빨리 먹어라. / 글을 잘 쓰고 싶다면 우선 남의 글을 많이 읽어라. ②<u>끝음절의 모음이 'ㅓ', 'ㅕ', 'ㅜ', 'ㅡ', 'ㅣ', 'ㅐ', 'ㅔ', 'ㅖ', 'ㅞ', 'ㅚ', 'ㅟ', 'ㅢ'인 동사의 어 간 뒤에 붙어</u>, 어떤 일이 이루어지기를 소망하는 뜻을 나타내는 말. 해라체로, 주로 구어체에 쓰인다. ¶제발 앞으로는 좋은 일 만 있어라.

(4)의 예로 제시된 명령형 어미 '-어라/-아라'의 결합 환경은 음운론 적 환경은 정밀하게 제시되었지만, 통사론적 환경과 의미론적 환경은 아직 보완해야 할 점이 남아 있다. 이승희(2006)에서 체계적으로 고찰 한 것처럼 명령형 어미 '-어라/-아라'는 '일부 형용사'와 결합할 수 있는 데 그 점이 사전 기술에서 결여되었다는 점에서 통사론적 환경이 정 밀하지 못함을 알 수 있다. 또한 고성환(2009)에서 고찰한 것처럼 명

령형 어미는 모든 동사에 결합할 수 없으며 '서술어로 표현되는 내용
이 동작 수행 주체의 자발성이 개입할 수 있고 제어 가능한 것일 때'에
만 결합이 가능한데 이 점이 사전 기술에 포함되지 않았다는 점에서
의미론적 환경 역시 정밀하지 못함을 알 수 있다. 이는 표제어가 실현
되는 언어적인 환경에 대한 정보를 많은 경우 대범주로만 제시한 데
에서 온 한계로 생각된다.

(5)는 이러한 정보를 반영한 명령형 어미 '-아라'의 사전 기술 시안
이다. (4ㄱ)과 비교하여 추가된 정보는 밑줄을 그어 표시하였다.

(5) -아라¹ 끝「종」①끝음절의 모음이 'ㅏ', 'ㅗ'인 일부 동사의 어간 뒤에
붙어, 상대에게 어떤 행동을 할 것을 명령하는 뜻을 나타내는 말. 명
령 받은 행동이 이루어지도록 사건을 제어할 수 있는 주어 및 그러
한 주어를 취하는 동사와 함께 쓰인다. 해라체로, 주로 구어체에 쓰
인다. ¶꿋꿋하게 열심히 살아라. / 신문에서 관련 기사를 좀 찾아
라. ②끝음절의 모음이 'ㅏ', 'ㅗ'인 일부 동사의 어간 뒤에 붙어, 어
떤 일이 이루어지기를 소망하는 뜻을 나타내는 말. 소망한 사건이
이루어지도록 사건을 제어할 수 없는 주어 및 그러한 주어를 취하는
동사와 함께 쓰인다. 해라체로, 주로 구어체에 쓰인다. ¶새해 복 많
이 받아라. / 가다가 차에 치여라. ③끝음절의 모음이 'ㅏ', 'ㅑ', 'ㅗ',
'ㅘ'인 일부 형용사의 어간 뒤에 붙어, 상대에게 어떠한 상태에 이르
도록 권유하는 뜻을 나타내는 말. 권유 받은 상태에 이르도록 사태
를 제어할 수 있는 주어와 함께 쓰인다. 해라체로, 주로 구어체에 쓰
인다. ¶처음부터 끝까지 변하지 말고 한결같아라. / 그런 놈에게는
좀 매몰차라.

기존 사전의 처리 방식처럼 '동사', '형용사'와 같이 대범주를 제시하는 데에서 더 나아가 어떠한 동사, 어떠한 형용사에 결합하는 것인지 구체적인 하위범주를 제시해야 할 것이다. 명령형 어미 '-아라'의 경우는 '사건을 제어할 수 있는 주어를 취하는 동사/형용사'에 결합하는 것으로 결합 정보를 상세화해야 한다. 그 외에 논항에 따른 하위범주인 '자동사, 타동사', 상적 특성에 따른 하위범주인 '완성 동사, 달성 동사' 등, 의미적 특성에 따른 하위범주인 '인지 동사, 심리 동사' 등이 결합 정보에 적극적으로 반영되어야 할 것이다. (3ㄷ)에서 '경(硬)-'의 결합 정보로 '구상 명사, 추상 명사'를 제시한 것도 어기 명사의 하위범주를 제시해야 하는 한 예라 할 것이다.

사전의 모든 표제어에 대해 정밀한 결합 환경을 제시하는 것은 쉽게 달성될 수 있는 일이 아니다. 그러나 국어학의 연구 성과를 수용하는 방향의 노력부터 조금씩 시작하여, 이후에는 국어사전의 결합 정보 기술이 국어학 연구의 발전에 이용될 수 있도록 정밀성을 갖추어 나가야 할 것이다.

3. 추가되어야 할 결합 정보 유형

(1)에서 살필 수 있듯이 기간 사전에서 문법 형태소에 제공한 결합 정보는 음운론적인 것, 형태론적인 것, 통사론적인 것, 의미론적인 것으로 다양하나, 해당 형태소에 직접 결합하는 어기·어간에 대한 것으로 국한되었다. 그러나 한 형태소가 놓이는 언어적 환경의 특성은 한 어절 내적인 것으로 국한되지 않는다. 특히 문법 형태소 중 조사와 어미는 그것과 직접 결합한 어간에만 관여하는 것이 아니기 때문에 어절을 뛰어넘는 영역에 대한 결합 정보가 추가되어야만 해당 형태소가

실현되는 언어적 환경을 전체적으로 조망할 수 있게 된다.8) 따라서 앞으로의 국어사전에서는 문법 형태소가 결합하는 어절을 넘어서 절, 문장에서 나타나는 제약들에 대한 기술도 결합 정보 안에 포함해야 할 것이다.9)

첫 번째로, 조사의 경우에는 서술어에 제약이 있는 경우가 있다. 그러나 기간 사전에서는 조사와 직접 결합하는 명사에 대한 정보만을 제공해 왔으므로 해당 어절을 뛰어넘는 '서술어'에 대한 정보는 제시되지 않았다.

예를 들어, 〈고려대〉에서는 '에서'가 주격 조사의 기능을 할 때의 결합 정보를 다음과 같이 제시하고 있다.

> (6) 에서² 조 (상략) ④단체를 나타내는 명사의 뒤에 붙어, 일이나 행동의 주체임을 나타내는 주격 조사. ¶이번 계약은 홍보부에서 담당하기로 했다. / 당국에서 강력한 부동산 투기 억제책을 폈다. / 일체의 경비는 저희 쪽에서 부담을 하겠습니다. / 이 문제는 저희 학교 측에서 전적인 책임을 지겠습니다.

---

8) 접사는 어형성에 참여하는 요소이므로 통사적 접사를 제외하면 어절을 뛰어넘는 영역과 관련된 결합 제약이 존재하지 않는다. 따라서 이 장에서는 조사와 어미만을 논의의 대상으로 삼는다.

9) 문법 형태소의 문법 정보가 형태론적인 면에만 집중되어 있다는 지적은 앞서 이상복(1987)에서 이루어졌다. 이상복(1987)에서는 조사 '더러'에 서술어 제약이 기술되어야 하며, 연결 어미 '-어서'에 선·후행절의 주어 제약과 후행절의 문말 서법 제약이 기술되어야 한다고 보았다. 본고에서도 이 견해에 동의하여 문법 형태소가 실현되는 언어적인 환경 중 어절을 뛰어넘는 결합 정보에 대한 기술이 기간 사전에서 부재했음을 문제로 제기한다. 또한 해당 정보들은 특정 형태소에 국한되어 제시되어야 하는 것이 아니며 사전의 문법 형태소 표제어 전반에 걸쳐 구명되고 기술되어야 할 정보이므로 이를 확장하기 위한 노력이 계속 이루어져야 한다고 본다. 본고는 그러한 노력의 일부로서의 성격을 지닌다.

그러나 성광수(1992)에서 지적한 것처럼 이러한 결합 정보 설명은 '*우리 회사에서 자랑스럽다' 같은 비문법적인 문장의 산출을 막을 수 없다. '에서'는 단체 명사를 주어로 취할 수 있는 '동사'가 서술어로 오는 문장에서만 주격 조사로 쓰일 수 있으므로, '문장의 서술어 제약'이라는, '에서'가 결합하는 어절을 넘어선 정보가 제시되어야지만 주격 조사 '에서'의 결합 정보를 정확하게 보여줄 수 있게 된다.10)

이익섭·남기심(1986)에서 지적한 것처럼 여격 조사 '더러'도 '에게'나 '한테'와 같은 다른 여격 조사와는 달리 서술어에 제약이 있어, '말하다, 묻다'와 같은 '화법 동사'와 함께 쓰일 때에만 선행 명사가 '행위가 미치는 대상'임을 나타낼 수 있다. 그러나 기간 사전에서는 그러한 정보가 제시되어 있지 않다.11)

두 번째로, 어미의 경우에는 주어에 제약이 있는 경우가 있다. 그러나 기간 사전에서는 어미와 직접 결합하는 용언에 대한 정보만을 제공해 왔으므로 해당 어절을 뛰어넘는 '주어'에 대한 정보는 제시되지 않았다.

선어말 어미의 경우, 주지하다시피 '-겠-'은 1인칭 화자가 주어인 문장에서만 [의지]의 의미를 지닐 수 있다. 반대로 '-더-'는 1인칭 화자가 주어일 때 쓰임에 제약이 있다. 이는 이미 국어학의 연구 결과로 널리 알려진 정보이나 사전의 어미 표제어에 결합 정보로 기술되어 있지

10) '일이나 행동의 주체'임을 나타낸다는 뜻풀이는, 해당 문장의 서술어가 '동사'라는 정보를 간접적으로 보여 준다. 그러나 이러한 뜻풀이는 '에서'가 동사와 함께 쓰일 때에만 주격 조사로 기능하는 데에서 기인한 결과적인 의미 기술일 뿐이다. '에서'가 주격 조사로 기능하는 통사적인 환경은 뜻풀이와는 별도의 정보로 명확하게 제시되어야 한다. 〈표준〉, 〈금성판국어대사전〉(이하 〈금성〉), 〈우리말큰사전〉(이하 〈우리〉)에서는 뜻풀이에서도 주격 조사라는 정보만을 주고 있어 해당 문장의 서술어가 '동사'라는 정보는 간접적으로도 보여 주지 못하고 있다.
11) 〈우리〉에서만 '시킴이나 물음, 요청 따위를 받는 사람을 가리키는 임자씨 뒤에 붙어서 '에게'의 뜻을 나타냄'과 같이, 뜻풀이에서 서술어 제약을 간접적으로 보여 주고 있다.

않다.12) 이는 본 장의 앞에서 지적하였듯이 문법 형태소가 직접 결합하는 어간에 대한 정보만을 제공해 온 관습에 의해, 주어에 대한 정보를 어미가 실현되는 언어적인 환경으로 기술해야 한다는 인식이 부족했던 데에서 기인한 것이라 생각된다.

연결 어미의 경우, 선·후행절 주어의 일치 여부에 관련된 제약이 많은 어미들에서 관찰되는데, 이 역시 국어사전의 결합 정보에 반영되어 있지 않다. 그러나 이는 연결 어미 표제어에서가 아니면 사전 안의 어디에서도 담아낼 수 없는 정보이다.

선행절과 후행절의 주어가 동일해야 하는 제약이 있는 어미 중 몇 가지만을 들어 보이도록 하겠다. 해당 어미에 대한 〈고려대〉의 처리는 다음과 같다.

> (7) ㄱ. -다시피 끝「연」 ①동사의 어간이나 선어말 어미 '-었-', '-겠-'의 뒤에 붙어, 그러한 동작에 가깝게 행동했음을 나타내는 말. '-는 것과 거의 같이'의 뜻을 나타낸다. ¶철수는 도망치다시피 그 집을 빠져나왔다. / 그는 거의 기다시피 해서 방으로 들어왔다. / 전쟁으로 국토가 폐허가 되다시피 했다. ②주로 인지 동사의 어간이나 선어말 어미 '-으시-'의 뒤에 붙어, 상대가 어떤 사실을 주지하고 있음을 뒤에 하려는 말의 전제로 함을 나타내는 말. '-는 바와 같이'의 뜻을 나타낸다. ¶모두 다 알다시피 우리는 그동안 너무 참고 살아왔다. / 보다시피 나는 그저 평범한 가장에 불과하다.
>
> ㄴ. -아다가 끝「연」 끝음절의 모음이 'ㅏ', 'ㅗ'인 동사의 어간 뒤에 붙어, 앞 절의 동작이 이루어지고 나서 뒤 절의 동작이 순차적으로 이루어짐을 나타내는 말. ¶동현이는 집 담벼락에 낙서를 한

---

12) '-겠-'의 주어 제약은 대부분의 사전에서 '1인칭 주어'라는 결합 정보 대신 '화자의 의지'라는 뜻풀이 정보로 간접적으로 명시되어 있다.

아이를 잡아다가 혼을 냈다.

(7ㄱ) '-다시피'의 ①번 의미와 (7ㄴ) '-아다가'는 선행절과 후행절의 주어가 동일해야 한다는 제약이 있으나 사전에는 이러한 제약이 반영되어 있지 않다. (3ㄱ)에 제시된 '-다가'도 ②번과 ③번 의미를 지닐 때는 서술어와 관계없이 선·후행절의 주어가 같아야 한다.13) 이와 같은 제약이 있는 어미들에는 '앞 절과 뒤 절의 주어가 동일하다'라는 부가 설명을 뜻풀이 뒤에 덧붙여서 해당 어미가 나타나는 언어적인 환경을 명시해 주어야 한다.

연결 어미가 보이는 선·후행절 주어와 관련된 제약은 연결 어미의 의미나 작용역과 관련이 있는 현상으로 여겨진다. 각 어미가 왜 이러한 주어 제약 현상을 보이는지는 명확지 않지만, 대사전은 객관적인 언어 현상을 정밀하게 기술하는 것으로 제 역할을 마친다. 이러한 기술은 해당 데이터를 바탕으로 한 언어학적 연구가 후행될 수 있는 기반을 마련해 준다는 점에서 가치를 지니며, 한국어 학습자들에게도 도움이 될 것이라 기대한다.

세 번째로, 문법 형태소 중 연결 어미는 선행절 서술어에 결합하지만 선행절과 후행절을 일정한 의미 관계로 이어주는 역할을 수행하므로 선행절뿐 아니라 후행절에도 일정한 관여를 하게 된다. 따라서 연결 어미가 직접 결합하는 용언 어간의 특성에 대한 결합 정보만으로

---

13) 백낙천(2003)에서는 '-다가'의 경우 선·후행절의 서술어가 다르면 선·후행절의 주어가 동일해야 하고 서술어가 같으면 선·후행절의 주어가 달라야 한다고 보았다. 이러한 '-다가'의 결합 제약을 (3ㄱ)과 같이 개별의미별로 나누어 보면 의미별로 약간의 차이가 생긴다. ①번 의미일 때는 백낙천(2003)에서의 기술과 같으며 ②번과 ③번 의미일 때는 언제나 선·후행절의 주어가 같아야 한다.

또한 '그는 신품을 사려다가 중고를 샀다'와 같이 ①번 의미에 해당하는 예를 고려했을 때, '선·후행절의 서술어'라는 표현은 '선·후행절의 동사구'로 바뀌는 것이 더 정확할 것이다.

는 연결 어미가 실현되는 언어적인 환경을 전체적으로 보여 주지 못한다. 연결 어미 중에는 후행절의 문말 서법과 관련한 제약이 있는 어미들이 많이 있는데, 국어사전에서 연결 어미의 결합 정보를 기술할 때에는 이러한 제약도 기술해야 할 것이다.

주지하다시피 유사한 의미를 지닌 연결 어미 '-어서'와 '-니까' 중 '-어서'는 명령문, 청유문, 약속문, 청자의 의향을 물어보는 의문문 등 수행적 문말 서법을 후행절에 허용하지 않는다. 반면 '-니까'는 그러한 제약이 없다.

(8) ㄱ. 날씨가 <u>좋아서</u> 여행을 {간다/가니?}

　　ㄴ. *비가 <u>와서</u> 여행은 가지 {마라/말자/않으마/말래?}

(9) ㄱ. 날씨가 <u>좋으니까</u> 여행을 {간다/가니?}

　　ㄴ. 비가 <u>오니까</u> 여행은 가지 {마라/말자/않으마/말래?}

역시 유사한 의미를 지닌 '-자'와 '-자마자'도 비슷한 차이를 보인다. 백낙천(2003)에서 언급하였듯이 '-자'는 '-어서'와 마찬가지로 후행절에 명령문이나 청유문 등 수행적 문말 서법이 올 수 없으나 '-자마자'에는 이러한 제약이 없다. 그러나 이러한 결합 제약은 '-어서'와 '-자'에 대한 사전 기술에서 확인할 수 없다.

(10) ㄱ. 수업이 <u>끝나자</u> 모두 집으로 돌아갔다.

　　ㄴ. *수업이 <u>끝나자</u> 집으로 {돌아와라/돌아가자/돌아오마
　　　　/돌아올래?}

(11) ㄱ. 수업이 <u>끝나자마자</u> 모두 집으로 돌아갔다.

　　ㄴ. 수업이 <u>끝나자마자</u> 집으로 {돌아와라/돌아가자/돌아오마/돌아
　　　　올래?}

어떤 연결 어미가 특정한 부류의 문말 서법을 허용하지 않는 것은 '-어서'와 '-자'라는 어미에 한정된, 특수한 현상으로 보기 어렵다. '-어서'나 '-자'와 같이 후행절에 수행적 문말 서법을 허용하지 않는 연결 어미는 '-건마는', '-건만', '-기에', '-느라고', '-는다고', '-어야' 등 다수 존재한다. 반면 [조건]의 의미를 지니는 '-거든'은 후행절에 수행적 문말 서법만을 허용한다.14)

이와 같이 후행절의 문말 서법 제약이라는 정보는 특정한 연결 어미에만 주어지는 특별한 정보가 아니라 연결 어미 전반에 걸쳐 구명되고 기술되어야 할 정보이다. 연결 어미별로 보이는 후행절의 문말 서법 제약 양상은 각 연결 어미 표제어에서 기술하지 않으면 사전 안 어디에서도 담아낼 수 없다. 그러나 이러한 제약은 '-어서'나 '-자'와 같이 국어학계의 연구 결과로 보고된 경우에도 사전의 결합 정보에 반영되지 않았다. 이는 후행절의 문말 서법 제약이 연결 어미가 놓이는 언어적인 환경으로 기술되어야 하는 정보라는 인식이 부족했기 때문이 아닌가 생각된다.

연결 어미가 보이는 문말 서법 제약에 대한 정보 기술은 그 자체로서 사전학적 의의가 있을 뿐 아니라 국어학 연구와 국어 교육, 한국어 교육 연구의 기반이 될 수 있다. 황화상(2008)에서는 '-어서'와 '-니까'의 기능을 비교하면서, '명령, 청유, 의향 의문문'은 화자 중심의 문장으로, '평서, 의문'은 주체 중심의 문장으로 구분한 바 있다. 이러한 문

---

14) '-는다고'는 [이유·근거]의 의미를 지닐 때는 후행절에 수행적 문말 서법을 허용하지 않는다. 그러나 '낮말은 새가 듣고 밤말은 쥐가 듣는다고, 언제나 말을 조심하도록 해라'와 같이 속담을 인용하는 표현에서는 수행적 문말 서법을 허용한다. '-거든'은 [가정적 조건]의 의미를 지닐 때는 후행절에 수행적 문말 서법만을 허용한다. 그러나 '미물도 은혜를 갚거든 하물며 사람이 은혜를 모르겠느냐?'와 같이 의고적 용법으로 쓰일 때에는 의문문을 허용한다. 이는 중세국어 시기 후행절 문말 서법에 제약이 없었던 '-거든'이 수행적 문말 서법만을 취하는 것으로 변화하는 과정에서 살아남은 한정적 표현으로 보인다. 2장에서 살폈듯이 이러한 개별의미별 차이도 국어사전에 기술되어야 한다.

말 서법 간의 특성이 연결 어미의 하위 유형과 어떠한 관련이 있을지는 앞으로 고구해 보아야 할 문제이다. 어학적으로 이러한 고구가 가능해지기 위해서는 국어사전에서 객관적이고 정밀한 데이터를 제공해 주어야 한다. 또한 해당 정보는 '-어서'와 '-니까', '-자'와 '-자마자', '-거든'과 '-면' 등 유사한 의미 기능을 지닌 어미들을 변별하는 데에도 도움을 주어 한국어 학습자에게는 교육적 효과도 지닐 것이다.

4. 마무리

본고에서는 현간 국어사전에서 기술하고 있는 문법 형태소의 결합 정보를 살피고 보완해야 할 점 몇 가지를 지적하였다. 문법 형태소는 다른 어휘 부류에 비해 결합 정보가 성실하게 기술되어 있지만 앞으로 다음과 같은 점들을 보완해 나가야 할 것이다.

우선 결합 정보가 개별의미별로 제시되어, 의미별로 결합 정보 차이를 면밀하게 기술해야 한다. 그리고 현간 국어사전에서 결합 정보로 제시하는 언어적 환경은 다소 큰 범주들이어서 표제어별 결합 정보가 정밀하게 드러나지 않는다. 구체적인 음운론적 환경이나 각 품사별 하위 범주 등를 제시하여 결합 정보를 상세화해야 할 것이다.

또한 현재 제시된 결합 정보는 문법 형태소가 직접 결합하는 어간·어기에 대한 정보로 제한되어 있다. 문법 형태소가 결합하는 어절을 넘어서 절, 문장에서 나타나는 제약들에 대한 기술도 문법 형태소의 문법 정보 안에 기술되어야 한다. 예를 들면, 조사가 보이는 서술어 제약, 어미가 보이는 주어 제약, 연결 어미가 보이는 후행절 문말 서법 제약 등이 결합 정보에 제시되어야 한다.

본고에서는 문법 형태소의 결합 정보를 상세화할 필요성과 방향에

대해 살폈다. 그러나 이러한 노력은 문법 형태소에 한정되어서는 안
되고 모든 어휘 부류로 확장되어야 할 것이다. 기간 사전에서 결합 정
보를 기술하기 위해 노력한 어휘 부류에는 문법 형태소 외에 의존 명사
나 보조 용언 같은 의존적 어휘 형태소가 더 포함되는데, 이들 표제어
에는 통사적으로 의존하는 선행 환경의 정보가 성실하게 기술되었다.
그러나 어휘 부류별로 더 추가되어야 하는 정보가 있다. 수 단위 명사
의 경우에는 한자어 수관형사와 고유어 수관형사 중 어떤 것과 공기하
는지에 대한 정보가 추가되어야 할 것이다. 보조 용언은 결합하는 본
용언에 대한 결합 정보가 좀 더 구체적으로 제시되어야 할 것이다. 현
재는 선행하는 본용언에 결합하는 어미 유형이 주로 제시되었고 본용
언은 '동사'나 '형용사'와 같은 품사 정보만 제시되어 있다. 그러나 보조
용언이 모든 동사나 모든 형용사에 결합하는 것은 아니다.

　자립적인 어휘 형태소는 결합 정보가 가장 소홀하게 제시된 어휘
부류이다. 이들의 문법 정보로는 연어 정보와 제약된 활용 정보만이
주로 제시되어 왔다. 그러나 그동안 소홀하게 다루어진 만큼 앞으로
더 많은 관심이 주어져야 한다. 체언의 경우 그것을 수량화할 때 사용
되는 단위명사가 한두 가지로 제약된 경우 이에 대한 정보가 제공되
어야 할 것이다. '소문, 명령, 사전, 소식' 등 보문명사는 자립 어휘로
서만 기술되었는데, 보문명사로 쓰일 때 이들이 취하는 관형화소에 차
이가 있다. 이 역시 사전에서 결합 정보로 제시되어야 할 유형이다.

　이와 같이 사전에 실리는 모든 어휘 부류에 대해 정밀한 결합 정보
를 기술해 나가서, 진정한 언어 사전에 한 걸음 다가설 수 있게 되기를
기대해 본다.

참고 문헌

고석주. 2004. "조사의 문법적 특징과 사전 기술."「한국 사전학」(한국사전학회) 3. 27-50.

고성환. 2009. "명령문 서술어의 제약." 제52차 한국어학회 전국학술대회 발표집.

구본관. 1998. "접미사의 사전적 처리."「새국어생활」(국립국어연구원) 8-1. 23-48.

김양진·정경재. 2008. "국어사전에서 '-어/-아' 계열 어미의 결합 정보 기술에 대하여."「한국사전학」12. 97-121.

남기심. 1993. "「조선말대사전」(1992)과 문법 정보."「새국어생활」(국립국어연구원) 3-4. 50-59.

남길임. 1988. "'-겠-' 결합 양상에 따른 종속접속문 연구."「국어문법의 탐구 4」서울: 태학사.

백낙천. 2003. "국어 접속어미의 형태론과 사전 기술에 대한 연구."「어문연구」(어문연구학회) 40. 1-28.

성광수. 1992. "문법 형태소의 뜻풀이."「새국어생활」(국립국어연구원) 2-1. 89-100.

이상복. 1987. "국어 사전 편찬과 문법형태소의 처리: 조사와 연결 어미의 기술을 중심으로."「인문과학」(연세대학교 인문과학연구소) 57. 59-88.

이승희. 2006. "형용사 명령문에 대한 고찰."「국어학논총: 이병근 선생 퇴임 기념」서울: 태학사. 553-565.

이기문. 1985. "國語 語彙史의 한 側面."「역사언어학」(김방한선생회갑기념논문집편집위원회) 서울: 전예원. 57-66.

이은경. 1996.「국어의 연결 어미 연구」서울: 태학사.

이익섭·남기심. 1986.「국어문법론」서울: 한국방송통신대학 출판부.

임동훈. 1998. "어미의 사전적 처리."「새국어생활」(국립국어연구원) 8-1. 85-110.

정경재. 2009. "선어말 어미 배열 순서와 '-겠-의 의미".「국어의 시제, 상, 서법」서울: 박문사. 101-135.

홍재성. 2010. "기존 한국어 사전 편찬의 성과와 한계: 또 하나의 한국어 대사전 개발을 위하여." 서울대학교 언어연구소 워크숍 발표집.

황화상. 2008. "연결 어미 '-어서, -니까'의 의미 기능과 후행절 유형."「국어학」(국어학회) 51. 57-88.

참고 사전

고려대학교 민족문화연구원 국어사전편찬실 편. 2009. 〈고려대 한국어대사전〉서울:
　　고려대학교 민족문화연구원.

국립국어연구원. 2011. 〈표준국어대사전〉www.korean.go.kr

김민수 외 편. 1991. 〈금성판국어대사전〉서울: 금성출판사.

사회과학원 언어학연구소. 1992. 〈조선말대사전〉평양: 사회과학출판사.

연세대학교 언어정보개발연구원. 1998. 〈연세한국어사전〉서울: 두산동아.

한글학회. 1992. 〈우리말큰사전〉서울: 어문각.

감탄사와 부사의 범주 구분과 처리

박주원

1. 서론 : 감탄사의 특성과 품사 통용 현상

감탄사는 하나로 정의하기 어려운 다양한 어휘들이 모여 있는 품사 부류이다. 명칭에서 드러나는 '감탄'이라는 의미적 특징을 제외하면 특정한 형태가 있는 것도 단일한 기능이 있는 것도 아니다. 그럼에도 불구하고 이것이 독립된 품사로서 존재하는 데에는 여기에 속하는 어휘들이 다른 것들과 함께 묶이기에는 이질적인 성격이 있기 때문인데, 가장 일반적이고 주요한 특징은 '통사적 독립성'이다. 감탄사는 문장과 독립적으로 존재하는데, '감탄'이라는 의미적 특성 대신 이러한 분포적 특성에 중점을 두어 '간투사'라고 부르기도 한다.

감탄사의 기능은 의미와 관련하여 정리할 수 있다. 감탄사에는 일차적으로는 화자의 감정이나 감각을 표출하거나 인지 작용을 표출하는 것이 있는데, 이는 '감탄'이라는 명칭에 가장 어울리는 경우이다. 그 외에도 단순한 표출이 아닌 어떤 의도를 가지고 내는 소리나 대화 상황에서 쓰이는 부름, 응답, 인사, 명령 등도 감탄사에 포함된다.1)

- 감정, 감각, 인지 작용 등을 표출하는 소리
  : 아이고, 어머나, 아차, 아뿔싸, 참 등
- 의도를 가지고 내는 소리 : 구구, 자장자장, 영치기, 어여차 등
- 대화 상황에서의 관습적 표현들 : 여보세요, 글쎄, 천만에, 암, 응 등

이러한 감탄사의 분포적 특성과 의미적 특성을 고려하여 사전에서도 감탄사 범주를 처리한다. 현재 〈고려대 한국어대사전〉(이하 〈고려대〉)에서는 방언이나 잘못된 어형을 포함하여 820개의 감탄사가 등재되어 있다. 그런데 이 가운데 145개는 이른바 다품사어로서, 감탄사이면서 동시에 명사, 관형사, 부사 등의 품사로도 처리되어 있다. 다른 부류의 다품사어에 비해 많지 않은 수이지만, 감탄사 범주의 전체 어휘 수를 고려하면 상당히 많은 수의 감탄사가 다품사어에 속하는 것을 알 수 있다.

감탄사가 포함된 다품사어 부류를 살펴보면 몇 가지 특징이 발견된다. 먼저 명사-감탄사 부류는 대부분이 제식 훈련 용어와 같이 특정 상황에서만 빈번하게 사용되는 동작성 명사들이다. 이 경우는 본래 명사인 것이 특정 상황에서만 명령이나 권유의 의미로 사용되는 것이므로 관점에 따라 명사로만 처리할 수도 있다. 문제가 되는 것은 '부사-감탄사'와 같이 어느 한쪽에서 다른 한쪽이 생겨났을 것으로 추측되지만 서로의 기능이 어느 정도 독립적으로 보이는 경우이다. 이때 각각의 기능을 완전히 다른 것으로 인식하여 서로 다른 어휘로 처리할 것인지, 하나의 어휘가 공통된 기반 아래 두 가지 기능을 하고 있는 것으로 처리할 것인지 또는 특정 상황에서만 국한된 용법으로만 보고 인정하지 않을 것인지 고민할 필요가 있다.

---

1) 남기심·고영근(1993)의 분류 : 감정감탄사 / 의지감탄사 / 입버릇 및 더듬거림
오승신(1995)의 분류 : 의사전달적 간투사 / 비의사전달적 간투사

  본고에서는 '감탄사–부사' 양용으로 처리될 가능성이 있는 후보군들을 대상으로 하여, 먼저 이들이 어떻게 서로 관련성을 가지는가를 살펴보고자 한다. 부사들 중에서 감탄사와 관련을 맺을 수 있는 부류는 의성 부사와 접속 부사가 있다. 각각 장을 나누어 이들에 대하여 살피고, 해당 어휘들이 보이는 부사적 용법과 감탄사적 용법을 어떻게 구분하여 또는 구분하지 않고 다룰 것인지 사전 처리의 측면에서 고려할 필요가 있음을 제안할 것이다.

2. 감탄사와 의성 부사

  감탄사들의 종류는 상당히 다양하지만, 우리가 가장 일반적으로 떠올리는 감탄사의 모습은 '아, 휴, 에구, 어머' 등 인간이 감정을 표출할 때 내는 소리를 언어로 기호화한 것들이다. 이러한 종류의 감탄사들은 소리를 언어로 표상했다는 점에서 의성어와 유사한 측면이 있다. 의성어는 비분절적인 자연계의 소리를 분절음으로 나타내고자 하는 과정에서 만들어진 어휘들로서, 한국어에서는 주로 부사로 품사 분류가 된다. 그러나 이른바 의성 부사들은 경우에 따라 다른 문장 성분과 독립되어 쓰이거나 단독으로도 명제를 실현하는 측면이 관찰되기 때문에 역시 독립어인 감탄사와 유사하다고 할 수 있다.

  이러한 사실에 주목하여 일부 논의에서는 의성어에 대하여 부사가 아닌 감탄사로 품사 분류하는 것이 타당하다고 주장하기도 하였다. 의태어의 경우는 부사로 보는 데 이견이 별로 없지만, 의성어의 경우 문장 성분들과 관계를 맺지 않으며 홀로 문장으로서 쓰인다는 데 초점을 맞춘 것이다.

(1) ㄱ. <u>아뿔싸</u>, 순서가 뒤바뀌었네.

　　ㄴ. <u>덜커덩</u>, 기차가 움직이기 시작했다.

(2) ㄱ. 아차!

　　ㄴ. 음매!

　　ㄷ. 쨍그랑!

　송문준(1988)에서는 (1ㄴ)의 '덜커덩'이 감탄사 '아뿔싸'와 마찬가지로 후행 문장의 어떤 성분이 되지 않으며 (2)와 같이 하나의 문장을 이룰 수도 있다고 보았다. 그러나 '덜커덩'이 나타내는 '거세게 부딪쳐 울리는 소리'라는 의미는 후행 문장의 기차의 움직임이라는 의미와 연결되지 않으면 해석될 수 없다. 특히 서술어 '움직이다'와 연결되지 않으면 해석될 수 없기 때문에 서술어를 수식하는 부사로 보는 것이 더 적절하며, 문장 앞에 위치할 수 있는 것은 원래 문장 내에서 위치가 자유로운 부사들이 있으므로 문제가 되지 않는다. 또 (2)에서도 '음매'는 '소가 우는 소리'라는 매우 구체적인 의미를 가지고 있기 때문에 단어 하나만으로도 마치 완전한 문장으로 나타내는 것처럼 해석이 되지만, '쨍그랑'은 단지 소리를 표현할 뿐 사건의 내용에 대해서는 잘 알기 어렵다. 따라서 단어 하나만으로 문장을 이룰 수 있다는 것은 의성어의 의미가 얼마나 구체적이냐에 따라 나타나는 부수적인 효과이지 실제로 문장을 이룰 수 있는 성질을 가진 것은 아니라고 볼 수 있다.

　아울러 감탄사와 의성어가 소리를 언어로 표상했다는 점에서 유사하기는 하지만 이것 역시 양측 간에는 차이가 있다. 감탄사는 언어로 표상하는 해당 소리가 어떤 감정이나 의도를 표출할 때 나는 것이기 때문에 함의된 내용을 해석할 수 있지만, 의성어는 인간이 웃거나 울거나 동물이 울거나 물건이 부딪치거나 하는 등 자연계의 다양한 소리를 모방하여 언어로 표상한 것이므로 기본적으로 어휘를 통해 알 수 있는 것은 소리 그 자체일 뿐이다.2) 예를 들어, '으악!'을 통해서 우리는 화자의 감정, 즉 놀람이라는 감정을 해석할 수 있지만, '하하'에서는 (이러이러한 특징을 가진) 웃음소리라는 것만을 알 수 있다.

이런 점을 반영하여 의성어들은 부사로 처리되는 것이 일반적이다. 그러나 일부 분절음 혹은 분절음 연속체의 경우, 의성어로 볼 수 있는 한편 인간의 감정이나 의도를 나타내는 것 같은 예들이 있다. 이러한 어휘들은 그 범주를 잘 구분하여 처리할 필요가 있는데, 일반적으로 분절음 측면에서 동형이지만, 기능과 의미가 다른 점에 초점을 맞추어 동형이의어로 처리한다.

(3) ㄱ. 아이의 말을 듣고 아버지는 허허 웃었다.

ㄴ. 허허. 그 분이 사고를 당하다니 정말 안타까운 일이네.

(4) ㄱ. 허허¹ 부

입을 벌리고 크고 거침없이 웃는 소리를 나타내는 말. 또는 그 모양을 나타내는 말.

ㄴ. 허허² 감

① 뜻하지 않게 놀라거나 기막힌 일을 당하여 깊이 탄식할 때 내는 말. …

② 못마땅한 일을 당하였을 때 근심하거나 나무랄 때 내는 말. …

이렇게 의성 부사와 감탄사를 구분하여 처리할 때 주의해야 할 점은 의성 부사와 달리 감탄사는 화자의 감정이나 생각이 해당 어휘를 통하여 온전히 드러난다는 것이다. 따라서 동형의 분절음이라도 단순

---

2) 정확하게 말하자면, 의성어는 소리를 모방하기도 하지만, 실제로는 자연계의 소리와 거리가 전혀 멀더라도 의성어라고 보는 경우가 많으므로 소리를 모방했다고 인식되는 것까지 의성어에 포함된다고 볼 수 있다.

한 소리 외에 화자의 감정이나 의도가 표출된다면 감탄사로 구분하고 뜻풀이와 용례에서도 이를 정확히 보여 주어야 한다. 사람의 웃음소리, 울음소리, 숨소리 등에서는 이런 경우가 많으므로 처리할 때 범주 구분을 항상 고려할 필요가 있다.

    (5) ㄱ. 그녀는 준호의 편지를 읽으면서 훗 웃음을 터뜨렸다.

        ㄴ. 갑 : 그런 말도 되지 않는 소리를……

            을 : 훗. 말이 되지 않는 소리라고요?

        ㄷ. 훗

           [부] 어이없거나 흥미로운 일을 생각하거나 경험하며 웃는 소리를 나타내는 말. (X)

$$\downarrow$$

          훗[1]

           [부] 입을 둥그렇게 우므리고 입김을 살짝 내뿜으면서 웃는 소리를 나타내는 말.

          훗[2]

           [감] 어이없거나 약간 냉소적인 태도를 보일 때 내는 말.

    위의 예는 하나의 의성 부사로 처리되었던 예를 부사와 감탄사로 구분한 것으로서, '훗'이라는 웃음소리를 하나는 어떤 방식으로 웃을 때 나는 소리인가에 초점을 맞춘 의성 부사로, 다른 하나는 그 소리를 통해 화자가 드러내는 감정에 초점을 맞춘 감탄사로 나누었다. 실제 처리 과정에서 이렇게 인간이 내는 많은 소리들은 직관에 따라 용례에 따라 다양하게 나타나기 때문에 면밀한 검토를 통한 처리 과정이 요구된다. 또한 소리에 담겨 있는 감정이나 생각을 판단하는 것이 연구자에 따라 차이가 큰 부분이므로 가장 일반적인 요소를 찾아내는 것도 중요한 일이다.

3. 감탄사와 접속 부사

감탄사와의 범주 구분 문제에 있어서 또 하나 고려해야 할 부사 부류로서 본고에서는 접속 부사를 제안하고자 한다. 담화 층위를 다루는 화용론 연구에서 접속 부사는 담화 표지의 한 종류로서 주목을 받고 있는데, 이들이 단순히 문장과 문장을 이어주는 것만이 아닌 새로운 화용적 기능을 보이기 때문이다.

(6) ㄱ. 오늘 너랑 만나기로 했잖아. <u>그런데(근데)</u> 급한 일이 생겨서 힘들 것 같아.

ㄴ. 넌 아직 세상에 대해 잘 몰라. <u>그러니까(그니까)</u> 준비도 없이 장사한다는 소리를 하지.

(7) 5 : 이것을 민간 교류로 볼 수가 없어요.

거기서부터 문제가 꼬이기 시작하는 겁니다.

1 : 네. 서동만 교수께서

7 : 예. <u>그런데(근데)</u> 이번 그 민간인 행사는 좀 다른 측면이 있는 거 같습니다.

<u>그러니까(그니까)</u> 그런 식으로 해석할 수 없는 여지가 없지는 않다고 볼 수 있어요. 그렇지만 이미 육일오 공동 선언이 이루어졌다는 겁니다. <u>근까(그니까)</u> 육일오 공동선언에서 남북은 서로에 대해서 국가적 실체를 인정하고 있는 것이죠. … <u>근데(그런데)</u> 어쨌든 합법적으로 이번에 가게 된 것이죠. 그것은

어쨌든 특히 인제 대표적으로는 황석영 씨라든지 임수경 씨
같은 케이슙니다.

〈전영옥(2002)에서 인용〉

위의 예와 같이 접속 부사인 '그런데(근데), 그러니까(그니까, 근까)'
등은 (6ㄱ,ㄴ)과 같이 하나의 선행 명제와 후행 명제를 연결할 때 쓰
일 뿐만 아니라 (7)과 같이 담화의 전개에서 선행 담화와 후행 담화를
연결하여 화제를 전개시키는 역할을 하기도 한다. 이는 구어적 발화
상황에서는 더욱 빈번하게 나타나는 접속 부사의 쓰임이다.
  문장 차원에서 어휘 의미를 기술하는 사전 처리 방식에서는 이러한
문장과 문장의 연결을 넘어서는 '화제 전개'와 같은 담화 표지로서의
기능은 반영하기가 쉽지 않다.

  (8) 사전에서 접속 부사 기술
    ㄱ. 그런데
      〈표준〉
      [Ⅰ] 「부사」
      「1」 화제를 앞의 내용과 관련시키면서 다른 방향으로 이끌어 나갈
          때 쓰는 접속 부사.
      「2」 앞의 내용과 상반된 내용을 이끌 때 쓰는 접속 부사.
      〈고려대〉
      📁
      ① 뒤 내용이 앞 내용과 대립될 때 쓰여 앞뒤 문장을 이어 주는 말.
      ❷ 뒤 내용을 앞 내용과 관련시키면서 다른 방향으로 이끌어 나갈
          때 쓰여 앞뒤 문장을 이어 주는 말.
      ③ 앞 내용과 뒤 내용이 양보적 대립을 나타낼 때 쓰여 앞뒤 문장

을 이어 주는 말.

ㄴ. 그러니까/그니까

〈표준〉

[Ⅰ]「부사」

앞의 내용이 뒤의 내용의 이유나 근거 따위가 될 때 쓰는 접속 부사.

〈고려대〉

[부]

① 앞 내용이 뒤 내용의 이유나 근거가 될 때 쓰여 앞뒤 문장을 이어 주는 말. 주로 구어체에서 쓰인다.

② 앞 내용에 대한 부연이나 보충을 할 때 쓰여 앞뒤 어구나 문장을 이어 주는 말. 주로 구어체에서 쓰인다.

위는 〈표준〉과 〈고려대〉에서 접속 부사를 뜻풀이한 예로서, '접속 부사, 앞뒤 문장을 이어 주는 말'과 같은 표현에서 알 수 있듯이 문장과 문장의 연결만을 기술하고 있다. 그렇다면 담화 표지로서의 기능은 어떻게 처리해야 하는가?

접속 부사의 담화상 기능을 밝힌 연구들을 보면, 그 화제 전개나 담화 연결이라는 기능이 문장과 문장을 이어줄 때와 의미적 유연성이 많음을 알 수 있다. 예를 들어, '그런데(근데)'는 선행 발화와 상반된 의견을 제시할 때 사용되는데, 이어지는 단위가 문장 이상이라는 점에서만 접속 부사와 차이가 있을 뿐이다. 따라서 접속 부사의 담화 표지 기능을 분리하여 밝혀 주는 것은 굳이 필요한 일이 아닐 수 있다. 물론 상황(문어냐 구어냐, 연결 단위가 문장인가 그 이상인가 등)에 따라 나타나는 부수적 효과, 즉 '그런데'를 사용하면 이어지는 내용이 강조된다든지 하는 등의 효과는 존재한다. 이를 상세하게 제시하는 것은 어휘의 다양한 용법, 특히 구어적 용법을 얼마나 반영할 것인가에 따라 달라질 수 있는 부분이다.

　접속 부사와 의미적 유연성을 가지는 담화 표지 기능은 구분하여 처리할 필요성이 적다. 그러나 경우에 따라서 접속 부사가 문장 간 또는 담화 간이 특정한 의미적 관계를 맺도록 연결해 준다고 보기 다소 어려운 예가 있다.

　　(9) ㄱ. 아까부터 계속 미안하다고 했잖아.
　　　　　그니까 이제는 기분 좀 풀어라.
　　　 ㄴ. 갑: 요새 너무 추워. 어제는 너무 추워서 못 나가겠더라.
　　　　　을: 그니까. 나도 어제 집에만 있었어.

　위의 (9ㄱ)은 일반적인 접속 부사로서의 쓰임을 보여주고 있다. 그러나 '그니까'가 대화 상황에서 사용되는 경우, (9ㄴ)과 같이 앞과 뒤의 내용이 인과나 부연 등의 관계로 연결한다기보다는 앞선 내용에 찬성하는 화자의 의도를 나타낸다. 물론 '찬성'을 위해서는 앞의 내용이 당연히 참조되는 것이므로 선행 내용과 관련성은 유지된다. 그러나 접속 부사가 보이는 명제-명제 직접 연결과는 거리가 있어 보인다.

　　(10) ㄱ. 갑 : 그 사람 기둥서방처럼 보였어요?
　　　　　을 : 어머 내가 그런 식으루 말했어? 말이 헛나갔네. 그니까 오해하지 않게 다 털어놓으라구 만남에서 현재까지
　　　 ㄴ. 갑 : 그쪽으루 못가요 막혔을 거에요.
　　　　　을 : 잘됐구먼요 아니 내 말은 그니까 우리 집이 여그서 가까운게 일단 우리 집으루 가서 그니까 지 말은 우리 집이 가까운게.

위의 예에서 '그니까'는 모두 구어 상황에서 쓰이고 있지만, (10ㄱ) 이 '말이 헛나간' 앞의 내용이 '오해하지 않게 다 털어놓으라고'하는 뒤의 내용의 이유가 될 수 있도록 연결해 주고 있는 반면 (10ㄴ)의 '그니까'는 말 중간에 끼어들어 있을 뿐이다. 기존 연구들에서는 이처럼 발화의 시작이나 중간에 사용되어 어떤 일정한 역할을 하는 요소들 역시 담화 표지의 일종으로 본다. 위의 '그니까'는 말하는 내용을 이어 가는 과정에서 시간을 벌게 해 주고 있는데, 이를 통해 화자는 다음 내용에 대하여 생각할 시간을 얻거나 말할 내용을 정리할 수 있을 것이다.

앞 내용에 대한 찬성을 표현하는 (9ㄴ)의 '그니까'나 발화 시작이나 중간에 아무 뜻없이 끼어 들어가는 (10ㄴ)의 '그니까'나 원래의 접속 부사 기능과는 다소 거리를 보인다는 점에서 공통점이 있다. 또 더 이상 문장과만 관련된다고 보기 어렵고 그 영역을 벗어나 있다는 점에서도 유사하다. 이렇게 새롭게 획득된 기능을 사전에서는 어떻게 반영할 수 있는가?

기존 품사 체계 내에서 이들을 기술하기 위하여 가장 적절한 것은 감탄사로 분류하는 것이다. 앞서 말한 바와 같이 감탄사는 하나의 어휘로서 화자의 감정이나 인식을 표출하고, 단독 발화만이 아닌 대화 상황에서 쓰이는 표현들에 다양하게 걸쳐 있다. 가장 중요한 공통적 특성은 분포적 독립성이기 때문에, 일단 문장과 독립된 어휘들은 모두 그 후보가 될 수 있겠다. 실제로 〈고려대〉에서는 소수이기는 하나 일부 접속 부사가 새로 획득한 기능들을 반영하여 부사-감탄사 다품사어로 처리하고 있다.

(11) '그니까'의 사전 기술 예

Ⅰ. 🕮

① 앞 내용이 뒤 내용의 이유나 근거가 될 때 쓰여 앞뒤 문장을 이어
주는 말. 주로 구어체에서 쓰인다.

② 앞 내용에 대한 부연이나 보충을 할 때 쓰여 앞뒤 어구나 문장을
이어 주는 말. 주로 구어체에서 쓰인다.

Ⅱ. 🕮

① 말을 시작할 때나 말의 중간에 생각할 시간을 벌기 위해 하는 말.

② 상대방의 말에 찬성하는 뜻을 나타낼 때 하는 말.

'그니까' 외에도 문장을 이어 주는 접속 부사와는 거리가 있는 다른
기능을 보이는 경우를 다른 어휘들에서도 찾을 수 있다.

(12) ㄱ. 수요일에는 수업이 늦게 끝나. <u>그래서</u> 수요일에는 저녁 약속을
잡지 않지.

ㄴ. 갑 : 오늘 학교에 오다가 가방을 하나 주웠습니다.

을 : 가방? 무슨 가방?

갑 : 돈가방요.

을 : <u>그래서?</u>

갑 : 저희 선생님 책상 위에 갖다 놓았는데요.

ㄷ. 갑: 그거 원래 네가 하기로 했었잖아.

을 : <u>그래서?</u>

갑 : 이미 끝냈어야 하는 거 아니야?

이러한 접속 부사들의 또 다른 용법들은 문어보다는 구어 상황에서
많이 관찰된다. 최근에는 구어 자료를 활용한 연구들이 많이 진행되

고 있으므로, 그 성과를 참고하여 일부 부사에서 감탄사적 기능을 구분하여 인정할 수 있는가 고민할 필요가 있다.

'부사-감탄사'를 구분하여 인정할 것인지 결정하는 문제 외에 이를 사전 처리에서 반영하고자 할 때 고려해야 또 한 가지가 있다. 다음의 예를 보자.

(13) ㄱ. <u>그러게</u> 내가 거기 가지 말랬잖아.

ㄴ. 갑 : 아주 몸이 오싹해. 뼛속까지 한기가 든 것 같아.

을 : <u>그러게</u> 옷을 입고 나가지 그랬어.

ㄷ. 갑 : 요새 너무 추워. 어제는 너무 추워서 못 나가겠더라.

을 : <u>그러게</u>. 나도 어제 집에만 있었어.

(13ㄱ,ㄴ)에서 보듯이 '그러게'는 보통 문장 앞에 쓰여 그 말이 옳았음을 강조해 준다. 이는 앞뒤 문장을 이어 주는 접속 부사는 아니지만, 해당 명제가 옳았다고 강조한다는 것은 곧 '그 내용대로 이루어지지 않은' 상황이 선행되어야 함을 함의한다. 따라서 문장을 연결하고 있지는 않지만 상대방이 발화한 내용과 관련되어 있음이 분명하다. (13ㄱ)에서는 '그러게'로 시작하는 단문을 보였지만, 우리는 (13ㄴ)에서와 같이 어떤 맥락이 선행됨을 예상할 수 있다.

한편 (13ㄷ)은 (13ㄱ,ㄴ)과는 달리 '그러게'라는 어휘 자체가 상대방의 선행 발화에 찬성하는 의미를 나타내고 있다. 문장과는 독립적으로 화자의 의도를 표출하는 어휘라는 점에서 감탄사로 분류할 만하다. 여기에서 문제는 (13ㄱ,ㄴ)의 '그러게'와 (13ㄷ)의 '그러게'의 관계를 어떻게 볼 것인가이다.

앞서 예를 든 접속 부사들의 경우, '①문장 연결 → ②담화 연결 → ③화용적 기능 획득' 정도의 방향성을 상정하고 첫 번째와 두 번째 단계는 본래 접속 부사의 기능 내에서 설명이 가능하지만, 새로운 화용적 기능을 획득했다고 판단되면 감탄사로서 분리할 수 있다고 보았다. 이때 새로 획득된 기능이 원래의 연결 기능과 어느 정도 관련되는지에 따라 한 어휘의 두 기능, 즉 다품사어로 처리할 것인지 서로 다른 어휘로 처리할 것인지가 결정된다.

  '그러게'의 경우는 강조의 부사로 쓰이든지 찬성을 나타내는 감탄사로 쓰이든지 선행 발화 내용에 대한 반응이라는 점에서는 공통점이 있다. 그러나 자신의 말이 옳았음을 강조하려면 '그렇게 되지 않았던' 이전 상황에 대한 부정적 인식이 전제되므로 강조의 부사 '그러게'는 선행 발화에 대한 부정적 반응인 반면에 찬성의 감탄사 '그러게'는 긍정적 반응이라고 볼 수 있다. 따라서 이들의 공통점과 차이점 가운데 어느 부분을 초점을 두는가에 따라 다품사어로 처리할 것인가 서로 다른 개별 어휘로 처리할 것인가가 결정된다. 〈표준〉에서는 이들을 다품사어 처리한 반면 〈고려대〉에서는 이들은 동형이의어로 구분하고 있다.

    (14) ㄱ. 〈표준〉
        그러게
        [Ⅰ]「부사」
        자신의 말이 옳았음을 강조할 때 쓰는 말.
        [Ⅱ]「감탄사」
        상대편의 말에 찬성하는 뜻을 나타낼 때 쓰는 말.
      ㄴ. 〈고려대〉
        그러게¹ 부 자신의 말이 옳았다는 것을 강조할 때 하는 말.
        그러게² 감 상대방의 말에 찬성하는 뜻을 나타낼 때 하는 말.

4. 결론 : '감탄사-부사' 부류의 처리 방향

감탄사 범주에는 문장 성분들과는 별개로서 독립적으로 기능하는, 대체로 감정이나 감각, 인지 작용의 내용을 표출한 소리, 특정한 상황에서 특정한 의도를 가지고 내는 어떤 소리나 말, 부름이나 응답 혹은 관습적인 인사말 등의 의미를 가지는 다양한 어휘들이 포함될 수 있다. 이들 가운데는 본래 다른 품사를 가진 어휘에서 나온 것으로 보이는 예들도 종종 있는데, 본고에서는 부사와의 관련성을 가진 감탄사 부류 가운데 대표적인 의성 부사와 접속 부사를 중심으로 그 범주 구분 문제를 제기해 보았다.

의성 부사의 경우 소리를 분절음화했다는 점에서 공통적이지만, 단순히 어떤 상황에서 나는 어떤 방식으로 만들어지는 소리가 의성어인 반면에 화자의 감정, 생각이 표출되는 소리는 감탄사로 구분되며 둘은 서로 다른 어휘라는 점을 지적하였다. 다만 해당 어휘에 실리는 화자의 감정이나 생각을 정확하게 집어내는 것이 어려운 일이므로 의성 부사와의 구분에 있어서 주의가 필요할 것이다.

접속 부사의 경우 화용론에서의 담화 표지 혹은 간투사 연구의 성과를 반영할 필요가 있다는 전제 아래, 접속 부사가 문장 연결만이 아닌 담화 간의 연결에서 보이는 화제 전개와 같은 기능 그리고 연결과는 크게 상관없는 발화 중간 중간에 끼어들 때 나타나는 효과들을 어떻게 어휘 기술에서 반영할 수 있는가를 논의하였다. 문장-문장 연결에서 보이는 접속 부사의 의미적 기능이 담화-담화 연결에서도 적용될 수 있다는 점에서 이 둘은 구분될 필요가 적으나, 그 외의 새로 획득된 화용적 기능에 대하여는 반영할 필요가 있음을 지적하였고, 이때 문장과는 독립적이라는 점에서 부사가 아닌 감탄사로 구분되어야 함을 보였다. 물론 해당 어휘들이 보이는 화용적 기능이 가장 원형적인

'감탄사'와는 다르지만 기본 품사 체계 내에서 이들이 포함될 수 있는 것은 감탄사이다. 의성 부사와는 달리 접속 부사에서 발달하여 나온 감탄사들은 다품사어로 처리될 가능성이 더 높으며, 경우에 따라서만 개별 어휘로의 분리가 필요할 때가 있다.

이렇게 부사 부류와 범주 구분이 필요한 감탄사들을 언급한 가장 중요한 이유 가운데 하나는 점점 사전 처리에서도 구어적 쓰임을 반영하는 경향이 높아지고 있기 때문이다. 언중들이 실제로 어떻게 그 어휘들을 사용하고 있는가를 기술하는 것은 사전 처리에서 의의 있는 일이다. 특히 감탄사의 경우 화용 층위의 어휘이므로 언중들의 실제 쓰임을 반영하는 것이 가장 중요하다. 새로 생겨나는 혹은 사용되고 있으나 아직 사전에 반영되지 못한 감탄사 후보군들을 발견하는 하나의 방법으로서 본고에서는 유사성이 있는 일부 부사 부류와의 구분을 제안하였다.

참고 문헌

남기심 · 고영근. 1993. 「표준국어문법론(개정판)」 서울: 탑출판사.

서태룡. 1999. "국어 감탄사에 대하여." 「한국어문학연구」 (동악어문학회) 34. 7-36.

송문준. 1988. "소리 흉내말의 씨가름에 대하여." 「한글」 (한글학회) 200. 139-164.

신지연. 1988. "국어 간투사의 위상 연구." 「국어연구」 83.

오승신. 1995. "국어의 간투사 연구." 이화여자대 박사학위논문.

오승신. 2006. "감탄사." 「왜 다시 품사론인가」 서울: 커뮤니케이션북스. 407-438.

전영옥. 2002. "한국어 담화 표지의 특징 연구." 「화법연구」 (한국화법학회) 4. 113-145.

전영옥. 2008. "구어와 문어에서의 감탄사 비교 연구." 제30회 담화 · 인지언어학회 정 기학   술대회 발표문.

전영옥. 2009. "말뭉치를 바탕으로 한 한국어 감탄사 연구." 「텍스트언어학」 (한국텍 스트언어학회) 27. 245-274.

허재영. 2001. "감탄사 발달사." 「한국어 의미학」 (한국어의미학회) 9. 65-96.

Ameka, F. 1992. "Interjections : The universal yet neglected part of speech." 「Journal of pragmatics」 18.

참고 사전

고려대학교 민족문화연구원 편. 2009. 〈고려대한국어대사전〉 서울: 고려대학교 민족 문화연구원.

국립국어원 편. 2011. 〈표준국어대사전〉 www.korean.go.kr

필자 소개

김숙정	안양대학교 강사
김양진	고려대학교 민족문화연구원 선임연구원
김의수	한국외국어대학교 한국어교육과 교수
김혜령	고려대학교 국어국문학과 대학원 박사수료
도원영	고려대학교 민족문화연구원 연구교수
박미영	서울여자대학교 강사
박재승	한국외국어대학교 flex센터 책임연구원
박주원	고려대학교 국어국문학과 대학원 박사과정
이현희	고려대학교 국어교육과 강사
정경재	고려대학교 국어국문학과 대학원 박사수료
정연주	고려대학교 국어국문학과 대학원 박사수료
정유남	고려대학교 국어국문학과 대학원 박사수료
정 철	다음커뮤니케이션 지식서비스기획팀 팀장
차준경	고려대학교 국어국문학과 강사
홍종선	고려대학교 국어국문학과 교수

〈고려대 한국어대사전〉과 사전학

초판 인쇄 | 2011년 6월 9일
초판 발행 | 2011년 6월 16일

편   자   도원영·박주원

책임편집   윤예미

인 지 는
저 자 와 의
합 의 하 에
생 략 함

발 행 처   도서출판 지식과교양
등록번호   제 2010-19호
주   소   서울시 도봉구 창5동 320번지 행정지원센터 B104
전   화   대표 (02) 900-4520 / 편집부 (02) 900-4521
팩   스   (02) 900-1541
전자우편   kncbook@hanmail.net

ⓒ 도원영·박주원2011 All rights reserved. Printed in KOREA

ISBN   978-89-94955-20-9 93710   **정가** 28,000원

이 도서의 국립중앙도서관 출판도서목록(CIP)은 e-CIP홈페이지(http://www.nl.go.kr/ecip)에서
이용하실 수 있습니다. (CIP제어번호: CIP2011002352)